연기와 재

아편의 감춰진 이야기

아미타브 고시 지음 | 김흥옥 옮김

에코리브르

라훌 스리바스타바(Rahul Srivastava)와 아라다나 세스(Aradhana Seth)에게
그들의 이웃 사랑을 기리며 이 책을 바칩니다.

차례

01

여기 용이 있다

지금 돌이켜보건대 당혹스럽게도 인생 대부분 기간 동안 내게 중국은 그저 광활하고 단조로운 공백으로 남아 있었다.

인도 위쪽에 떠 있는 거대한 공간은 지도상에서 '여기 용이 있다(Here be dragons: 과거 지도에서 볼 수 있는, 미지의 지역을 나타내는 표기—옮긴이)'라고 씌어 있을 법한 지역에 불과했던 것이다.

공교롭게도 나는 중국과 국경을 맞대고 있는 인도 서벵골주에서 태어났으며, 작지만 의미 있는 중국인 커뮤니티가 들어선 도시 캘커타(지금의 콜카타)에서 자랐다. 그러나 중국의 역사·지리·문화에 당최 관심이 없었다. 또 예나 지금이나 여행 다니는 걸 좋아하는데도 가령 윈난성(雲南省) 같은 곳을 방문할 생각은 꿈도 꾸지 않았다. 윈난성의 성도 쿤밍(昆明)이 캘커타에서 직선거리로 뉴델리보다 더 멀지 않은데도 말이다. 어쩐 일인지 쿤밍은 우뚝 솟은 산맥뿐만 아니라 내 마음속 히말라야에 의해 나와 단절된 다른 세계에 속해 있는 것만 같았다.

처음으로 중국을 방문하고 싶다는 생각이 든 것은 내가 소설 《양귀비의 바다(Sea of Poppies)》를 쓰기 시작한 2004년의 일이었다. 그 소설의 주인공은 1838년 고용 계약 노동자로서 모리셔스(Mauritius: 아프리카 동쪽의 섬나라—옮긴이)로 여행을 떠난 디티(Deeti)와 칼루아(Kalua) 부부다. 이것이 이야기의 기본 골자인지라 나는 집필에 필요한 조사를 진행하기 위해서는 모리셔스로 가야 한다는 걸 알고 있었고, 실제로 그렇게 했다. 하지만 그 일은 전혀 예상하지 못한 다른 방향으로 나를 안내하기도 했다. 더 깊이 파고들수록 그 이야기의 배경이 인도와 모리셔스뿐만 아니라 두 나라를 분리하는 (또한 이어주기도 하는) 인도양이라는 드넓은 수역에 의해 형성되었다는 사실을 깨달은 것이다.

바다에 대해 글을 쓰는 것은 육지에 대해 글을 쓰는 것과는 판이하다. 수평선이 더 넓은 데다 소설가에게 '공간 감각'을 심어주는 배경의 고정성이 부족한 탓이다. 《양귀비의 바다》에 나오는 범선 아이비스호(Ibis: 아이비스는 '따오기'라는 뜻—옮긴이)처럼 선박을 주요 배경으로 삼으면 해류와 바람, 해상 교통의 흐름에 대해 알아차리게 마련이다. 그리고 그 배경을 탐구할수록 내가 다루는 시기인 19세기 전반기의 해상 교통 흐름이 나의 상상처럼 인도와 서양 사이가 아니라, 인도와 중국—더 정확히 말해 중국의 한 특정 지역인 '캔턴(Canton)'—사이의 것이었다는 사실이 한층 명확해졌다.

나는 과거에 그 도시 이름을 자주 접하긴 했지만 그곳이 정확히 어디에 자리 잡고 있는지 알지 못했다. 그런데 19세기의 항해와 관련한 집필에 푹 빠져 지내는 동안, 캔턴이 어떤 점에서 그리 특별하기에 19세기 선원과 여행자들이 그곳을 향해 항해를 떠난다는 생각만으로도 황홀경에 빠질 수 있었을까 하는 궁금증이 한층 더 커졌다.

내가 중국과 중국 역사에 대해 조금이라도 알고 있었다면 '캔턴'은 유럽인이 다소 느슨하게 일반적으로 광둥성(廣東省), 구체적으로 광저우(廣州)를 지칭할 때 쓰는 단어라는 사실을 알았을 것이다.[1] 하지만 그 당시에는 중국과 그 나라 지리에 대한 지식이 턱없이 부족했던지라 광저우가 어디 들어앉아 있는지를 어렴풋이 알고 있었을 뿐이다.

돌이켜 생각해보면 중국에 대한 나의 무지는 호기심이나 기회, 아니면 다른 어떤 상황적 요인 때문이 아니었던 것 같다. 그것은 필경 세계사의 특정 패턴이 인도인뿐 아니라 미국인, 유럽인 등 전 세계의 많은 사람들 마음속에 심어놓은 내적 장벽이 빚어낸 결과였다. 세월이 흐르고 중국의 그림자가 전 세계에 길게 드리우면서 그 장벽은 특히 인도와 미국에서 더욱 군건해지고 있다.

이러한 상황을 좀더 면밀히 들여다보면 중요한 교훈을 얻을 수 있다고 나는 생각한다. 그 상황이 중국에 영향을 미쳤을 뿐만 아니라 세계를 인식하고 이해하는 방식에 대해 우리에게 시사하는 바가 크기 때문이다.

인도인 입장에서 중국과 관련해 다른 모든 것을 지배하는, 아니 사실상 압도하는 기억은 1962년 인도에 완전한 패배를 안겨준 중·인 전쟁이었다.[2]

당시 나는 여섯 살이었지만 그때 기억은 지금까지도 생생하다. 전쟁 물자에 보태기 위해 눈물을 흘리며 금팔찌들을 챙기던 어머니 모습이 기억난다. 전선으로 보낼 담요와 모직물을 모으던 아버지 모습도 떠오른다. 또 그 전쟁의 원인과 책임 소재에 대해 부모님과 친구분들이 끝없이 입씨름을 벌이던 광경도 눈에 선하다.

이러한 문제들에 대한 합의는 지금까지도 이루어지지 않고 있다. 아브타르 싱 바신(Avtar Singh Bhasin) 전 인도 외무부 역사과장은 2021년 진행한 연구에서, 당시 인도 총리 자와할랄 네루(Jawaharlal Nehru)의 오해와 실수가 그 전쟁을 촉발하는 데 결정적 역할을 했다고 밝혔다. 그는 "네루가 서쪽 국경을 스스럼없이 대한 게 화근"이었으며, "인도는 잘못된 판단에 따른 희생양이 되었다"고 말했다.[3] 네루는 여러 방면에서 존경할 만한 인물이자 선견지명 있는 정치가였지만, 이 위기를 다루는 데서는 유독 무능했던 것 같다.

가장 중요한 역사적 자료 중 일부가 아직 세상에 알려지지 않았으므로 실상에 제대로 다가서는 일은 결코 쉽지 않을 것이다. 그러나 확실한 점은 1962년 전쟁이 히말라야가 드리운 문화적·정치적 그림자가 빚어낸 결과였다는 것, 즉 오독과 오판, 잘못된 이해가 그 분쟁을 촉발하는 데 적잖이 기여했다는 것이다.[4]

1962년 전쟁을 촉발한 문제들은 결코 해결되지 않았다. 그 분쟁은 수십 년 동안 이어졌으며, 중국군과 인도군의 충돌이 국경을 따라 툭하면 발생하는 데서 보듯 여전히 진행 중이다. 게다가 이러한 충돌은 끝날 기미도 보이지 않는다. 오늘날 중국은 점점 더 독단적이고 호전적인 이웃 국가이고, 인도는 있는 힘껏 그들의 공격을 견딜 수밖에 달리 도리가 없다.[5]

이러한 지속적 대립이 중국을 향한 인도의 태도에 두려움·분노·적대감을 켜켜이 심어주었다는 사실은 의심의 여지가 없다. 현재 미국에서 점차 뚜렷해지고 있는 중국을 향한 극단적 증오심이 인도에서는 내 생애 대부분의 기간 내내 존재해왔다.

그러나 그와 같은 극도의 긴장감은 인도와 파키스탄 사이에도 드리워 있다. 양국은 여러 차례 전쟁을 치렀으며, 두 나라에서는 상대국에 대해 무척이나 적대적인 사람들이 다수를 차지하고 있다. 그럼에도 국경 건너편에 대한 관심과 호기심은 전혀 모자람이 없다. 외려 정반대다. 즉, 인도와 파키스탄은 상대 국가의 정치·문화·역사·시사·스포츠 따위에 강박적일 정도로 별스러운 관심을 지니고 있다.

이는 결코 이례적인 상황이 아니다. 갈등은 종종 문화적·상상적 관심을 불러일으키는 경향이 있기 때문이다. 예컨대 미국에서는 2001년 세계무역센터 테러 이후 아랍어 수업에 등록한 이들의 수가 급증했다. 이라크와 아프가니스탄을 다룬 서적·기사·영화는 그 이후 꾸준히 증가했다.

하지만 1962년 이후 인도에서는 이 같은 현상이 일어나지 않았다. 관심이 급증하기는커녕 수치심·의혹·공포의 급증을 동반한 발작적 혐오감이 번져나갔다. 그 전쟁은 불과 몇 주 동안 지속되었을 뿐인데, 그 뒤 인도 여기저기에 흩어져 있던 소규모 중국계 이민자 공동체들이 그 재앙의 제물로 떠올랐다.

인도에 자리한 중국계 공동체들의 기원은 최초의 객가인(客家人: 중국 한족의 한 갈래—옮긴이) 이주민이 캘커타 인근에 정착한 18세기 후반으로 거슬러 올라간다.[6] 시간이 지나면서 그 최초 공동체는 여러 학교·사원·신문사를 거느릴 정도로 크게 번성했으며, 그 구성원 중 상당수가 성공한 전문가와 기업가로 떠올랐다.[7] 많은 중국계 인도인은 결코 중국을 방문한 적이 없으며 중국과 아무런 연고도 없었다. 그들 상당수가 반공주의자였다. 하지만 1962년 전쟁이 끝나기 무섭게 인도 정부는 '적대국 출신이거나 그렇다고 의심되는 모든 사람을 체포 및 구금할 수 있도록 허용하는' 법을 통과시켰다.

중국 민족 수천 명이 강제로 인도를 떠나야 했으며, 그중 다수는 무국적 난민 처지로 전락했다. 수천 명 이상이 인도에 억류된 상태로 재판 없이 수년간 수용소에 갇혀 지냈다. 비로소 석방되어 돌아왔을 때 그들 대부분은 제 집과 사업체가 압류 또는 매각되었다는 사실을 알았다. 그 후 몇 년 동안 그들은 매달 경찰서에 자신의 거처를 자진 신고해야 했다. 불신에 찬 이러한 분위기는 심지어 중국을 연구하는 몇몇 인도 학자들에까지 번졌다.

그 전쟁 후 몇 년 동안 캘커타의 중국 민족 인구수는 2만 명에서 1만 명으로 반 토막이 났다. 남은 이들 가운데 상당수는 도심의 오래된 차이나타운으로부터 도시 외곽의 늪지대인 탕그라(Tangra)로 강제 이주되었다. 이 지역이 공장·작업장·사원·레스토랑이 늘어선 활기찬 차이나타운으로 새롭게 거듭난 것은 그들 공동체가 회복 탄력성과 진취성을 지녔음을 말해주는 증거다.

1962년 이후 중국계 인도인 공동체가 희생양이 된 것은 의심할 나위 없이 독립된 인도 역사의 더없이 추악한 장면 중 하나다. 하지만 인도 역시 그에 따른 대가를 치렀다. 특히 캘커타가 가장 심하게 피해를 보았다. 1960년대와 1970년대는 정확히 중국 디아스포라 공동체가 외국 자본을 유입하고 새로운 사업 및 산업을 창출함으로써 동남아시아 여러 지역에서 경제적 변화를 일으키던 시기다. 1962년 전쟁으로 중국계 인도인 공동체가 황폐화되지 않았다면 캘커타가 활성화하는 데 도움이 되었을지도 모를 일이다.

나는 2010년 아내와 함께 마카오반도 최남단에 자리한 콜로안

(Coloane)에서 며칠을 보내며 이 사실을 생각해내지 않을 수 없는 상황에 직면했다. 햇살이 내리쬐는 고요한 모래사장 위쪽에 들어선 호텔은 바다의 장관을 한눈에 내려다보고 있었다. 호텔 주방은 향락의 도시로 유명한 마카오에서 가장 훌륭한 요리를 장만하느라 분주했다. 어느 날 아침, 나는 놀랍게도 50대 중반의 여성인 그 호텔 주인이 캘커타에서 자랐으며 영어, 벵골어, (표준 중국어는 아니지만) 광둥어를 유창하게 구사한다는 사실을 알았다. 그 여성이 내게 들려준 말에 따르면, 그녀 가족은 캘커타에서 여러 개의 레스토랑을 운영해왔으며 항상 호텔도 운영하고 싶어 했다. 하지만 1962년 이후 그 도시를 강제로 등져야 했다. 오랜 세월이 걸리기는 했지만 그들은 마침내 꿈을 실현했다. 호텔이 캘커타가 아닌 마카오에 들어섰다는 점만 빼면 말이다.

그렇다면 1962년 전쟁은 중국에 대한 내 관점을 형성하는 데 대체 어떤 역할을 했을까? 그것이 어느 정도 영향을 미쳤다는 것은 의심할 여지가 없다. 하지만 중국에 대한 나의 시각에서 가장 주목할 만한 것은 그 나라가 내 인식 속에 거의 존재하지 않았다는 사실이다. 나는 이것이 중국뿐만 아니라 세계 전반을 바라보는 특정 시각, 즉 서구만이 지나치게 도드라져서 다른 모든 것을 보이지 않게 만드는 시각이 낳은 결과라고 생각한다.

서구는 언어·의복·스포츠·물건·예술 등과 관련해 인도 아대륙 전역에서 무시할 수 없는 존재다. 사실 많은 서양인뿐만 아니라 인도인 사이에서도 식민지 시대에 이 지역에서 일어난 사회적·문화적·물질적 삶의 변화는 주로 '서구화'라고 불리는 과정 때문이라는 게 오랫동안 이어져온 기본 가정이었다.[8] 그리고 그 기저에는 근대성이—마치 '한 장소에서 다른 장소로 퍼져나가는 바이러스'처럼—접촉을 통해 인도 및 전 세계로 전파된, 전적으로 서구가 창조해낸 산물이라는 가정이 깔려 있다.[9]

인도 아대륙에서 오랫동안 가시적 존재감을 지녀온 세계의 또 다른 지역은 바로 중동이다. 인도 전역에서 중동이 발휘한 영향력은 예술·건축·음식·의복·언어 등 모든 분야에 걸쳐 뚜렷하다. 인도 아대륙에서 쓰이는 주요 언어의 어휘는 온통 페르시아어와 아랍어에 크게 의존하고 있다. 나는 심지어 10대 때 벵골어, 힌디어 또는 영어를 쓰면서 아랍어와 페르시아어에서 유래한 단어 수십 개를 사용한다는 사실을 인식하고 있었다. 하지만 그 어떤 언어에서도 중국어에서 비롯된 단어는 단 하나도 집어낼 수 없었다. 실제로 나는 일상생활에서 중국어로부터 유래한 단어를 사용한다는 생각 자체를 기이하게 여겼을 것이다. 일상적인 물건과 관례도 마찬가지였다. 나 자신의 물질적·문화적 세계의 그 어떤 것이 중동이나 유럽이 아닌 중국을 가리키고 있을지도 모른다는 생각을 나에게 불러일으키지 않았다.

2005년 9월 처음으로 중국을 방문하고서야 나는 비로소 나 자신이 그간 얼마나 크게 오판하고 있었는지를 깨달았다.

비록 몇 주 동안만 머물렀고 거의 대부분 광저우에서 보냈음에도, 나는 그 첫 번째 중국 방문을 통해 여러 면에서 깨달음을 얻었다. 하지만 그것은 내가 중국에 머물던 때가 아니라 다시 인도로 돌아온 이후의 일이다.

광저우 여행에서 돌아온 직후의 어느 날, 캘커타에 있는 가족 소유의 집 서재에 앉아 차를 한 잔 마시고 있었다. 이는 아침에 침대에서 일어나는 것만큼이나 굳어진 내 일상의 일부였다. 차 쟁반을 앞에 두고 같은 책상, 같은 의자에 앉는 일을 수천 차례나 되풀이한 터였다.

하지만 그날은 어쩐 일인지 종전과 달랐다. 벵골어로 '차(cha)'라고 부르는 음료가 담긴 잔을 들여다보았을 때, 불현듯 최근 광저우에서 사용했던 '차(chah)'라는 단어가 떠올랐기 때문이다. 찻잔을 다시 이리저리 살펴보니 영어로 '차이나(China)', 벵골어로 '치네마티(Chinémati, 중국 점토)'라고 부르는 도자기로 만들어져 있었다. 순간 그 찻잔 역시 수 세기 동안 전 세계에 막대한 양의 '도자기'를 수출해온 광저우를 통해 내 생활 속에 들어온 물건이라는 생각이 불현듯 들었다.[10]

쟁반에는 찻잔과 잔 받침 옆에 인도인이 가장 사랑하는 향미제임에 틀림없는 흰 설탕을 담은 종지가 놓여 있었다. 그렇다면 설탕은 무엇이라고 부를까? 벵골에서 설탕은 인도의 다른 많은 지역에서와 마찬가지로 '치니(cheeni)'라고 부르는데, 이는 그저 'Chinese(중국어, 중국인, 중국의—옮긴이)'를 뜻하는 일반적 단어일 뿐이다.[11] 나는 이 단어를 평생 써왔지만, 그 기원에 대해 궁금해한 적은 없었다. 그리고 차 쟁반. 그것은 인도에서 흔히 볼 수 있는 값싼 칠기 공예품이었다. 이 역시 눈에 띄지도 어떤 의문을 일으키지도 않을 정도로 내 주변 환경과 썩 잘 어우러져 있는 물건이었다. 하지만 그날 그 차 쟁반은 내가 최근 광저우에서 본 칠기 컬렉션에 대한 시각적 기억을 떠오르게 만들었다. 그때 별안간 이 차 쟁반도 중국에서 온 것일지 모른다는 생각이 들었다.

방을 둘러보니 갑자기 사방에서, 즉 땅콩〔벵골어로 '중국 견과류(Chinese nuts)' 또는 '치네바담(chinébadam)'이라고 한다〕을 담아놓은 병, 꽃병에 꽂혀 있는 국화, 어항 속 금붕어, 봉투와 향대 등에서 중국이 보였다. 마치 그 방에 보이지 않는 손이 나타나서 더없이 친숙하지만 내 의식 속에 너무나도 깊이 가라앉아 있어 눈에 잘 띄지 않던 물건들을 하나하나 가리키고 있는 것만 같았다. 차·설탕·도자기 같은 물건은 그동안 나에게 그 자체로는 아무 의미도 띠지 않았다. 그저 생명도 없고 말도 없으며 의사소통 능력이 결여된 물건에 지나지 않았던 것이다.

몇 주 후, 내가 살고 있는 브루클린으로 돌아오자마자 그곳의 내 서재에서도 그와 동일한 경험을 했다. 그곳에는 차와 관련된 비슷한 여러 물건 외에도 오래된 양탄자, 문진, 그리고 당연히 무수히 많은 '중국산' 도구와 장치가 널려 있었다. 어딜 둘러보아도 거기에는 오래된 것이든 새것이든 중국을 연상시키는 뭔가가 있었다.

그 순간 어떤 물건들은 흔히 우리가 의식하지 못하는 사이 우리 삶을 형성하는 보이지 않는 영적 힘들이 내뱉는 말과 다를 바 없는 무언의 물질적 존재라는 생각이 퍼뜩 들었다. 이상한 반전으로, 내 주변을 둘러싸고 있는 생명 없는 물체들이 난데없이 내 스승이 되어, 나의 육체적 존재는 내가 책이나 문서에서 읽은 역사와 완전히 다른 과거에 대해 말해준다는 걸 내게 보여주고 있었다. 중국은 나의 정신적 세계에서는 거의 존재하지 않았지만, 나의 물질적 세계에서만큼은 사방 천지에 널려 있었다.

그 후 몇 년 사이 《양귀비의 바다》는 범선 아이비스호의 이름을 딴 3부작 소설 시리즈로 발돋움했다. 아이비스 3부작의 나머지 두 권〔《연기의 강(River of Smoke)》과 《쇄도하는 불(Flood of Fire)》〕에서는 많은 챕터가 광저우와 주장강(珠江: 광둥성 남부를 흐르는 강—옮긴이) 삼각주를 배경으로 삼고 있다. 그 책들을 집필하기 위한 조사에 몰두하는 동안, 나는 내게 해당하는 것이 지구상의 많은 사람에게도 해당한다는 사실을 깨달았다. 중국은 우리의 물질적·문화적 삶에서 커다란 비중을 차지하고 있지만, 그 존재는 종종 주목받지 못하는 상태로 간과되곤 한다.

그 이유는 무엇일까?

이 질문과 씨름하는 과정에서 결국 나는, 내 세계에서 중국의 역사적 존재를 제대로 알아차리지 못한 이유는 그것이 대부분 비언어적이었기 때문이라는 사실을 받아들이게 되었다. 즉, 중국은 대체로 근대사를 서술하는 데 큰 역할을 맡아온 '발전'이니 '진보' 같은 모종의 담론적 개념과 연관되지 않았던 것이다.

달리 말해, 서구는 강박에 가까운 단어 및 개념의 정교화를 통해 영향력을 휘두른 반면, 중국은 관행의 확산과 캘커타 및 브루클린의 내 책상에 진열되어 있는 물건 같은 사물을 통해 거의 보이지 않는 미묘한 방식으로 영향력을 행사했다. 사물은 말이 없는 데다 그 자체로 제 존재에 대해 설명하지 않기에, 사물이 실제로 소통하고 있다는 게 무슨 의미인지 인식하려면 개념적 전환이 필요하다. 이러한 전환은, 훈련과 교육을 통해 거의 전적으로 언어에 의존하는 방식으로 세상을 사고하는 데 익숙한 우리에게는 더없이 힘든 일이다. 게다가 인간에게 언어는 그 정의상 호모 사피엔스(*Homo sapiens*) 종의 고유한 속성이기에, 그에 따르면 모든 비인간종은 원칙적으로 말을 할 수 없다는 의미에서 벙

어리라는 뜻이 된다.

물론 나에게 깨달음을 불러일으킨 물건들은 어떤 의미에서도 '말'을 하지는 않았다. 하지만 내게 말없이 무언가를 전달해주고 있었다. '서구화' '근대성' '식민주의' 같은 추상적 개념이 말해주는 것과는 전혀 다른 역사적·문화적 연관성을 가리키는 무언가를 말이다. 그러나 여기에도 문제가 하나 있었다. 내 앞에 놓인 물건들을 모두 사물이라고 정의하기에는 석연치 않았다. 찻잔, 쟁반, 설탕 종지는 분명 사물이지만, 차 자체도 사물일까? 찻잔에 담긴 옅은 갈색 액체는 사물보다 훨씬 더 복잡한 그 무엇이었다. 차는 말린 잎으로도, 살아 있는 식물로도, 지구 표면의 상당 부분을 덮고 있는 종으로도 존재한다. 그러므로 '차'는 다양한 형태로 실재하는 방대한 식물 물질의 복합체다. 이러한 형태의 네트워크가 없다면 그날 내 앞에 놓인 찻잔, 쟁반, 설탕 종지 같은 물건은 일관성을 띠지 못할 것이다. 말에 빗대어 생각해보면, 그것들을 하나로 묶어주는 문법이나 구문이 필요하다는 의미일 테다. 그와 같은 문법이란 '차' 그 자체가 아닌 것, 즉 하나의 사물이 아니라 끊임없이 진화하고 새로운 표현 방식을 찾아내는 살아 있는 실체로서의 무언가가 될 것이다. 이는 다시 말해, 내가 그토록 쉽게 그리고 아무 문제 없이 '차'라고 규정했던 것이 모종의 생명력을 지니고 있으며, 눈에 보이든 보이지 않든 무수히 많은 방식으로 제 스스로를 드러내는 생명체라는 사실을 의미하리라.

식물을 이런 식으로 바라보면, 인간이 특정 식물과 상호 작용할 때 그 관계가 일방향적인 게 아니라 사람 역시 그 관계에 의해 변화한다는 점을 인정할 수 있게 된다. 이를 통해 일부 문화권에서 특정 식물을 정령이나 신으로 간주하는 까닭을 엿볼 수 있다. 그것들은 인간과의 신비로운 상호 작용을 통해 때로는 선량한 존재로, 때로는 복수심에 불타는 존재로 제 모습을 드러낸다. 포타와토미족(Potawatomi: 미국의 원주민 부족 중 하나―옮긴이) 식물학자 로빈 월 키머러(Robin Wall Kimmerer)는 이렇게 말한다.

> 토착민의 관점에서, 인간은 종들의 민주주의에서 다소간 하등한 존재로 치부된다. 우리 인간은 창조 세계의 동생으로 여겨지며, 따라서 동생답게 형들로부터 배워야 한다. 식물은 이 지구상에 우리보다 먼저 있었고, 오랜 시간 세상에 잘 적응해왔다. 식물은 땅 위와 아래에 걸쳐 살면서 지구를 지탱해주고 있다.[12]

이 같은 렌즈를 통해 중국과 인도의 관계를 바라보면 혼란스럽긴 하지만, 어느 면에서는 커다란 깨우침을 얻을 수도 있다. 이러한 관계는 식물 물질이 지나치게 큰 역할을 수행한 것으로, 이 경우 특정 식물은 그 관계에 강력하게 유입됨으로써 아시아뿐 아니라 영국 및 미국의 문화와 역사에 보이지 않게 입김을 불어넣었다. 실제로 중국이 세계와 맺고 있는 관계에 가한 식물의 영향력은 키머러가 언급한 종 차원의 겸손을 요구할 정도로 더없이 막강했다. 즉, 그것은 이 지구상에 인간의 의도를 증폭시키고 사람들 간의 관계에 개입할 수 있는 힘을 지닌 존재 및 실체가 있다는 걸 인정하도록 촉구했다.

이는 결코 인간의 역사적 '행위 주체성(agency)'의 중요성을 축소하려는 게 아니다. 천만의 말씀이다. 그것은 오히려 인간이 서로서로와 맺은 관계 속에서 수많은 종류의 비인간 존재를 이용해왔다는 점을 강조하기 위함이다. 역설적이게도 우리는 오직 인간에게 우선권을 부여하지 않은 채 역사를 생각함으로써만, 그리고 식물의 역사적 행위 주체성을 인정함으로써만, 차 같은 식물과 관련해 인간이 지닌 의도의 진정한 본질을 인식할 수 있다. 반대로, 특정 비인간 존재의 행위 주체성을 부정하는 것은 흔히 식물을 비롯한 기타 비인간 존재를 이용해 경쟁자 및 적과 전쟁을 치러온 인간의 의도를 가리는 데 기여한다.

02

씨앗

이 이야기는 전 세계 차의 대부분을 생산하고 있는 차나무〔카멜리아 시넨시스(*Camellia sinensis*)〕의 씨앗에서 시작된다. 가장 오래된 찻잎은 2150년 전으로 거슬러 올라가는데, 중국 가경제(嘉慶帝: 청나라 제7대 황제, 재위 1796~1820—옮긴이)의 무덤에서 발견되었다. 엘리트층의 관례로서 시작된 차 음용은 중국 전역으로 삽시간에 퍼졌으며, 중세 초기에 이르러 광범위하게 확산했다.[1]

중국 차는 찰스 2세(Charles II)의 아내 캐서린(Catherine of Braganza)에 의해 영국에 도입되었다고 전해진다.[2] 그 신부의 모국 포르투갈은 인도양에 진출한 최초의 유럽 국가였다. 그 나라가 구축한 기지 및 식민지 네트워크에는 1557년 당시 중국을 지배하던 명나라가 포르투갈에 임대해준 중국 남부의 마카오도 포함되어 있었다. 캐서린이 혼례를 치른 1662년 명나라는 청나라에 의해 전복되는 막바지 단계를 지나고 있었지만, 마카오의 지위만큼은 변함없이 유지되었다. 그 결혼식 당시 포르투갈은 한 세기 넘게 여러 중국 제품을 소비해왔던지라 차 마시는 관습이 상류층 사이에서 진즉부터 단단히 뿌리 내린 상태였다. 캐서린은 지참금으로 결국은 세계사적 중요성을 띠게 되는 두 가지를 챙겨왔다. 바로 차 한 상자와 훗날 봄베이(Bombay, 오늘날의 뭄바이)가 된 6개의 작은 섬이었다.

영국에서 차 마시는 문화는 순식간에 인기를 누렸으며, 영국이 인도에 제국을 구축하기 전인 18세기 초에 이미 중국 차는 영국 경제의 중요한 교역품으로 자리 잡았다.[3] 이후 수십 년 동안 영국인에게 중국 차의 가치는 한층 빠르게 커져만 갔다. 18세기 내내 영국이 북미와 인도 아대륙의 광활한 영토를 정복하고 있었음에도, 중국 차는 영국 동인도회사의 주요 수입원이었으며, 그 대부분은 영국이 식민지를 확장하는 데 쓰였다. 역사학자 에리카 래퍼포트(Erika Rappaport)는 "18세기 동안 차는 전쟁에 돈을 댔지만, 전쟁도 차를 위해 비용을 치렀다"고 썼다.[4] 18세기 후반에 이르자 차는 "의회 법률이 영국 동인도회사에 1년치 물량을 늘 재고로 비축해놓도록 요구했을 만큼 국민에게 사랑받는 음료로 떠올랐다".[5]

대영제국의 운명이 차와 그토록 긴밀하게 얽혀왔다니 이 후기 산업 시대의 눈으로 보면 믿기 어려울 지경이다. 산업혁명을 이끈 나라가 산업화를 이루고 있던 바로 그 시기에 극동의 하찮은 농부들이 재배하던 식물에 재정적으로 의존했다는 게 정녕 가능할까? 하지만 실제로 그랬다. 역사학자 앤드루 류(Andrew Liu)는 "대영제국은 유럽과 북미에서 전쟁에 돌입하자 전쟁 비용을 충당하기 위해 차 세금을 인상하는 데 점점 더 의존하게 되었다"고 썼다.[6]

차 수입은 수 세기에 걸쳐 영국 동인도회사의 독점 사업이었으며, 그에 대한 관세는 오랫동안 영국의 가장 중요한 수입원 가운데 하나였다. 관세는 감정가의 75퍼센트부터 125퍼센트까지 부과되었다. 이것은 차 관세가 영국에 수출 관세 10퍼센트를 부과하는 중국보다 더 많은 수입을 안겨주었음을 의미했다.[7]

주로 차 덕분에 중국은 영국이 수입품을 사들이는 나라 가운데 상위 4개국에 꾸준히 이름을 올렸다. 영국이 중국으로부터 수입한 상품들의 가치는 영국 식민지 대부분에서 얻은 가치를 한층 능가했다. 예컨대 1857년 영국이 중국에서 들어온 수입품의 실질 가치를 계산하면 영국령 북미의 1.8배, 오스트레일리아의 2배, 영국령 서인도제도의 2.2배, 영국령 남아프리카공화국 점령지의 6.4배, 뉴질랜드의 72.2배에 달했다.[8]

18세기와 19세기 대부분 시기에 걸쳐 차에 부과한 세금은 영국 세수의 10퍼센트를 육박했다.[9] 영국 정부는 차 세금을 통해 토지세·재산세·소득세를 모두 합한 것만큼의 돈을 거둬들였다. 이 액수는 모든 공무원의 급여, 모든 공공사업과 공공건물, 법률·사법·교육·예술·과학과 관련한 갖가지 비용, 여왕 폐하가 거느린 식민지·영사관 그리고 해외 시설에 필요한 비용을 **모조리** 지불할 수 있을 정도로 어마어마했다.[10] 차가 영국 경제에 안겨준 혜택은 이에 그치지 않았다. 영국 상선 대부분은 중국에서 영국으로뿐 아니라 영국에서 여러 식민지로까지 차를 실어 나르는 데 관여했다.[11] 요컨대 산업혁명의 대부분 기간 동안 영국 정부의 재정은 차에 크게 의존했는데, 그 대부분을 중국에서 수입했다.

문제는 영국이 그 대가로 중국에 판매할 게 별로 없었다는 점이다. 중국인은 대부분의 서양 제품에 관심도 도통 없고 필요성도 거의 느끼지 않았다.[12] 중국의 건륭제는 1793년 영국의 조지 3세(George III)에게 보낸 서한에서 "우리는 독창적인 물품을 소중히 여긴 적이 없으며, 귀

국의 공산품을 전혀 필요로 하지 않는다"고 분명히 못 박았다.[13]

중국이 외국 상품에 관심을 기울이지 않는 것은 여러 가지 이유에서 영국을 짜증나게 만들었다. 그중에는 금전적인 이유가 아닌 것도 포함되어 있었다. 〔한 학자는 중국의 자급자족이 영국을 불안하게 만든 까닭에 대해, 영국인이 그 속에서 라이벌 '지배자 민족(master race)'으로서 중국의 가능성을 엿보았기 때문이라는 흥미로운 주장을 펼치기도 했다.〕[14] 그러나 서양인에게 더 시급한 고민은 중국 상품을 수입할 때 대개 은으로 그 값을 치러야 한다는 사실이었다. 무역 불균형으로 인해 막대한 양의 은이 서양에서 중국으로 흘러 들어갔다. 수출과 수입의 엄청난 불균형에도 불구하고 그 무역은 여전히 수익성이 있었다. 유럽에서는 은을 주고 사들인 중국 상품을 원가보다 두세 배 높은 가격에 팔 수 있었기 때문이다.

이 같은 규모의 은 이동은 오직 북·남미 광산들이 점점 더 많은 양의 귀금속을 세계에 공급했기에 가능한 일이었다.[15] 따라서 유럽의 북·남미 정복은 노예화한 수많은 원주민과 아프리카인 노동자들이 채굴한 막대한 양의 금은을 유럽인에게 제공함으로써 중국 무역에 필요한 자금의 조달을 가능하게 만들었다. 그러나 시간이 지날수록 이러한 귀금속 공급량은 줄어들었고, 18세기 중반에 이르러 영국 동인도회사는 중국과의 무역을 지탱하는 데 필요한 분량의 은을 조달하는 데 점점 더 많은 어려움을 겪었다. 이제 금은의 고갈을 상쇄할 수단을 마련하는 일이 점차 시급하고 절박하기까지 한 과제로 떠올랐다.[16]

이 문제에 대한 간단한 한 가지 해결책은 인도에서 차 재배를 시작하는 것이었다. 이는 실제로 1700년대 후반부터 영국 동인도회사가 차 재배 노하우를 알아내고 관련 식물을 몰래 빼오기 위해 노련한 식물학자와 식물 사냥꾼을 중국에 파견하면서 줄기차게 추구해온 꿈이었다.[17]

그러나 이 목표는 달성하기 어려운 것으로 드러났다. 중국은 차나무의 가치를 잘 알고 있어 그것의 씨앗이나 묘목을 국외로 반출하는 것을 물샐틈없이 막았다. 외국인은 중국을 돌아다니면서 자신이 원하는 식물을 마음대로 가져갈 수 없었다. 그들이 중국 내에서 이동하는 데는 숱한 제약이 따랐다. 어딜 가든 마음대로 식물을 채취하는 데 익숙해 있던 영국인 및 기타 유럽인에게 이런 상황은 극심한 좌절감을 안겨주었다. 차 재배 기술을 훔쳐내려는 그들의 노력은 18세기 내내, 심지어 그들의 수지(收支) 문제가 악화하고 있는 와중에도 지속적으로 실패를 겪었다.

이로 인해 영국 동인도회사로서는 중국과의 무역 수지 문제를 해결하기 위한 방법이 한 가지밖에 남지 않았다. 바로 자국의 인도 식민지로부터 수출을 늘리는 것이었다. 인도산 면화는 이미 중국에 상당한 시장을 형성한 제품 중 하나였다. 비록 소규모지만 활발하게 교역이 이루어진 또 다른 상품은 아편으로, 한 양귀비 품종〔파파베르 솜니페룸(*Papaver somniferum*)〕에서 수확한 것이었다. 카멜리아 시넨시스가 제기한 문제에 대한 해결책으로 떠오른 것이 바로 이 식물이었다.

이게 바로 이미 역사에서 중요한 역할을 하고 있던 한 식물이 한층 더 신비롭고 막강한 또 다른 식물의 확산을 위해 길을 터준 경위다.

오늘날 많은 이들이 원시적이고 토착적인 것으로 알고 있는 인도의 차이(chai, 차)는 이 수백 년 된 이야기에서 후발 주자였다. 이 사실을 생각하면 개인적 차원에서조차 겸손해진다.

나를 비롯한 많은 인도인에게 차는 이제 없어서는 안 되고 몹시 중요하며, 건강에 반드시 필요한 물품이다. 나는 그야말로 차를 마시지 않고서는 제 기능을 발휘할 수 없다. 나의 어머니뿐 아니라 내가 자라면서 알고 지낸 거의 모든 사람도 마찬가지였다. 차는 우리의 행복에 필수적 요소일 뿐만 아니라 인도인의 정체성을 이루는 중요한 부분으로 여겨졌다. 전 세계가 차와 인도의 관련성을 인정하며, 따라서 모든 인도인은 차 애호가로 간주되었다. 한마디로 오늘날 인도인에게 차는 미국인에게 애플파이와 같은 존재다.

하지만 사실 인도에서 차 마시기 역사는 다소 짧다. 즉, 그 기원을 인도 아대륙의 토양이 아닌 영국과 중국의 관계에 두고 있다. 인도인은 뒤늦게, 그마저도 숱한 노력을 기울인 끝에 차 마시기 대열에 뛰어들 수 있었다.

20세기 이전까지 대다수 인도인은 차를 혐오하거나 심지어 의심하는 경향마저 있었다. 차 업계에 속한 여러 부문이 몇 가지 독창적인 광고 캠페인을 펼치면서 사람들 마음이 서서히 움직이기 시작했다. 그러나 차는 1940년대에 이르러서야 인도 아대륙에서 본격적으로 인기를 누렸다. 그마저도 위대한 영화감독 사티아지트 라이(Satyajit Ray)와 인도 상업 디자인의 선구자 아나다 문시(Annada Munshi) 등 당대 최고의 예술가와 디자이너들이 뛰어든 현대 인도 역사상 가장 빼어난 광고 운동에 힘입은 결과였다.[18]

실제로 인도의 차 이야기에서 정녕 미스터리는 인도 아대륙이 어째서 차 문화를 받아들이는 데 그토록 굼떴느냐 하는 것이다. 차는 17세기 초에 이미 수라트(Surat: 인도 서부 구자라트주의 도시─옮긴이)에서 교역 대상이었으며, 그 도시에서 소비되었던 것으로 알려져 있다.[19] 그러나 차에 대한 선호는 그 도시를 넘어서까지 확산하지는 않은 것 같다. 차를 마시는 여러 문화권이 인도 아대륙을 둘러싸고 조성되어 있었던지라 이는 의아한 일이다. 티베트는 이미 7세기에 차를 받아들였는데, 그곳의 차 마시기 문화는 네팔 북부, 시킴주(Sikkim), 부탄, 라다크(Ladakh)와 카슈미르 등 인접 지역으로까지 퍼져나갔다. 게다가 차나무는 실제로 인도 북동부 일부 지역이 원산지이며, 몇몇 원주민 공동체에서는 그 잎들로 만든 혼합 음료가 인기를 누리기도 했다.[20]

그러나 인도 북동부에서 카멜리아 시넨시스라는 품종이 자생한다는 사실은 1820년대에 이르러서야 영국 관리들의 주목을 끌었다.[21] 10년 후 영국 동인도회사는 실제로 그 사실을 확인하고 뛸 듯이 기뻐했다. 인도를 이용해 중국산 차에 대한 자국의 재정 의존성을 줄이겠다는 오랜 숙원을 비로소 실현할 수 있을 것처럼 보였기 때문이다.[22]

토착민 공동체의 격렬한 저항에도 불구하고 몇 년 만에 인도 최초의 차 농장들이 아삼주(Assam)에 들어섰다. 하지만 그 지역이 카멜리아 시넨시스의 원산지라는 점을 감안할 때 이상하게도 그 농장들에는 토종 씨앗이 파종되지 않았다.[23] 영국 농장주들은 토종 품종을 크게 신뢰하지 않았으므로 중국에서 몰래 들여온 종자 및 식물을 이용했다.[24] 또 영국인 사이에 "인도 노동자들이 중국인의 기술과 기업을 배우고 싶어 한다"는 견해가 널리 퍼져 있었던지라 인도 노동자들을 믿지도 않았다.[25] 그래서 그들은 차 식물과 함께 차의 재배 및 가공 방법을 알려줄 중국인 차 재배자들도 함께 데려왔다.[26]

영국이 제1차 아편전쟁(1839~1842)에서 청나라에 치명적 패배를 안겨준 뒤 중국 노하우의 도용은 한층 손쉬워졌다. 이 전쟁으로 유럽인은 중국에서 훨씬 더 많은 자유를 구가할 수 있었다. 이전까지 기술이며 숙련 노동자를 몰래 빼가는 데 걸림돌이었던 규제를 피해가는 일이 더는 어렵지 않았다. (물론 서구의 이러한 지식 도용 사례는 오늘날 편리하게도 잊혔다.)

이 사실을 통해 인도에서 식민지 차 산업은 처음부터 철저하게 중국의 전문 지식과 노동력 그리고 (영국 총독의 말을 빌리자면) "중국 대리인"에 의존했음을 확인할 수 있다.[27] 그래서 아삼 지방에 소규모 중국인 공동체들이 뿌리를 내렸다. 하지만 그들 역시 1962년 전쟁 동안에 강제로 터전에서 쫓겨났다. 〔이 이야기는 아삼 출신 작가 리타 초두리(Rita Choudhury)의 소설 《차이나타운 시절(Chinatown Days)》에 아름답게 묘사되어 있다. 그녀가 자신의 모국어 아삼어로 출간한 원서 제목은 《마캄(Makam)》인데, 마캄은 아삼주 북부의 사라진 마을 이름이다.〕[28]

영국이 중국으로부터 차용하지 않은 것 한 가지는 중국에서 차를 주로 생산하는 방식인 소작 형태였다. 소작은 농토를 갖지 못한 농부들이 소규모 농장에서 가족 노동력을 동원해 작업하는 방식이다.[29] 인도에서 차는 주로 백인 농장주가 소유한 광활한 농장에서 땀 흘려 일하는 계약직 노동자들의 반(半)자유 노동에 의해 재배되었다.[30]

인도 아대륙에서 차 산업은 느리게 시작되었지만 빠른 속도로 발전함으로써 이내 수출량이 중국을 앞지르기에 이르렀다. "19세기에 접어들 무렵 인도의 차 수출량은 중국 경쟁자들을 능가했으며, 그 나라 차 산업은 세계 차원의 생산에서 선두 주자로 떠올랐다."[31] 이처럼 생산성이 급격하게 증가한 것은 흔히들 주장하는 대로 영국식 자본주의가 효율적이었기 때문이 아니다. 그게 가능했던 것은 그 식민지 국가가 농장주들에게 세금 감면, 무상 토지 그리고 완전히 강압적 조건에서 일하는 계약 노동력 등을 제공하는 고도로 인종차별적인 생산 방식을 시행했기 때문이다.[32] 자본주의와 자유 무역이라는 기치를 내걸고 중국과 전쟁을 벌인 그 같은 식민지 국가는 자국 국경 내에서 자유롭지 못한 노동 시스템을 실시하는 데 아무런 거리낌도 없었다.[33] 이 끔찍한 유산은 많은 농장이 여전히 카스트 및 민족과 관련한 위계질서를 중심으로 구축되어 있을 만큼 오늘날까지도 인도의 차 산업을 괴롭히고 있다. (크고 작은 여러 생산업체가 식민지적 생산 관행을 타파하고, 사회적·환경적으로 더 이로운 방법을 채택했다는 걸 간과해선 안 되지만 말이다.)[34]

인도는 이러한 방식으로 차를 재배한 유일한 식민지가 아니었다. 영국이 통치하던 실론(스리랑카)·케냐·말라야(Malaya)에서도 동일한 시스템을 시행했으며, 생산성 측면에서 비슷한 결과를 거두었다. 대영제국의 차가 우위를 점한 것은 결정적으로 중국 차는 더럽고 비위생적인 반면, 식민지 차는 어쩐지 '현대적'이고 '순수'하다는 인식을 전파한 결과였다.[35] 급기야 차는 인도 및 다른 영국 식민지들과 동의어로 떠올랐으며, 그 결과 "중국에도 차가 있나?"라는 질문이 들려오기 시작했다.[36]

사실상 중국 수출 경제의 한 축은 대영제국이 시작한 기술 도용 과정을 통해 무너졌다. 이것이 다른 수단에 의한 전쟁이었음은 양측 모두가 드러내놓고 인정했던 바다. 앤드루 류가 중국과 인도의 차 산업에 대한 탁월한 비교 연구에서 지적했듯이 "인도 주재 영국 관리들은 아편전쟁 매파의 레토릭을 그대로 사용함으로써 인도 차가 중국의 독점을 '파괴'하고 '무력화'할 거라고 주장하면서 북동부 브라마푸트라계곡(Brahmaputra Valley)에서의 차 재배를 옹호했다".[37] 중국 측에서도 자국의 가장 중요한 수출 산업에 대한 공격을 '상업 전쟁'으로 받아들였다.[38] 이것이 바로 류의 책 제목이 《차 전쟁(Tea War)》인 이유다.

다시 말해, 차는 서방과 중국 사이에 계속된 경제적·사회적·군사적 분쟁이 낳은 필연적 결과로서 인도에 들어왔다. 수 세기에 걸쳐 전개되며 아직도 끝나지 않은 이 갈등은 다양한 방식으로 현대 세계를 주조해왔고 앞으로도 내내 그럴 것이다. 그러나 이 같은 구조적이고 장기적인 갈등이 병사를 동원하는 실제 전쟁으로 비화하는 경우는 극히 드물었다. 때로 그 갈등에는 비인간 존재, 특히 차와 아편이 끼어들기도 했다. 이는 과거 유럽인이 주로 질병, 병원균, 테라포밍〔terraforming: 과학소설 작가 잭 윌리엄슨(Jack Williamson)이 창안한 용어로, 아미타브 고시는 전작 《육두구의 저주》에서 이 개념을 본격적으로 다루었다. '땅'이라는 뜻의 terra와 '만들기' 또는 '형성하기'라는 뜻의 forming을 결합한 신조어다. 고시에 따르면 테라포밍은 식민화와 함께 시작되어 토착민의 낙원과 그들의 환경을 파괴한 자원 추출 방식의 결과다—옮긴이〕과정 그리고 외래 동식물 유입 같은 비인간 세력을 통해 북·남미 및 오스트레일리아의 원주민에게 가한 파괴와 흡사하다. 말하자면 구조적이고 생물정치적인 투쟁이었는데, 거기서는 전쟁 발발이 규칙이라기보다 예외였으며, 대신 테라포밍과 병원균 확산 같은 과정이 낳은 치명적 영향이 수십 년 또는 수백 년에 걸쳐 감지되었다.

유럽인은 북·남미의 정복 및 식민화를 통해 이런 유의 투쟁에 더없이 친숙해졌다. 특히 영국인은 그런 투쟁에 이골이 났을 뿐만 아니라, 원주민을 제거하는 데서 자신들이 물리적 공격보다 구조적 공격에 더 많이 의존했던지라 에스파냐 제국보다는 덜 폭력적이었다고 스스로를 설득하는 데 성공하기까지 했다. 이처럼 놀라운 이중사고(二重思考) 기술이 가능했던 것은 유럽인이 '자연(Nature)'을 인간과 완전히 동떨어진 영역으로 여겼기 때문이다. 따라서 그들은 가령 전염병이나 환경 변화를 막을 수 있는 조치를 취하지 않음으로써 병원균 확산을 적극적으로 조장했음에도 불구하고, 질병 확산은 자기들이 통제할 수 없는 '자연스러운' 과정이라고 주장함으로써 그에 대한 갖가지 책임에서 빠져나갔다.

따라서 무행동(inaction)을 통한 파괴는 생물정치적 분쟁의 본질적 특징 중 하나로 떠올랐다.[39]

그러나 이러한 분쟁은 아이디어 및 기술의 도용을 막지 않았다. 북·남미 대륙에 정착한 유럽인은 아메리카 원주민 문화의 여러 측면을 찬미했다. 게다가 데이비드 그레이버(David Graeber)와 데이비드 웬그로(David Wengrow)가 그들이 쓴 선구적인 책 《모든 것의 시작(The Dawn of Everything)》에서 밝힌 것처럼, '자유'와 '평등' 같은 사상을 포함해 서구 문명에 대한 아메리카 원주민의 비판을 수용하기도 했다. 그 비판 가운데 하나가 자유와 평등 같은 사상의 출처를 은폐함으로써 그것들이 순전히 서구에서 유래한 것인 양 보이도록 만들었다는 지적이다.[40] 마찬가지로 많은 유럽인은 중국 문명의 숱한 약점을 이용하고 있었음에도 그것을 다른 어떤 문명보다 높게 평가했다.

또한 유럽의 식민지 개척자들은 일반적으로 비유럽인과 광범위한 동맹을 맺었는데, 그중 일부는 그들에게 지원을 제공함으로써 이익을 얻었다. 이 역시 19세기 아시아에서 식물종을 매개로 펼쳐진 생물정치적 갈등의 중요한 측면이다. 영국은 중국에서 많은 동맹군을 거느리고 있었으며, 이들은 상호 거래를 통해 적잖은 이익을 누렸다. 그러나 그들의 가장 중요한 동맹군은 인도 아대륙 출신이었다. 그리고 거기에는 파시교도(Parsi: 인도에 거주하는 조로아스터교도를 일컫는 말로 '파르시교도'라고도 함─옮긴이)와 마르와리족(Marwari) 상인, 용병(sepoy), 선원(lascar) 그리고 다양한 관료제와 부수 산업에 종사하는 숱한 노동자가 포함되어 있었다. 영국과 중국의 투쟁은 바로 이 같은 폭넓은 네트워크와 연줄을 통해 인도 아대륙의 경제적·물질적 삶을 완전히, 하지만 눈에 보이지 않게 탈바꿈시켰다.

03

'그 자체로 하나의 행위자'

아편 양귀비, 즉 파파베르 솜니페룸은 중부 또는 동부 유럽, 어쩌면 발칸 또는 흑해 연안에서 유래한 것으로 여겨지고 있다.[1] 이 꽃은 아주 일찍부터 인간과 특별한 관계를 맺어온 것으로 보인다. 실제로 이 식물은 인간이 확실히 그것을 퍼뜨리도록 하기 위해 자신의 화학 구조를 개발했을 가능성이 있다.[2] 이것이 진정한 야생 아편 양귀비 품종이 존재하지 않는 이유일지도 모른다. 아편 양귀비는 하나같이 인간과 협력해 의료적·향정신적 특성을 키우는 방향으로 진화한 품종들이다.[3]

아편은 6000년 된 스위스 유적지와 기원전 2000년 전으로 거슬러 올라가는 이집트의 무덤에서 발견되었다.[4] 그 물질은 그리스와 로마 세계에 널리 알려져 있었으며, 호메로스·베르길리우스·리비우스·플리니우스·오비디우스 등이 그에 대해 언급했다.[5]《성경》도 아편에 대해 언급했을 가능성이 있다.[6] 11세기에 아비센나(Avicenna: 이슬람의 의사, 철학자―옮긴이)는 아편을 진통제로서도 독약으로서도 이례적 특성을 지닌 "가장

강력한 마취제"라고 묘사했다.[7]

그러나 사람들이 이 같은 양귀비의 효능에 대해 인식한 것은 이러한 언급보다 수 세기 앞선 시기의 일임에 거의 분명하다. 역사 시대가 시작되기 한참 전부터 많은 이들이 저마다 독립적으로 아편 양귀비가 기침, 위장 장애, 기타 여러 질병을 치료하는 데 쓰일 수 있는 독특하고 강력한 의료 물질을 생산한다는 사실을 발견한 것으로 보인다.[8] 일반적으로 쓰이는 여러 약물에 함유된 화학 물질 목록을 얼핏 훑어보기만 해도 아편이 오늘날까지 약리학적으로 필수불가결한 성분이라는 사실을 알 수 있다. 간단히 말해, 아편은 인류에게 알려진 가장 오래되고 가장 강력한 약물이다. 17세기의 영국 약제사 토머스 시드넘(Thomas Sydenham)이 주장한 바와 같이 "전능하신 하나님께서 인간의 고통을 덜어주기 위해 인간에게 주신 치료법 중에서 아편만큼 보편적이고 효과적인 것은 없다".[9]

오늘날 현대 의학을 이용하는 거의 모든 사람은 아편에 노출되어 있다. 나는 예전에 《양귀비의 바다》를 낭독할 때 아편을 사용한 적 있느냐는 질문을 자주 받곤 했다. 그럴 때마다 아편제를 즐기기 위해 사용한 적은 단 한 번도 없다고 대답했다. (실제로 소설을 쓰는 과정에서 아편 양귀비에 대한 경외감이 너무나 커진 나머지, 심지어 수술 후 회복 과정에 있을 때조차 아편 성분의 진통제를 복용할 수 없었다.) 하지만 무의식적으로든 그렇지 않든 나는 이모디움(Imodium), 코렉스(Corex), 기타 코데인(codeine) 기반 기침약 같은 약물을 통해 수년간 상당량의 아편을 섭취해왔다. 아편은 의학적 용도가 더없이 다양해 중세 약제사들에게 그랬던 것처럼 현대 제약 산업에도 없어선 안 되는 존재로 남아 있다.

아편은 약물로서도 필수 불가결하지만 마취제로서 그 가치가 훨씬 더 높다. 고대부터 통증을 누그러뜨리는 능력이 탁월하다고 알려졌으며 수술 및 치과 치료에 오랫동안 쓰였다. 오늘날에도 대부분은 아니라 해도 상당수의 마취제가 오피오이드(opioid: 아편과 비슷한 작용을 하는 약제―옮긴이)에서 추출한 것이다. 오피오이드 기반 마취제가 뜻하지 않은 들뜬 감정을 유발하는 것은 드문 일이 아니다. 이 때문에 그것이 없었다면 끔찍했을 대장 내시경 검사가 묘하게 행복한 경험으로 끝날 수도 있다. 나는 10대 시절 간단한 수술을 받고 깨어났을 때 침대에서 뛰어내려 간호사에게 팔을 뻗어 안기고 싶을 만큼 극도의 황홀감을 맛본 기억이 있다. 그 느낌은 너무 특이해서 결코 잊을 수 없다. 당시 내가 오피오이드 기반 마취제를 맞았다는 사실을 깨닫기까지는 그로부터 수십 년이 걸렸다. 현대 생활에서 아편이 어떤 역할을 하는지 지나치게 쉬쉬하고 있기에, 우리는 사람들이 이렇게 말하는 걸 흔히 들을 수 있다. "중세 시대에 살았다면 좋았을지도 모르지만, 만약 치아를 뽑거나 팔다리를 절단해야 하는 상황이 닥치면 어떻게 했을까?" 물론 대답은 그때도 지금과 마찬가지로 모종의 오피오이드 성분을 다량 투여했을 거라는 것이다.

마취 효능을 지닌 아편은 더없이 중요한지라 세계대전 중에는 중요한 전략 자원으로 취급했다. 심지어 오늘날에도 마찬가지지만, 의약 물질의 수가 훨씬 적었던 과거에는 아편이 얼마나 귀중한 자원이었을지 짐작하고도 남는다. 따라서 유럽·아시아·아프리카 전역에서 약용 아편의 교역이 대단히 일찍부터 출현했다는 것은 크게 놀라운 일이 아니다.

물론 아편이 의식을 변화시킬 수 있다는 사실 역시 고대부터 잘 알려졌다. 그러나 이것이 늘 그 약물이 유통되는 데 영향을 준 주요인이었던 것 같지는 않다. 이런 점에서 아편은 포도주, 토디(toddy: 코코스야자의 수액으로 양조하는 술―옮긴이), 마리화나, 코카(coca: 잎에서 코카인을 추출하는 열대 관목—옮긴이), 카바(kava: 폴리네시아산 후추나무속 관목의 뿌리로 만든 마취성 음료—옮긴이), 페요테(peyote: 페요테 선인장에서 채취한 마약—옮긴이), 아야와스카(ayahuasca: 브라질산 식물에서 채취한, 환각 작용이 있는 음료—옮긴이), 메스칼린(mescalin: 일종의 선인장에서 추출한, 환각 물질이 들어 있는 약물—옮긴이), 실로시빈(psilocybin: 환각 유발 물질—옮긴이) 버섯, 피처리(pituri: 오스트레일리아산 가지과 관목의 잎과 잔가지를 말려 만든 흥분제—옮긴이) 등 인간에게 알려진 대부분의 다른 향정신성 물질과는 완전히 다르다. 또한 잘 알려져 있다시피, 역사적으로 지금껏 변화된 의식 상태로 접어들기 위해 향정신성 물질을 사용하지 않거나, 명상·단식 또는 고통스러운 체험 같은 기술을 개발하지 않은 인간 사회는 없었다.[10] 데이비드 코트라이트(David Courtwright)가 지적했듯 인간에게 자신의 정상적인 의식을 변화시키고자 하는 충동은 꽤나 강력해서 "놀고 있는 아이들도 연신 몸을 빙빙 돌려 제 스스로를 정신없고 어지러운 지경에 몰아넣을" 정도다.[11] 실제로 항상 변함없이 똑같은 맨정신으로 살아가는 게 어떤 것인지 상상하기란 어렵다. 그런 상태는 아마도 임상적 우울증과 잘 구분되지 않을 것이다.

다른 다양한 동물도 마음을 변화시키는 식물을 애써 찾아내는 것으로 알려져 있다. 따라서 인류는 아마도 호모 사피엔스가 출현하기 전부터 다른 종들로부터 향정신성 물질에 대해 배웠을 가능성이 높다.[12] 향정신성 식물은 숲과 초원에서 자생하는 경우가 많았으므로 수렵가, 유목민, 숲 거주자 또는 식물에 조예가 깊은 사람이라면 누구나 쉽게 채취할 수 있었다. 이들 식물 중 일부는 더없이 왕성하고 강인해서 뿌리 뽑기가 거의 불가능하다. 이를테면 카나비스 사티바(Cannabis sativa: 대마초의 학명—옮긴이)는 세계에서 가장 빠른 속도로 자라는 식물 중 하나다. 2012년 중국 남부를 여행하면서 숲 지대뿐만 아니라 읍내와 마을 주변에서도 대마초가 무성하게 자라고 있는 광경을 본 기억이 난다.

야자술, 토디, 대마초, 코카, 빈랑(betel nut), 카바, 페요테, 담배, 피처리, 실로시빈 버섯, 아야와스카, 메스칼린 등은 그 전통적 서식지 내에서 널리 쓰여왔으므로 "풀뿌리 향정신성 물질"이라고 설명할 수 있다.[13] 이러한 물질의 한 가지 두드러진 특징은 (아편의 경우에서와 마찬가지로 의학적 특성 때문이라기보다) **주로** 정신 상태를 변화시키는 능력 때문에 사용되었다는 점이다. 이러한 물질의 여러 특성이 그 원산지에서 익히 알려져 있었기 때문에, 지역 주민들은 남용 범위를 제한하기 위해 그걸 사용하는 데 따른 특정 프로토콜과 의식(儀式)을 개발할 수 있었다. 이 같은 그들 사회의 전통적 사용법은 일반적으로 수천 년은 아니더라도 수 세기에 걸친 더없이 오랜 기간 동안 발전해왔다.

아편은 여러 가지 측면에서 그러한 풀뿌리 향정신성 약물들과 다르다. 그중에서도 가장 큰 차이점은 많은 사람이 자신의 의식을 변화시키려는 특정 목적을 위해 아편을 사용하기 시작한 시기다. 그것은 고작해야 수백 년밖에 되지 않은 일이다. 이는 아편이 다른 풀뿌리 향정신성 약물에 비해 비교적 최근에 저만의 독특한 사용자 집단을 거느리게 되었음을 시사한다는 점에서 특히 의미가 있다. 사실 어느 사회에서 오피오이드를 사용하기 시작한 시기는 그것이 그 사회에 어떤 광범위한 영향을 끼치게 되는지와 관련해 매우 중요하다.

공간적으로도 정신 변화 물질의 유포 방식에는 중요한 차이점이 있다. 풀뿌리 향정신성 물질의 사용은 특정 문화 및 지방 특이적이며 지역적 색채를 띠었다. 예컨대 코카 잎을 씹는 행위는 남미의 특정 사회들에서만 제한적으로 행해졌으며, 그런 사정은 오늘날에도 마찬가지다. 이러한 관습은 코카인 등 코카 잎에서 추출한 물질이 기호용 약물로 상품화되었을 때도 남미 대륙 너머로까지 확산하지 않았다. 19세기 후반 네덜란드인은 자바섬에서 대규모로 코카나무를 재배했다. 하지만 당시 자바섬에서 아편 같은 다른 향정신성 약물을 널리 사용했음에도, 코카 재배농들은 그 나무의 잎을 씹는 관습을 결코 받아들이지 않았다.[14] 코카와 달리 대마초는 여러 대륙에 걸쳐 넓은 지리적 영역을 아우르는 '구세계' 식물이었을 뿐만 아니라 이례적일 정도로 생명력이 왕성하고 강인했다. 그러나 대마초는 그것이 자라는 모든 곳에서 향정신성 약물로 쓰이지는 않았다. 이탈리아를 비롯한 많은 지역에서 대마초는 섬유(대마)를 얻을 목적으로 재배되었다.[15] 당시 유럽인은 와인과 증류주를 선호했다. 반면 인도 아대륙에서는 기분을 전환해주는 대마초의 효능을 더없이 일찍, 더없이 열렬히 받아들여 결국 "인도는 세계 최초의 대마초 지향 문화를 가진 나라로 여겨졌다".[16]

풀뿌리 향정신성 물질이 오피오이드와 또 한 가지 다른 점은 일반적으로 가공이 거의 필요하지 않다는 것이다. 그것들은 대부분 씹거나 피우거나 수확하자마자 곧바로 쓸 수 있다. 일부는 말린 후 사용할 수 있으며, 팜 토디(palm toddy)처럼 식물에서 곧바로 채취해 음용할 수 있는 것도 있다. 반면 덜 익은 양귀비 열매의 유액을 아편으로 전환하기 위해서는 상당한 정도의 가공이 필요하다. 비교적 최근이랄 수 있는 18세기나 19세기에조차 양귀비 유액을 사용 가능한 아편으로 바꾸려면 거의 1년이 걸렸다. 마리화나, 캇(qat: 씹어 먹거나 차로 만들어 마시면 약의 효능을 지니는 아라비아 및 아프리카산 식물의 잎—옮긴이) 또는 코카 잎처럼 식물에서 갓 채취한 상태로는 사용할 수 없었던 것이다. 아마도 이 때문에 근대 이전의 아편 거래는 대부분 의료용으로 이루어진 듯하다. 원료의 가공 과정이 필요하다는 특성 때문에 유통 가능한 아편의 양은 부득이 제한적일 수밖에 없었을 것이다.

아편은 가공을 거쳐야 해서 비싸지게 마련이었다. 따라서 아편의 얼리 어답터들이 흔히 문화 엘리트나 지식인이었던 것은 전혀 우연이 아니다.[17] 이는 중세 궁정에서 오늘날에 이르기까지 아편 사용과 관련한 지속적 특징으로 남아 있다.[18] 현대 서구에서도 음악가, 예술가 및 작가들은 종종 "아편에 모종의 매력이 있었기"에 그것을 사용하는 데 앞장섰다.[19] 초기에 엘리트들이 아편을 수용한 사실도 그것이 풀뿌리 향정신성 약물과 구별되는 또 한 가지 요소다. 예를 들어, 엘리트들은 '야생'에서 자라고 가난한 농민과 수렵인이 사용한다는 이유로 토디, 마리화나, 마후아〔mahua: 인도, 말레이반도, 동남아시아산 마두카속(madhuca屬) 나무의 총칭으로, 마후아는 그 나무의 과일—옮긴이〕를 얕잡아보았다.[20] 반면 그들은 와인, 증류주, 특히 최음제(아편은 최음제로 잘못 알려졌다) 같은 고도로 정제된 의식 변화 물질을 선호하는 경향이 있었다. 따라서 정제가 필요한 아편이 영국의 토머스 드퀸시(Thomas De Quincey), 프랑스의 장 콕토(Jean Cocteau), 미국의 윌리엄 버로스(William S. Burroughs), 중국의 장창갑(張昌甲)을 위시한 작가 등 문학가와 전문가들에게 유독 매력 있게 다가갔다는 것은 놀라운 일이 아니다.[21] 이러한 매력은 시간이 지나도 사그라지지 않고 오히려 커져만 갔다. 베스 메이시(Beth Macy)가 말했다. "사실 '힙스터(hipster: 서브컬처, 마이너, 인디 음악, 비주류 등 대중의 흐름에서 벗어나고자 하는 이들의 통칭—옮긴이)'는 1800년대에 중국의 아편 흡연자가 한쪽 엉덩이(hip)에 기댄 자세로 담배를 피우며 많은 시간을 보낸 데서 유래한 용어다. 힙스터 반(反)문화는 찰리 파커(Charlie Parker)나 존 콜트레인(John Coltrane) 등 헤로인에 중독된 재즈 거장들에게서 영감을 얻었다."[22]

아편 양귀비의 특성과 가장 닮은 식물은 코카나무〔에리트록실룸 코카

(*Erythroxylum coca*)]로, 그 잎을 가공한 것이 바로 중독성 마약인 코카인이다. 하지만 코카는 그것이 존재해온 오랜 역사 동안 남미 원주민이 사용한 풀뿌리 향정신성 물질이었으며, 남미에서는 오늘날까지도 많은 사람이 이러한 방식으로 계속 코카를 사용하고 있다. 그러나 코카 잎을 코카인으로 변형시킨 것은 코카를 씹는 이들이 아니었다. 1855년에 코카 잎에서 코카인 알칼로이드(식물 염기)를 분리해낸 것은 독일의 어느 화학자였지만, 그 마약이 무역용 상품으로 떠오른 것은 아편보다 약 300년 늦은 19세기 후반의 일이었다. 따라서 사실상 코카인은 아편의 발자취를 따랐는데, 아편은 이미 오래전 역사학자 앨프리드 매코이(Alfred McCoy)가 밝힌 바와 같이 "안데스 코카 지대에서 수년 또는 수십 년이 지난 후에도 반복되는" 특정 패턴을 확립했다.[23]

따라서 아편은 사회사적으로 매우 독특한 의미를 띤다. 오피오이드를 다른 향정신성 물질과 함께 '마약(drug)'으로 묶는 것은 오해의 소지가 있을 뿐만 아니라, 공중 보건에 대한 더없이 잘못된 접근법으로 귀결되기도 했다. 그로 인해 사람들은 이로운 특성을 지녔다고 알려진 대마초나 페요테 같은 일부 물질에 접근하기 어렵게 되었다. 실제로 오피오이드의 지속적 확산을 막을 수 있는 효과적 방법은 오직 대마초나 페요테 같은 풀뿌리 향정신성 약물을 좀더 쉽게 사용할 수 있도록 함으로써 다른 식물과 제휴하는 길뿐이다.

물론 아편 역시 무수히 많은 이로운 용도로 쓰인다. 아마 다른 어떤 향정신성 물질보다 더욱 그러할 것이다. 아편은 바로 이런 특별한 특성을 지녔기 때문에 중세의 마준(ma'jûn: 각종 약초와 향신료를 섞어 만든 반죽 형태의 약—옮긴이)에서 찬두(chandu: 흡연할 수 있는 희귀한 아편 농축 제제—옮긴이), 모르핀, 헤로인, 옥시코돈(oxycodone: 효과가 모르핀과 흡사한 합성 진통제—옮간이)에 이르기까지 계속 진화하면서 한층 중독성 강한 형태를 만들어낼 수 있다. 아편은 펜타닐(fentanyl) 같은 합성 유사체를 포함해 새롭고 더 강력한 버전을 파생시킬 수 있는 능력을 지녔다. 이것은 지니(genie)가 한사코 병에서 빠져나오기 위해 수시로 사용하는 여러 속임수 중 하나다. 아편은 일단 병에서 벗어나면 삽시간에 계급을 초월해 엘리트층에서 사회 사다리의 다른 쪽 끝에 놓인 사람들로까지 빠르게 퍼져나가는 방법을 구사한다. 이러한 패턴은 역사적으로 여러 차례 되풀이되었다.[24]

이 같은 특성으로 인해 아편은 역사에 영향을 미치는 식으로 인간 사회와 상호 작용할 수 있는 저만의 독특한 능력을 키웠다. 미국의 외교관이자 역사가 윌리엄 매컬리스터(William B. McAllister)가 말한다. "아마도 아편을 '그 자체로 하나의 행위자'라고 해석해야 적절할 것이다. 아편은 그저 한 개의 불활성 물질이라기보다 지난 3~4세기 동안 활약한 일종의 독립적인 생물학적 제국주의 행위 주체로 간주해야 할지도 모르겠다. 최근 수십 년 동안 아편이 전 세계적으로 널리 퍼진 현상은 그것이 지닌 위력을 확인해준다. 아편은 모든 인간 경쟁자를 가뿐히 제압한 것으로 보인다."[25]

우리는 아편이 오랜 기간 인간과 상호 작용한 방식에 충분히 주의를 기울이면서 접근해야 한다. 이는 다름 아니라 아편이 그 자체로 역사적인 힘이기 때문이다. 이러한 상호 작용을 개념화하기 어려운 까닭은, 그것이 주로 계급과 권력의 격차에 의해 매우 강하게 영향을 받기 때문이다. 그러나 이러한 어려움은 비인간 존재의 행위 주체성을 허용하는 식으로 역사를 사고하는 데 필요한 어휘가 아직껏 존재하지 않는다는 사실로 인해 한층 더 커진다.

인류 역사의 대부분 기간 동안 아편은 지극히 소량으로 유통되었으며 주로 약제로 쓰였다. 농부들이 처음으로 중요한 상업 작물로서 양귀비를 재배하기 시작한 지역은 아마 아나톨리아(Anatolia: 지금의 튀르키예 내륙에 있는 고원 지대—옮긴이)였을 것이다. 양귀비 재배는 거기에서 다른 곳으로 퍼져나간 것으로 추정된다. 알렉산드로스 대왕의 군대가 아편을 이란으로 들여온 것으로 여겨지는데, 그런 연유로 아편을 뜻하는 페르시아어와 아랍어의 'afyun'은 그리스어 'opion'에서 유래했다.[26] 그 페르시아-아랍어는 다시 인도 아대륙 전역에서 널리 사용하는 'afeem', 그리고 중국어 'afyon'과 'yapian'을 낳았다.[27] 아편은 중동에 도입된 후에도 주로는 내내 의약 목적으로 쓰였다.

인도 아대륙에서 양귀비 재배는 아마도 서기 1000년 말부터 시작되었을 것이다. 산스크리트어에서 아편에 대해 최초로 언급한 시기는 아랍이 신드(Sind: 파키스탄 남동부 인더스강 하류 지역으로 인더스 문명의 중심지—옮긴이)를 정복할 무렵인 8세기로 거슬러 올라간다. 이는 아편을 뜻하는 많은 인도어 단어가 페르시아-아랍어에서 파생했다는 사실과 더불어 이 지역에 양귀비의 상업적 재배가 도입된 것은 이란과 아랍 세계를 통해서였다는 사실을 시사한다.[28]

아편의 사회사는 아편을, 길고 긴 휴면기를 지나면서 극소수 사람들에게 영향을 미치는 기회주의적인 병원균에 비유하면 이해하기 쉽다.[29] 그러나 병원균은 여러 사회적 과정과 역사적 사건에 의해 기회가 주어지면 갑작스레 폭발적으로 퍼져나간다. 이러한 질병이 발생할 때면 병원균은 종종 돌연변이를 일으킴으로써 인간 면역계를 뚫고 들어간다.

오피오이드 사태에서도 그 약물은 돌연변이를 일으키며 한층 강력하고 새로운 중독성 형태로 소비되기 시작한다.

아편은 14세기경 몽골이 중국에서부터 인도 북부, 이란, 레반트, 아나톨리아까지 인접 영토를 확장함에 따라 널리 전파될 수 있는 최초의 기회를 얻었다. 다양한 형태의 아편 경구 사용이 몽골 통치자 및 그들이 기거하는 궁정에서 유행했다. 이런 관행은 그들의 후계인 오스만 제국, 사파비(Safavi) 제국, 무굴 제국으로까지 전파되었다. 이들 제국의 통치 왕조들은 시아파 또는 수니파 이슬람교도 등 제각각이었지만, 유라시아와 북아프리카의 광활한 지역에 걸쳐 영토가 인접해 있었으며 서로 긴밀하게 소통했다.

아편이 15세기와 16세기에 두 번째 확장 단계를 거친 것은 바로 이 제국들에서였다. 특징적인 아편 사용 형태 역시 이 시기에 변화를 겪었다. 아편의 효능은 대마초 같은 다른 향정신성 물질과 혼합함으로써 더 높아졌는데, 그렇게 해서 얻은 혼합물은 음료나 식품 형태로 소비되었다.[30]

아시아 지역 거주민들은 아편 공급이 제한적이던 시기에 아편을 접했으므로 점진적으로 아편에 노출되었다. 그 덕에 유럽인이 알코올에 대해 그랬던 것처럼, 아편 사용을 특정 상황으로 제한하는 사회적 관습과 용법을 개발할 수 있는 시간을 벌었다.[31] 물론 이 과정은 전체 인구가 병원균에 대해 면역력을 키우는 방식과 흡사하다. 이 경우에는 저항이 생물학적인 것이라기보다 사회적인 것이라는 점이 다르지만 말이다. 아마 인도 아대륙에서 대마초나 빈랑 같은 기타 향정신성 물질이 널리 쓰였다는 사실도 아편의 확산이 지역적으로 한정되는 데 도움을 주었을 것이다. 게다가 아편은 무굴 인도의 궁정 생활을 특징짓는 중요한 요소였음에도, 국가 정책의 도구나 세수의 주요 원천은 아니었다. 따라서 무굴 제국은 아편 사용을 장려하거나 아편 산업을 확장해야 할 그 어떤 재정적 유인도 가지고 있지 않았다.[32]

시간이 흐름에 따라 인도 아대륙과 페르시아에서는 알약이나 강장제 형태로 경구 섭취하는 한 아편 사용을 사회적으로 용인했다. 하지만 한층 더 중독적인 소비 방식인 아편의 흡연에 대해서만큼은 극도로 금기시했다. 인도에서 유통된, 최소한의 가공을 거친 아편은 마시거나 먹을 경우 일반적으로 '황홀감(high)'을 불러일으키지 않았으며, 수면제 및 진통제 같은 방식으로 작용했다. 따라서 아편을 삼키는 것은 약을 복용하는 것과 동일한 의미로 받아들여졌다. 하지만 아편을 피우는 것은 오락활동으로, 따라서 '도착 활동'으로 간주했다.[33] 유럽과 미국에서도 비슷한 오피오이드 사용 패턴이 나타났다. 서양에서는 19세기의 대부분 기간 동안 다양한 오피오이드 성분의 팅크처(tincture: 알코올에 혼합해 약제로 쓰는 물질─옮긴이)와 강장제가 널리 소비되었다. 하지만 오락적인 아편 흡연은 강한 거부감을 불러일으켰다. "타락한 인종"의 특징으로 인식됨에 따라 "역겨운 행동"으로 치부했던 것이다.[34]

요컨대 아편에 노출된 수 세기 동안 발전해온 사회적 관습은 유라시아의 일부 지역을 중독성 강한 오피오이드 사용 형태로부터 보호하는 데 도움을 주었을지 모른다. 그러나 중독성 물질에 대한 사회적 저항은 영원히 지속되는 게 아니며, 약물이 더 중독성 강한 형태로 합성되면 삽시간에 붕괴할 수도 있다는 점에 우리는 유의해야 한다. 예컨대 이란은 20세기 초 심각한 헤로인 중독 문제를 겪었다. 인도가 빈랑 잎으로 감쌀 반죽에 코카인을 섞어 판(paan: 빈랑 잎에 양념을 올리고 보통 삼각형으로 접어 먹는 음식─옮긴이)을 만들기 시작하면서 그 약물의 중독 문제에 시달린 것처럼 말이다.[35] 그리고 오늘날에는 인도·파키스탄·아프가니스탄의 일부 지역이 다시 한번 빠르게 확산하는 오피오이드 유행에 시달리고 있다.

1500년대에 인도 북부, 아프가니스탄, 중앙아시아의 궁정 엘리트들 사이에서 아편이 널리 유통되었다는 사실은 많은 유럽인의 여행기를 통해 분명하게 확인할 수 있다. 이 시기에 아편은 보통 아편 반죽과 다른 물질을 섞어서 만든 혼합물, 즉 마준이라고 알려진 형태로 소비되었다. 마준은 일반적으로 환약 형태로 만들어 먹거나 음료에 섞어 마셨다.[36] 무굴 제국 초대 황제 바부르(Babur)는 자서전에서 마준을 수시로 언급한다.[37] 그의 아들 후마윤(Humayun) 황제는 한층 더 열렬한 마준 애호가였다.[38] 후마윤의 아들 아크바르(Akbar) 황제 역시 아편을 애용했으며, 후마윤의 손자 자한기르(Jahangir) 황제는 "매일 저녁 술 여섯 모금과 아편 한 알"을 복용했다고 전해진다.[39] 아편은 라지푸트족(Rajput: 과거 북인도를 지배한 종족—옮긴이) 통치자들의 궁정에서도 널리 쓰였으며, 심지어 결혼식 같은 의식의 일부에 포함되기도 했다.

하지만 왕과 황제가 누리는 도락은 일반인이 가닿을 수 있는 영역에 있지 않았다. 여행기나 역사적 자료가 전하는 인상은 불균형하다 할 만큼 엘리트의 관습에 초점을 맞추고 있는지라 왜곡된 것이기 십상이다. 유럽인 여행자와 상인들은 일반적으로 왕실 측근에게 들러붙는 경향이 있었고, 궁정 연대기 역시 주로 지배 엘리트와 연줄이 있는 자들이 작성한 것이다. 실제로 일반 대중 가운데 극히 일부조차 설사 그러고 싶었다 해도 아편을 구입하는 건 고사하고 접했을 가능성마저 크지 않다.

식민지 시대 이전의 인도에서 아편 양귀비는 그 아대륙의 두 지역에서 재배되었다. 두 곳 중 더 중요한 동부의 아편 생산지는 오늘날의 비하르주(Bihar), 곧 파트나(Patna) 인근 갠지스강 평야 지대였고, 다른 한 곳은 중서부의 말와(Malwa)라고 알려진 지역이었다. 17세기와 18세기에 걸쳐 비하르주에서 생산한 아편의 총량은 5000궤짝을 밑돌았을 것으로, 말와에서는 약 4000궤짝을 생산했을 것으로 추정된다. 그 공급량의 절반을 수출했으므로,[40] 이 기간 동안 인도 아대륙의 인구 1억 5000만~2억 명이 사용할 수 있는 1인당 아편의 양은 기껏해야 **연간** 1~2그램으로 매우 적었다.[41] 한스 데르크스(Hans Derks)의 계산에 따르면, 아편은 심지어 상류층조차 하루에 몇 분의 1그램에 불과한 소량만 사용했다.[42] 우리는 그 양이 너무 적다는 사실에 비추어 주로 통치자와 귀족 등 극소수만이 아편을 대량 소비했을 것이라 추정해볼 수 있다. 식민지 시대 이전 인도에서는 인구 대다수가 설사 아편을 사용했다 하더라도 주로 의학적 목적에 그쳤음이 분명하다.

19세기에 영국인 식민지 작가 및 관리들은 수시로 아편이 모든 계층의 사람들이 널리 소비하는 인도의 전통적 약물이라는 인상을 전달했다. 그러나 수치를 대충만 살펴봐도 그것이 사실이 아니었다는 걸 확인할 수 있다. 아편에 대한 지식은 유럽에서와 마찬가지로 널리 퍼져 있었을지 모르지만, 확실히 실제 아편 사용은 극히 제한적이었다. 사실상 아편 사용이 인도 아대륙에서 보편적인 현상으로 떠오른 것은 인도가 몇 년 동안 자그마치 아편 10만 궤짝을 수출하던 때인 19세기 후반에 이르러서였다.[43] 그러나 이러한 경이적 성장은 '전통'에 힘입은 게 아니었다. 그보다 아편이 특정 유형의 식민지 근대성을 창출함에 있어 중대 역할을 떠안은 데 따른 결과였다.

04

친구이자 적

아편은 물이 많이 필요하고 노동 집약적이어서 소농이 재배하기에 까다로운 작물이다.[1] 심지어 오늘날에도 최적의 조건에서 양귀비를 재배하는 농민 가족조차 연간 12킬로그램 넘는 아편을 수확하기는 어려울 것으로 추정된다.[2] 식민지 시대 이전에는 비하르주 농민들이 그보다 훨씬 적은 양을 생산했을 것이다. 양귀비는 일반적으로 자급자족용 농작물의 가장자리 좁다란 땅에서 재배되었다. 생아편은 중개상이 구입해 파트나로 운반했으며, 그곳에서 가공되어 인도 아대륙의 여러 지역 및 전 세계에서 달려온 구매자들에게 팔려나갔다.[3]

이러한 패턴이 달라지기 시작한 것은 유럽인이 인도양의 정치경제에서 강력한 신규 세력으로 부상하면서부터였다.[4] 아편이 자국과의 무역 흐름을 원활히 하기 위해 현지 통치자에게 기름칠하는 선물 품목으로서 요긴한 외교적 기능을 수행할 수 있다는 사실을 알아차린 것은 포르투갈인이었다.[5] 따라서 중상주의 유럽의 특징인 국가 권력과 무역 간

결합으로 아편은 전에 없던 존재, 즉 국가 정책의 도구로서 서서히 그러나 확실히 변신하기에 이르렀다.

포르투갈을 제치고 인도양의 지배 세력으로 떠오른 네덜란드는 육두구·메이스·정향 같은 아시아 무역 상품에 대한 독점권을 집요하게 추구하는 과정에 아편도 포함시키면서 그것을 선물하는 관행을 확대해나갔다.[6] 네덜란드인은 다른 향신료 시장을 독식하는 데 성공한 뒤, 양과 가치 면에서 향신료 무역 가운데 가장 중요한 품목인 후추를 겨냥했다. 하지만 후추는 여러 지역에서 재배했기에 정향·육두구·메이스보다 더 까다로운 품목이었다. 그중에서 가장 중요한 지역은 말라바르(Malabar) 해안의 여러 왕국과 공국으로, 거기서 후추는 은이나 다른 상품들과 거래되었다. 역사적으로 아편은 무역에서 별다른 역할을 하지 못했지만, 유럽인이 선물로 퍼뜨리기 시작하면서 그 약물에 대한 수요가 급격히 증가했다. 그 결과 네덜란드 상인들은 아편을 화폐로 사용해 말라바르 해안의 후추를 손에 넣을 수 있었다.[7] 그런 연유로 공급이 용이해지기만 한다면 아편과 아편제에 대한 수요가 거의 막기 힘들 만큼 커질 수 있다는 사실을 처음으로 알아차린 것은 다름 아닌 네덜란드인이었다.

식민지 시대 이전 동남아시아의 말레이어권 지역은 상대적으로 아편 후발 주자였다. 16세기에 많은 유럽 여행자가 자바어와 말레이어 단어 목록을 작성한 바 있지만, 아편은 그 어느 곳에도 실리지 않았다. 이로 보아 당시 이 지역에서는 아편이 거의 유통되지 않았음을 알 수 있다.[8] 네덜란드인이 인도 아편을 그 군도로 들여오기 시작했을 때, 많은 원주민 통치자가 아편 유입을 막으려고 노력했으며, "이 끔찍한 마약으로부터 백성을 보호하기 위해 자신들이 할 수 있는 일을 더러 꽤나 과격한 방식으로" 추진했다.[9] 몇몇 자바의 술탄과 롬복(Lombok: 인도네시아 자바섬 동쪽의 섬—옮긴이)의 왕은 자신들이 지배하는 영토 내에서 아편 사용을 엄격히 금지했다.[10] 그러나 이러한 금지령은 네덜란드의 군도 지배가 강화되면서 점차 실효성을 잃어갔다. 네덜란드는 인도에서 처음 대량으로 아편을 조달하기 시작한 1640년경부터 불과 40년 만에 자바와 마두라(Madura)에서 그 시장을 17배나 키울 수 있었다.[11]

17세기부터 18세기 초까지 유럽 무역 회사들의 아편 수요가 끝없이 이어지자 인도 동부의 아편 생산량이 급증했다. 네덜란드인은 영국·포르투갈·에스파냐 상인들과 치열한 경쟁을 벌였지만, 이 지역의 주요 아편 구매자였다. 그들이 구매한 아편은 대부분 동인도제도(East Indies: 인도, 인도네시아, 말레이제도를 포함하는 아시아 동남부 지역—옮긴이)에서 팔려나갔다. 18세기 동안 그들이 인도네시아군도에서 팔아치운 아편은 거의 500만 킬로그램으로 추산된다.[12]

일반적으로 VOC(Vereenigde Oostindische Compagnie)라고 알려진 네덜란드 동인도회사는 아편을 무역 통화로 사용하는 관행을 동인도 전역에 걸쳐 서서히 확대했다. 그리고 그 관행을 활용해 독점(monopoly) 및 '수요독점(monopsony, 판매자들은 오직 한 명의 구매자에게만 팔 수 있다)'을 강요했다.[13] 그들은 지역 통치자에게 자신들 제품에 대한 독점 접근권의 대가로 아편을 제공했으며, 그와 동시에 자신들이 그들 왕국의 유일한 아편 공급자가 되어야 한다고 우겼다. 이런 식으로 네덜란드 동인도회사는 17세기까지 동인도 지역에서 아편 판매에 대한 완전한 독점권을 획득했다. 즉, 네덜란드 동인도회사만이 인도 동부에서 자국 영토로 아편을 수송할 권리를 누렸다. 그곳에서는 관리들이 경매를 통해 아편을 아편 '농사꾼' 또는 소매상에게 넘기고, 그들은 다시 그것을 소비자에게 판매했다. 이 시스템은 더할 나위 없이 잘 작동했으며, 동인도 지역의 아편 시장은 17세기 내내 급속도로 성장했다.[14] 18세기 중반 동인도산 아편은 바타비아(Batavia: 자카르타의 옛 이름—옮긴이)와 리아우(Riau) 같은 항구에서 가장 중요한 무역 품목으로 떠올랐다. 이 시기에는 "벵골 아편의 수출량 거의 전체가 인도네시아군도로 향했다".[15] 이런 사정은 이후에도 오랫동안 변함없이 이어졌다.[16]

점점 더 많은 인도 아편이 네덜란드가 통제하는 자바섬의 여러 항구로 유입되면서 소량의 아편이 동쪽으로 이동하기 시작했다. 디아스포라 중국 상인들이 대만과 푸젠성의 여러 항구들로 운반해 간 것이다.[17] 그 상인들은 1617년경 바타비아에 거주하는 중국인들 사이에서 유행하던 아편 흡연 습관도 함께 들여왔다.[18] 당시 그 관행은 아직 초기 단계였으며, 실제로 그들이 흡연한 물질은 액체 아편 용액에 적신 담배였다.[19] 그들은 이 혼합물을 일반 담배처럼 파이프로 피웠는데, 그것은 무게의 0.2퍼센트에 해당하는 소량의 모르핀만 함유했다. 몇 년 안에 중국의 엘리트 문인들도 이런 형태로 아편을 태웠고, 당시 중국에서 담배가 진즉부터 널리 퍼져 있었던지라 그 기술은 빠르게 입지를 다졌다.[20] 이어 아편이 급속도로 확산하자 우려가 커졌다. 청나라는 급기야 연간 총수입량이 200궤짝에 불과하던 1729년 초 아편 금지법을 통과시켰다.[21] 이 법은 아편굴을 운영하는 상인에게는 철퇴를 가했지만 "중독의 영향 때

문에 심각한 고통에 시달리는 것으로 여겨지는" 흡연자는 처벌하지 않았다.[22]

그 후 수십 년 동안 이 같은 관행은 미가공 아편을 정제해 찬두, 즉 (저명한 마약 사학자 데이비드 코트라이트의 표현에 따르면) "흡연용 아편"이라고 알려진 물질을 만드는 기술이 개발되면서 완전히 달라졌다.[23] 이런 종류의 아편은 종종 약물 치료에 쓰이는 아편 유형과 동일하게 취급되었지만, 실상 그와 완전히 다른 물질이었다. '흡연용 아편'은 담배와 섞어 사용할 필요가 없었다. 9~10퍼센트에 이르는 모르핀을 만들어냄으로써 그 자체로 한층 더 강력한 효과를 발휘할 수 있었던 것이다.[24] 이 방법은 생산하는 모르핀의 양이 많아 중독성을 한층 더 키웠으며, 1760년대에 중국과 인도네시아에서 선호하는 아편 소비 방법으로 자리 잡았다. 필연적으로 중독 속도는 엄청나게 빨라졌다.

사실 중독성 강한 이 새로운 아편은 변종 병원체처럼 동남아시아와 중국에서 '미개간지'를 발견했다. 그리고 흡사 당시 북·남미 원주민의 씨를 말리고 있던 유행병처럼 전례 없는 속도로 번져나갈 수 있었다. 북·남미에서 치명적 병원체가 유럽 식민지 개척자들의 도움을 받아 확산한 것과 마찬가지로, 동남아시아와 중국에서 아편이 급속도로 퍼져나간 것 역시 유럽 제국들이 부지런히 부추긴 결과였다.

중국인들로서는 아시아에서 아편이 삽시간에 확산하는 데서 유럽이 맡은 역할을 똑똑히 알고 있었다. 1791년 중국인 여행가 왕대해(王大海)는 자바 사람들에 대해 이렇게 말했다.

유럽인의 부(富)에 침을 흘리던 그들은 점차 그들이 놓은 덫에 걸려들었다. 그러나 정복자들이 검은 아편 연기를 발명해 원주민을 유혹해 속이고, 이 약물을 사치품으로 소비하도록 부추김으로써 그들이 너무 허약해지고 수척해지고 너무 낙담하고 지쳐서 더는 자기들 땅을 수복할 생각도 할 수 없고, 그들의 악행에 복수할 엄두도 낼 수 없게 만들 거라고 누가 예상이나 했겠는가. 자바인들은 …… 이 독성 물질에 맥없이 굴복했으며 스스로에 대한 관심을 모조리 잃어버렸다. 그런데 꽃이 만발한 중원에 사는 우리 중국인도 그들에게 줄곧 기만당했다. 왜냐하면 우리는 이 물질을 섭취하자마자 고국에 대한 염려를 완전히 상실했고, 아버지나 어머니 그리고 아내나 자녀를 더 이상 걱정하지 않게 되었으며, 이루 형언하기 힘든 불행 속으로 곤두박질쳤기 때문이다.

그가 계속 말을 이었다.

그렇다면 어쩌다 우리 중국인은 자바인들과 마찬가지로 경솔하기 그지없이 이 덫에 빠졌을까? 유럽인은 이러한 책략을 통해 그들이 숱한 세월 동안 뿌리내리지 못한 기반을 비로소 마련한 것 같다. 그리고 그렇게 함으로써 위험에 대한 두려움 없이 두 발 뻗고 살면서 사람들을 속이고 갈취하는 일에 빠져들었다.[25]

동인도 지역의 네덜란드 아편 정권은 17세기부터 19세기까지 숱한 변화를 겪었지만, 그사이 온갖 새로운 조치가 언제나 아편 시장을 확대하는 효과를 가져왔다는 점만큼은 조금도 변함이 없었다.[26] 네덜란드 관리들은 비판에 직면하자 그저 원주민의 내재적 병약함에 기반한 수요를 충족해주었을 따름이며, 자신들이 하지 않았다면 다른 누군가가 공급했을 것이라고 발뺌하곤 했다. 이런 식의 부인, 즉 '부정' 유형 역시 끈덕진 유산으로 남았다. 즉, 나중에 다른 유럽 마약 국가들뿐만 아니라 21세기의 아편 마케팅 담당자들도 그와 같은 주장을 되풀이했으니 말이다.

몇몇 동남아시아 통치자는 그 약물이 자국에 유입되는 것을 제한하려고 애썼다. 하지만 그러한 노력은 결과적으로 그들로 하여금 세수의 상당 부분을 아편 독점에 의존하는 네덜란드 동인도회사와 맞붙도록 내몰았다. 다시 말해, 네덜란드 동인도회사는 지역 통치자들이 그들 영토 내에서의 아편 확산을 제한하지 못하도록 막기 위해, 소규모이긴 하나 잔인한 '아편전쟁'을 수도 없이 치러야 했다.[27] 이는 나중에 영국이 중국에서 훨씬 더 큰 규모로 되풀이하게 된 유형이다. 즉, 한스 데르크스가 지적하다시피, 네덜란드는 17세기에 그때 이후 "현재까지도 베트남 전쟁 및 아프가니스탄 전쟁을 비롯한 거의 모든 아시아 전쟁이 강력한 마약 관련 성질을 띠게끔" 한 본보기였다.[28]

네덜란드 동인도회사가 인도네시아군도에서 누리고 있던 아편 독점은 영국과 미국, 아시아, 유럽 등지의 다양한 지역에서 온 해운업자들로부터 끊임없이 위협받았다. 동인도제도는 인도와 중국을 잇는 주요 무역로를 가로막고 있었기 때문에 아편을 실은 수많은 선박이 이 해역을 오갔다. 그중 상당수는 가능한 곳에서 자신들의 화물을 처분할 수 있는 기회를 활용했다.[29] 인도네시아군도의 미로 같은 해역에서 이들 선박이 들어오지 못하도록 막는 것은 엄청나게 힘든 일이었다. 네덜란드 동인도회사는 자신들이 '밀수업자'와 '해적'이라고 묘사하는 이들을 저지하기 위해 끝도 없이 군사 작전을 펼쳤지만 거의 성공을 거두지 못했다.[30] 동시에 네덜란드 식민 정권은 아편 무역으로 이익을 얻기 위해 애쓰는 독립 왕국들에 맞서 아편 독점권을 방어해야 했다. 이러한 일련의 갈등은 결국 발리(Bali)의 합병으로 귀결되었다.[31]

수 세기에 걸친 네덜란드의 아편 무역 참여에서 눈에 띄는 대목은 네덜란드 식민지 당국이 변함없이 아편 공급량 대부분을 인도 동부에서 사들이기로 결정했다는 점이다. (간혹 튀르키예와 페르시아에서 물량을 보충하기도 했지만 말이다.) 그러나 19세기 후반 코카의 경우에 그랬던 것처럼, 그들은 그들 자체의 식민지 영토에서는 결코 양귀비를 재배하려고 시도한 적이 없었다. 그것은 정치적 고려뿐만 아니라 상업적 고려를 바탕으로 한 그들 특유의 꾀바른 결정 때문이었다. 그들은 아편 양귀비가 동인도 지역에서 널리 재배될 경우 아편 가격이 빠르게 폭락할 뿐만 아니라 현지 통치자나 족장들이 더 이상 네덜란드에 아편 공급을 의존하지 않게 되리라는 걸 일찌감치 간파했다. 다시 말해, 네덜란드 아편 독점 기업의 수익성은 가격을 지탱할 수 있도록 인도에서 아편을 수입하는 데 달려 있었다. 그래서 19세기 네덜란드의 어느 관리가 북부 술라웨시(Sulawesi: 인도네시아의 섬-옮긴이)에서 양귀비를 재배하면 어떻겠냐는 의견을 내놓았을 때, 그의 상사들은 이렇게 되물으며 그가 입을 닥치게 만들었다. "그렇게 쉽고 저렴하게 재배할 수 있는 제품인데도 턱없이 비싸게 구입해야 한다는 사실을 군이 국민한테 알리는 게 과연 현명한 처사인가?"[32]

네덜란드 동인도회사의 아편 독점은 네덜란드 관리와 민간 상인들에게는 황금알을 낳는 거위였다. 그들 가운데 일부는 거의 상상도 하기 힘든 규모의 수익을 거머쥐었다. 일례로 1709년 어느 총독은 현재 가치로 '빌 게이츠의 재산'에 필적할 만한 1000만 길더(guilder: 네덜란드의 이

전 화폐 단위—옮긴이)를 챙긴 다음 네덜란드로 돌아갔다.[33] 1745년 네덜란드 동인도회사의 몇몇 고위 관리는 '암피운 협회(Amphioen Society)'라는 클럽을 결성해 아편 구매 및 처분에 대한 특권을 두고 협상을 벌였다.[34] 이는 가장 선진적이고 기발한 형태의 정실 자본주의로, 암피운 협회는 영리하게도 식민지와 네덜란드의 권력자들에게 지분을 제공함으로써 스스로를 보호할 수 있었다. 오라네 공 빌럼 4세(Willem IV of Oranje) 자신도 주식을 상당수 받았고, 이로부터 그와 그의 자손들은 막대한 수익을 거두어들였다.[35]

아편 무역과 네덜란드 왕실 사이의 연결 고리는 여기에만 그치지 않았다. 1815년 전(前) 오라네-나사우(Oranje-Nassau) 왕가의 빌럼 프레데릭(Willem Frederik) 왕자는 새로운 네덜란드 군주로 즉위해 네덜란드 왕립무역회사(NHM)라는 기업을 설립했다. 이 회사는 왕실의 후원으로 네덜란드 동인도 지역에서 막강한 힘을 발휘했으며, 마침내 식민지 아편 독점권을 장악할 수 있었다.[36] 네덜란드 왕립무역회사가 저지른 관행은 어찌나 가혹했던지 뮐타튈리(Multatuli)라고 더 잘 알려져 있는 네덜란드 작가 에뒤아르트 다우어스 데커르(Eduard Douwes Dekker)의 소설 《막스 하벨라르(Max Havelaar)》에서 격렬한 규탄의 대상으로 떠올랐을 정도다.[37] 그 회사는 이제 더 이상 존재하지 않지만 그 유산만큼은 아편 무역으로 수익을 올린 다른 많은 기업과 마찬가지로 유구히 남아 있다. 그 파생물에는 화석 연료 및 기후 변화와 관련해 부정주의를 조장하느라 안간힘을 쓰고 있는 거대 에너지 기업도 포함되어 있다. 바로 로열 더치/셸(Royal Dutch/Shell)이다.[38]

당시 이 회사의 다른 많은 사업은 실패했지만 아편 사업만큼은 꾸준히 수익을 냈으며 왕실에 막대한 돈을 안겨주었다. "수십억에 달하는

현 오라녜 왕가의 개인 재산은 부분적으로 이 사업에서 생겨난 것"이라고 할 수 있다.[39]

오라녜 왕가는 욕구가 워낙 커서 이러한 모험들에 만족하지 못했다. 19세기 후반, 왕실의 유력 인사들은 수마트라의 빌리톤섬〔Billiton, 벨리퉁섬(Belitung)〕에 주석 채굴 회사를 사기업으로 설립했다. 이 회사는 왕실 후원자들의 영향력을 등에 업고 그 대부분이 중국인, 과로와 학대에 시달리는 자사 노동자들에게 아편을 판매할 수 있는 허가권을 얻어냈다. 그 회사가 바로 현재 세계에서 가장 중요한 광업 기업 중 하나인 BHP 빌리턴(BHP Billiton), 즉 BHP그룹이다.[40]

한마디로 아편과 식민주의를 결합하고 마약 수입에 크게 의존하는 최초의 제국주의 마약 국가 창설에 앞장선 것은 다름 아닌 네덜란드였다. 그러나 식민지 마약 국가 모델이 완성된 것은 인도에서였으며, 그 일은 영국인의 손에 의해 이루어졌다.[41]

1600년대 내내, 심지어 그 이후에도 네덜란드와 영국은 가장 친밀한 적이었다. 두 나라는 북미에서부터 인도양의 가장 먼 지역에 걸쳐 시장이며 식민지를 놓고 치열하게, 더러는 폭력적으로 다투었다. 유럽에서는 여러 차례 전쟁에 휩싸였으며, 그중 한 전쟁은 1667년 영국의 결정적인 패배로 끝났다. 그러나 '친구이자 적'인 이 두 국가는 서로에게서 배우고 서로를 모방하고 상대의 육군, 해군, 기업 및 대학에서 복무하기도 했다. 왕실로 말할 것 같으면, 오라녜-나사우의 대공 빌럼 3세와 그의 아내 메리 여왕(Queen Mary)이 1689년 영국 통치자로 즉위할 정도로 양쪽은 끈끈한 관계를 유지했다.

적대감과 친밀감이 어우러진 이러한 역학 관계는 인도양에서의 영국-네덜란드 관계에도 입김을 불어넣었다. 네덜란드가 동인도 지역에서 수십 년간 우위를 점하고 있었지만, 영국이 끊임없이 그 뒤를 바짝 쫓았다. 양국의 경쟁 구도는 1623년 네덜란드령 몰루카제도의 수도 암보이나[Amboyna, 오늘날의 암본(Ambon)]에서 일본인 유랑 무사 9명, 유라시아인 1명과 함께 영국인 10명이 처형되면서 절정으로 치달았다.[42] 이 사건 이후 영토를 차지하려는 영국의 야망은 동인도 지역을 벗어나 인도 대륙에 집중되었다.

영국 동인도회사의 인도 내 최초 영구 정착지는 암보이나 사건이 발생하고 불과 4년 뒤 마드라스[Madras, 오늘날의 첸나이(Chennai)] 근방에 들어섰다. 그 후 수십 년 동안 영국 동인도회사는 봄베이를 손에 넣고 캘커타를 건설했다. 캘커타 건설은 영국 동인도회사가 인도 북부의 중심지인 갠지스강 평야로 세력을 확장할 수 있는 발판을 마련해주었다. 이 지역은 역사적으로 푸르반찰(Purvanchal, '동부 지역'이라는 뜻)로 알려졌다. 또한 그 지역 거주민은 푸르비야족(Purbiya, '동부인')이었고, 주요 언어는 오늘날 힌디어의 방언으로 여겨지는 보즈푸리어(Bhojpuri)였다.[43]

푸르반찰은 공예품·공산품·농산물이 풍부했다. 그뿐만 아니라 잉여 노동력도 넘쳐났는데, 이들 중 상당수는 인도 아대륙에서 서로 각축을 벌이는 여러 군대로 흡수되었다. 시간이 지남에 따라 갠지스강 평야에는 군사 노동 시장이 출현해 번성하기 시작했으며, 다양한 카스트와 부족 출신의 남성들이 이 시장에 기대 일자리를 구했다. 군사 노동 시장은 이 지역 경제에 필수적이었는데, 이는 대중의 통념과 달리 식민지 시대 이전의 인도가 변화를 모르는 정적인 나라가 아니라 격정적이고 불안정하고 극도로 역동적인 모험가들의 땅이었고, 따라서 군인 생활과 전쟁 수행이 전체 인구의 자그마치 25퍼센트를 고용하는 주요 산업이었기 때문이다.[44] 역사학자 디르크 콜프(Dirk Kolff)가 지적한 바와 같이, 군사 노동 시장은 사람들이 카스트 위계질서에 놓인 자신의 위치를 바꾸고 재창조할 수 있는 중요한 사회적 이동 통로이기도 했다.[45] 따라서 그 시장은 중요한 전략적 자원이었으며, 인도 북부로까지 세를 확장하고자 하는 신흥 세력은 누구라도 갠지스강 평야에서 세포이와 '종군 민간인(camp-follower: 과거 군대를 따라다니며 물건을 팔거나 일을 하던 사람—옮긴이)'을 모집할 수 있어야 했다. 또한 영국 동인도회사는 토착 군인을 모집하기 위해 이 지역을 활용했다. 즉, 그들은 비하르주를 합병하기 전부터 인도 아대륙의 서로 다른 세 지역에서 토착 군대를 꾸리기 위해 푸르비야족을 모집하고 있었다. 이들 비하르인 세포이는 주로 브라만과 라지푸트족 등 상층 계급 힌두교도가 대부분이었다.[46]

영국 무기로 무장한 벵골 관구(presidency, 管區: 영국령 시대의 인도 3대 지역, 곧 벵골·봄베이·마드라스의 행정 명칭—옮긴이) 군대는 점차 약해지는 무굴 제국의 잔존 세력을 무찌르면서 꾸준히 서쪽으로 진격했다. 1757년과 1764년, 영국 동인도회사는 결정적인 두 차례의 전투에서 비틀거리는 토착 세력을 물리쳤다.[47] 이러한 승리로 손에 넣은 영역은 곧바로 그 회사의 벵골 관구에 귀속되었다. 벵골 관구는 그 이후 관할 영역이 파트나를 훌쩍 지나 갠지스강 평야 깊숙이까지 확장되었다. 이는 영국이 그 군사 노동 시장의 내륙 지방 상당 부분과 아편을 생산하는 비하르주 대부분 지역을 손에 넣었다는 의미였다. 이 두 곳은 영국 동인도회사의 운명에 전략적으로 더없이 중요한 역할을 하게 되는 지역이다.

영국은 네덜란드나 프랑스와 마찬가지로 오랫동안 파트나에 '공장' 또는 무역 사무소를 운영해왔다. 그래서 영국 관리들은 아편 사업이 어떻게 꾸려지는지를 훤하게 꿰뚫고 있었다. 영국이 그 지역을 정복한 이후 몇 년 동안 유럽인은 아편을 손에 넣으려고 각축을 벌였다. 그 결과 그 지역의 양귀비 재배 면적은 불과 1년 만에 28만 3000헥타르에서 30만 3500헥타르로 불어났다. 역사학자 엠다드울 하크(Emdad-ul Haq)는 이렇게 적고 있다. "대대적으로 논을 양귀비 재배지로 전환한 결과 1770년 벵골에서 기근이 발생했다. 이 때문에 전통적으로 천연자원이 풍부해 '황금 벵골'로 불리던 지역에서 무려 1000만 명이 목숨을 잃었다."[48]

1772년 인도 총독 워런 헤이스팅스(Warren Hastings)는 비하르주의 아편 생산을 전적으로 영국 동인도회사의 통제 아래 둠으로써 이 문제를 해결했다. 그때부터 농부들은 아편을 그 회사가 지정한 대리인에게만 판매할 수 있었으며, 아편을 사고파는 지역의 상인들은 밀수업자로 간주되었다.[49] 이로 인해 프랑스와 네덜란드 상인들은 아편 거래에서 배제되었고, 실제로 영국인보다 더 높은 가격을 지불한 다른 유럽인들과의 거래를 선호하던 비하르주 농부들은 적잖은 피해를 입었다.[50]

식민지 정권으로서는 아편 시장이 횡재나 다름없었다. 그런 데다 아편은 정말 좋은 시기에 등장했다. 중국 차에 대한 세금이 영국과 영국 동인도회사 모두에 점점 더 없어서는 안 될 수입원으로 자리 잡고 있던 때였기 때문이다. 게다가 북·남미 대륙에서 은 공급이 줄어들어 중국산 차는 점점 더 구하기 어려워지고 있었다.[51] 물론 영국 관리들은 적이자 친구인 네덜란드가 동인도 지역에서 어떻게 아편 수요를 키워왔는지 잘 알고 있었다.[52] 영국 동인도회사의 구성원 가운데 일부는 중국 시장도 같은 방식으로 확대할 수 있을지에 의구심을 표시했다. 하지만 일부는 그런 일이 얼마든지 가능하다고 확신했다.[53]

1767년 조선업자 왓슨 대령(Colonel Watson)이 캘커타에서 열린 영국 동인도회사 대표자 회의를 통해 중국으로의 아편 수출량을 늘리자고 공식 제안했다는 이야기가 전해진다.[54] 이 제안은 휠러 씨(Mr. Wheeler)라는 "그 회사 임원이자 영향력 있는 구성원"의 지지를 얻었으며, "호의적으로 받아들여진 뒤 정부를 지탱하는 수입을 늘리는 행복한 방법으로서 채택되었다".[55]

런던의 그 회사 고위층은 중국에서 아편이 1729년부터 금지되었다는 사실을 똑똑히 알고 있었다. 게다가 처음에는 이 방법이 정녕 행복한 것인지 확신하지 못했다. 그들은 어느 시점엔가 다음과 같이 캘커타에 엄중 경고하기까지 했다. "그런 은밀한 무역에 발을 담그는 것은 우리 회사에 어울리지 않는 짓이며, 따라서 우리는 우리 회사를 위해 더 이상의 아편을 중국으로 보내는 일을 결단코 금지한다."[56] 그러나 이러한 양심의 가책은 이익을 거둘 수 있는 전망이 엿보이자 이내 종적을 감추었다. 그중 가장 큰 이득을 누린 이는 아편 무역을 위한 선박을 전문적으로 건조하기 시작한 왓슨 대령 자신이었다.[57]

왓슨 대령의 이름은 그 후로도 오랫동안 영국 상인 공동체에서 널리 회자된 듯하다. 이는 그의 동포들이 1767년 캘커타 회의에서 내린 결정이 역사적으로 어떤 성격을 지니는지 명확하게 인식했음을 말해준다.[58] 그러나 다른 상품의 무역 자금을 대기 위해 아편을 사용한다는 발상 자체는 실상 왓슨 대령의 머리에서 나온 게 아니다. 그런 결정이 이루어진 것은 우연의 결과도, 대령이 1767년 유레카의 순간을 맞았기 때문도 아니다. 영국 동인도회사가 캘커타 회의에서 중국 시장을 키우기 위해 아편 수출을 늘리기로 결정했을 때는 유럽의 여러 식민지에서 아편을 화폐로 사용하는 관행이 진작부터 뿌리내린 상태였다. 이 새로운 시스템을 구성하는 모든 요소는 거의 한 세기 동안 이어졌다.

유럽인은 결코 아편 거래를 발명하지 않았다. 그렇다기보다 대서양 연안에서 이루어지고 있던 인간 밀거래와 마찬가지로 기존의 소규모 관행을 받아들이고 그것을 대규모로 확장했을 뿐이다.

영국 동인도회사가 비하르주의 아편 생산을 통제했을 때부터 영국 식민지 개척자들은 자신들의 아편 독점이 그저 기존의 토착적 관행을 연장한 데 지나지 않는다고, 무굴 제국도 아편 독점을 유지했었노라고 외쳤다.[59] 이런 논조는 시간이 가면서 반복을 통해 역사 기록에 깊이 아로새겨진 결과 심지어 오늘날에조차 종종 되풀이되곤 한다. 그러나 역사가들은 식민지 시대 이전의 아편 독점을 보여주는 증거를 찾아낼 수 없었다. 무굴 제국은 아편에 다른 농산물처럼 세금을 부과했으며 때로 개별 상인 및 카르텔이 생산량을 통제할 수는 있었지만, 국가가 그런 시스템을 관리했던 것 같지는 않다.[60] 무굴 제국 통치자들과 왕실은 실제로 아편을 오락용으로 사용했으나, 아편 공급은 국가 독점이 아니라 네덜란드인을 위시한 민간 상인을 통해 이루어졌다.[61]

따라서 무굴 제국의 아편 독점 이야기는 그저 대영제국이 자기변명을 위한 신화 만들기에서 남다른 재능을 발휘한 또 하나의 사례에 지나지 않는다.[62] 이는 정말이지 서구가 아시아에서 아편에 관여한 것과 관련해 가장 놀라운 측면 가운데 하나다. 서구의 식민지 개척자들은 아편을 이용해 아시아인에게서 헤아릴 수 없는 부를 빼내는 데 성공했을 뿐만 아니라, 비백인은 태생적으로 중독과 타락에 쉽게 빠지는지라 아편이 태곳적부터 존재했다고 주장함으로써 아편 거래에서 자신들이 맡은 역할을 모호하게 만드는 데서도 성공했다.

이러한 모호화 작업에서 꽤나 효과적인 무기는 당시 서양에 뿌리내리고 있던 특정 사고방식이었다. 그중 가장 강력한 무기는 인간이 통제할 수 없는 어떤 추상적인 힘과 보편적인 기제가 존재한다는 발상이었다. 따라서 예를 들어, 당시 식민지 개척자들이 아메리카 원주민에게 안겨준 참상은 종종 인간의 행위 주체성과는 무관하게 작동하는 자연법칙의 작용으로 여겨졌다.[63] 마찬가지로 이 시기에 많은 서양인, 특히 영미권의 엘리트들은 무역과 상업도 인간 개입이 불가능한 법칙의 지배를 받으며, 따라서 아편을 포함한 상품들의 자유로운 유통을 줄이려는 온갖 노력은 실패할 수밖에 없다고 확신하기에 이르렀다. 많은 식민지 관리 및 상인들은 자유 무역이 일종의 자연법이자 거의 신의 법에 준하는 것이라고, (아시아에서 아편 유통이 끊임없이 확대되도록 보장한 것은 자유 무역이라는 추상적 법칙이 아니라 무력이라는 사실을 정확히 꿰뚫어보고 있었음에도) 어떤 국가를 막론하고 아편의 흐름을 규제하려는 것은 소용없을뿐더러 심지어 괴팍하다고까지 할 수 있는 일이라고 진정으로 믿었던 것 같다.

유럽 식민주의에서 아편이 맡은 역할을 은폐하는 데 그에 버금갈 만큼 크게 기여한 것은 바로 18~19세기 유럽에서 발전한 '역사'라는 개념이다. 이 역시 서구의 자아상을 형성하는 데 막대한 역할을 한 또 하나의 계몽주의 개념이었다. 이 관점에 따르면 '역사'는 근본적으로 어떤 초월적 목적을 향해 진화하는 진보의 서사였다. 역사학자 프리야 사티아(Priya Satia)가 지적했다시피, 영국 제국주의 이데올로기는 끊임없이 상승하는 진보 내러티브로서의 시간 및 역사에 대한 개념에 기반을 두고 있다.[64] 따라서 18세기의 역사는 인간의 자연권 및 해방에 관한 이야기로 여겨졌으며, 같은 시기에 그와 더불어 펼쳐진 집단 학살과 노예제의 역사는 이 내러티브에서 조용히 묻히거나 불행한 일탈쯤으로 묘사되었다. 대신 19세기에 선호된 이야기는 고독한 천재들의 과학적 발견과 기술적 혁신이 몰고 온 것으로 간주된 산업혁명을 전면에 내세운 것이었다. 주요 혁신의 상당수가 영국의 식민지 전쟁으로 인해 급성장한 군수 산업에서 비롯되었다는 사실, 산업화를 위한 자본의 상당 부분이 노예 노동과 마약 거래를 통해 조달되었다는 사실은 그저 진보 내러티브에 맞지 않는다는 이유로 무관한 것으로 치부되었다.[65]

역사가 목적 지향적 여정이라는 생각은 현대인의 상상력에 너무도 깊이 뿌리내리고 있어, 아마 향후에도 오랫동안 흔들리지 않을 것이다. 오늘날 미국이 겪고 있는 오피오이드 위기 같은 내내 진행 중인 현대적 재난, 한층 더 중요한 것으로 기후 변화의 파국적 영향이 없다면 말이다. 마치 역사가 진보의 목적론에 담긴 모순을 드러내기 위해 스스로 개입한 것만 같다.

05

2005년에 《양귀비의 바다》를 집필하기 시작했을 때만 해도 19세기 초 비하르주에서 아편이 어떻게 생산되었는지 소상하게 이해하기 어려웠다. 하지만 그 이후 극적인 변화가 뒤따랐으며, 이제는 식민지 아편 산업을 다룬 문헌이 워낙 빠르게 불어나고 있어 따라잡기가 벅찰 정도다. 이처럼 관심이 급증한 데는 아이비스 3부작의 출판이 일정 부분 영향을 끼친 듯하다. 적어도 중요한 최근의 두 출판물이 이를 말해준다 싶은데, 이것은 나에게 적잖은 만족감을 선사한다. 역사적 픽션과 학술적 역사기록학을 넘나드는 작품이 공개적으로 인정받는 경우란 극히 드물기 때문이다.[1]

다가오는 몇 년 동안 식민지 아편 산업을 다룬 문헌은 더욱 빠른 속도로 꾸준히 늘어날 것이다. 나는 작업을 추진하는 과정에서 대영도서관에 보관된 아편 관련 문서가 거의 무궁무진하다는 사실을 알았다. 이 주제와 관련한 문서들이 워낙 널리 흩어져 있어 이전에 발견되지 않은 파일이며 폴더가 앞으로도 오랫동안 속속 드러날 것이다.[2] 인도 상인과 무역업자를 다룬 개인 문서에 관해 말하자면, 많은 컬렉션이 존재한다고 알려져 있음에도 그에 대한 연구는 거의 시작되지 않았다.

최근 이 주제에 대한 관심이 급증하자 오늘날에는 내가 《양귀비의 바다》 집필에 뛰어들 때보다 비하르주 농부들이 어떤 상황에서 아편을 생산했는지에 대해 훨씬 더 많은 사실이 알려졌다. 그것은 상당 부분 재능 있는 2명의 젊은 학자 덕택이다. 그 가운데 첫 번째 인물은 2019년 《19세기 인도 농부의 아편 생산(The Peasant Production of Opium in Nineteenth-Century India)》이라는 책을 출간한 오스트리아 역사학자 롤프 바우어(Rolf Bauer)다. 두 번째 인물은 〈아편, 경제사상, 그리고 영국의 자유 무역 제국 건설, 1773~1839(Opium, Economic Thought, and the Making of Britain's Free Trade Empire, 1773~1839)〉라는 제목의 논문으로 2022년 스탠퍼드에서 역사학 박사 학위를 취득한 미국인 매슈 워머(Matthew Wormer)다. 워머의 연구는 제1차 아편전쟁 이전 시기에 초점을 맞춘 반면, 바우어는 그 이후 수십 년에 더 많은 관심을 기울였으므로 두 연구는 서로를 멋지게 보완해준다. 둘 다 흥미로운 관찰과 인상적인 일화로 가득 찬 뉘앙스를 잘 살린 세밀한 연구다. 두 연구는 기본적으로 1세기 넘는 기간 동안 안정된 상태를 유지하면서도 시간이 경과함에 따라 서서히 변화를 겪은 일련의 복잡한 조건에 대한 흥미로운 이야기를 들려준다.

이 이야기에서 첫 번째로 중요한 순간은 1772년 영국 동인도회사가 비하르주의 아편 산업을 장악한 때다. 두 번째로 큰 변화는 1799년 그 회사 경영진이 아편 생산에만 오롯이 전념하는 관료 조직을 꾸리기로 결정한 일이다.[3] 이 두 가지 중요한 사건 사이에 가로놓인 몇십 년 동안 농부, 상인, 계약 업체가 서로 대립하면서 아편 산업은 커다란 혼란에 휩싸였다. 새로운 아편 관료 조직의 임무는 생산을 안정화시켜 상황을 개선하고, 그와 더불어 거의 대부분 네덜란드령 동인도 지역과 중국으로 수출하기로 되어 있는 생산량을 연간 약 4800궤짝으로 일정하게 유지하는 일이었다.[4]

새로운 규정에 따라 아편국(Opium Department)은 양귀비 재배부터 캘커타에서의 그 제품 경매에 이르기까지 아편 생산 및 유통의 갖가지 측면을 감독해야 했다. 그때부터 동인도회사 직원들은 어떤 농부가 양귀비를 재배할 수 있는지, 양귀비를 얼마나 심을 수 있는지, 수확물에 대해 가격을 얼마나 매길 수 있는지 결정했다. 수확물은 전량 아편국에 넘겨져 그들 자체 시설에서 처리되었다.[5]

처음에 아편국 관할권에 속한 영역은 동쪽으로 파트나에서 서쪽으로 베나레스〔Benares: 인도 동북부 우타르프라데시주에 자리한 바라나시(Varanasi)의 옛 명칭—옮긴이〕에 이르는 갠지스강 평야 중앙부에 그쳤다. 그러나 1830년 이후 몇 년 동안 아편 생산량이 가파르게 증가하기 시작하면서 아편국의 영역은 점점 더 넓어졌으며, 마침내 서쪽으로 아그라(Agra) 인근에서 동쪽으로 벵골 국경에 이르는 푸르반찰 전역에 걸쳐 제국 안의 한 왕국으로 성장했다. 19세기 후반 이 지역에서는 약 50만 에이커에 양귀비를 심었다.

이 땅을 경작하려면 100만이 넘는 농민 가구, 총 500만~700만 명의 농민 노동력이 필요했다. 이 지역에서 양귀비 재배 농가의 밀집도는 저마다 달라 서쪽의 경우 더 성기고 동쪽의 경우 더 조밀했다. 하지만 바우어의 추정에 따르면, 비하르주에서 가장 집중적으로 양귀비 농사를 짓는 지역들에서는 겨울철 양귀비 생장철에 절반 넘는 가구가 양귀비

를 재배했다고 한다.[6]

수백만 명에 달하는 이들 노동력을 관리하던 관료 조직인 아편국은 설립 당시부터 서쪽의 베나레스 아편청과 동쪽의 파트나 아편청, 이렇게 지리적으로 두 군데로 나뉘어 있었다.[7] 두 기관의 수장은 아편사무관(Opium Agent)이라고 알려진 영국 관리가 맡았다. 아편사무관이라는 소박한 명칭은 사기성이 짙었다. 그 직책은 실제로 식민지 정권에서 두둑한 봉급과 숱한 특전이 주어질 뿐만 아니라 할 일도 그리 많지 않은, 가장 보상이 크고 가장 선망하는 자리 가운데 하나였기 때문이다. 실제로 일부 아편사무관은 자신에게 주어진 공식 업무보다 사교에 더 많은 시간을 할애하기도 했다. 그들 가운데 한 명으로, 1803년부터 1812년까지 파트나 아편청의 아편사무관을 역임한 존 윌턴(John Wilton)에 대해서는 "아무도 그에게 손님 접대 외에 다른 임무가 있다는 것을 모르는 듯했다"는 말이 전해진다.[8]

아편사무관의 주요 특전 가운데 하나는 궁전 같은 거주지였다. 예를 들어 존 윌턴은 "당구장과 '인도에서 가장 훌륭한 그림 소장품'을 갖춘 …… 우아한 영국식 저택"에 기거했다.[9] 수십 년 뒤 1876년부터 1895년까지 베나레스 아편국을 이끈 더비(Derby)의 3대 준남작 존 헨리 리벳카나크 경(Sir John Henry Rivett-Carnac)은 자신의 관저를 "가지푸르시(Ghazipur)의 갠지스 강가에 자리한 비할 데 없이 근사한 집으로, 멋진 정원과 좋은 부지에 둘러싸여 있다"고 묘사했다.[10]

이 직책의 또 다른 특전은 식민지 정권의 비용으로 가족 및 직원들과 함께 날씨가 더워지면 산등성이로 피신할 수 있었다는 점이다. 아편사무관은 거기서 휴식을 취하다가 날씨가 추워져 양귀비 재배 시즌이 시작되는 11월경에 돌아오곤 했다. 그런 다음 그와 가족 및 측근들은 아편국의 방대한 영역을 도는 시찰 순방을 떠났다. 이 순방은 아편사무관 부부가 랜도(landau: 지붕 포장을 앞뒤로 나눠 접을 수 있는 사륜마차 ─ 옮긴이)를 타고 매일 약 13킬로미터를 이동한 뒤, 도착 전에 미리 준비된 호화로운 캠프에서 하룻밤을 묵는 성대한 행사였다. 리벳카나크는 회고록에서 이렇게 적고 있다.

> 응접실·거실·식당으로 사용할 수 있는 근사한 더블 폴 텐트들을 갖추고 있었다. 사무관의 사무용 텐트, 침실과 탈의실 텐트, 그리고 우리와 대동할 경우를 대비한 영국인 하녀용 텐트도 있었다. 사무관과 항상 동행하는 개인 조수, 즉 개인 비서에게는 그의 텐트를 따로 제공했다. 그리고 하인과 말이 쓸 텐트, 밤낮으로 수레를 끌거나 보초를 서는 경비대가 사용할 텐트도 별도로 준비되어 있었다. 그 지역의 아편 관리와 그의 조수는 일반적으로 그 캠프와 함께 이동하면서 그들의 텐트를 대열에 더했다. 모든, 거의 모든 텐트는 두 벌씩 갖춰져 있어 당신이 한 벌의 텐트 안에서 평화롭게 잠들어 있는 사이, 다른 한 벌의 텐트는 당신의 도착에 대비해 미리 앞서가서 자리를 잡았다. 캠프는 망고나무 숲에 연한 길가에 설치되어 주요 이동로에서 캠프 생활의 즐거운 활력소인 망고나무를 실컷 감상할 수 있었다.[11]

리벳카나크와 그의 수행원들은 짬짬이 여가 삼아 "사격 탐험이나 저잣거리 방문, 또는 그 동네에서 주목할 만한 장소를 찾아가곤 했는데, 그 지역에서 그 동네는 흔히 커다란 가치를 지니는 유서 깊은 사원, 대도시 유적, 이름 높은 성지, 역사적 명소가 많았다".[12]

리벳카나크가 유명 기념물을 수도 없이 발견한 것은 결코 우연이 아니었다. 푸르반찰은 역사적으로 인도 아대륙, 아니 세계에서 가장 부유하고 비옥하며 문화적으로 창의적인 고장 중 하나였기 때문이다. 하지만 리벳카나크가 순방에 나섰을 때, 그 지역은 오늘날까지 집요하게 이어지고 있는 끈질긴 가난과 침체의 늪에 빠져 진즉부터 허우적거리고 있었다. 따라서 그 아편사무관의 설명을 통해 이러한 기념물을 설핏 엿보노라면 푸르반찰의 현재 상황이 역사적 이상 현상임을 확인할 수 있다. 그 역사적 이상 현상은 푸르반찰이 동인도회사가 성장하는 데 필요한 두 가지 주요 자원—즉, 세포이와 아편—을 그들에게 공급하기 시작한 바로 그 시기에 기원을 두고 있다.

두 아편사무관 아래에는 대개 영국인인 백인 관리들로 구성된 소규모 핵심 그룹이 있었다. 그들은 아편국의 종신 직원으로 그 관료 조직 내에서 정규직을 이루었다.[13] 시간이 흐르면서 아편국 영역이 확장됨에 따라 이들 간부는 '아편사무관 부차관보 조수(Assistant Sub-Deputy Opium Agent)' '아편사무관 부차관보(Sub-Deputy Opium Agent)' 같은 직책명을 지닌 약 70명의 관리 집단으로 불어났다. 그 직책은 인도에서 근무하는 영국 공무원의 기준에 비추어볼 때 보수도 높지 않고 승진 속도도 느리디느렸다. 1870년대에 열일곱 살 소년은 연봉 200파운드를 받고 아편사무관 부차관보 조수로 일을 시작했다. 그는 잘 풀리면 몇 년 뒤 5급 아편사무관 부차관보로 승진할 수 있었다. 그리고 운이 좋아 4단계를 더 올라간다면 정식 아편사무관 부차관보로 임용되어 연간 1200파운드의 급여를 받고 은퇴 후 500파운드의 연금을 누릴 수 있었다.

그러나 이런 직책은 여러 아들을 교육시킬 경제적 여력이 없는 백인 가정에 매력적으로 다가왔으므로 인기가 높았다. 아편국은 식민지 관료제의 다른 분야와 달리 시험을 통과하도록 요구하지 않아 진입이 수월했다.[14] 이 직책은 리벳카나크 같은 아편사무관과 기타 고위층이 후원하기로 선택한 젊은이들 몫으로 돌아갔다. 이러한 관리들의 환심을 사면 백인 가정은 제아무리 의욕과 앞날에 대한 계획이 없을지라도 제 아들들이 존경받는 삶을 살도록 만들어줄 수 있었다. "많은 이들이 아들의 장래와 관련해 그 선에서 타협을 보고, 더 많은 교육을 시키느라 돈 들이고 맘 졸이는 상황에서 벗어나려는 유혹에 넘어갔다."[15]

그러나 실제로 하급 아편 관리의 삶은 녹록지 않았다. 10대 후반이나 20대 초반에 시작하는 조수나 부차관보는 아편국의 코티(kothi, 지역 사무소)가 설치된 마을이나 그 부서의 27개 '지역 본부'를 둔 소도시에서 초창기 몇 년을 보냈다.[16] 그들은 일반적으로 두세 명의 다른 백인 관리와 함께 이 전초 기지의 '처머리(chummery, 합숙소)'에서 기거했다. 그들은 하나같이 독신 남성이었다. 그 이유는 "부서 업무 여건상 젊은 조수가 아내나 여성과의 관계로 인해 방해받으면 캠프에서 이동하거나 만족스러운 방식으로 업무를 수행할 수 없었기 때문"이다.[17]

그러나 일부 관리들은 결혼한 뒤 아내를 데리고 푸르반찰의 작은 시골 마을에 나가 살기도 했다. 하지만 그렇게 한다고 만족스러운 삶이 보장되는 것은 아니었다. 헨리 오스본(Henry Osborne)이라는 서른여섯 살의 한 관리는 1876년 영국에서 휴가를 즐기던 중 결혼한 뒤 신부를 데리고 자신이 5급 아편사무관 부차관보로 근무하는 비하르주의 마을 다바(Dhava)에서 함께 살게 되었다. 오스본이 일기에 적은 바에 따르면, 그는 침대 밑에 권총을 두고 잠을 청했으며, 잦은 우울증의 습격에 시달렸다. 그중 일부는 아내의 노래 부르기 때문이었다.[18] 리벳카나크 국장과의 관계도 썩 좋지 않았다. 그 준남작은 오스본이 더 좋은 자리로 옮기는 걸 거부했으며 '임금 체불' 문제를 두고도 그와 갈등을 겪었다.[19]

오스본에게는 리처드 블레어(Richard W. Blair)라는 동료가 있었는데, 아편사무관 부차관보 자리에 부임한 그 역시 가족을 데리고 비하르주의 작은 마을에 거주했다. 바로 그곳, 즉 네팔 국경 근처의 모티하리(Motihari)에서 나중에 조지 오웰(George Orwell)이라는 이름을 갖게 되는 에릭 블레어(Eric Blair)가 1903년에 태어났다. 오웰이 아직 갓난아기였을 때, 그의 어머니는 자녀 교육에 대한 걱정으로 오웰과 두 딸을 거느리고 영국으로 떠났다. 그러나 아편사무관 부차관보의 월급으로는 좋은 학교를 다니기에 턱없이 부족했다. 오웰은 "속물적이고 비싼" 사립 초등학교에 입학하는 데는 성공했지만, 쪼들렸던 어린 시절의 기억에 평생토록 시달렸다.[20]

훗날 버마(지금의 미얀마—옮긴이)에서 인도 제국 경찰의 장교로 근무한 오웰은 아마 아편을 직접 피웠을 것이다. 그는 언젠가 이렇게 썼다. "아편의 쾌락은 어떤 것인가. 다른 쾌락들과 마찬가지로 유감스럽게도 아편의 쾌락 역시 이루 말로 형언할 수 없다."[21]

아편국의 고위직은 엄격하게 영국인이나 유럽계 남성에게만 주어졌으나 그 부처의 직원 대부분은 저임금 인도인, 즉 모하리르(moharrir), 무츠디(mootsuddy), 고마스타(gomasta) 따위의 직함을 지닌 사무원·비서·

감독관 등으로 구성되었다.[22] 또한 아편국은 집행자 역할을 맡기기 위해 많은 경비병〔부르칸다즈(burkandaze)〕과 순찰대원〔질라다르(zilladar)〕을 고용했다. 1870년대에 그 부처에 고용된 인도인은 약 1000명에서 2400명으로 불어났다. 당시 그 부처에서는 인도인 직원이 영국인 직원보다 30배 이상 많았다. 그러나 그들의 급여를 모두 합쳐도 백인 직원 75명이 받는 급여의 절반에도 미치지 못했다.[23]

이처럼 도를 넘는 보수 격차는 맨 처음부터 지속된 아편국의 특징이었다. 영국인에게 더 넉넉한 보수를 지급한 이유 중 하나는 부패를 막기 위해서였지만, 그 부처 고위층에서도 착복과 횡령은 횡행했다.[24] 인도인의 경우, 급료가 쥐꼬리만 했으므로 그들은 기회만 있으면 제 주머니를 불리고자 혈안이 되었다. 워머의 언급에 따르면, "아편으로 벌어들이는 막대한 수입과 목에 풀칠할 정도에 그치는 인건비 지출 간 엄청난 격차는 해가 갈수록 불평등을 부채질했으며, 끝내 사기와 부패를 불러들였다".[25]

아편국의 인도인 직원들은 대부분 시골 지역에 그물망처럼 촘촘히 들어선 코티에 널리 흩어져 있었다. 그들로서는 갈취하거나 착취할 기회가 차고 넘쳤다. 이 하급 관리들은 비록 아편국 내에서야 지위가 보잘것없었지만, 자신이 배치된 마을에서 거의 제멋대로 문을 부수고 집안에 쳐들어가고 농부들을 붙잡아 가는 등 끗발 있는 자로서 권한을 휘둘렀다. 우타르프라데시주 중부에서 비하르주 동부에 걸친 지역은 아편국 단속반의 눈길을 피하기 쉽지 않았다. 모든 농부들이 가장 가까운 코티로부터 16킬로미터 이내에서 살아가고 있을 정도로 아편국 초소가 빽빽하게 들어서 있었기 때문이다. 게다가 그 부처는 많은 스파이와 정보원을 고용했으며, 이들은 이웃에 대한 첩보를 제공하면 쏠쏠한 보상금을 챙길 수 있었다. 필연적으로 고발과 맞고발이 난무하는 사태가 펼쳐졌다.

원칙적으로 아편국 관리들은 양귀비 재배농이 현금을 손에 넣는 데 필요한 허가증과 계약서를 작성해주어야 할 책임이 있었다. 그러나 실제로 이 하급 관리들은 일반 농부들과 직접 거래하지 않았다. 대신 아편국에서 중개인 역할을 하도록 임명한 일군의 상층 카스트 지주나 카타다르(khatadar, 부기 담당자)를 통해 권력을 행사했다. 이 카타다르들은 저마다 거개가 문맹인 수십 명의 농부 집단을 맡았으며, 그들을 대신해 허가증과 계약서에 서명해주었다. 따라서 농민들은 이론적으로야 계약과 선급금을 거부할 자유를 누렸지만, 실제로는 선택의 여지가 전혀 없었다. 아편국 관료들이 거의 무소불위의 권력을 휘두른 데다 부르칸다즈와 질라다르로부터의 폭력 위협이 상존했기 때문이다.

> 19세기 초 한 관찰자는 이렇게 기록했다. "선급금은 정부가 원주민 하인을 통해 지급한다. 그런데 료트(ryot, 농부)가 그것을 거부할 경우 돈을 그의 집에 던져 넣는 간단한 방법을 채택한다. 농부가 도망을 치려고 하면 토민병이 붙잡아 선급금을 그의 옷에 묶은 다음 그를 집으로 밀어 넣는다. 이제 일은 해결되고 달리 구제책은 없다. 따라서 농부는 할 수 있는 한 제 계약을 이행하는 데 전념하게 된다."[26]

식민지 정권은 때로 아편 재배농이 자신의 선택에 따라 아편 농사를 짓도록 보장하기 위해 이 시스템에 '개혁적 요소'를 도입하곤 했다. 문제는 농민에게 선택권을 넘기면 그들이 사탕수수·목화·담배처럼 더 많은 돈을 벌어들일 수 있는 다른 작물의 재배를 선호하게 될 거라는 점이었다. 이는 규정이란 으레 다양한 종류의 강압을 통해 모종의 제도적 허점을 남길 수밖에 없다는 걸 의미했다. 워머는 "강압적 관행을 정상화하는 것이 관료제 개혁이 떠안은 과제였다"고 지적한다.[27]

그러한 제도적 허점 중 하나가 농민들이 영국인 아편사무관을 통하지 않고서는 법에 호소할 수 없도록 막은 규정이었다. 이 규정은 사실상 농민의 불만이 결코 법정에까지 닿지 않도록 보장했다. 1807년 한 사건에 대해 기록한 내용은 이와 같다.

> 비하르주에서 가장 규모가 큰 아편 재배지 사란(Saran)에서 온 한 무리의 필사적인 재배농들이 총독에게 불만을 제기하고자 캘커타까지 찾아갔다. 고마스타의 학대에 대해 배상을 요청했다가 파트나 아편청의 아편사무관 존 윌턴에게 태형을 당한 뒤였다. '총독 각하'께서 이러한 불의를 종식시키고 '그들이 재배한 아편에 대해 전액 보장해줄 것'이라는 그들의 희망은 묵살당했다. 총독은 즉시 그들의 청원을 아편청으로 돌려보냈고, 그 청원은 영영 흔적도 없이 사라지고 말았다.[28] (존 윌턴은 다름 아니라 손님 접대와 그림 수집으로 상당 시간을 보내면서 사치스럽게 살아가는 아편사무관이었다.)

농부들의 계약서는 그들이 수확물을 전량 자비로 공식 수집 센터까지 운반하고, 거기서 계량과 품질 관리를 거친 뒤 원칙적으로 아편국이 정한 가격을 지급받도록 명시했다.[29] 그 가격은 19세기 초의 대부분 시기 동안 생아편 1시어(seer, 1킬로그램 남짓)당 3.50루피로 제자리걸음이다가 이후 병아리 눈물만큼 상승하는 데 그쳤다. 판매가가 너무 낮아 농부들이 들인 비용조차 충당하지 못할 정도였다. 양귀비는 거름, 고용 일꾼, 운송 등을 요하는 자본 집약적이고 노동 집약적인 작물이었다. 게다가 농부들은 여러 중개인에게 기름칠을 해야 했다. "뇌물 수수는 이론적으로야 불법이지만 그것이 암암리에 횡행한다는 사실을 모르는 이는 없었다."[30] 워머와 바우어는 아편 재배에 필요한 재정 지출이 어느 정도인지 계산한 뒤, 농부들이 들인 경작비가 아편국이 그들에게 지급하는 금액을 훌쩍 초과한다고 결론지었다.[31] 다시 말해 "아편국이 미가공 아편에 지불한 가격은 양귀비 경작에 드는 비용을 보전해주지 못할 정도의 헐값이었다".[32]

따라서 인도 동부의 양귀비 농부들은 이 엄청나게 귀중한 상품을 재배해 돈을 벌기는커녕 오히려 수확을 하면 할수록 상당한 손실을 입었다.[33] 그렇다면 그들은 뭣 때문에 이 작물을 재배했을까? 그 이유는 수백 명의 농부가 서명한 탄원서에 간결하게 쓰여 있다. "우리는 정부의 압력 탓에 양귀비를 재배하고 있다. 만약 그게 없었다면 양귀비를 재배하지 않았을 것이다. 우리는 이 문제에서 놓여나길 바랄 따름이다."[34]

따라서 이는 꽤나 강압적인 체제였다. 즉, 농부들은 항시 도사리고 있는 폭력의 위협에 대처해야 했을 뿐만 아니라 아편국이 양귀비에 배정한 토지에는 다른 어떤 것도 재배할 수 없다고 규정했던지라 선택의 여지가 없었다.[35] 다른 작물을 심을 경우 쫓겨날 수도 있었다. 대다수 양귀비 재배자들은 '임차농'이었기 때문에 경작지를 잃을 위험이 상존했다.[36] 아편국의 규정이 지나치게 엄격하고 징벌적이라서 농부들은 본질적으로 일련의 법적 의무와 부채의 굴레에 갇히고 말았다. 심지어 기근이 닥쳐도 아편을 향한 대영제국의 끝없는 욕구를 채우기 위해 양귀비를 재배하는 것 말고는 달리 방법이 없었다.[37]

아편은 쪽(indigo)을 비롯한 나머지 여러 작물과 달리 농장에서 재배되지 않았다. 그런데도 아편국의 생산 체제는 전혀 수월하지도 자비롭

지도 않았다. 바우어가 지적한 바에 따르면, 두 체제의 차이점은 농장의 경우 개별 농장주들이 소유하고 있는 데 반해, 아편국은 정권 산하의 부처이고 따라서 제가 원하는 대로 자체 규정을 마련할 수 있는 권한을 누렸다. 실제로 인도의 백인 농장주들은 아편 재배를 부러워하면서 자기네도 그와 비슷한 규정과 강압적 조치를 활용할 수 있어야 한다고 주장했다. 공식적인 아편 재배 체제의 억압적 성격을 이보다 더 잘 보여주는 것은 없다. 그러나 식민지 당국은 양귀비는 예외적이며, "아편 사업은 단순한 상업 활동이 아니라 공익과 관련한 사례"인지라 이례적으로 엄격한 체제 아래 재배해야 한다고 주장하면서 농장주들의 간청을 단호히 거부했다.[38] 다시 말해, 아편은 쪽과 달리 전략적 자원으로서 지위를 누리고 있었다.

농부들에게 강요된 계약은 구속력이 있었다. 게다가 할당량을 채우지 못한 농부들은 생산물 일부를 빼돌려 개인 상인에게 몰래 팔았다는 의심을 샀다. 독점이 으레 그렇듯이 영국 동인도회사의 독점으로 인해 '암시장'이 성행했다. 이 지하 경제에서 거래하면 아편국이 제시하는 가격의 몇 배에 달하는 돈을 손에 쥘 수 있었던지라 가난한 농촌 주민들로서는 그 유혹을 떨쳐버리기 힘들었다.[39] 공정 가격이 너무 낮았으므로 많은 농민은 자연스럽게 유혹에 무릎을 꿇을 수밖에 없었다. 이는 곧 그 지역에 범죄가 만연하고 조직적인 네트워크를 통해 아편 상당량이 밀반출된다는 것을 의미했다.[40] 이에 따라 아편국은 막대한 비용을 들여 치안을 유지하고 다수의 첩자 및 밀고자를 확보해야 했다.[41]

할당량을 채우지 못한 농부들은 종종 제 자신이 사용하기 위해 아편을 빼돌렸다는 의심을 사곤 했다. 시간이 지나면서 많은 양귀비 재배자가 아편을 직접 사용하는 데 익숙해졌기 때문이다. (어느 영국 관리의 말에 따르면, 양귀비 재배 지역에서 아편 소비량이 100배 증가했다고 한다.)[42] 이에 대응하기 위해 아편국은 각 양귀비밭이 정확히 얼마만큼 수확하는지 마지막 한 줌까지 한층 더 상세히 기록하기 시작했다. "수확량이 수상할 정도로 낮을 경우, 또는 동일한 허가증을 지녔거나 같은 마을에서 살아가는 다른 동료 농부들의 수확량을 밑돌 경우, 해당 농부들의 이름을 낱낱이 장부에 기록했으며 첩자와 밀고자가 요주의 인물로 그들을 감시했다."[43] 따라서 농부들에게 부여한 할당량은 더할 나위 없이 실제적인 기준이었다. 아편국은 사용할 수 있는 갖은 강제적 수단을 다 동원해 그것을 엄격하게 집행했다. 할당량을 채우지 못한 농부는 우선 부기 담당자의 분노를 사고, 그 부기 담당자는 다시 아편국 관리에게 답해야 했다. 자신의 수확량을 조금이라도 빼돌린 것으로 밝혀진 농부는 무거운 벌금을 내고 처벌을 받았다.

이 같은 징벌적 감시 체제는 농부는 물론 지나가는 행인까지도 전제적인 처벌 및 벌금에 처할 수 있는 공포스럽고 비밀스러운 분위기를 조장했다. 한 인도인 경찰관이 어느 영국 위원회에서 말했다.

양귀비가 자라는 곳에는 아무도 얼씬거릴 수 없습니다. 만약 그럴 경우 양귀비 봉오리를 땄다는 혐의를 받게 됩니다. ……수확할 준비를 마치면 양귀비밭의 계량 업무를 담당하는 이들은 무게를 잴 때 작은 도구와 잘못된 추를 사용합니다. 그들은 이따금 경찰의 도움을 받아 경작자들과 손잡고 속임수를 쓰며, 자기들 집에 카치 아픰(kachi afim, 아편)을 얼마간 슬그머니 던져두곤 합니다. 그들은 이런 식으로 확보한 아편을 그들과 계약 맺은 경찰관에게 뇌물로 찔러주어야 합니다.[44]

그러나 이 모든 것에도 불구하고 리벳카나크는 "아편국이 수십만 명에 이르는 경작자의 좀도둑질을 막는 데 성공했다거나 향후 성공할 가능성이 있다고는 말할 수 없다"고 인정해야 했다.[45] 실제로 농부들은 아편국의 규정을 빠져나가고 거기에 저항하는 기발한 방법을 고안해냈다. 그들은 양귀비 재배지로 지정된 땅에 몰래 다른 작물을 재배했다. 또한 하급 관리들에게 뇌물을 찔러주었다. 그뿐만 아니라 생산물에 불순물을 섞고, 자신들이 만들어낼 수 있는 것이라면 뭐든 지하 시장에 팔아넘겼다. 이 모든 것들로 인해 상당량의 아편이 아편국의 감시 눈길에서 벗어났을뿐더러 조직 전체가 부정부패 및 금전적 타락으로 얼룩졌다. 이는 경작자들에게야 몇 푼 챙길 기회에 그쳤을지 모른다. 하지만 관료 체제의 고위직에 포진한 이들(인도인 포함)에게는 막대한 재산을 빼돌릴 기회를 부여했다.[46]

일부 영국 관리들은 농부들에게 지급하는 터무니없는 헐값과 현지 직원들의 저임금이 아편국 문제의 원천이라는 사실을 알아차렸다. 그러나 그 밖의 관리들은 부정부패와 냉담 그리고 "철저한 도덕적 원칙 무시"가 인종으로서 인도인의 고질적 문제라고 확신하기에 이르렀다. 식민지 정권의 지도부도 이러한 견해에 뜻을 같이했다. "인도인 부하 직원들의 임금을 올려달라는 비하르 및 베나레스 아편사무관들의 요청은 캘커타 아편위원회에서 거듭 기각되었다. 그들은 '냉담하고 게으른' 것으로 …… 소문난 원주민의 '부도덕성'을 들먹이면서 자신들의 거부 의사를 정당화했다."[47]

그러나 더 넓은 의미에서 보면 이는 사소한 문제에 불과했다. 식민지 정권의 관점에서, 그들의 마약 거래는 그 자체로 엄청나게 수익성 높은 사업이었다. 수십 년 만에 양귀비 재배 면적은 시종 늘어났으며, 아편 생산량은 경이적인 속도로 증가했다.[48]

18세기 전반기에는 중국으로의 아편 수출이 좀처럼 200궤짝을 넘지 않았지만, 1767년에는 그 수치가 1000궤짝으로 불어났다.[49] 아편국이 설치되자 그 수치는 1800년에 4570궤짝으로 증가했으며, 한동안 약 4800궤짝 부근을 오갔다.[50] 그러나 1830년 이후 수출이 급격히 증가했고, 이내 아편은 식민지 경제의 주축으로 떠올랐다. 아편은 "빵 반죽 속의 이스트처럼 구조 전체가 의존하는" 물질이었다.[51] 즉, 미국 국방대학(National Defense University)이 발행한 저널에 실린 기사에 따르면, "1772년부터 1850년까지 영국 상인들은 영국 동인도회사의 주도 아래 광범위한 아편 공급망을 구축함으로써 …… 세계 최초의 마약 카르텔을 형성했다".[52]

따라서 이 체제는 인류 역사상 가장 성공적인 상업적 모험으로 진가를 발휘했으며, 100년이 훨씬 넘는 기간 동안 대영제국에 막대한 수익을 안겨주었다. 결국 아편 무역은 당시 전 세계로 빠르게 퍼져나가던 신흥 자본주의 체제의 필수 요소였다. 그러나 이 체제는 식민주의와 인종에 단단히 기반을 둔 것이어서 자유 시장과는 거리가 멀었다. 이런 의미에서 그것은 세드릭 로빈슨(Cedric J. Robinson)이 말한 "인종자본주의(racial capitalism)"의 한 가지 사례였다.[53]

06

빅 브라더

아편국이 촘촘하게 짜놓은 그물망의 중심에는 아편을 가공하고 포장하는 두 곳의 중앙 아편 공장이 있었다. 이들 공장은 영국이 통치하는 인도 아편 제국의 쌍둥이 수도로서, 각각 아편국 산하 두 아편청의 허브 역할을 담당했다. 파트나 아편청의 공장은 굴자르바그(Gulzarbagh) 동네에 자리했으며, 베나레스 아편청의 공장은 "베나레스에서 일직선 거리로 65킬로미터가량 아래쪽인 갠지스강 유역의" 가지푸르 읍내에 위치했다.[1]

두 공장 모두 높은 붉은 벽돌 벽으로 둘러싸인, 요새처럼 생긴 준군사 시설이었다. 파트나 공장은 1781년에, 가지푸르 공장은 그로부터 8년 뒤에 지어졌다. 가지푸르 공장이 처음 들어선 곳은 읍내 외곽의 작은 부지였다. 하지만 이 시기에 영국 동인도회사의 아편 무역 활동이 워낙 빠르게 확장하는 바람에 제조 부서가 도저히 그 속도를 따라잡을 수 없었다. 1820년 그 회사는 43에이커의 부지에 호화로운 공장을 새로 설립했다. 한 상급 관리는 40년 뒤 그 공장에 대해 이렇게 묘사했다. "드넓은 부지를 차지한 공장은 여러 웅장한 건물을 아우른다. 나중에 들어선 건물들은 하나같이 철제 지붕을 이고 있다. 군데군데 그 장소를 장식하고 있는 많은 나무가 꽤나 그림 같은 외관을 부여한다."[2]

가지푸르는 4만 명의 인구 가운데 10퍼센트가 아편 공장에서 일하는 기업 도시로 변모했다. 시간이 지남에 따라 아편 공장 주변으로 노동자 가족을 수용할 수 있는 작은 마을이 우후죽순 생겨났다. 하지만 공장에 딸린 식구는 인간들만으로 이뤄지지 않았다. 공장 하수구에서 흘러나오는 폐수를 핥아먹는 걸 무척이나 좋아하는 원숭이 무리가 공장의 나무들을 터전으로 삼았다. 이들은 인도 북부 지방에서 가장 만족스럽고 평온한 원숭이였다고 한다. 공장 폐수가 유입되는 인근 강의 물고기들도 매일반이었다. 어부들은 그곳에서 그물 던지는 걸 좋아했다. 멍해진 물고기는 건져 올리기도 쉽고 먹기에도 딱이었기 때문이다.

오늘날에는 '아편 공장'이라는 단어가 너무도 별나게 들리는지라 내게는 가지푸르 공장이 아직껏 돌아가고 있다는 사실이 놀랍게 느껴졌다. (파트나 공장은 오래전에 문을 닫았다.) 가지푸르 아편 공장은 으스스한 과거의 유물이 아닐뿐더러 오늘날 의학에 쓰이는 합법적 아편을 세계에서 가장 많이 생산하는 곳 가운데 하나다.[3] 이로써 가지푸르 아편 공장은 세계에서 가장 오래된 산업 공장의 하나로 계속 운영되어왔다는 특성을 띠고 있다. 생산 공정은 전적으로 수작업이지만, 공장 운영은 철저히 현대화 및 합리화한 초기 버전의 테일러식 생산 라인에 따라 이루어지고 작업은 세분화되어 있다.[4] 또한 가지푸르 공장은 수백 년 된 대부분의 공장과 달리 소규모 기업하고는 거리가 멀다. 이 공장이 그동안 거두어들인 수익은 아마 계산할 수 없을 것이다. 대영제국에서 무게 기준으로 가장 수익성 높은 무역 품목을 상당히 오랫동안 생산한 두 공장 중 하나였기 때문이다.

가지푸르는 유서 깊은 공장을 갖고 있는지라 《양귀비의 바다》에서 중요한 역할을 맡는다. 이 소설의 처음 몇 챕터는 그 도시의 변두리를 배경으로 삼고 있으며, 책의 주요 장면 중 하나에서 등장인물 디티는 실제로 가지푸르 아편 공장 구내에 들어가서 이곳저곳을 돌아다닌다. 나는 이러한 공간적 배경의 중요성을 고려해 직접 그 공장을 방문하고 싶었다. 그리고 1970년대와 1980년대에 많은 사진작가와 기자들이 그곳을 방문했으므로 그 일이 가능할 거라고 생각했다. 하지만 문의를 해 보고 나서 최근 몇 년간 그 공장이 규제를 강화해 외부인 출입이 거의 불가능하다는 사실을 알았다. 한때 기자들의 접근을 허용하던 기관이 이제 완전히 봉쇄되었다는 사실은 전 세계에 가하는 영향력이 줄곧 커지고 있음에도 아편이 시야에서 벗어나고 있는 듯 보이는 또 다른 사례에 불과하다.

하지만 19세기에는 상황이 전혀 달랐다. 가지푸르와 파트나 아편 공장 두 곳 모두가 그림으로든 글로든 인쇄물을 통해 광범위하게 묘사 및 문서화되었던 것이다. 1865년 가지푸르 공장의 책임자 맥아더(J. W. S. MacArthur)는 영국 관광객에게 도움을 주고자 《아편 공장에 관한 기록(Notes on an Opium Factory)》이라는 책자를 발간하기까지 했다. 그는 이렇게 적고 있다. "이곳을 경유하는 여행자들은 아편 공장을 방문해보도록 권한다. 그 장소와 거기서 이루어지는 일에 대해 더 많은 사실을 알게 될 것이다."5

맥아더의 기술, 그리고 그와 함께 수록한 지도 및 삽화는 매우 상세해 나는 그 책자를 읽는 경험이 다큐멘터리를 시청하는 경험과 다를 바 없다고 느꼈다. 실제로 이 책자는 가지푸르 아편 공장을 배경으로 삼은 소설 《양귀비의 바다》에 나오는 장면들의 주요 원천이었다.

그러나 맥아더는 가지푸르 아편 공장에 대해 기록을 남긴 가장 유명한 인물이 아니다. 그 영광은 영어권에서 두 번째로 많이 인용된 작가 러디어드 키플링(Rudyard Kipling)이 차지했다. 키플링의 아버지인 예술가 존 록우드 키플링(John Lockwood Kipling)은 여기저기 안 끼는 데가 없는 준남작 존 헨리 리벳카나크 경의 제자였다. 따라서 러디어드(일명 '러디')는 어린 시절부터 그 준남작과 친분이 있었다.

키플링은 1899년 발표한 에세이 〈아편 공장에서(In an Opium Factory)〉에서 가지푸르 공장에 대한 인상을 묘사했다. 그는 공장의 저장 시설을 보고 커다란 충격을 받았다. "아편을 50여 만 파운드어치 보관할 수 있는 엄청나게 큰 창고와 거대한 헛간이 수없이 늘어서 있다. 수 에이커에 달하는 벽돌 깐 바닥에 궤짝들이 가득 쌓여 있고, 그런 창고가 끝도 없이 이어졌다."

키플링이 쓴 이 짧은 에세이는 영어가 식민지의 관행이며 정책을 은폐하고 순화하는 데 흔히 쓰이곤 하는 방식을 보여주는 뛰어난 예다. 이 에세이는 대부분 수동태로 쓰여 있다. 아편 공장은 그저 존재하면서 막대한 부를 낳을 따름이다. "추운 날씨가 시작될 무렵이면, 가지푸르는 가령 350만 파운드의 아편 거의 대부분이 바닥난다." (350만 파운드는 오늘날의 미화로 5억 달러 이상의 가치를 지닌다.)

이 공장과 그것을 뒷받침하는 정교하게 조직된 구조물이 영국인 식민지 개척자들에 의해 건설되었다는 사실은 슬그머니 심사숙고의 대상에서 밀려난다. 오히려 그에 대한 책임은 중국 소비자에게 어물쩍 전가된다. 한 관리자의 설명에 따르면, 공장이 그런 일을 하는 까닭은 어디까지나 "중국 시장 때문"이다. "중국인은 우리가 보내는 모든 물건을 좋아하고 애용한다." 물론 이것은 유럽인이 일반적으로 아편 무역에 대해 이해하는 방식이었다. 제국주의 열강은 그저 서구 식민주의와 무관하게 중국에 존재한다고 주장되던 수요를 충족시키고 있는 것으로 여겨졌을 따름이다.

마찬가지로 키플링은 아편 공장을 짓누르는 의심과 감시의 분위기를 백인 감독관 탓이 아니라 공장에서 일하는 원주민의 수상한 손버릇 낮으로 돌렸다. "그들은 아편이 막노동꾼의 손을 타지 않도록 각별히 주의를 기울인다. 아편에는 그렇게 되기 쉬운 속성이 있으며, 따라서 막노동꾼들은 가장 부적절한 순간에 몸수색을 당한다. 가지푸르에는 마호메트교도가 많은데, 그들은 하나같이 아편이라면 사족을 못 쓴다."

키플링은 때로 공장에서 나는 유독한 연기에 코를 찡그리곤 한다. "공장 전체에서 중심을 이루는 공간은 역겨운 아편 냄새가 가득 찬 실험실이다." 그러나 그런 갖가지 난처한 일은 결국 별 의미가 없다. 모든 것이 더 큰 대의인 제국, 즉 아편이 '막대한 수입'을 바치는 제국에 봉사하고 있기 때문이다.

가지푸르 사람들은 오래되고 유서 깊은 마을을 삽시간에 집어삼킨 새로운 대형 공장에 대해 무슨 생각을 했을까?

이 질문에 답하는 것은 불가능하다. 식민지 시대 인도의 경우가 흔히 그렇듯이 인도 언어들로 작성된 자료가 거의 없기 때문이다. 가지푸르 아편 공장에 대해 알려진 내용은 하나같이 영어로 쓴 문서에서 나온 것들이다. 오늘날의 어느 선도적인 전문가에 따르면, 두 아편 공장에 대해서는 보즈푸리어나 힌디어로 적은 글이 단 하나도 없다고 한다. "심지어 짧은 글조차 없다."[6]

의심할 여지 없이 이러한 침묵은 주로 두 아편 공장이 대부분의 영국 식민지 기관들보다 한층 더 심한 인종차별을 저질렀기 때문이다. 워머는 이렇게 지적한다. "식민지 정권의 하위 직급에 종사하는 인도 관리들을 향한 불신이 점차 심화하면서 과학적 평가 기준, 시시콜콜한 문서 작업, 엄격한 부기 요건 같은 제도적 형태가 도입되었다."[7]

아편국의 이 두 공장에서 일하는 인도인은 지속적으로 감시받았다. 또한 키플링이 지적했다시피 잦은 몸수색의 대상이 되었다. 실제로 좀도둑질을 방지하기 위해 고안한 조치는 꽤 극단적이어서 노동자들은 때로 몸수색을 당했을 뿐만 아니라 퇴근 전에 몸 씻김을 당하기도 했다. 이러한 수모에 가장 많이 노출된 것은 수백 명에 이르는 어린 소년 노동자들이었다. 그와 같은 조치는 그들이 아편을 몸에 문지른 다음 시장에 가서 몸을 씻어내는 식으로 아편을 훔쳐 가는 사태를 막으려는 의도에서 이루어졌다. 그것은 한 번 몸 씻기를 할 때마다 4안나(anna)를 챙길 수 있는 빼돌리기 수법이었다.[8]

인도인에 대한 이 같은 불신은 지역 방문객들에게까지 영향을 미쳤을 것이며, 아마도 이것이 공장을 묘사한 부즈푸리어나 힌디어 자료가 하나도 없는 이유일 터이다.[9] 반면 백인 여행자들은 환영의 대상이었을 뿐만 아니라 방문을 권장받기도 했다.[10] 시간이 흐르면서 파트나와 가지푸르 공장 단지는 '인도 그랜드 투어'에 포함된 코스로 떠오르기까지 했으며, 많은 영어 가이드북의 한 페이지를 장식하기도 했다. 1889년 파트나 아편 공장을 방문한 한 영국 하원의원은 귀국 후 신문사에 보낸 편지에서 이렇게 말했다.

> 역에서 우리를 맞이한 호스트(host)가 갠지스 강변에 그림처럼 들어서 있는 방갈로로 일행을 안내했다. 그 근처에는 그가 엔지니어로 일하는 정부 아편 공장이 있었다. 우리는 아침 식사를 마친 후 그 공장을 방문해 2시간 동안 아편이 그 나라로부터 얻은 원료에서 마침내 최종 소비를 위한 정사각형 형태로 바뀌는 다채로운 과정을 지켜보았다. 어느 마당에서 우리는 1회 복용으로 700만 명의 건강한 남성을 죽이기에 충분할 만큼의 아편이 쌓여 있는 걸 보았다. 그 공장 안에는 인도 인구 전체를 없애버리기에 족할 만큼의 아편이 있었다.[11]

가지푸르 아편 공장을 방문했을 가능성이 높은 인도인 중 한 명은 키플링의 동시대 동료인, 노벨상 수상자이자 시인 라빈드라나트 타고르(Rabindranath Tagore)였다. 가지푸르에서 6개월을 지낸 타고르는 그 공장에 다니는 친척이 마련해준 방갈로에서 묵었다.[12] 타고르와 그의 아내가 그곳에 머무는 동안 여러 친지들이 부부의 거처를 방문했다. 그 가운데는 그의 누나인 작가 스와르나쿠마리 데비(Swarnakumari Devi)도 있었는데, 그녀는 나중에 가지푸르에서의 체류를 다룬 긴 글을 썼다.[13] 타고르 부부가 묵은 방갈로는 그 공장과 가까웠는데, 그들은 친척의 소개로 많은 현지 벵골 주민을 만났다. 대다수가 아편국 직원이었을 것이다. 타고르 부부는 매일 산책을 하고 나들이를 즐기면서 콘월리스 경

(Lord Cornwallis)의 무덤을 비롯해 그 도시 안팎의 흥미로운 장소를 구석구석 찾아다니는 성실한 관광객이었다. 어느 날 쭉 공장 근처를 지나던 그들은 그곳에 거의 들어갈 뻔했지만 악취가 심해 접근하지 못했다. 그들은 아편 공장 주변의 악취는 그보다 더 심하다고 들었다.

스와르나쿠마리 데비가 밝힌 것처럼, 타고르 부부는 얼마든지 그 아편 공장을 방문할 수 있었음에도 결코 그렇게 하지 않았다. 하지만 그 공장이 그들에게 모종의 혐오감을 심어주었던 것만큼은 분명하다. 그 7년 전 라빈드라나트 타고르는 열아홉이라는 어린 나이에 〈중국에서의 죽음의 무역(The Death Trade in China)〉이라는 제목으로 식민지 아편 무역을 신랄하게 성토하는 글을 발표했다.[14] 그가 썼다.

> 중국 국가 전체가 영국에 의해 아편 독극물을 받아들이도록 강요당해왔다. ……전쟁에서 벌어진 비자연적이고 비인간적인 유혈 사태를 다룬 역사를 읽을 때면 우리는 그저 불안이 뒤섞인 공포만을 느낄 뿐이다. 하지만 인도와 중국의 아편 거래에서 인간 본성 자체가 지극히 비열한 단계로까지 전락하는 바람에 그 이야기를 끝까지 따라가는 것조차 혐오스러울 지경이다.[15]

이 구절에서 분명하게 드러나는 불쾌감은 아마도 타고르가 그의 할아버지 드와르카나트 타고르(Dwarkanath Tagore)가 아편을 거래했으며 제1차 아편전쟁 이후 중국이 지불해야 했던 배상금의 일부를 받기 위해 식민지 정부에 신청서를 제출하기까지 했다는 걸 알고 있었고, 그로 인해 죄책감을 느낀 데서 비롯된 감정이었던 것 같다. 시인은 일평생 거듭 이 주제로 돌아갔다.

거의 비슷한 시기에 노벨 문학상을 수상한 키플링과 타고르의 대조적인 태도는 그 자체로 식민지 지배자와 피지배자의 시각차를 잘 보여주는 흔적이다. 즉, 한쪽에는 식민지 본국에 막대한 수익을 안겨주는 제조업 단지를 승인하는 거만한 자기만족이, 다른 한쪽에는 자신의 글에 일언반구도 언급하지 않음으로써 그 공장에 대한 기억을 어떻게든 지우고 싶어 하는 듯한 혐오감이 깔려 있는 것이다.

다행히 다른 종류의 기록도 존재한다. 그것들은 서로 다른 식민지 지배자와 피지배자의 인식을 글로 직은 표현보다 한결 더 실감나게 보여준다. 이 기록은 파트나 공장에 대한 세 벌의 이미지로 구성되어 있는데, 하나는 영국인에 의해, 나머지 둘은 인도인에 의해 만들어졌다. 이 중 가장 잘 알려진 것은 영국 식민지 군대의 장교 월터 스탠호프 서월(Walter Stanhope Sherwill)이 제작한 6개의 컬러 석판화 세트다. 이 작품들은 1851년 런던의 수정궁(Crystal Palace: 1851년 철골과 유리로 만들어 세운 만국박람회용 건물로 1936년에 소실되었다ー옮긴이)에서 열린 전시회 때 선을 보였으며, 이후《중국 시장을 겨냥한 인도 아편의 제조 방식에 대한 삽화(Illustrations of the Mode of Preparing the Indian Opium Intended for the Chinese Market)》라는 제목의 책으로 출판되었다.[16] 그것들은 이후 널리 복제되었는데, 일반적으로 크기는 한층 줄어들고 색깔은 컬러가 아닌 흑백 상태였다.[17]

오랫동안 복제품에 익숙해 있던 나는 서월의 판화 원본을 처음 보았을 때 적이 놀랐다.[18] 예상한 것보다 훨씬 크고 상세했으며 색감도 뜻밖에 선명했기 때문이다.

전체적인 효과는 놀라웠다. 우뚝 솟은 천장, 장엄한 기둥, 원근법에 따라 소실점에 수렴하는 기다란 선반을 담아낸 그 판화들은 파트나 공장을 대성당이나 이집트 신전 같은 기념비적 규모로 보이게끔 했다. 사람 형상 가운데 비율을 제대로 그린 것은 주로 백인 감독관들로, 그들은 벽에 편안하게 기댄 채 노동자들을 감시하는 모습으로 표현되어 있다.

맨몸으로 생아편 통을 밟고 있는 남성, 거대한 창고 선반 사이를 허둥지둥 오가는 소년 등 인도인들은 마치 난쟁이 요정처럼 작게 그려져 있다. 그런데 풍부한 디테일과 기하학적 선들은 사실적인 인상을 심어주는 게 아니라 외려 공장을 마치 무대 세트장이나 판타지처럼 보이게 만드는 정반대 효과를 낳는다.

처음에 나는 서월의 판화가 건축물을 몽환적 기법으로 묘사한다는 이유에서 18세기 베네치아의 유명한 예술가 지오반니 바티스타 피라네시(Giovanni Battista Piranesi, 1720~1778)의 영향을 받았다고 생각했다.

하지만 서월의 주된 관심사가 실은 예술이 아니었다는 걸 나중에 알았다. 직업 군인이었던 그는 광물 자원을 찾기 위해 인도 중부 및 동부의 숲을 샅샅이 뒤지고 다니면서 많은 시간을 보낸 측량가이자 경제지질학자이기도 했다. 그는 여행하는 동안 과학에 관심 많은 식민지 관료들처럼 수시로 스케치를 하거나 그림을 그리는 습관이 있었다. 자연주의자로서 그는 인도 아대륙 최고의 서양 학회 가운데 하나인 벵골 아시아학회(Asiatic Society Bengal)에 입회할 정도로 크게 인정받았다.[19] 동시에 동인도회사의 군사 작전, 특히 반군 소탕 작전에도 적극 가담했다. 1850년대 말에는 그 자신이 측량가로 지도화한 바로 그 숲에서 발생한 부족 반란을 진압하는 데 혁혁하게 기여하기도 했다. 한마디로 서월은 과학과 제국〔전자는 자연의 정복을 요구하며, 후자는 '야수(brute)'와 '야만인 (savage)'의 복종을 필요로 한다〕에 동시에 복무하면서 막강한 영향력을 발휘하는 소수 정예 군인-자연주의자 집단의 일원이었다.

이러한 상황은 이미지 제작자로서 서월의 작업 방식에도 영향을 끼쳤다. 대부분의 경우 서월의 그림은 거침없는 붓놀림과 소프트 에지(soft edge: 이미지의 색상과 명도를 유사하게 해 거리감을 덜 느끼도록 하는 이미지 처리법—옮긴이)를 특징으로 하는 영국 아마추어 예술가들의 표준적 작품이다. 그러나 그는 식민지 정권이 인도에서 산업 정책을 성공적으로 수행했음을 보여주려는 의도를 지닌 그림을 그리기도 했다. 이것이 바로 그가 아편 공장을 직선과 날카로운 모서리, 기하학적 형태로 화폭에 담은 정확한 목적이었다. 마치 그와 같은 양식 자체를 산업주의의 매력을 떠올리기 위해 사용한 것처럼 보인다.[20] 미술사학자 호프 차일더스(Hope Childers)에 따르면, 그의 그림들은 "식민지에서 산업적 진보가 펼쳐지고 있음을 수정궁에 온 대도시 방문객에게 확인시켜주고자 맞춤 제작되었다".[21]

실제로 '진보'는 서월이 파트나 아편 공장 판화에 묘사한 신전을 다스리는 신이었다. 이 이미지는 흡사 신에게 바치는 봉헌물이나 마찬가지였다. 산업과 기계의 주기적 전시는 그 신을 위한 숭배로 기여했다. 버밍엄 및 맨체스터 섬유 공장에서처럼 생산이 기계화했다는 암시와 웅장한 내부도 그러했다. 서월의 판화는 산업혁명과 그걸 가능하게 한 기계에 대한 일종의 찬가였다.[22]

그러나 난감하게도 가지푸르와 파트나의 아편 공장에서는 오히려 기계의 부재가 눈에 띄었다. 아편 가공은 전적으로 손과 발로 이루어졌다. 맨발의 노동자들은 하루에 자그마치 10시간씩 생아편이 담긴 기다란 통을 여기저기 밟아댔다. 연기가 너무 짙어서 노동자들은 졸리고 무기력해졌다. 많은 방문객은 공장에 짙게 밴 강한 냄새를 언급했다. "공기 중에 아편 냄새가 가득했다. 그것은 완성된 마약의 최면성 냄새나 정제된 냄새가 아니라 코를 찌르는, 이루 형언할 수 없이 고약한 냄새였다."[23] 공장 내부는 깨끗하고 기하학적인 공간과는 거리가 멀었다. 수백 명의 성인 남성과 소년들이 백인 감독관의 감시 눈길 아래 작업에 매달리는 붐비고 후텁지근하고 비좁은 공간이었다.

기계가 없다는 사실에 크게 놀란 키플링이 안내원에게 물었다. "기계로 아편 덩어리를 만들고 그 위에 껍질을 씌우는 특허 기술을 발견한 사람이 없나요?" 없다는 답변이 돌아왔다. "완제품은 모든 중국인이 그것의 무게가 2시어 1.75치탁〔옛 인도의 무게 단위로 1시어는 지금의 1.25킬로그램, 1치탁(chittack)은 1시어의 16분의 1에 해당한다—옮긴이〕임을 반박할 수 없을 정도로 완벽해야 했기에" 아편 덩어리를 빚는 데는 숙련된 인간의 손이 필요했던 것이다.

아이러니하게도 과학자 지망생이던 서월은 객관적으로 묘사하기 위한 표현 도구를 썼지만, 결국에는 관념적일 뿐만 아니라 환상적인 이미지를 만들어내기에 이르렀다. 그는 자신의 시각 언어를 통해 암울한 현실을 진보의 신전으로, 즉 미개한 자들과 반항적인 자들에게 고통을 가하는 제물로 달래야만 하는 복수심에 불타는 신으로 바꾸어놓았다. 대영제국은 진보를 추종하는 '전투의 교회(Church Militant: 현세의 악과 싸우는 지상의 기독교도—옮긴이)'였기에 식민지 주민들에게 이러한 희생을 강요하는 것은 불가피한 역사적 필연으로 여겨졌다. 바로 이런 의미에서 아편 무역은 대영제국이 피식민지 민족을 진보 숭배로 전환시키는 과업을 추진하는 데 필요한 자금을 제공했다는 점에 비추어 필요악으로 간주되었다.

반면 중국에는 진보가 약속한 온갖 것과 정반대되는 퇴폐적이고 퇴행적이고 폐쇄적이고 낙후한 이미지가 덧씌워졌다. 중국이 영국 아편 밀매의 주요 목적지였다는 사실 자체가 중국의 타락을 말해주는 증거로 받아들여졌다. 셔월이 제작한 판화 작품 제목 중 '중국 시장을 겨냥한 아편'이라는 마지막 문구가 강조하고 있는 인식이 바로 그것이다. 이는 그 공장에서 생산한 아편(유럽인이 진보와 양립할 수 없다고 널리 인식하고 있는 물질)이 영국 영토가 아니라 타락한 중국에서만 유통될 계획이었음을 암시한다.

셔월의 판화 작품 자체가 그렇듯이 그의 판화 모음집 제목 역시 아편국 공장의 실상과는 영판 동떨어진 것이었다. 사실 그곳에서 생산한 아편은 오로지 중국 시장만 겨냥한 게 아니었다. 생산한 아편의 상당량이 인도 내 영국 영토에서 꾸준히 확장되는 판매망을 거쳐 팔림으로써 식민지 정권의 수입에 막대한 기여를 하고 있었던 것이다. 그 공장 생산품 중 많은 양이 네덜란드령 동인도제도에도 공급되었다. 하지만 이 사실 역시 제대로 부각되지 않았다. 네덜란드인은 백인 개신교 유럽인인데다 그들의 제국 역시 정의와 진보의 도구였기 때문이다. 어쨌거나 그것은 영국이 아편의 생산과 판매를 감독하는 것은 순전히 퇴행적인 아시아 국가와 그 통치자들의 요구를 충족시키려는 목적뿐이라는 인상을 풍겼다.

이는 현실과 완전히 어긋나는 주장이었다. 아시아에서 지배 정권이 아편을 후원하는 곳은 유럽인이 운영하는 식민지─네덜란드령 동인도 지역, 인도, 필리핀 그리고 훗날의 프랑스령 인도차이나 연방 등─뿐이었다. 태국, 일본, 합병 이전의 만달레이(Mandalay) 및 베트남 왕국처럼 그 나름의 자치권을 누리고 있던 모든 아시아 지역에서, 원주민 통치자들은 일찌감치 아편을 금지하거나 규제하기 위한 조치를 취했다.[24] 18세기에 시암(Siam: 태국의 옛 명칭—옮긴이)의 해상 조사관들은 "네덜란드의 아편 밀거래에 수시로 의혹을 제기했고, 이로써 시암의 순찰과 네덜란드 방어 작전 간 대립이 초래되었으며, 급기야 네덜란드 동인도회사가 1740년 7월 시암에서 철수하기에 이르렀다".[25] 시암의 왕 라마 3세(Rama III)는 1826년 영국과 맺은 조약에서 모든 종류의 아편 거래를 명시적으로 금지했다.[26] 그러나 영국의 민간 상인들은 그 조약에 크게 개의치 않았고, 아편은 수시로 동인도회사와 시암족 사이에 벌어진 분쟁의 원인으로 떠올랐다. 제1차 아편전쟁 이후 시암족 정부는 사형까지 포함하는 식으로 자국 아편 금지 정책의 고삐를 한층 죄었다.[27] 그들은 서구 열강이 강제로 밀어붙이기 전까지는 그 방침을 고수했다.

마찬가지로 베트남에서도 1820년에 황제는 "아편 중독자의 아들과 남동생조차 그 범죄자를 당국에 인도해야 한다"고 못 박은 엄격한 아편 금지 제도를 시행했다.[28] 그러나 이 모든 것은 아무 소용이 없었다. 영국과 프랑스의 해군 세력이 외국 아편선을 나포할 수도, 밀수업자를 현지 법에 따라 처벌할 수도 없도록 보장했기 때문이다. 결국 시암을 비롯한 동남아시아 국가들로서는 아편에 세금을 부과하고 아편을 수입원으로 삼는 영국과 프랑스의 식민지 모델을 받아들이는 것 말고는 다른 선택지가 없었다. 프랑스는 식민지화한 베트남에서 식민지 정권의 경제를 떠받치는 기둥으로 부상한 아편 독점 사업권을 따냈다.[29]

이러한 패턴은 아시아의 많은 지역에서 되풀이되었다. 국가 통치자들이 엄격한 아편 금지령을 제정하고 유지할 수 있었던 일본만큼은 드문 예외 국가였다. 운 좋게도 일본은 중국과 달리 그 나라의 수출이 영국 경제에 필수적이지 않았고, 따라서 그들의 레이더망을 빠져나갈 수 있었다. 그뿐만 아니라 일본에서는 아편이 중국의 몰락을 앞당겼다는 광범위한 인식에 힘입어 아편 금지령이 대중들로부터 폭넓은 지지를 얻을 수 있었다. 1905년 한 미국 관리가 증언했듯 "바로 이웃 나라가 중국을 바라보면서 느낀 공포보다 해롭기 그지없는 아편의 실상을 더욱 분명하게 보여주는 증거는 없다".[30]

물론 중국도 일찌감치 아편 수입 금지 조치를 취했고, 1729년 통과된 법은 18세기 말과 19세기 초에 두 차례에 걸쳐 재개정되었다.[31] 이러한 금지 조치로 인해 영국 동인도회사는 자사의 아편이 중국 시장을 겨냥하고 있다는 것을 공식적, 또는 명시적으로 인정할 수 없었다. 그렇게 하면 무역권을 잃는 데다 막대한 수익을 안겨주는 자사 차 사업의 종말을 앞당길 소지가 있어서였다. 따라서 영국 동인도회사는 그들의 상업적 특권을 지키기 위해 기발한 속임수를 동원했다. 가지푸르와 파트나 공장에서 생산한 아편을 경비가 삼엄한 선박에 실어 캘커타로 보내고, 그곳에서 경매를 통해 '사무역상'에게 넘긴 것이다.[32] 그런 후 회사는 자사 제품에 대한 모든 책임을 부인했다. 사무역상들은 아편을 주장강 변의 왐포아(Whampoa, 黃浦)로 실어 나른 다음 거기서 중국 밀수업자들에게 판매했다.[33] 중국 당국이 왐포아의 밀수 네트워크를 단속하자 밀매업자들은 상류로 거슬러 올라가 강어귀에 자리 잡은 링팅섬(伶仃島)으로 자리를 옮겼다. 그들은 거기에 아편 유통을 손쉽게 해주는 수령용 선박을 정박해놓았다.[34] 그곳에서 중국 밀수업자들은 마약을 '패스트 크랩(fast crab)' 또는 '스크램블링 드래곤(scrambling dragon)'이라고 알

려진, 노가 많이 달린 빠른 배를 이용해 황급히 본토로 실어 날랐다.[35]

이렇게 하면 상인들의 선박이 첫 번째 중국 세관에 도착했을 때 배 안에는 아편이 없는 상태이고, 따라서 그들은 오직 합법적인 제품만 거래하고 있다는 그럴듯한 주장을 펼칠 수 있었다.[36] 그들은 그런 다음 강을 거슬러 올라가 광저우 조계지(enclave, 租界地)에 있는 영국 동인도회사 공장으로 갔고, 거기서 자신들의 은을 건네주고 런던 및 기타 주요 도시들에서 교환할 수 있는 약속어음과 맞바꿨다.[37] 이 기막힌 시스템은 인도 농민들로부터 강제로 채취한 식물 생산물을 중국을 통해 서방에 유출하는 과정에서 가치가 몇 배나 불어나는 상품으로 거듭나게끔 했다.[38] 그 회사와 런던의 베어링 브라더스(Baring Brothers) 같은 은행이 발행한 약속어음은 노예화한 아프리카계 미국인이 생산하는 면화에서부터 인도 농민이 공급하는 아편에 이르기까지 상품 무역 시스템 전반을 한데 묶는 중요한 수단이었다. 따라서 이른바 자유 무역이라고 알려진 이 시스템은 결코 노예제, 강제 노동, 밀수, 암시장 없이는 작동할수 없었다.[39]

인도의 아편이 중국의 차 및 영국 은행의 약속어음과 교환되는 이른바 '삼각 무역'은 밀수출에 기반을 두었으며, 청나라 법을 드러내놓고 거부하는 상태로 이루어졌다. 따라서 영국 동인도회사는 늘 중국 관리들과 거래할 때면 아편이 특별히 중국을 위한 게 아니라고 주장하는 데 주의를 기울였다. 그러나 인도와 영국에 기거하는 영국인 청중에게는 중국인이 결코 알아차리지 못할 거라 믿으면서 끊임없이 정반대 주장을 펼쳤다. 따라서 서월의 판화 제목은 대영제국이 진보의 교회라는 신화를 보존하기 위해 아편 무역을 둘러싸고 퍼져나간 거짓말과 위선에서 직접적으로 유래한 것이다.

국가가 밀어주는 이런 유의 상황 조작은 오늘날 흔히 '오웰적(Orwell-ian: 전체주의적—옮긴이)'이라고 표현되곤 하는데, 이는 아마도 우연이 아닐 것이다. 물론 그 단어는 일반적으로 디스토피아적 미래에 대한 공상 과학 소설적 묘사와 관련해 쓰인다. 하지만 아편사무관의 아들이자 제국의 경찰이기도 했던 조지 오웰은 자신이 미래에 투영한 그 디스토피아가 식민지 시대의 관행들과 대단히 흡사하다는 사실을 똑똑히 알아차렸을 것이다.

아이비스 3부작의 시대적 배경인 1830년대 후반에는 아편이 인도에서 중국으로 대량 유입되고 있었다. 청나라는 아편 거래를 금지하고 밀매업자에 대해 단호한 조치를 취하면서 아편 유입 저지 노력을 거듭했다. 그러나 이러한 조치는 거의 효과를 거두지 못했다. 급기야 도광제(道光帝: 청나라 제8대 황제, 재위 1820~1850—옮긴이)는 고위 관리들에게 마약 밀매 통제 방안을 다룬 보고서('비공식 문서')를 작성하도록 명령을 내렸다. 합법화를 포함한 여러 가지 조치를 고려했지만, 황제는 결국 국가가 마약 거래를 억제하는 것 말고는 다른 방법이 없다고 판단했다. 이를 위해 중국에서 가장 유능하고 청렴한 관리 중 한 명인 임칙서(林則徐)를 특별 권한을 지닌 고등판무관 자격으로 광저우에 파견했다.

1839년 1월 광저우에 도착한 임칙서는 아편 무역을 금지할 뿐만 아니라 외국 상인에게 그들이 가진 아편 재고를 모조리 넘겨줄 것을 요구하는 포고령을 발표하는 식으로 발 빠른 행동에 나섰다.[40] 상인들이 거부하자 그는 그들을 조계지에서 가택 연금에 처했다.[41] 그들은 마음을 고쳐먹고 총 107만 5000킬로그램의 아편을 내놓았고, 그것들은 임칙서가 친히 지켜보는 가운데 전량 폐기되었다.[42]

영국 정부가 보기에 상인들이 입은 손실은 전쟁의 명분으로 삼기에 충분했다. 영국 정부가 1840년 중국 공격에 돌입하면서 제1차 아편전쟁으로 알려진 전쟁이 벌어졌다. 한 영국 아편 상인이 사실적으로 설명한 것처럼 이는 "대영제국과 그들이 거느린 인도 제국이 거두어들이는 전체 수입의 약 10퍼센트에 해당하는 600만 파운드가 실제로 걸려 있었던지라" 피할 수 없는 전쟁이었다.[43]

파국적 패배를 몇 차례 겪은 청나라는 1842년 난징 조약을 체결했고, 그에 따라 해외 아편 밀매업자들에게 600만 은화에 달하는 엄청난 배상금을 치러야 했다. 다른 조건들에는 외국 상인(및 밀수업자)에게 4개 항구를 개방하고, 홍콩섬을 영국에 식민지로 할양하는 조치가 포함되었다. 이후 홍콩은 중국 내 아편 밀수의 주요 거점으로 떠올랐다. 역사학자 크리스토퍼 먼(Christopher Munn)은 이렇게 기록하고 있다. "초기에 홍콩은 '영국령 인도 농산물'의 '중앙 창고' 노릇을 했는데, 그 창고를 지탱해줄 다른 무역은 거의 없었다. 1840년대 후반에는 인도 아편 작물의 75퍼센트가 홍콩을 경유한 것으로 추정된다."[44]

제1차 아편전쟁으로 비하르주의 양귀비 재배 면적이 계속해서 엄청난 속도로 불어날 수 있는 여건이 마련되었다. 실제로 그 면적은 25년 동안 거의 6배나 증가했다.[45]

07

시각

파트나 아편 공장을 그린 2명의 인도 미술가는 모두 라자스탄(Rajasthan)
의 프라탑가르(Pratapgarh) 지역에서 시작된 가라나(gharana, 학파) 소속이
었다. 인도의 음악가나 장인들이 흔히 그러했듯 미술가들은 한 카스트
에 속해 있는, 밀접하게 관련된 가문의 구성원들이었다. 그들은 전통적
으로 문해력을 대단히 중시한 카야스타(Kayastha: 전통적으로 '글을 다루는 카
스트'로 여겨진 인도 공동체 군집－옮긴이)로서, 대공 왕실에서 필경사, 부기
담당자, 연대기 작가로 고용되는 경우가 많았다. 프라탑가르의 미술가
들은 아마도 이 경로를 통해 라자스탄의 라자(raja: 인도의 국왕－옮긴이)나
마하라자(maharaja: 인도 왕국 중 하나를 다스리던 군주－옮긴이)가 운영하는 여
러 작업실 중 한 곳에 취직하는 식으로 그 직군에 입문했을 것이다.

　음악가처럼 미술가도 후원자를 구할 수 있는 곳으로 이주하는 경향
을 띠었다. 17세기에 프라탑가르학파의 일부 회원은 무굴 제국의 궁정
도시에 정착해 한 세기가 넘게 머물면서 무굴 작업실 스타일로 작품을

제작했다. 18세기 초 무굴 제국이 쇠퇴하자 그들은 벵골의 동인도회사 영역을 향해 동쪽으로 더 멀리 이동하기 시작했다.

시타 람(Sita Ram)이라는 미술가가 그림을 배운 것은 아마 벵골의 무르시다바드시(Murshidabad)에서였을 것이다. 안타깝게도 시타 람에 대해서는 그가 19세기 초반 몇십 년 동안 활동했다는 것 말고는 알려진 바가 거의 없다. 시타 람의 작품은 그의 생애가 끝나자 이내 사라졌으며 1970년대가 되어서야 다시 수면 위로 떠올랐다. 하지만 시타 람은 1995년 대영도서관이 그의 그림을 대량 수집하면서 19세기 인도 최고의 미술가 중 한 명으로 인정받기에 이르렀다.

시타 람의 작품이 그렇게나 오랫동안 베일에 가려져 있었던 것은 주로 그의 주요 후원자 모이라 경(Lord Moira, 훗날의 헤이스팅스 후작)의 가족 기록 보관소에 그의 그림이 1세기 반 동안 묻혀 있었기 때문이다.[1] 미국 독립전쟁에서 전투로 단련된 퇴역 군인 모이라는 1813년부터 1823년까지 인도 총독을 역임했다. 다사다난했던 그의 경력에서 중요한 사건은 1814년부터 1815년까지 18개월에 걸쳐 캘커타에서 파트나, 칸푸르(Kanpur), 라크나우(Lakhnau)를 거쳐 델리 관문까지 이어진 시찰 여행이었다. 시타 람은 약 1만 명의 군대와 관리가 포함된 수행원의 일원으로 총독의 순방에 동행했다. 총독의 여행을 그림으로 기록해야 하는 임무를 맡은 시타 람은 80점의 대형 수채화를 그렸으며, 그 작품들은 훗날 두 권의 책으로 묶여 나왔다. 그 두 권의 책은 최근에 《시타 람의 인도 풍경화(Sita Ram's Painted Views of India)》라는 제목으로 재출간되었다.[2]

시타 람의 그림은 사실 여행의 기록 그 이상의 의미를 띤다. 무엇보다 더없이 독창적인 시각을 보여주는데, 특히 인도와 유럽의 회화적 관습을 다루는 방식이 주목할 만하다. 그의 파트나 아편 공장 그림 두 점이 그걸 보여주는 좋은 예다. 그중 하나는 말 그대로 공장과 그것을 품은 광활한 구내를 조감한 작품이다. 여기서 작가의 시선은 그야말로 날개를 단 듯 멀리 날아가고, 대지의 만곡을 감지할 수 있을 만큼 높이 솟아올라 있다. 전경에는 테라스에 앉아 회화 작업에 몰두하는 작가 자신이 있다.

서월의 판화와 마찬가지로 시타 람의 수채화도 주로 영국인 관람객들에게 보여주기 위한 작품이었다. 시타 람 역시 그 공장을 가장 보기 좋게 표현하려는 의도가 다분했다. 하지만 그러는 과정에서 서월과 달리 인도 미니어처 그림의 전통에 의존했다. 그는 공장을 마치 테라스, 정원, 산책로, 강이 내려다보이는 풍경을 두루 갖춘 무굴 또는 라지푸트 왕궁처럼 묘사함으로써 그것을 돋보이게 만들었다. 공장 단지는 흡사 궁전 안처럼 깨끗하고 푸르고 잘 정돈되어 있으며, 그저 소수의 사람들만이 점점이 흩어져 있다. 시타 람의 시선을 하늘로 날아오르게 한 그 마법 같은 공상적 비행은 마치 요술이라도 부린 것처럼 공장의 분주한 활동을 제거하도록, 그리고 공장에 몸담은 수천 명의 일꾼을 말끔히 지우도록 도왔다.

내 생각에는 시타 람의 두 번째 파트나 아편 공장 그림이 한층 더 주목할 만한 작품이다. 유럽과 인도의 회화 전통을 놀라운 활력 및 독창성과 결합한 유쾌한 걸작이기 때문이다.

이 그림은 창고 내부를 그린 것인데, 시타 람은 그것을 형태와 모양 그리고 부피의 콜라주로서 표현한다. 외부와 내부를 나란히 배치해 이야기의 연속성을 빚어내는 인도 미니어처의 공간 문법을 연상케 하는 식으로 서로를 향해 펼쳐지도록 말이다. 또한 이 이미지는 피라네시의 가장 유명한 동판화 중 하나인 〈둥근 탑(The Round Tower)〉을 떠올리게 한다. 너무 그래서 나는 시타 람이 제 자신의 그림을, 그가 캘커타의 한 영국인 가정에서 보았을 가능성이 다분한 널리 복제된 피라네시의 동판화와 연관 지으려는 의도를 지녔다고 확신했을 정도다.

본질적으로 시타 람과 서월은 둘 다 불편한 인도 현실을 유럽의 틀에 끼워 맞추려 노력했다. 다만 한 사람은 근대성이라는 관용구를 통해, 다른 한 사람은 동양 및 고전적 고대에 대한 서양적 개념에 호소함으로써 그렇게 했다는 점이 다를 뿐이다.

따라서 피라네시는 아편의 역사에 울려 퍼진 기묘한 메아리 중 하나에 책임이 있다. 그 미술가의 작품은 미국에서 21세기에 퍼진 오피오이드 유행의 배후인 제약 왕조(dynasty)의 제왕 아서 새클러(Arthur M. Sackler)로부터 큰 관심을 샀다. 새클러는 피라네시의 가장 중요한 소장품을 수집했으며, "사람들은 그의 천재성을 오랫동안 찬양할 것이다. 그의 작품은 독특한 시각으로 장차 일어날 일을 제시하는 획기적 성취"라고 평가했다.[3]

한 세대 후 라자스탄의 카야스타 미술가들의 또 다른 후예인 시바 랄(Shiva Lal)이라는 화가가 파트나 아편 공장을 자신의 작품에 담았다. 그의 선조들은 파트나가 영국 동인도회사의 벵골 관구에 편입될 무렵 무르시다바드에서 그 도시로 이주했다. 파트나에서는 영국인 인구가 증가하면서 그 도시 미술가들을 위한 시장이 열렸다. 그들은 제 조상들이 라자스탄의 마하라자나 무굴 고위층에게 그랬던 것만큼이나 이 새로운 후원자들을 만족시키는 데 능숙하다는 걸 보여주었다. 이 화가들은 재빨리 인도 미술과 서양 미술의 요소를 뒤섞은 기법을 발전시켰다. 그들의 작품은 당시 식민지 정착지에서 발전하고 있던 다른 양식들과 더불어 훗날 '회사 미술(Company Art)'이라는 다소 모욕적인 이름으로 알려졌다.

동인도회사가 작업실을 운영하거나 인도 미술가들에게 공식 교육을 제공하지 않았으므로—그런 일은 개인적 멘토나 후원자들 몫이었다—이 명칭에는 오해를 살 만한 구석이 있다.[4] 다른 곳에서와 마찬가지로 파트나에도 아마추어 미술가들이 많았다. 인도의 영국인 식민지 개척자들 사이에 그런 인구가 많았던 것은 당시가 그림과 회화 재능이 여성에게는 사회적 자산으로, 군인과 관리에게는 귀중한 기술로 여겨지던 시기였기 때문이다.[5] 식민지 개척자들은 또 다양한 종류의 예술 작품을 열렬하게 구매하기도 했다. 예를 들어 초상화에 대한 수요가 많았는데, 파트나 미술가들은 영국에서보다 훨씬 저렴한 가격으로 초상화를 제작할 수 있었다. 기념품 역시 찾는 이가 많았는데, 특히 인도의 풍경과 일상생활 장면을 담은 그림이 인기를 끌었다. 유독 날개 돋친 듯 팔린 기념품은 '전형적인' 작업을 수행하는 인도인의 모습을 담은 '피르카(firqa)'라는 회화 장르였다.

1837년경부터 1887년까지 활동한 시바 랄은 이 모든 장르에 두루 능숙했으며, 사업가로서도 성공을 거두었다. 파트나학파의 마지막 현역 화가였던 그의 손자가 1940년대에 미술사학자 밀드레드 아처(Mildred Archer)와 길게 인터뷰를 진행했다.[6] 그는 자신의 할아버지가 금화 두 냥 값을 받고 한 시간 만에 초상화 한 점을 그려줄 수 있는 것으로 유명했다고 회상했다. 시바 랄은 스튜디오를 운영하기도 했으며, 더러 소달구

지 뒤에서 직접 자신의 그림을 팔기도 했다.[7]

시바 랄의 후원자 중 한 명이 파트나 공장을 책임지고 있던 아편사무관 로버트 라이엘(Robert Lyell)이었다. 시바 랄은 바로 이 연줄에 힘입어 경비가 삼엄한 그 아편 공장 구내에 초대받아 노동자들을 그릴 수 있었다. 관련 그림은 19점이 전해 내려오는데, 현재 런던의 '빅토리아 앤드 앨버트 미술관(Victoria and Albert Museum)'에 소장되어 있다. 이 그림들은 시타 람의 수채화와 달리 모두 운모(mica)―파트나 및 무르시다바드 학파의 미술가들이 무하람(Muharram: 이슬람력의 제1월―옮긴이) 행렬 같은 공공 행사를 위해 등불을 장식하는 데 자주 사용하던 재료―에 천연 안료[구아슈(gouache)]를 써서 그린 것이다.

라이엘은 영국 관광객의 의식을 고양하기 위해 시바 랄에게 아편 공장 벽에 벽화를 그리도록 의뢰한 듯하다.[8] 그러나 이 계획은 1857년 갠지스강 평야 전역에서 대규모 식민지 반대 전쟁이 발발함으로써 수포로 돌아갔다. 아편국의 강압적 통치에 오랫동안 시달려온 푸르반찰의 양귀비 재배 지역에서는 불만이 극에 달했다.[9] 파트나는 분쟁의 온상지 중 하나였으며, 파트나 아편 공장은 영국 시설들 가운데 가장 먼저 공격받은 곳이었다. 교전에 휘말린 라이엘은 총에 맞아 숨을 거두었다. 그의 사망 소식을 듣고 시바 랄은 눈물을 흘렸다고 한다.

1857년 전쟁은 극도로 격렬했으며 여성 및 어린이를 포함한 많은 영국 민간인이 인도군의 손에 학살당했다. 인도군이 패배한 뒤 영국군의 보복도 잔인하기 이를 데 없었다. 군인들이 대포의 공격에 쓰러졌으며, 델리로 이어진 길에는 칼에 찔린 전사자가 즐비했다.[10] 그 전쟁의 진원지 중 하나인 갠지스강 심장부에서보다 패배와 그에 따른 탄압 및 공포가 더 강하게 느껴진 곳은 없었다.

시바 랄의 회화는 그 전쟁이 발발한 해에 제작되었으며, 여러 가지 면에서 당시 그 나라를 지배하던 극심한 양극화 현상을 반영하고 있다. 가장 눈에 띄는 대목은—초안에는 영국인을 일부 포함시킨 것으로 알려져 있지만—어떤 그림에도 영국인을 담아내지 않았다는 점이다. 영국인을 도려낸 것은 아마도 식민지 지배자와 피지배자 사이의 간극이 갑자기 크게 벌어졌음을 드러내는 신호일 터다.

그 전쟁은 또한 시바 랄의 그림에 다른 어떤 것, 즉 1857년에 그가 보여주었다고 알려진 강렬한 식민지적 충성심과는 야릇하게 어울리지 않는 미묘하고 거의 무의식적인 전복성을 부여하는 데 한몫했을 수도 있다. 서월과 시타 람은 각자의 방식으로 그 아편 공장을 제국에 대한 증거로 묘사하고, 그 건물과 그것의 기념비적 특성을 강조했다. 반면 시바 랄은 거의 전적으로 노동자와 그들이 수행하는 작업에만 초점을 맞추었다. 배경에는 벽과 출입구 몇 개를 제외하면 인공적 환경이 거의 존재하지 않는 것처럼 보인다. 공장의 작업 대부분은 문 밖에서, 즉 인도에서는 너무나도 익숙한 조건 아래에서 이루어지고 있는 듯싶다.

서월이나 시타 람과 달리 시바 랄은 공장에 항상 존재하는 감시에도 관심을 기울였다. 그의 그림 중 하나는 공장에서 퇴근하는 노동자들이 검문받는 장면을 담고 있다. 아마도 한층 더 체제 전복적인 대목은 그 공장의 화학 실험실에서 일하는 인도인에 대한 묘사일 것이다. 차일더스가 통찰력 있는 글에서 지적했듯이 인도인을 실험실에서 일하는 숙련된 기술자로 그려내는 것은 일반적으로 원주민을 기술적으로 무능한 존재로 묘사하는 식민지 시대의 관습에 반기를 드는 것이었다. 이는 아편 공장의 경우 한층 더 효과적으로 들어맞는 말이었다. 그곳에서 화학 실험은 저임금 인도인에 의한 제품 오염을 막기 위한 의도로 시행되었다는 점에서 유독 인종차별적 차원을 드러내고 있으니 말이다. 따라서 인도인은 "도무지 신뢰할 수 없었기"에, 그 실험의 성공 여부는 전적으로 "유럽인의 삼엄한 감독"에 달려 있었다.[11]

시바 랄의 작품은 그 단순함을 통해 피르카 장르를 대표한다. 그 미술가는 기술적 능란함이 전혀 부족하지 않았음에도 결코 서월과 시타 람이 표방한 원근법적 웅장함이나 회화적 복잡성을 추구하지 않았다. 그러나 시바 랄의 그림을 파트나 및 가지푸르 아편 공장의 후기 이미지와 비교해보는 것은 유익하다.

19세기 후반부터 1970년대에 걸쳐 촬영한 사진들이 몇 장 남아 있다.[12] 그 사진들은 시바 랄의 그림에서와 마찬가지로, 주로 맨몸에 도티를 걸친 채 북적거리는 지저분한 환경에서 야외 작업을 하는 노동자들의 모습을 보여준다. 배경에 보이는 건물은 기념비적인 것하고는 거리가 멀다. 인도의 여느 작업장 및 공장에서 볼 수 있는 야트막한 창고 같다. 더 괴이한 점은 가장 최근의 사진에서조차 그 생산 과정이 시바 랄이 그곳을 그렸을 때와 대단히 흡사하다는 것이다.

한마디로 시바 랄의 이미지는 지극히 단순했을지 모르지만, 서월과 시타 람이 제작한 지극히 정교한 그림보다 대상에 한층 충실했다.

시바 랄의 그림이나 그 공장을 담은 사진을 보면, 영국과 미국처럼 급속도로 산업화하는 국가를 위해 헤아릴 수 없이 많은 자본을 생산하던 사람들이 실은 저임금 노동자 무리였다는 사실, 그리고 그들의 노동이 자국에 발전을 안겨주기는커녕 한때 번영했던 그 땅을 빈곤과 불화로

점철된 지역으로 끌어내렸다는 사실에 다시금 놀라게 된다.

그것이 바로 아편이 아편국에 의해 양귀비 재배지로 선정되는 불운을 맛본 지역에 안겨준 운명이었다. 경제학자 조너선 렌(Jonathan Lehne)은 영국령 인도의 아편 재배가 낳은 역사적 결과를 다룬 엄격한 연구에서, 공식적으로 아편 재배지로 지정된 지역이 그렇지 않은 인근 지역보다 장기적으로 한층 더 나쁜 사회적·경제적 결과를 맞았음을 보여주었다.[13] 이러한 장기적 영향은 오늘날까지도 지속되고 있다. 즉, 과거에 아편을 재배한 지역은 지금껏 문해력을 갖춘 인구도 현저히 낮고 초등학교며 의료 시설의 수도 크게 부족하다.

렌은 그 이유에 대해 아편 재배 지역의 경우 영국인 행정 관리들이 아편국에서 겸직을 했기 때문이라고 설명한다. 그에 따라 그들의 관심은 주로 세수 목표 달성과 좀도둑질 및 밀반출 방지에 쏠렸다. 따라서 가뜩이나 턱없이 부족하던 의료와 교육에 대한 지출이 아편 재배 지역에서는 더더욱 미미해졌다. 공공 투자에 할애해야 할 쥐꼬리만 한 돈이 오히려 치안을 유지하거나 첩자 및 밀고자에게 보상하는 데 쓰였기 때문이다.

렌은 이러한 장기적 영향은 귀중한 금속 및 광물의 집중 채굴로 인해 흔히 발생하는 '자원의 저주'에 비견된다고 주장한다. 둘 간의 비교는 적절하기도 하고 그렇지 않기도 하다. 금광과 은광은 재생 가능 자원을 생산하지 않으며 보통 수십 년 안에 고갈되기 때문이다. 반면, 영국의 아편 정권은 1세기 반 넘게 지속되었다. 아편 체제는 억압성을 띠기도 했지만 그만큼이나 오랫동안 장수함으로써 깊고 장기적으로 영향을 미칠 수 있었다.

게다가 금광은 어쨌거나 주변 환경과 공간적으로 분리될 수 있으며,

금광 안에서 일하는 광부들은 그 경내를 드나들 때 몸수색을 받는다. 그러나 양귀비 재배 지역에서는 가족 단위 노동력으로 노지에서 귀중한 상품을 생산했다. 따라서 작업 현장도 그곳에서 일하는 작업자도 다른 사람들과 분리될 수 없었다. 점점 더 가난해지는 농부들이 손해를 감수하면서 귀한 물자를 생산한다는 사실 자체가 무법천지를 보장하는 셈이었다.[14] 실제로 그들 지역에서는 범죄가 만연했다. 따라서 아편 공장에서 일하는 사람들만 감시를 받는 게 아니었다. 양귀비 재배 지역에서도 양귀비밭이나 양귀비 유액에 접근할 수 있는 이들 모두가 잠재적 범죄자 취급을 받았다. 첩보 및 감독 기구가 농부, 시장 상인, 소상인, 소달구지 운전자 등 그곳 인구의 상당수를 예의 주시했다. 사실상 대부분의 인구가 범죄자 취급을 당하거나 범죄 성향이 농후한 자로 간주되었다. 이처럼 요주의 인물로 감시당하는 체제가 낳은 장기적 영향은 불화 및 사회적 신뢰 부족이라는 형태로 그 모습을 드러냈으며, 오늘날까지도 비하르주·우타르프라데시주·자르칸드주의 대부분 지역을 괴롭히고 있다.

렌은 이렇게 적고 있다. "따라서 식민지 시대의 아편 생산은 역사적인 '자원의 저주' 사례로 볼 수 있다. 그것이 경제 전반에 미친 해악은 아편 기관들이 폐쇄된 뒤에도 오래오래 이어졌다."[15]

그러나 아편은 갠지스강 중심지가 그 식민지 국가에 제공한 유일한 자원이 아니었다. 아편의 진정한 비극은 특히 18세기 중반에서 19세기 초반까지 대영제국의 중대한 시기에 아편이 또 하나의 주요 자원, 즉 식민지 군대를 위한 인력에 크게 기여했다는 사실에 있었다.[16] 영국 동인도회사가 지배력을 행사하던 시기에 그 회사의 가장 중요한 군사적 승리는 푸르반찰 출신 군인들이 거둔 것이었다. 그들 상당수는 농민에게 적잖은 손해를 끼쳐가며 아편을 재배하던 바로 그 지역 출신이었다. 당연히 그 지역이 1857년 전쟁의 진원지로 떠오른 것은 결코 우연이 아니었다.

그 전쟁이 끝나자 승리자들은 여러 가지 방법으로 보복을 자행했다. 대규모 총살과 교수형은 그저 가장 가시적인 복수에 불과했다. 장기적으로 훨씬 더 파괴적인 결과는 그것과는 다른 유의 조치에 따른 것이었다. 1857년 이후 식민지 정권은 군대의 민족 구성을 재조정해 갠지스강 중심부 출신 군인의 수를 대폭 줄였다. 이전에는 푸르비야족이 그 군대의 거의 절반을 차지했으나, 그들의 수가 수십 년 만에 11퍼센트 미만으로 줄었다.[17] 그에 따라 영국 동인도회사의 입지가 아직 미약할 때 영국이 인도에서 치른 가장 중요한 전쟁 및 전투에 참전했던 푸르비야족은 군 복무에서 거의 밀려나다시피 했다. 반면 전 세계적으로 영국의 힘이 막강해지고 난 뒤 식민지 군대에 합류한 집단은 승리한 제국이 나눠주는 보상을 거둬들였다.[18]

영국이 1857년 전쟁에서 승리를 거둘 수 있었던 이유 중 하나는 아이러니하게도 그들이 얼마 전 푸르비야족 부대의 도움으로 정복한 펀자브주에서 새로운 군사 인력 공급원을 활용했기 때문이다. 시크교도 왕국의 패배에 얼마간 기여한 푸르비야족이 불러일으킨 적대감은 1857년 시크교도 펀자브인이 영국 편을 들도록 하는 데 적잖이 기여했다.[19] 그후 펀자브주는 주요 신병 모집처로 떠올랐으며, 식민지 정권은 펀자브인 군대의 충성심을 유지하기 위해 수십 년에 걸쳐 이 지역에 집중적으로 투자하고 대규모 관개 및 토지 개간 프로젝트에 착수했다. 펀자브주 지역을 끌어안은 영국의 조치는 교육에 대한 접근성을 높이고 건설, 전쟁 물자 조달 등 경제의 여타 부문을 촉진하는 등 좀더 미묘한 효과를 낳기도 했다. 그 결과 1947년 이전에 펀자브주를 이루고 있던 지역은 오늘날까지도 인도 아대륙에서 가장 번성한 곳으로 남아 있다. 따라서 편파적이고 불균질한 인도 아대륙의 발전은 직접적으로 식민지 정책 탓이다. 심지어 오늘날에도 인도와 파키스탄 군대에서 펀자브주 출신의 비중이 불균형하다 할 정도로 높은 것 역시 직접적으로 식민지 정책 탓이다.

이런 식의 발전은 장기적으로 갠지스강 중심부에 파괴적 영향을 끼쳤다. 인도에서 군 복무는 고용의 중요한 원천이었을 뿐만 아니라 사회이동의 주요 경로였다. 그것으로 향하는 문은 이제 그에 가장 크게 의존하던 사람들 면전에서 쾅 닫히고 말았다. 동시에 그 지역 농부들은 식민지 당국으로부터 제대로 된 투자도 받지 못한 채 상당한 손해를 감수하면서 아편을 계속 생산해야 했다. 따라서 이 지역이 오늘날 인도에서 가장 가난하다는 것, 종종 그 나라에서 '병든〔비마루(bimaru)〕' 지역으로 조롱받는다는 것은 그리 놀라운 일이 아니다. 그리고 그 지역이 사회적 위계질서가 가장 공고하고 억압적인 곳이라는 사실 역시 전혀 놀랍지 않다. 노벨 경제학상을 수상한 경제학자 아비지트 바네르지(Abhijit Banerjee)와 그의 동료 락슈미 아이어(Lakshmi Iyer)가 밝힌 바에 따르면, 150년 전에 시행된 다채로운 식민지 정책이 오늘날까지도 불평등, 건강 및 교육적 성과, 폭력 범죄 수준과 관련해 인도 내의 지역적 차이에 부단히 영향을 끼치고 있다.[20]

이러한 영향이 수 세기에 걸쳐 지속된다는 게 역사적 여파란 법제화나 기술 발전의 증가('진보'!)에 힘입어 지워질 수 있다고 믿는 이들한테는 있을 법하지 않게 여겨질지도 모른다. 그러한 믿음을 미국보다 더 열렬히 신봉하는 나라는 없다. 하지만 그런 미국에서조차 노예제 및 아메리카 원주민 몰아내기 같은 식민지 관행의 유산 일부는 분명 수 세기에 걸쳐 오늘날까지 유구히 이어져오면서, 그 나라에 만연한 구조적 인종차별 유형을 강화하고 있다.

과거의 흔적은 때로 일상생활 면면에 깊이 아로새겨져 있다. 따라서 그 흔적을 지우는 것은 불가능하지는 않지만 극도로 어렵다.

가족 이야기

08

나에게 아이비스 3부작을 쓰는 데 따른 가장 기이하고도 예상치 못한 결과는 아편 양귀비라는 식물이 내가 알지 못하는 사이에 내 가족의 역사에도 적잖은 입김을 불어넣었다는 사실을 발견한 점이었다. 이 발견으로 인해 아이비스 3부작 집필은 처음 그 작업에 임했을 때는 짐작조차 못 한 방향으로 흘러갔다.

《양귀비의 바다》를 쓰기 시작할 무렵 나는 주로 19세기에 인도를 떠나 모리셔스·피지·가이아나 등지의 농장에서 일한 계약직 노동자들의 사연에 관심을 기울였다. 이들 노동자의 대다수는 아니더라도 상당수가 푸르비야족이고, 그중 적잖은 수가 우리 조상이 대대로 살아온 비하르주의 한 지역, 즉 차프라시(Chhapra)의 시청 소재지인 사란(Saran) 지역 출신이었다. 사란은 나의 아버지 가족이 100년 넘게 거주했던 곳이다. 하지만 그들 자체가 비하르인은 아니었다. 그들은 동쪽으로 멀리 떨어진 오늘날의 방글라데시에서 건너온 벵골계 이민자였다. 아버지 가족은 19세기 중반 발생한 파괴적인 홍수로 인해 조상 대대로 살아오던 마을을 등지고 서쪽으로 이동하기 시작했으며, 마침내 차프라에 정착하게 되었다고 한다.

차프라는 그 지역 외부에는 잘 알려져 있지 않다. 하지만 전 세계적으로 5000만 명이 넘는 보즈푸리어 사용자에게는 문화적으로 중요한 의미를 띠는 장소다.[1] 보즈푸리 문화에서 주목할 만한 한 가지 측면은 동화(同化) 능력이 뛰어나다는 점이다. 예컨대 모리셔스의 경우, 많은 계약직 이민자가 벵골 민족이었지만 그곳에 도착한 지 한두 세대 만에 보즈푸리 문화에 완전히 흡수되었다. 심지어 일부 중국계 모리셔스 가정에서는 보즈푸리어를 모국어로 삼기도 했다.

나의 아버지와 그 형제자매들 경우에도 보즈푸리어의 동화 능력이 벵골어의 언어적 지역주의보다 우세했다. 차프라에서 자랄 때는 물론이고 나중에 비하르주를 떠나 다른 곳들(주로 서벵골주)에 재정착한 후에도 그들이 서로 주고받는 언어는 보즈푸리어였다. 나는 캘커타에서 태어났고, 아버지 가족을 제외하고는 비하르주와 아무런 연고도 없다. 하지만 보즈푸리어는 내게도 얼마간 흔적을 남겨놓았다. 나는 아버지가 삼촌이나 숙모들과 보즈푸리어로 나누는 이야기를 들으며 자랐고, 그 언어의 소박한 리듬을 좋아했다. 비록 내가 직접 보즈푸리어를 배운 적은 없지만, 그 언어의 리듬과 차프라에서 성장한 아버지 이야기는 나와 비하르주를 이어주는 중요한 고리였다. 그 덕분에 보즈푸리어의 리듬으로 가득한 계약직 디아스포라 집단의 음악과 문화에 관심을 가질 수 있었다.

아버지 이야기에서 차프라는 언제나 향수를 불러일으키는 후광에 둘러싸였다. 아버지의 아버지, 즉 나의 할아버지는 지방법원 변호사였고, 그와 그 친척들은 다른 교육을 받은 전문직 가족—그들 대부분도 벵골인이었다―과 함께 비교적 특권층에 속해 있었다. 아버지는 당신과 그 형제들이 그 도시의 거리를 쏘다니던 이야기며 명절 때 마당에서 커다란 솥에 음식을 장만해 먹던 이야기를 즐겨 들려주었다. 내가 태어나기 훨씬 전에 돌아가신 나의 할아버지는 정원에 이국적인 나무와 꽃을 가꾸길 좋아하는, 취향이 세련된 분이었다고 한다. 그는 전설적인 라술란 바이(Rasoolan Bai) 같은 차프라의 유명 가수와 무희들이 출연하는 음악의 밤을 주최하곤 했다. 이 특별한 이야기는 가수와 무희가 보통 타와이프(tawaif, 고급 매춘부)였던 시대로 거슬러 올라간다는 점에서 나의 흥미를 끌었다. 아버지 집안은 둘째가라면 서러울 만큼 보수적이어서 지독한 금욕주의적 가부장으로 잘 알려진 할아버지가 제 집에서 고급 매춘부를 접대했다는 사실이 나로서는 믿기지 않았다.

아버지의 어린 시절과 관련해 향수를 불러일으키는 장밋빛 이야기에 흥미를 느낀 또 다른 이유는, 그것들이 내가 성인이 되었을 때 인도에 널리 퍼져 있던 비하르주의 이미지와 도무지 어울리지 않았기 때문이다. 1970년대에 비하르주 이미지는 대체로 부정적이었다. 바하르주는 뉴스에 등장할 때면 거의 대부분 카스트나 종교 단체 간 충돌, 혹은 홍수 등의 자연재해 때문이었다.

물론 비하르주의 명성이 완전히 부당한 것은 아니다. 그곳은 과거는 물론 지금도 1인당 소득이 가장 낮고 문해율, 영양, 기대 수명, 의료 서비스 접근성 등이 계속 낮은 수준을 유지하고 있는 인도에서 가장 가난한 주들 축에 속한다.[2] 하지만 인구가 이집트와 맞먹는 9900만 명에 달해 인구통계학적으로 막대한 영향력을 행사하고 있다. 그 결과 인도 정치에 불균형하다 할 정도로 지대한 입김을 불어넣고 있다. 많은 논평가들은 인도의 경제 및 사회 복지 지수가 매년 최하위권을 맴도는 것은 바로 비하르주 탓이라고 반사적으로 지적하곤 한다.

요컨대 19세기 이래 비하르주는 줄곧 미개하고 가난하며 기회가 부족한 지역으로 여겨졌다. 나는 이따금 사정이 이러한데 우리 조상들은 어째서 다른 모든 곳을 놔두고 군이 차프라에 정착하기로 결정했는지 궁금했다. 필경 고향에서 이렇듯 멀리 떨어진 곳을 떠돈 그들로서는 봄베이나 델리 또는 다른 더 유망한 곳으로 더 멀리 갈 수도 있지 않았을까? 어쨌거나 19세기에는 수십만 명이 비하르주에 남기보다 계약 노동자가 되는 길을 선택했다. 그렇다면 카야스타 카스트 출신으로 필경사, 사무원, 부기 담당자 등을 직업으로 삼았던 내 선조들은 어째서 가난에 찌든 그 지역을 목적지로 삼았을까? 수천 명의 계약직 노동자를 비하르주에서 데려오던 성장 일로의 산업에서 일자리를 구했기 때문일까? 실제로 많은 벵골인 사무직 노동자가 이주 과정을 관리하는 식민지 사무소에 고용되어 있었고, (내가 나중에 모리셔스에서 알게 된 것처럼) 그중 일부는 그 이야기에 자신의 흔적을 아로새겨놓았다.

모리셔스 소재 마하트마 간디 연구소(Mahatma Gandhi Institute)의 기록 보관소는 인도를 떠난 계약직 노동자들에게 발급된 이민 증명서를 대규모로 수집해 소중히 보관하고 있다.[3] 이 증명서는 각 이민자의 이름, 나이, 신장, 카스트, 마을 그리고 고르지 않은 치아, 점, 피어싱한 귀 등 신원 확인용 표식을 기록하는 10개의 칸으로 나뉘어 있다. 이주민 이름의 영어 철자는 종종 이상하게 뒤섞여 있었다. 아마도 그 이름을 기록한 사무원이 새로운 이주민들이 쓰는 일부 언어〔앙기카어(Angika)·마가히어(Magahi)·타루어(Tharu) 등〕를 이해하지 못했기 때문일 것이다.[4] 아니면 이주민들 자체가 워낙 겁에 질린 나머지 본인 이름을 또박또박 대지 못한 탓일 수도 있다. 책상 뒤에 있는 사무원이 고압적 태도를 취하는 데다 어떻게든 국가의 약탈적 시선을 피하고자 기를 쓰는 데 익숙한 사람들에게 정부 기록에 이름을 써넣는 것은 그 자체로 더없이 충격적인 일이었을 것이다. 누렇게 변색되고 너덜너덜해진 이 종이들은 만약 그게 없었더라면 역사에서 완전히 자취를 감추었을지도 모르는 이들의 존재를 드러내는 증거물로서 어딘가 성스러운 분위기를 자아낸다. 해지고 주름지고 물때에 전 이 얇은 종잇조각에는 감명 깊은 구석이 있다. 이 모든 주름과 자국 하나하나가 (아이비스호처럼) 과거에 흔히 노예선으로 쓰이던 선박의 비좁은 짐칸에서, 끝없이 이어지는 그 항해 기간 동안 그들이 얼마나 치열한 감시 아래 놓여 있었는지를 소리 없이 웅변해주기 때문이다. 후대의 이민 증명서 중 일부에는 이민자들 사진이 포함되어 있다. 그 이미지들도 애달프기 그지없다. 사진 속 사람들은 믿을 수 없을 만큼 어려 보인다. 그저 어린아이에 불과한 그들의 눈빛에는 혼란과 의심, 상처가 서려 있다. 그들이 미지의 목적지를 향해 여행을 떠나는 데 얼마나 큰 용기가 필요했을지는 상상하기도 힘들다.

오래전 나는 12세기의 유대인 상인 아브라함 벤 이주(Abraham Ben Yiju)의 편지를 번역하면서, 때로 종이 뒷면에 모종의 놀라운 정보가 숨겨져 있을 수 있다는 사실을 알았다.[5] 아니나 다를까 그 이민 증명서를 뒤집어 본 나는, 아마 아무도 종이 뒷면을 살필 생각을 한 이가 없었기 때문인지 문헌에서 단 한 차례도 언급된 적 없는 무언가를 발견했다. 증명서 뒷면에 벵골 문자로 휘갈긴 낙서가 눈에 띄었다! 그 낙서들은 주로 예비 이민자를 데려오는 책임을 진 모집책〔두파다르(duffadar)〕의 이름이었다. 아마 그 모집책이 수수료를 받아야 했기 때문일 것이다. (당연히 사무원은 그 수수료 가운데 일정액을 챙겼다.)[6] 그 낙서들 가운데 일부를 우리 선조들이 썼을지도 모른다고 생각하니 묘하게 심란한 기분이 들었다.

나는 우리 선조들을 차프라로 이끈 것이 계약직 노동자를 필요로 하는 산업이라고 믿으면서 모리셔스에 갔다. 하지만 《양귀비의 바다》를 집필하기 위해 취재와 연구에 깊이 파고든 결과, 내가 내내 헛다리를 짚어왔다는 걸 깨달았다. 나는 차프라 인근이 갠지스강 평야에서 가장 집중적으로 아편을 재배하던 지역 중 하나라는 사실을 알았다. 따라서 양귀비 재배를 관리하고 심사하는 것이 그 도시의 법원과 지방 행정부의 주 업무였다. 이 지역의 최고위급 영국 장교는 아편국의 대표자였으며 막강한 독재 권력을 휘두르고 있었다. 이 도시는 갠지스강을 따라 캘커타로 아편을 운반하는 선박들의 주요 기항지(寄港地)이기도 했다. 한마디로 말해, 아버지가 차프라를 열렬히 추켜세우는 이야기에서 슬그머니 빼먹은 중요한 점은 우리 조상들이 이곳에 정착한 19세기 중반 이 도시의 주요 사업이 다름 아니라 아편이었다는 사실이다.

이 어두운 현실은 아버지보다 9년 뒤인 1930년 차프라에서 태어난 판데이 카필(Pandey Kapil)이라는 보즈푸리 작가가 쓴 특이한 문학 작품의 배경이 되었다. 《풀숭기(Phoolsunghi)》라는 제목을 단 이 책은 "가장 사랑받는 보즈푸리어 소설"이라고 불린다. 《풀숭기》는 1970년대 중반 보즈푸리어로 처음 출판되었으며, 최근에야 영어판이 가우탐 초우베이(Gautam Choubey) 박사의 훌륭한 번역으로 세상에 나왔다.[7]

《풀숭기》가 쓰일 당시 비하르주는 마오주의(Maoism) 반란으로 극심한 몸살을 앓고 있었으며, 인도는 '비상사태(Emergency: 인디라 간디 총리가 일방적으로 국가 비상사태를 선포한 1975년 6월 25일부터 1977년 3월 21일까지의 21개월—옮긴이)'라고 알려진 권위주의 통치 구간을 지나고 있었다. 하지만 이러한 사건들은 그 책에 그림자를 드리우지 않았다. 《풀숭기》는 1830년대부터 시작해 이후 90년 동안의 이야기를 다룬 역사 소설이다. 다시 말해, 이 책은 비하르주에서 아편 생산이 절정에 달했던 바로 그 시기를 시대적 배경으로 삼고 있다. 실제로 이 소설은 내가 아는 인도 소설 중 아편을 널리 퍼져 있는 존재로 다룬 유일한 작품이다. 그러나 판데이 카필 자신은 식민지 아편 체제와 관련해 그 어떤 개인적 경험도 할 수 없었을 것이다. 비하르주의 양귀비 재배는 그가 성인이 되었을 때 큰 폭으로 감소했으며, 따라서 그의 책은 대부분 다른 사람들의 기억에 근거를 둔 것임에 틀림없다. 실제로 아편 관리들과 관련한 여러 명칭에서 오류를 드러낸 것으로 보아 저자가 그 지역의 아편 거래에 대해 묘사한 내용이 다른 사람에게 들은 말이나 전해오는 얘기에 근거한 것임은 분명하다.

이 때문에 그 소설에서 아편의 압도적 존재감은 한층 더 두드러진다. 그 이야기는 일종의 로맨스이며, 대부분의 사건은 영국인 아편사무관(실제로는 아편사무관 부차관보였을 가능성도 있다)의 호화로운 방갈로에서 벌어진다. 소설의 모든 등장인물은 어떤 식으로든 아편과 연결되어 있을 뿐만 아니라, 흔히 아편과의 근접성이 그들의 운명을 결정짓곤 한다.

이 소설의 중심에는 '부끄럼 타는' 열다섯 살 고아로 등장해 얼마 전 홀아비가 된 자식 없는 영국 아편사무관 헨리 레벨(Henry Revel)의 사랑을 받는 한 카야스타, 곧 할리완트 사하이(Haliwant Sahay)라는 인물이 놓여 있다. 레벨은 그 소년을 입양해 아편 왕국의 열쇠를 건넨다. 그 후 이 영국인 이야기는 식민지 시대의 인도 이야기에서 흔히 볼 수 있는 방향으로 흘러간다. 즉, 그는 영국인으로서 자신의 지위를 포기하고 속세를 등진 사두〔sadhu(은둔해 사는 성자)〕 같은 인물인 사랑받는 그 지역의 성자 레벨 바바(Revel Baba)로 거듭난다. 반면 할리완트 사하이는 영국 방식을 채택하고 아편 무역 관리를 떠안는다. 게다가 자민다리

〔zamindari: 영국 정부에 지조(地租)를 바치고 사유권을 확보한 대지주의 관할 토지―옮긴이〕까지 획득하는 등 헨리 레벨과는 정반대 방향으로 내닫는다. 그는 권력이 커지자 유명한 고급 매춘부에게 눈독을 들인다. 그리고 결국 그 매춘부를 우리에 갇힌 '플라워페커(flowerpecker: 참새목 꽃새과 새의 총칭―옮긴이)', 즉 풀숲기로 만들어 그녀에게 푹 빠진 전설적인 음악가의 마음을 아프게 한다. 음악과 그것을 만드는 과정에서 맛보는 다양한 종류의 흥분이 소설의 핵심 주제 중 하나다.

《풀숲기》가 식민지의 아편 재배 시대가 끝난 지 한참 뒤에 쓰였다는 점을 고려하면, 그 소설에서 아편이 차지하는 역할로 미루어 비하르주의 경제뿐만 아니라 문화 및 상상적 삶에서 아편의 존재감이 얼마나 컸는지 짐작할 수 있다. 역자가 언급한 것처럼 그 소설에 등장하는 인물들은 하나같이 성자가 되기 전에도 고상하고 신 같은 인물이던 그 아편 사무관이 창조해낸 도덕적 세계 속에서 살아간다. 마침내 사하이도 다음과 같은, 자신에 대한 신격화에 가담하기에 이른다. "진정한 사히브(sahib: 과거 인도에서 사회적 신분이 어느 정도 되는 유럽 남자에 대해 쓰던 호칭―옮긴이)처럼 그는 항상 지상에 얽매여 사는 인간과는 동떨어진 채 하늘 높이 날았다. 사히브가 그렇다고 알려진 것처럼, 그 역시 단지 눈빛만으로도 사물을 불태우고 사람들을 불안에 떨게 만들 수 있었다." 그에 따라 사하이는 1821년부터 1831년까지 파트나에서 아편사무관을 지낸 찰스 도일리 경(Sir Charles D'Oyly)의 발자취를 따르고 있었다. 재치 있는 사교계 인사이자 기량 뛰어난 예술가였던 도일리는―한 텔레구족(Telegu) 여행자의 말에 따르면―"한 무리의 무장한 부하들을 이끌고 전국을 돌며 아편을 강제로라도 징수하는" 무시무시한 인물이었다.[8]

따라서 아편은 범상한 작물이 아니었다. 그것은 "지상에 얽매여 사는 인간과는 동떨어진" 신처럼 전능한 새로운 부류의 존재를 만들어냈다. 아편을 재배하던 식민지 시대 150년 동안 아편 양귀비가 그 지역의 정치·경제는 물론 문화까지 변화시키는 데 성공했다는 사실은 그 식물의 위력을 유감없이 보여준다.

《풀숭기》는 나의 아버지가 들려준 차프라 이야기와 관련해 내가 오랫동안 필요로 했던 맥락을 제공해주었다는 점에서도 내게 큰 의미가 있었다. 예를 들어, 나는 금욕주의자이던 할아버지가 왜 자기 집에 고급 매춘부들을 불러들여 접대했는지 이해할 수 있었다. 할아버지는 고급 매춘부 접대가 사회적으로 필수적인 서클에 속해 있었던 게 분명했다. 나는 할아버지가 특이한 나무와 식물을 수집한 이유에 대해서도 알았다. 아편사무관들 사이에서는 원예가 널리 추구하는 취미였던 듯한데, 아마도 할아버지는 그 관행을 모방하고 있었던 것처럼 보이기 때문이다. 따라서 이 책은 아편사무관에 대해 이렇게 묘사한다. "레벨 사히브는 더없이 우아한 취향을 지닌 사람이었다. ……그의 방갈로 앞에 드넓게 펼쳐진 부지는 참나무와 오스트레일리아벽오동으로 장식되었다. 그곳에 카펫처럼 깔린 잔디는 밟기만 해도 움찔할 정도로 너무나 정성스럽게 손질되어 있었다."[9]

하지만 무엇보다 《풀숭기》는 내가 아이비스 3부작 취재를 통해 진즉부터 알아차린 사실, 즉 우리 조상들을 차프라로 데려와 그곳에 머물도록 내몬 것이 다름 아니라 식민지 아편 산업이었다는 사실을 내게 확인시켜주었다. 벵골인이 아편국에서 몹시 중요한 역할을 담당했던지라 "그 지역 주민들에게 익숙한 언어 대신 벵골어로" 기록을 하는 데 불만이 터져나왔을 정도다.[10] 벵골어를 읽고 쓸 줄 알았던 우리 조상들은 아편국 내 어딘가에서 일자리를 찾는 데 큰 어려움을 느끼지 않았을 것이다. 우리 조상들은 돈방석에 앉은 것으로 알려진 소수의 뱅골인 아편 우두머리(데완(dewan))는 아니었지만, 우리 할아버지가 법학을 공부하고 차프라에서 변호사로 개업할 수 있을 만큼은 부유하게 살았다. 하지만 변호사로서도 할아버지의 업무는 아편과 떼려야 뗄 수 없었을 것이다. 할아버지가 맡은 사건 대부분은 아니더라도 상당수가 아편 재배지를 둘러싼 분쟁 등과 관련한 것이었을 테니 말이다. 이런 관점에서 보면, 수많은 농민을 빈곤으로 몰아넣은 나머지 그들이 계약직 노동자로 내몰리게까지 만든 모종의 생산 방식이 어떻게 그 시스템을 활용할 만한 기술을 지닌 한 줌의 사람들에게는 편안한 틈새시장을 열어줬는지 쉽사리 간파할 수 있다.

현재 비하르주는 전통과 낙후성에 짙게 매몰된 곳으로 묘사되곤 하는데, 이는 현실을 송두리째 뒤집는 것이다. 《풀숭기》가 훌륭하게 보여주듯, 실제로 이 지역을 특징짓는 것은 짙은 '전통'이 아니라 아편 생산을 중심으로 한 완전히 새롭고 철저히 근대화한 산업 시스템 시행이 낳은 특정 형태의 식민지적 근대성의 반복이다.[11]

그러나 생각해보건대 진정으로 놀라운 것은 수백만 명에 이르는 사람들의 삶을 뿌리째 바꿔놓고 우리 가족의 운명에 영향을 준 아편 체제로 인한 격변이 지역이나 지방의 필요에 의한 게 아니었다는 사실이다. 그렇다기보다 유라시아 대륙의 양쪽 끝자락에 놓인 두 외세, 즉 영국과 중국 사이에 수 세기 동안 지속된 갈등과 경쟁 관계가 낳은 의도치 않은 결과였다.

09

말와

나의 아버지 가족은 성지 순례에 대한 사랑이 인도 가정에서 흔히 볼 수 있는 정도보다 한층 더할 만큼 유난스레 깊었다. 이것이 우리 조상들이 마침맞게도 가장 중요한 힌두교 성지 순례지 두 곳, 즉 베나레스와 가야(Gaya) 사이에 위치한 차프라에 정착하도록 이끄는 데 얼마간 영향을 미쳤을 가능성이 있다.

힌두교도에게 가장 신성한 도시 베나레스는 차프라에서 약 200킬로미터 떨어진 강 상류에 자리한다. 여행하는 데 배를 타고 3~4일 걸리는 거리다. 베나레스에서 특히 중요한 의례일은 그 도시와 가장 밀접한 관련성을 지닌 시바 신을 기리는 마하 시바라트리(Maha Shivaratri, 문자 그대로 '시바의 위대한 밤'이라는 뜻)다. 우리 선조들이 1년 중 베나레스에 머물고 싶어 한 때가 있다면 바로 이날이었을 것이다.

공교롭게도 마하 시바라트리는 보통 늦겨울, 즉 2월 말이나 3월 초쯤으로 양귀비꽃이 피는 시기와 정확히 일치한다. 우리 고조부모는 베나레스를 오가면서 하얀 꽃이 눈발처럼 흩날리는 풍경 속을 지나는 자신들의 모습을 발견했을 것이다.

식민지 시대의 아편 생산은 항상 다른 많은 식물 상품과 마찬가지로 표준화한 단일 재배를 선호했다. 따라서 아편국 영역에서 재배하는 양귀비는 균일하게 흰색으로 동일한 색채를 띠었다. 아편국 관리들은 흰색 양귀비가 가장 좋은 아편을 생산한다는 신념을 단단히 고수했으며, 그에 따라 이 품종을 관할지 전역에 심었다. (심지어 오늘날에도 가지푸르 주변에서 재배하는 아편 양귀비는 이 품종이다.)

그러나 만약 우리 선조들이 성지 순례에 대한 열정으로 더 먼 곳, 아마도 인도 중부의 또 다른 신성한 나르마다강(Narmada) 유역에 있는 옴카레쉬와르(Omkareshwar)의 위대한 시바 사원을 찾았다면 알아차렸겠지만, 다른 곳에서는 그렇지 않았다. 이들 지역은 식민지 국가가 직접 관리하지 않으나 거기서도 양귀비를 재배하고 있었다. 물론 비하르주와는 현저히 다른 조건에서이긴 했지만 말이다. 이곳의 양귀비밭은 붉은색·분홍색·보라색 꽃으로 수놓아져 마치 홀리(Holi: 힌두교의 봄 축제―옮긴이)에 참석한 사람들 옷차림처럼 야단스러우리만치 다채로운 색채를 띠고 있었다.[1]

이리 봐도 저리 봐도 눈처럼 흰 비하르주의 양귀비밭에 익숙한 이들에게 이토록 화려한 빛깔을 자랑하는 광경은 놀라움 그 자체였을 것이다.[2] 비하르주에 기반을 둔 여행자는 식민지 전문가들이 우월하다고 믿는 백색 양귀비를 심는 편이 더 좋았을 걸 그랬다며 나르마다계곡의 농부들을 무지한 멍청이라고 비웃었을지도 모르겠다. 하지만 그들은 잘못 생각하고 있었을 공산이 크다. 영국 동인도회사 아편의 빼어난 품질은 그들이 선호하는 꽃의 품종 덕분이 아니라 표준화한 제조 공정과 테스트 절차가 인도 중부 지역에서 생산하는 아편보다 더 높은 등급의 제품을 보장해주었기 때문이다. 실제로 아편국 소속 과학자들은 엄격한 테스트를 통해 인도 중서부의 유색 양귀비가 백색 품종보다 더 좋은 품질의 아편을 생산한다는 사실을 알아냈다. (이 점이 모르긴 해도 오늘날 아프가니스탄의 양귀비 재배자들이 유색 품종을 선호하는 이유일 것이다.)[3] 아마도 아편국이 자기네가 선택한 품종에 애착을 보인 경향성은 그저 백색의 가치에 대한 그들의 뿌리 깊은 믿음에서 비롯되었을 것이다.

동쪽에서 온 여행자들이 나르마다계곡의 양귀비 재배 패턴을 보고 놀란 것은 비단 꽃의 빛깔 때문만은 아니었을 것이다. 그들은 또한 양귀비가 주요 작물로서가 아니라 사탕수수나 다른 겨울 작물이 자라는 밭 가장자리에 조성한 땅뙈기에서 재배되는 광경을 보았을 것이다. 그뿐만 아니라 그들은 그 지역의 아편 농부들이 수확물을 아편국이나 여타 식민지 기관에 판매해야 하는 법적 의무를 지지 않는다는 사실, 대신 아편을 저마다의 작은 작업장에서 가공 및 포장하는 지역 상인에게 판매한다는 사실도 알게 되었을 터다. 아편 무역에 정통한 19세기 영국의 한 연대기 작가는 이렇게 적었다. "이곳에서는 농부들이 마치 쌀과 밀을 경작하듯이 자유롭게 양귀비를 재배하고 아편을 제조하며, 정부 기관으로부터 그 어떤 제약이나 간섭도 받지 않는다. 따라서 농부에게는 양귀비 작물을 기를 것인지, 아니면 쌀이나 밀을 경작할 것인지가 어디까지나 이익에 따른 문제일 뿐이다."[4]

동쪽에서 온 여행자들이 양귀비 농부의 가정을 방문한다면, 한층 더 놀랍게도 이 지역에서는 수확한 양귀비 유액을 동쪽 지역의 관행과 달리 물이 담긴 항아리가 아니라 아마씨유로 채운 용기에 보관한다는 사실을 알았을 것이다.[5] 호기심이 발동해 생산 시설을 방문했다면, 그들은 자신이 파트나나 가지푸르에서 볼 수 있는 요새 같은 거대한 공장이 아니라 그늘에서 납작한 덩어리를 잔뜩 말리고 있는 작은 헛간에 들어섰다는 사실을 깨닫고 어리둥절했을 것이다. 그들은 제품을 준비하는 데 1년 이상이 걸리고 해외로 보내는 데는 2년이나 걸린다는 사실도 확인했을 터다. 아편국의 작업 절차에 익숙해 있는 사람이라면 이 모든 게 기이할 뿐만 아니라 놀랍게까지 여겨졌을 것이다.

그러나 대단한 통찰력을 지닌 여행자가 아니고서는 두 가지 생산 패턴의 차이가 그들 각 지역에 심오하고도 장기적인 결과를 안겨줄 거라는 점을 분명하게 간파하지 못했을 것이다.

이러한 차이는 궁극적으로 영국이 인도 서부보다 훨씬 앞서서 인도 동부에서 자국 영토를 확장했다는 사실로까지 거슬러 올라갈 수 있다. 영국 동인도회사가 이미 갠지스강 평야 대부분을 장악하고 있던 1765년, 영국이 서부 해안에서 점령한 지역은 봄베이 항구에 불과했다. 해안을 따라 고아(Goa)뿐만 아니라 전략적 요충지인 캄베이만(Gulf of Cambay)의 다만(Daman)과 디우(Diu) 식민지를 거느리고 있는 포르투갈 영토와 비교해봐도 이는 단순한 거점에 지나지 않았다.

당시 봄베이 내륙 지역은 일군의 강력한 마라타족(Maratha: 17세기 중엽 독립 왕국을 세워 인도 최대 세력으로 부상했으나 영국과의 전쟁으로 점차 쇠퇴해 1818년에 멸망했다―옮긴이) 공국이 지배하고 있었다. 이들 국가―그중 가장 중요한 국가들의 수도는 괄리오르(Gwalior)·바로다(Baroda)·인도르(Indore)·나그푸르(Nagpur)였다―는 17세기에 마라타족 지도자 시바지

보살레(Shivaji Bhosale)가 이 지역을 무굴 제국으로부터 빼앗은 후에 설립되었다. 시바지가 죽은 뒤 그의 왕국은 여러 유력 마라타족 왕조들로 쪼개졌다. 이 주요 마라타족 국가들은 갠지스강 평야에 자리한 왕국들과 달리 동인도회사 군대에 맞서 꿋꿋이 버틸 수 있었다.[6] 마라타족 왕조들은 무기에 있어서나 전술에 있어서나 당대 혁신에 발맞추고자 무진장 애를 썼으며, 실제로 군사 정책이 어느 면에서는 영국보다 앞서 있었다.[7]

군사 사학자 랜돌프 쿠퍼(Randolf Cooper)가 썼다.

> 실제로 작동하고 있는 마라타족 대포를 목격한 영국 장교들의 회고록을 보면, 그것이 얼마나 정교한지 의심할 여지가 없다. 제2차 마라타 전쟁(1803) 당시 프랑스는 세계 최고의 대포를 보유한 국가로 여겨졌다. 마라타족 대포의 화력을 본 영국 장교들 가운데 일부는 프랑스군이 만든 대포라는 잘못된 주장을 펼치기도 했으나, 어쨌거나 그 위력이 실로 엄청났다는 점에 대해서만큼은 다들 의견 일치를 보았다. 또 한 가지 잘못된 가정은 프랑스인이 인도에서 대포와 그에 따른 장비들을 생산했다는 것이다. 하지만 실제로 프랑스인은 단지 모방할 수 있는 가장 현대적인 사례를 제공했을 뿐이다.[8]

영국이 인도 서부와 중부 지역으로 확장하는 속도는 더디기 짝이 없었다. 그렇게 된 또 한 가지 이유는 그 지역의 주요 거점인 봄베이가 가파른 산맥과 험준한 고원으로 둘러싸여 있었기 때문이다.[9] 보병 기동에 적합한 드넓고 평평한 벵골의 평야 지대와 달리, 봄베이 너머 지형은 게릴라식 저항에 한결 적합했다. 시바지가 이끄는 마라타족 전사들이 무굴 군대를 격퇴할 수 있었던 것도 바로 그곳의 지형을 요령껏 활용했기 때문이다.

그 결과 영국은 갠지스강 평야에서는 모든 반대 세력을 제거하는 데 성공했으나 인도 서부와 중부, 특히 말와(Malwa) 지역ー현재의 마디아프라데시주(Madhya Pradesh) 대부분과 마하라슈트라주(Maharashtra)·구자라트주(Gujarat)·라자스탄주 일부 지역을 포함한다ー에서는 여전히 가공할 도전에 직면했다.[10]

말와에서도 양귀비 재배는 16세기 이후 꾸준히 증가했다. 시간이 지남에 따라 아편은 인근 지역 상인들에게 중요한 상업 물품으로 떠올랐다. 아편 상인 네트워크는 해안에서부터 말와 내륙 깊숙한 곳까지 뻗어 있었다. 여기에는 수 세기 동안 밀·면화·사탕수수 등의 농업 상품을 거래하거나 그와 관련해 투기를 벌여온 힌두교, 자이나교, 많은 이슬람 종파 등 다양한 종교 출신의 진취적 사업 공동체가 포함되어 있었다.[11] 양귀비 재배가 확대되면서 아편 역시 자이나교도 및 마르와리족, 보흐라파(Bohra), 이스마일리파(Ismaili)의 무역 및 투기를 위한 주요 상품으로 부상했다.

인도 서부와 중부의 상업 세계를 지배한 세스(seth, 상인)와 사후카르(sahukar, 대부업자)는 신용 거래와 자금 조달을 위해 그들에게 의존하고 있는 그 지역의 라자(국왕)·나왑(nawab, 통치자)·마하라자(군주)와 공생 관계를 맺고 있었다. 따라서 벵골에서는 토착 은행 시스템을 잘 써먹은 쪽이 동인도회사였지만, 말와와 구자라트주에서는 지역 상업 네트워크의 지원으로부터 이득을 누린 편이 다름 아니라 그 토착 국가들이었다. 지역 상업 네트워크는 토착 국가들에 잘 구비된 상비군을 유지할 수 있는 자금을 제공해주었다. 그 결과 이들 국가는 내부 경쟁과 갈등에 휘말렸음에도 불구하고 18세기의 마지막 25년 동안 동인도회사에 몇 차례 패배를 안겨주기에 충분한 역량과 군사적 전문성을 갖출 수 있었다.

19세기 초가 되어서야 동인도회사 경영진은 인도 서부와 중부의 여러 국가들이 전략적으로 위협적 존재에 그치는 게 아니라 경제적 경쟁자로 부상할 수도 있다는 사실을 알아차렸다. 1800년 벵골 아편의 가치 상승으로 동인도회사의 금고에 막대한 수익이 쌓여갈 무렵, 동인도회사 관리들은 중국에서 마약 시장을 확대하려는 자신들 노력이 서해안의 약삭빠른 상인들 눈을 피하기 어렵다는 불안한 현실을 깨달았다. 1800년부터 1803년까지 6만 3500킬로그램 넘는 아편이 동인도회사의 항구 봄베이를 통해 사무역상의 손을 거쳐 중국으로 수출되었다![12] 이게 다가 아니었다. 아편은 포르투갈 식민지 고아·다만·디우 등 서부 해안의 다른 여러 항구를 통해서도 수출되고 있었다. 따라서 서부 인도의 아편 산업은 빠르게 성장하고 있던 동인도회사 자체의 마약 밀매 사업과 어깨를 겨루는 궤도에 올랐으며, 심지어 그 속도를 훌쩍 앞지르기까지 했다.[13]

당시 동인도회사 경영진은 중국과 동남아시아 아편 시장이 한정되어 있을 거라고, 그리고 공급이 증가하면 가격이 폭락할 거라고 믿었다.[14] 이러한 관점에 비추어 말와로부터 아편 수출이 증가하면 자사 수익에 심각한 위협이 될 것이라고 판단했다.

이때 캘커타 총독은 훗날의 웰링턴 공작 아서 웰즐리(Arthur Wellesley)의 형 웰즐리 경(Lord Wellesley)이었다. 웰즐리 경은 말와의 수출이 증가하면 벵골의 아편 독점에 따른 수입이 '파괴적 결과'를 맞이할 거라고 믿었으며, 동인도회사의 봄베이 관리들에게 "그 상업의 성장을 막고 궁극적으로 그것을 뿌리 뽑기 위해" 될수록 가장 강력한 조치를 취하라고

명령했다.[15]

공교롭게도 총독이 이 편지를 쓰고 있을 즈음, 당시 서른네 살이던 그의 동생 아서 웰즐리는 결국 죽을 때까지 제 인생에서 가장 중요한 군사적 업적으로 꼽힐 전투에 참전하기 위해 인도 서부로 달려가고 있었다. 1803년 9월, 현재의 마하라슈트라주에 자리한 아사예(Assaye)에서 훗날의 '강철 공작(Iron Duke: 아서 웰즐리의 별칭—옮긴이)'은 신디아(Scindia) 가문이 이끄는 훨씬 더 큰 규모의 마라타 연합군을 간신히 물리쳤다. 웰즐리는 나중에 한 통신원에게 띄운 편지에서 이렇게 적었다. "그들 보병은 우리 보병을 제외하고는 내가 인도에서 본 것 중 단연 최고였다. ……그들이 너무나 심하게 십자포화를 퍼붓는 바람에 한순간 내가 과연 진격하도록 우리 군대를 설득할 수 있을지 의심스러울 지경이었다."[16]

6주 후, 델리 근처 라스와리(Laswari)에서 제러드 레이크(Gerard Lake) 장군이 이끄는 영국군은 또 다른 신디아 군대를 상대로 신승을 거두었다. 랜돌프 쿠퍼는 이렇게 적고 있다. "병역에 복무한 40년 동안 레이크는 외국 전장에서 여러 차례 죽음에 직면했다. 그가 요크타운(Yorktown)에서 겪은 공격조차 신디아 부대를 견뎌낸 정도에 비할 바가 못 되었다."

그 전쟁터에서 아들을 잃은 레이크는 총독에게 보낸 편지에서 이렇게 썼다.

이 〔마라타〕 부대는 보기 드물게 진용을 잘 갖추었으며, 가장 많은 대포를 보유하고, 사수들이 총검에 의해 죽음을 당할 때까지 자신의 총을 들고 서 있는 등 최선을 다해 복무하고 있습니다. 적의 세포이들은 하나같이 대단히 잘 처신했습니다. ……제 인생에서 지금껏 이토록 지독한 상황에 놓인 적은 없었습니다. 두 번 다시 그런 상황에 처하지 않길 신께 기도합니다. 그들 군대는 우리보다 진용을 더 잘 갖추었고, 그 어떤 비용도 아끼지 않으며, 총 한 자루당 보유하고 있는 병력 수가 우리보다 3배나 많습니다. ……이 친구들은 악마처럼, 아니 그렇다기보다 영웅처럼 싸웠습니다. ……저는 그들이 취한 입장에서, 우리가 실패했을 수도 있다고 진심으로 생각합니다.[17]

다시 말해, 마라타 군대는 동인도회사를 거의 물리칠 수 있는 상황에 다가섰다. 전쟁 후반에 진영을 바꾼 유럽 용병들의 배신만 아니었다면 아마 정말로 그렇게 될 수 있었을지도 모른다. 하지만 그 지점에서 그들이 승리했다 해도 장기적으로 볼 때 결과가 달라지지는 않았을 것이다. 그 무렵 영국은 정복 욕구가 워낙 거세서 부단히 공격했을 테고, 막대한 재원을 바탕으로 결국에는 승기를 잡았을 것이기 때문이다. 그러나 마라타족이 끝내 동인도회사를 막는 데 실패했음에도 불구하고, 그들이 끈질긴 저항으로 확보한 시간은 인도 서부의 운명에 엄청난 변화를 가져왔다.[18]

따라서 1803년은 영국이 마라타족에 대해 군사적으로 결정적 우위를 점하게 되었다는 점에서, 인도 식민지 역사에 중요한 순간이었다. 마침내 말와 아편 산업을 '전멸시킴으로써' 동인도회사의 벵골 독점권이 지닌 가치를 키울 수 있는 절호의 기회가 찾아온 것이다! 동인도회사의 봄베이 관리들은 웰즐리 경의 지시에 따라 재빨리 봄베이에서의 아편

수출을 금지하고 자신들이 새로 합병한 지역에서 양귀비 재배를 금지하도록 명령을 내렸다.[19]

그러나 이는 말처럼 쉬운 일이 아니었다. 마라타 국가들은 패배한 뒤에도 결코 움츠러들지 않았다. 그들은 여전히 드넓은 영토를 장악했으며, 계속해서 막강한 군대를 유지하고 있었기 때문이다. 마라타 국가들이 더없이 위력적이어서 동인도회사로서는 그들의 왕국을 자기네가 직접 관리하는 지역으로 통합할 수 있다고 생각하기 어려웠다. 대신 그들은 식민지 정권이 전반적인 통제권을 유지하되 행정·재정·사법 문제에는 관여하지 않는 간접 통치 방식을 취하기로 했다. 이는 세금을 징수하지 않으므로 경작 유형에 대해서는 직접적 통제권이 없다는 뜻이었다. 그리고 그 지역의 상업 네트워크에 큰 이득을 안겨주었는데, 아편 거래를 계속하고 대상(caravan)을 해안의 항구에 몰래 보내 동남아시아와 중국으로 아편을 밀반출할 수 있는 여건이 마련되었기 때문이다. 영국이 한 항구에서 아편이 빠져나가는 것을 막으려 하면 상인들은 그저 방향을 바꿔 다른 항구를 이용해 물품을 보내면 그만이었다.[20]

지금 영국 동인도회사가 처한 곤경은 그들의 경쟁 상대인 네덜란드 동인도회사 역시 이전 세기에 정향과 육두구 등 향신료에 대한 독점을 추구하면서 겪은 것이다. 식물 상품을 독점하고자 노력하는 데 따른 문제점은 특히 해당 식물이 막대한 수익을 창출하는 경우, 한 식물종을 특정 지역으로만 제한하는 일이 불가능하지는 않더라도 지극히 어렵다는 것이다. 18세기에 네덜란드는 정향나무와 육두구나무의 재배를 그들이 구체적으로 지정한 어떤 섬으로 한정하려 시도한 적이 있다. 그러나 이 정책은 원주민뿐만 아니라 그 나무 자체의 저항으로 인해 무산되었다. 그 나무들이 말루쿠(Maluku) 숲에서 워낙 무성하게 자라는지라 제거하는 게 불가능했던 것이다.[21] 19세기의 처음 몇십 년 동안 인도의 서부와 중부에서도 비슷한 상황이 펼쳐졌다. 동인도회사는 토착 국가들을 상대로 양귀비 재배를 금지하는 조약을 억지로 체결하려 애썼다. 이 정책을 시행한 핵심 인물은 (당시) 전 총독의 아들이자 강철 공작의 조카 제럴드 웰즐리(Gerald Wellesley)였다. 그는 인도르에서 몇 년을 살았는데, 거기서 이름이 '쿨루(Culoo)'로 기록되어 있는 현지 여성과의 사이에서 자녀 셋을 낳았다.[22]

웰즐리는 영국 '거주민'으로서 인도르에 머무는 동안 아편 무역을 금지하는 조약에 서명하는 대가로 보상을 제공하는 방식으로 집권 세력인 홀카르(Holkar) 가문 및 다른 대공 가문들과 지루한 협상을 벌였다.[23] 대공들 가운데 가장 강력했던 괄리오르의 마하라자(군주)는 단호하게 거부했지만 다른 많은 대공은 서명하는 것 말고 달리 선택의 여지가 없었다. 인도르의 홀카르 가문은 다른 일부 왕족과 마찬가지로 최소한의 저항을 선택했고, 내용의 문구가 꽤나 분명한 조약에 서명했다. 이 조약은 "마하라자의 영토에서 오가는 아편을 발견할 경우 조약에 의해 금지된 그 아편의 거래를 중지시키고 그걸 가로챌 수 있는 권한"을 영국에 부여했다.[24]

조약의 강경한 어조는 사실 영국이 불리하다는 걸 숨기고 있었다. 웰즐리는 "마하라자의 영토에서 오가는" 아편을 모조리 추적할 수 있는 인력을 결코 갖추지 못했기 때문이다. 또 마하라자나 그의 동료 대공들은 조약을 이행할 의사가 전혀 없었다. 그들은 아편 거래가 다소간 방해받지 않고 계속되도록 허용했을 뿐만 아니라 그 거래를 영국인 눈에 띄지 않게 하려고 상인 네트워크와 결탁하기도 했다.

그 무렵 말와 상인들에게 아편은 주요 수입원으로 떠올랐다. 영국과의 경쟁으로 다른 상품들에서 얻는 수익이 줄어들었기에 아편은 그들의 부에 결정적 영향을 미쳤다. 따라서 동인도회사가 양귀비 재배를 억제하기 위해 최선의 노력을 기울였음에도 영국이 직접 관리하지 않는 지역에서는 그 작물이 내내 번성했다.

동인도회사는 지역의 라자·나왑·마하라자에게 정치적 압력을 가함과 동시에 아편 시장의 최대 구매자로 떠오름으로써 말와 아편 산업을 장악하려 했다. 그러나 이 역시 그 지역의 상업 네트워크에 의해 좌절을 겪었다. 동인도회사 관리들은 구매자가 말와 아편을 살 돈이 있다 해도 그들 모두에게 판매할 수는 없다는 사실을 이내 알아차렸다. 아편 공급은 신디케이트(기업 조합)에 의해 통제되었는데, 그 신디케이트들은 구매자를 선정하고 시장에서 그 상품의 판매를 보류할 권한을 지니고 있었다. 이와 관련해서는 아편의 물리적 속성이 중요했다. 즉, 아편은 가치가 높고 부피가 작은 상품일 뿐만 아니라, 시간이 지날수록 품질이 좋아지는 것으로 여겨졌기에 비축량을 계속 보유하고자 하는 유인을 상인들에게 제공했다.[25] 양귀비 재배농으로부터 직접 구매하는 것 역시 가능한 선택지가 아니었다. 보통 1년 전에 투기꾼들이 미리 수확량 전체를 사들였기 때문이다. 게다가 동인도회사는 시장을 장악하는 데 필요한 규모로 아편 선물(先物) 투기를 감당할 경제적 여력이 없었다. 제럴드 웰즐리가 고압적 태도로 가장 중요한 상인 몇 명을 소외시킨 조치 역시 도움이 되지 않았다. 그들은 편지에서 이렇게 말했다. "그가 우리를 워낙 심하게 학대하고 모욕해서 우리는 그가 우리를 약탈하다시피

할 거라고 생각했다."[26]

역사학자 아마르 파루쿠이(Amar Farooqui)가 말했다.

> 실제로 인도 상인들은 인도 서부에서 아편에 대한 벵골식 독점권을 확립하
> 려는 영국 인도 정부의 시도를 좌절시켰다. ……그들은 권한이 반 토막 난
> 그 지역의 인도인 통치자들부터 무장한 '산적들'에 이르는 수많은 다른 토
> 착민 집단의 암묵적이거나 적극적인 지원에 힘입어 호전성을 키웠다. 우
> 리가 여기서 마주하는 것은 …… 식민주의와 인도 자본가 간 심각한 갈등
> 인데, 토착 상인들은 그 갈등의 외중에 주요 무대인 시장을 포함해 다양한
> 수준의 경쟁에 참여할 수 있었다.[27]

기본적으로 식민지 정권은 제 꾀에 제가 넘어갔다. 말와 네트워크는 무
역을 통제하려는 동인도회사의 시도에 저항하면서 영국이 청 제국에
행했던 것과 흡사한 일을 영국에 가하고 있었다. 동인도회사가 아편 유
입을 막으려는 중국의 노력을 피하려고 상상 가능한 온갖 책략을 동원
한 것처럼, 말와의 상인·지배자·농민 역시 제 이익을 지키고 아편 무
역을 독점하려는 영국의 노력을 꺾어버리기 위해 가능한 모든 속임수
를 구사했다.

하지만 둘 사이에는 결정적 차이점도 있었다. 영국은 군사적으로 워
낙 강력했던지라 청나라로 하여금 본질적으로 범죄로 얼룩진 무역을
합법화하도록 강요할 수 있었고, 결국 그 일을 해냈다. 반면 식민지 지
배자보다 한층 취약했던 말와의 통치자 및 상인들에게는 그와 같은 길
이 열려 있지 않았다. 군사력에서 압도적 비대칭에 직면한 식민지 피지
배자들로서는 의지할 수 있는 무기가 거의 없었다. 따라서 은밀한 아편

거래가—식민지 권력이 더없이 중요한 수입원을 가로채지 못하도록 막는—저항의 수단으로 떠올랐다. 적절한 제목이 붙은 파루쿠이의 저서 《전복으로서의 밀수(Smuggling as Subversion)》에서 알 수 있듯 말와 아편은 지역 통치자와 상인 네트워크가 수익성 높은 수입원을 장악하기 위해 사용하는 '약자의 무기'로 거듭났다. 그러나 우리는 그들의 아편 재배 동기가 대체로 기회주의와 이기심이었다는 사실에 주목할 필요가 있다.[28]

인도 서부에서의 아편 관련 역사는 이어지는 수백 년 동안—가장 최근 아프가니스탄 탈레반의 예에서 똑똑히 확인할 수 있듯—마약이 점점 더 압도적 군사력에 맞서 반란 세력의 생존을 보장하는 도구로 부상하게 되리라는 것을 말해주는 징조로 가득 차 있었다.[29] 실제로 19세기 말와의 아편 산업과 오늘날 아프가니스탄의 아편 산업 사이에는 불가사의한 유사성이 몇 가지 드러났다. 말와에서와 마찬가지로 1980년 이후 아프가니스탄에서도 지주와 대부업자에게서 당겨온 현금이 아편 재배 확대에 중요한 역할을 했다. 그뿐만 아니라 아프가니스탄에서도 카르텔이 농작물을 1년 전에 미리 사들이는 경우가 많았으며, 아편 경제가 불확실한 시기에 중요한 수입원이자 고용의 원천 노릇을 했다.[30] 그 결과 아편 산업을 근절하려는 미군의 시도는 2001년 이후부터 미국의 지원을 받은 정부에 맞선 엄청난 반발을 불러일으켰으며 결국 그 정부의 몰락을 재촉했다.[31]

아편 양귀비가 인류 역사상 가장 막강한 군사력을 물리친 꽃이라는 것은 엄연한 사실이다. 그 꽃은 외관이야 보잘것없지만 인류가 지상에서 살아가며 마주친 가장 강력한 존재들 가운데 하나다. 차, 사탕수수, 담배, 고무, 면화, 예르시니아 페스티스(Yersinia pestis, 페스트균) 등을 비

롯한 많은 여타 식물 및 병원균은 분명 인류 역사에서—그중 일부는
수 세기에 걸쳐—지대한 역할을 해왔다. 하지만 오늘날 그것들은 하나
같이 영향력이 대폭 줄어든 반면, 아편 양귀비는 그 어느 때보다 기세
등등하다.

계속되는 말와 네트워크의 도전과 동인도회사 내부에서의 논쟁은 결국
영국 관리들로 하여금 아편 거래의 본질을 재고해보도록 내몰았다. 그
들은 아편이 한정된 시장을 가진 사치품이라는 생각을 버리고 무한한
수익을 창출할 수 있는 잠재력을 지닌 대중적 상품이라고 여기기 시작
했다.[32] 그 결과 1830년 식민지 정권은 느닷없이 정책을 변경했다. 말와
국가들과 맺은 아편 조약을 무효화하고 양귀비 재배에 대한 모든 규제
를 풀어준 것이다. 그들은 그 상황을 최대로 활용해 성장 일로인 말와
아편 무역을 통해 수익을 창출할 계획을 세웠다. 그에 따라 이제 통행
세만 지불한다면 분량에 상관없이 봄베이에서 얼마든지 아편을 반출할
수 있다고 선언했다.[33]

통행세는 처음에는 다른 항구들보다 봄베이에서 아편을 운송하는 편
이 더 많은 수익을 낼 수 있도록 낮게 책정되었다. 그러나 이것이 신드
지역의 카라치(Karachi), 고아, 다만 같은 포르투갈 식민지에서 아편이
유출되는 사태를 막지는 못했다.[34] 특히 후자와 관련해서는 할 수 있는
일이 많지 않았다. 포르투갈은 프랑스에 맞선 영국의 전 세계적 투쟁에
서 중요한 동맹국이었으며, 따라서 수익성 높은 무역에서 그들을 배제
시킬 수는 없었기 때문이다.[35] 그러나 카라치는 사정이 달랐다. 그 도시

와 경쟁하는 일이 너무 성가셨기 때문에 동인도회사는 결국 신드를 침공해 그 항구 지역을 장악했다.[36] 이는 봄베이가 아편 무역에서 확실한 우위를 점할 수 있도록 보장했을 뿐만 아니라 동인도회사가 통행세를 아편 궤짝 하나당 가격의 50퍼센트, 심지어 70퍼센트까지 인상할 수 있도록 해주었다.[37] 신드를 정복하고 6년 만에 영국이 말와 아편에서 벌어들인 수익은 거의 4배로 불어났다.[38]

그 결과 식민지 정권은 엄청난 횡재를 맞았을 뿐만 아니라 인도에서 중국으로 수출하는 아편의 양도 대폭 증가했다. 1830년에서 1840년까지 말와 아편의 연평균 수출량은 3배 가까이 늘어나 이내 캘커타에서 선적되는 물량의 갑절을 넘기기에 이르렀다. 이는 결과적으로 인도 서부와 동부 사이의 경쟁을 부채질했고, 아편국은 그 기관이 갠지스강 평야에 소유한 땅에서 생산량을 늘렸다.[39] 이처럼 공급이 엄청나게 증가했음에도 수요는 전혀 감소하지 않았다. 오히려 그 반대였다.

워머는 이렇게 말했다. "아편은 1830년대 이후 식민지 정권의 주요 수출품이었으며, 1880년대까지 연평균 총수출량의 20~30퍼센트를 차지했다. 그 세기 중반의 전반적인 불황기 동안에는 해외 무역의 유일한 품목이다시피 했다. 1846~1847년에는 전체 수출량의 절반을 차지하며 정점을 찍었다. 생산량이 1820년에 연간 4000궤짝이던 데서 1870년대에 9만 궤짝 이상으로 껑충 치솟음으로써, 아편은 '단일 상품으로는 당시 최대 교역품'이었을 것이다."[40]

따라서 말와와 푸르반찰은 제1차 아편전쟁이 일어나기 전 몇 년 동안 중국으로 유입되는 아편의 발원지로 떠올랐다. 영국이 이 두 지역에서 벌어들인 수익의 주된 차이점이라면, 동쪽에서는 그 영국이 아편 판매의 유일한 수혜자였던 데 반해, 서쪽에서는 영국의 수익이 오직 통행세에서만 나왔다는 것이다. 하지만 그렇다고 해서 식민지 지배자들이 말와 아편으로부터 거두어들인 수익이 더 적었다는 뜻은 아니다. 오히려 말와 아편은 대규모인 데다 비용이 많이 드는 관료 시설을 유지해야 하는 벵골 아편보다 훨씬 더 수익이 많았다. 바우어는 인도 동부에서 아편을 생산하는 데 드는 비용이 영국이 그로부터 쓸어 담는 총수익의 3분의 1이 넘는 반면, 서부에서 통행세를 운영하는 데 드는 비용은 총수익의 0.17퍼센트에 불과했다고 추산한다. 따라서 식민지 정권 입장에서 볼 때 궤짝당 수익은 말와 아편이나 벵골 아편이나 엇비슷했다.[41]

그렇다면 식민지 지배자들은 왜 벵골에서 온갖 행정 비용을 들여가며 독점 체제를 내내 유지했을까? 그들은 어째서 거대한 관료제를 없애고 말와에서처럼 지역 상인이 무역을 하도록 허용하면서 그곳과 비슷한 수익을 낳는 관세와 세금을 징수하지 않았을까? 바우어는 그 이유를 이렇게 설명한다. 즉, 아편국의 관료 조직은 쉽게 무너질 수 없는 거대한 기득권이었다는 것이다. 게다가 아편국의 생산 공정은 일정한 품질 기준을 설정하는 데서 중요한 역할을 했다. 벵골 아편은 툭하면 불순물이 섞인 결과, 중국에서 더 낮은 가격에 팔리는 말와 아편보다 일관되게 높은 수준을 유지했다.[42] 그러나 가장 중요한 이유는 아편국이 베나레스와 파트나 아편을 확실하게 장악하고 있었으므로, 특히 대영제국이 중국에 아편을 쏟아붓기 시작한 1830년 이후 필요에 따라 생산량을 늘릴 수 있었다는 점이다.[43]

물론 인도의 아편이 몽땅 수출된 것은 아니다. 공급이 증가함에 따라 국내에서의 아편 사용도 대폭 늘어났다. 특히 대표적으로 오늘날의 안드라프라데시주, 오디샤주, 신드주, 구자라트주, 펀자브주 중부, 그리고 아편을 경구로 섭취하지 않고 흡연했던 아삼주 같은 일부 농촌 지역에서 더 그러했다.[44] 영국의 한 잡지는 "비참한 아삼주 주민들 사이에서 아편 사용이 널리 보편화했다"고 언급하면서 다음과 같이 덧붙였다. "만약 이 중독성 있는 마약이 중국에 도입되어 아삼주에 안겨주었다고 알려진 것과 동일한 효과를 낳는다면, 우리는 갖은 위험을 무릅쓰고 아편을 퇴치하겠다고 분명하게 밝힌 중국 황제의 결단력에 놀랄 필요가 없으며, 그때 황제를 행동하도록 내몰았으며 중국이 헤아릴 수 없는 감사의 빚을 지고 있는 그의 부성애를 크게 찬미할 수도 없을 것이다."[45]

봄베이에 말와 아편은 축복이자 절로 굴러들어온 복이나 다름없었다. 파루쿠이가 밝힌 대로, 봄베이는 18세기 후반 동인도회사에 거의 수익을 안겨주지 못했던지라 영국으로부터 버림받기 일보 직전이었다.[46] 1788년 총독 콘월리스 경은 윌리엄 피트(William Pitt) 총리에게 편지를 보내 봄베이를 작은 전초 기지로 축소하도록 권고하기까지 했다. 콘월리스 경이 썼다. "나는 봄베이에 있는 그 민간 시설의 효용성을 꽤나 진지하게 생각해보았고 이 나라에서 가장 현명한 사람들과 대화를 나누었습니다. 그 결과 동인도회사가 봄베이에서 아무런 이익을 얻지 못하고 있다는 사실을 굳게 믿게 되었습니다."[47]

당시 봄베이는 지출이 수익을 훌쩍 초과한 결과, 캘커타와 마드라스로부터 막대한 보조금을 당겨와야 했다.[48] 봄베이의 수익 문제를 해결한 것이 바로 말와 아편이었다. 영국이 부과한 통행세는 행정 비용을 거의 들이지 않고 많은 자금을 조달할 수 있는 최고의 수익 출처였다. 사실상 봄베이의 섬들은 성장 일로인 말와의 아편 저장분 덕택에 유지

되고 있었다.[49]

그러나 말와의 아편은 다른 많은 사람에게도 혜택을 안겨주었다. 주로 인도 동부의 아편과는 현저히 다른 환경에서 생산되었기 때문이다. 둘 간의 가장 중요한 차이점은, 말와 아편 산업의 이익이 인도 동부의 공식적인 식민지 독점 체제에서 발생한 이익보다 훨씬 더 고르게 분배되었다는 것이다. 말와 아편으로 얻은 이익은 식민지 정권이 제 몫을 챙기고 나서도 다양한 계층에 속한 인도인에게 돌아갔다. 나왑과 마하라자, 세스와 사후카르가 가장 많은 이익을 차지한 거야 두말할 나위 없지만, 소상인과 농부들 역시 낙수 효과를 누렸다. 다시 말해, 그들은 영국의 통치에 맞선 수십 년에 걸친 끈질긴 반대─처음에는 군사적 저항이라는 형태를 띠었다가 점차 시장 메커니즘과 은밀한 무역을 통한 반격으로 성격이 달라졌다─에 힘입어 아편 무역으로 얻은 이익의 상당 부분이 영국인에게 넘어가지 못하도록 막는 데 성공했다.

말와에서 은밀한 산업으로 시작되었다는 사실 때문에 양귀비 재배는 아주 오랫동안 비밀에 싸여 있었다. 파루쿠이가 말한다. "그 모험의 성공은 사람들 눈에 띄지 않는 데 있었다. 아편 산업에 종사하는 토착민 집단은 극도로 비밀스러웠기에 인도 측으로부터 문서화한 증거가 쉽게 나오지 않는다."[50] 이것이 의미하는 바는 아편이 인도 서부에서 이른바 '누구나 알고 있지만 말하기 꺼리는 문제'로 떠올랐으며, 사람들이 동의함으로써 비가시적 존재가 되었다는 것이다. 아편은 실제로 경제의 주요 동인이었고 또 그렇다고 알려져 있었다. 하지만 인도 서부의 아편 산업은 인도 동부의 아편 산업과 비교할 때 대중의 기억 속에 훨씬 더 적은 자취만 남겨놓았다. 예컨대 아편을 가공하고 포장하던 말와 작업장을 담은 그림이나 스케치는 전혀 남아 있지 않다. 실제로 나는 말와 지역에서의 아편 관련 이미지를 단 한 점도 찾아내지 못했다.

　오늘날에는 아편이 한때 인도 서부 경제에서 결정적 몫을 했다는 사실이 거의 잊히다시피 했다. 아편이 특정 의례에서 인정받는 역할을 했다는 사실 또한 엄격하게 억눌려왔다. 내가 《양귀비의 바다》를 집필하는 동안 발생한 어느 사건을 보면, 그 금기의 강도가 어느 정도였는지 알 수 있다. 그것은 당시의 저명 정치인이 연루된 사건이었다. 국방부·외무부·재무부 장관을 두루 역임한 인도인민당의 충실한 당원 자스완트 싱(Jaswant Singh)이 그 주인공이었다. 2007년, 그의 아들 결혼식에서 소량의 아편을 넣은 의례용 술을 제공했다는 사실이 밝혀졌다. (라즈푸트 공동체에서는 흔히 볼 수 있는 관습이었다.) 매우 묽게 희석시킨 아편 용액을 마치 성수처럼 하객들의 펼친 손바닥에 뿌린 것이다. 아편을 소비하는 여러 가지 방법 가운데 이는 아마도 유일하게 경의를 표하는 행위로 여겨질 수 있으며, 양귀비의 특별한 위안과 파괴 능력을 기리는 행위일 터다.

　그러나 장관이 그러한 관습을 행했다는 사실이 폭로되자 인도 전역에서 분노의 불길이 걷잡을 수 없이 치솟았다. 진영을 불문한 모든 정치인이 화를 참을 수 없다고 외치며 나섰다. 자스완트 싱에 맞선 소송이 잇따라 제기되었으며, 그의 국회의원직 사퇴를 요구하는 목소리가 빗발쳤다. 얼마간은 이 사건으로 인해 그의 저명한 정치 경력이 끝장날 수도 있을 것 같았다. 특정하게 조제한 아편이 수 세기 동안 인도의 의례에서 쓰여왔다는 사실을 애써 떠올리는 이는 단 한 사람도 없었다. 아편은 마치 전혀 알려진 바 없는 생소한 것, 차마 입에 담기도 어려운 것, 그에 대한 언급 자체가 경건한 금욕주의자들의 나라라는 인도의 이미지를 모독하는 것인 양 치부되었다. (인도가 세계 최대 규모의 아편 가공 공장 두 곳의 근거지임에도 불구하고 말이다.)

그러나 이러한 고의적인 기억상실증으로도 오늘날 뭄바이의 부가 주로 아편에 의해, 그리고 중국에 의해 형성되었다는 사실은 숨길 수 없다. 파루쿠이가 말했다. "위대한 상업 및 산업 중심지로서 봄베이의 운명은 인도 사업 계층이 동인도회사와 함께 엄청난 열의를 보인 일, 즉 아편으로 숱한 중국인을 중독에 빠뜨린 일의 공범 노릇을 한 데 따른 결과였다. 이것이 바로 식민지 시절 봄베이의 추악한 이면이다."[51]

'경제'와 '사업'을 각각의 독자적 법칙에 따라 굴러가는 분리된 영역으로 치부하는 오늘날에는, 상인이며 사업가들의 기민함과 기업가 정신을 높이 평가하는 게 관례화되었다. 그러나 인도 서부의 상업 세계에서 얻을 수 있는 진정한 교훈은, 근대의 사업과 기업의 번영에는 항상 정치적·군사적 지원이 결정적 역할을 해왔다는 점이다. 민간 기업이 인도 서부에서는 번창할 수 있었지만 동부에서는 그러지 못했는데, 그 까닭은 궁극적으로 마라타 왕국들이 갠지스강 평야의 국가들보다 훨씬 더 오랫동안 약탈적 식민지 세력에 맞서 투쟁할 수 있었기 때문이다. 인도 서부의 기업들이 기량을 발휘할 수 있었던 이유는 궁극적으로 사업가들의 재정적 감각 덕분일 뿐만 아니라 마라타 국가들의 정치 및 군사 지도자들이 지닌 선견지명과 명민함 덕분이기도 하다. 영국의 거침없는 진격을 막아낸 수년간의 세월은 결국 그 지역에 엄청난 차이를 안겨주었다.

영국은 자본주의적인 기업과 관련해 군사력이 얼마나 중요한 가치를 지니는지 완벽하게 간파하고 있었다. 그에 따라 '자유 무역'의 미덕을 끊임없이 부르짖으면서도 사업 기회를 창출하고 경쟁자를 제압하기 위해 부단히 군사력을 활용했다.[52] 이러한 관행은 오늘날까지도 현대 제국주의의 기능에 필수적인 요소로 남아 있다. 현대 세계 경제의 창시자 중 한 명인 네덜란드 식민지 개척자 얀 피터르스존 콘(Jan Pieterszoon Coen)의 잘 알려진 다음과 같은 말은 괜히 나온 게 아니다. "전쟁 없는 무역도 무역 없는 전쟁도 있을 수 없다."

10

동부와 서부

인도 동부와 서부의 아편 산업은 서로 다른 역사로 인해 완전히 판이한 방향으로 진화했다. 이는 각각의 지역에 장기적으로 영향을 끼쳤다. 가장 저명한 아편 역사가 중 한 명인 존 리처즈(John F. Richards)가 지적했다시피, "인도 서부와 중부에서는 아편이 수많은 브로커·무역상·거간꾼에게 안정적 수익을 안겨주었다. 반면 인도 동부의 경우에는 뱅골 아편 수익에 따른 승수 효과가 축소되었다."[1]

다시 말해, 말와의 아편 산업이 창출한 돈은 훨씬 더 큰 낙수 효과를 낳음으로써 더 많은 수익이 토착민 손에 남았다. 그 혜택은 사회 전반에 고르게 돌아갔다. 예컨대 말와 지역의 일부 양귀비 농부는 동부 지역 농부보다 2배, 때로 3배나 많은 수익을 올렸다.[2] 게다가 그들은 온갖 유해한 효과를 낳는 아편국의 가혹한 감시 체제에서 벗어나 있었다.

반면 소상인과 시골의 대부업자는 (물론 사회 피라미드의 맨 꼭대기에 있는 사람들, 즉 인도 중서부의 라자·나왑·마하라자만큼은 아니었지만) 아편을 가공하고 판매함으로써 적잖은 돈을 벌었다. 엄청난 수의 '대공국'이 아편 수익으로 지탱되었다. 리처즈는 이렇게 적었다. "19세기 말 아편 생산에 관여한 국가가 약 90개국에 달했다. 각국의 규모는 인도르·메와르(Mewar)·보팔(Bhopal)·자이푸르(Jaipur)·마르와르·괄리오르·알와르(Alwar)·비카네르(Bikaner)처럼 가장 영토가 넓고 인구가 많은 국가에서부터 말와의 시타마우(Sitamau)처럼 거주민이 수천 명에 불과하고 주요 도시가 하나뿐인 작은 국가에 이르기까지 다양했다."[3]

마디아프라데시주·라자스탄주·구자라트주의 풍경 곳곳을 수놓은 19세기의 장려한 궁전들은 그 지역 권력자들이 아편으로 벌어들인 수익이 얼마나 엄청났는지를 웅변해준다. 이러한 궁전 중 상당수가 오늘날 '인크레더블 인도(Incredible India)'라는 환상의 세계로 외국인 관광객을 끌어 모으는 초호화 호텔로 탈바꿈했는데, 이는 어쩌면 당연한 일인지도 모른다.

그러나 인도의 라자와 나왑들 편에서 보자면, 처음에는 저항의 태도에 힘입어 조성된 산업이 결국에 가서는 식민지 국가에 절망적으로 의존하게 만드는 통로로 떠올랐다. 아편 수익은 서서히 대공들의 영국 통치 묵인에 대한 보상으로 변모했다. 1920년대와 1930년대에 인도 아대륙 전역에서 다양한 종류의 반제국주의 운동이 점차 활발해지면서 인도의 대공들은 하나의 집단으로서 영국 인도 통치의 가장 충직한 동맹으로 간주되기에 이르렀다. (물론 반식민지 투쟁에 동조하고 심지어 그에 자금을 대준 대공도 적지 않았다.) 이러한 인식은 동포들을 크게 소외시키는 구실을 했다. 그 결과 이들 국가가 독립 인도에 편입된 뒤에도 그들이 지배한 왕조에 대한 적대감은 오래도록 지속되었다. 1971년 인디라 간디가 독립 인도에 가입하는 대가로 대공들에게 제공하겠다고 약속한 연간 지급금을 폐지했을 때, 그 조치는 인도 전역에서 환영의 박수를 받았다.

대공국에 대한 적대감이 어쩌나 널리 만연했던지 그들의 실제 통치 기록은 독립 후 수십 년 동안 공정한 조사를 받지 못했을 정도다. 인도 지식인 계급은 토착 통치자들이 약속이나 한 듯 타락하고 낙후했으며 부패했다고 굳게 믿고 싶어 했다. 인도 아대륙에서 자신들을 '진보'의 유일한 주체로 내세우길 좋아한 영국인들은 그러한 내러티브를 부지런히 전파했다. 그러나 오늘날 점점 더 인정받고 있다시피, 실제로는 많은 인도 통치자들이 세수를 빼돌리는 데 주로 혈안이 된 식민지 개척자들보다 공공복지에 한층 더 많은 관심을 기울였다.[4] 이를테면 경제학자 락슈미 아이어는 상세한 통계 분석을 통해, 일부 토착 왕국은 영국 식민지 개척자들이 직접 통치한 지역보다 '공공재'에 더욱더 많은 투자를 했다는 사실을 밝혀냈다. "가령 마이소르(Mysore) 토착 왕국에서는 1806년 이미 천연두 예방 접종을 실시했다. 트라반코르(Travancore) 왕국은 1817년 무상 초등 교육 정책을 발표했다. ……바로다 왕국은 1892년 처음으로 초등 의무 교육을 도입했다. 반면 영국은 1920년이 되어서야 인근의 중부 영국령 식민지에서 의무교육법을 통과시켰다."[5]

따라서 인도 아대륙에서 자신이 '진보'의 주역이었다는 식민지 정권의 주장은 당최 근거가 없는 것이었다.

말와 아편 무역의 모든 수혜자 중 가장 크게 이득을 누린 것은 인도 서부의 상인 네트워크였다. 파루쿠이가 말했다. "아편이 19세기 전반 인도 서부의 토착 상인과 은행가들에게 자본 축적의 주요 원천으로 작용했다는 것은 의심할 여지가 없다."[6]

물론 아편은 인도인뿐만 아니라 많은 영국인·미국인·유럽인 사업가들에게도 핵심적인 자본의 원천이었다. 그러나 서구 기업가들은 운 좋게도 다른 많은 자본 원천에 접근할 수 있었던 반면, 인도 기업가들은 제약받는 식민지 경제 상황으로 인해 선택의 여지가 거의 없었다. 아편 아니면 파산이었다. 인도 중서부의 무역 공동체는 이 점을 잘 꿰뚫어보고 있었으므로 종교 및 카스트 계급의 차이와 무관하게 너나없이 있는 힘껏 마약 거래에 뛰어들었다.

모든 종교 집단의 사업가들이 아편 거래에 관여했다는 사실은 역사 기록에 등장하는 이름만 얼핏 살펴봐도 알 수 있다. 예컨대 광활한 아편 재배지를 지배한 유력 왕실 인사 아파 강가다르(Appa Gangadhar)는 마라타족 힌두교도였다. 인도르에서 가장 유명한 보험 중개인 축에 끼는 푸나사 만 싱(Poonasah Man Singh)과 차만 싱 후룩찬드(Chaman Singh Hurruckchand)도 힌두교도였다. 선도적인 구자라트의 아편사무관 세스 카람찬드 동게르쉬(Seth Karamchand Dhongershee)와 카라치의 세스 나오말 핫찬드(Seth Naomal Hotchand)도 마찬가지였다. 아메다바드(Ahmedabad)에 기반을 둔 힌두교도 세스 케스레싱 쿠살춘드(Seth Kessresing Khooshalchund)의 회사는 말와 지역 전체에서 두 번째로 중요한 아편 거래 업체였다.[7] 한편, 서부 해안에서 가장 유명한 아편 거래상 중 한 명인 로저 드 파리아 경(Sir Roger de Faria)은 고아의 가톨릭 신자였으며, 더러 '아편의 로스차일드'라고 불리곤 했던 투기꾼 세스 바하두르 말(Seth Bahadur Mal)은 코타(Kota)에 근거를 둔 마르와리족 힌두교도였다.[8] 그와 마찬가지로 말와에서 아편을 거래하는 주요 업체들도 제각각이었다. 거기에는 '버드먼(바르다만) & 만사람〔Birdman(Vardhaman)

& Mansaram)'으로 알려진 회사와 '길더 & 드 수자(Gilder & De Souza)'
라는 이름의 유럽 회사도 포함되어 있었다. 마도우다스 란소르다스
(Madowdass Ransordass), 모티찬드 아미찬드(Motichand Amichand), 아미찬
드 수쿠르찬드(Ameechand Sukurchand) 같은 이름을 가진 구자라트족 및
마르와리족 힌두교도도 말와 아편 거래에서 중요한 역할을 했다. 아
가 모하마드 수아스트리(Agha Mohammad Suastry), 모하마드 알리 로가
이(Mohammad Ali Rogay) 등 보흐라와 메몬(Memon) 종파의 이슬람교도도
아편 거래에 발을 들여놓았다. 그러나 아편 무역에서 단연 눈에 띄는
인물은 와디아(Wadia) 가문의 후손들과 인도 최초의 준남작인 잠세치
제지보이 경(Sir Jamsetjee Jejeebhoy) 같은 파시교도 거상들이었다. 그러나
파시교도들이 아편 무역을 지배했다는 생각은 별 근거가 없는 것이다.[9]
역사학자 제니 로즈(Jenny Rose)는 "1803년에서 1830년 사이 아편을 취
급하는 인도인 소유 회사 120개 중 49개만이 파시교도 소유였다"고 밝
혔다.[10] 그리고 19세기 후반에 이르러 인도 서부의 아편 무역을 지배한
것은 사순(Sassoon)이라는 바그다드의 유대인 가문이었다.[11]

그런데도 아편 무역은 파시교도 및 유대인 상인과 동일시되기에 이
르렀는데, 그 까닭은 주로 그들이 그 산업에서 가장 눈에 띄는 부문인
해외 운송에 관여했기 때문이다. 반면 내륙 지방으로의 아편 유입은 (이
산업 부문을 좌우했던 마르와리족, 구자라트인, 신드인 및 보흐라 무역상들의 경우와 마
찬가지로) 일반적으로 대중 눈에 잘 띄지 않는 지점에 숨겨져 있었다. 따
라서 어떤 식으로든 아편은 인도 서부와 중부의 모든 무역 공동체에서
사업가들이 성공하는 데 결정적 역할을 했다. 실제로 우리는 이 시기에
그 지역에서 어떤 식으로든 아편과 **무관한** 사업체, 무역 가문, 상업 회
사는 거의 찾아보기 어렵다고 딱 잘라 말할 수 있다.

그러나 아편이 인도 서부의 사업체에 제공한 것은 자본만이 아니었다. 아편은 그들에게 다른 많은 것도 제공했는데, 그 가운데 상당 부분은 무형의 것이었다. 아편 무역에 가담한 상인들은 기업가적 기술을 획득하고 광범위한 정보 및 신용 네트워크에 진입했다. 또한 세계 무역의 변덕스러움에 대해 배웠으며 외화 거래에 능숙해졌다. 게다가 새로운 산업의 출현을 눈여겨보았을 뿐만 아니라 발 빠르게 신기술에 대처하고 그것을 채택했다. 말와 상인들은 아편 무역의 국제적 측면에 꽤나 정통했기 때문에, 1830년대에는 라자스탄 심장부에 기반을 둔 마르와리족 세스들이 중국 시장에 대해 예리하게 인식할 수 있었다.[12] 말와 아편 상인 중 가장 위대한 인물인 세스 바하두르 말의 경우, 기반은 라자스탄에 두었지만 정보 채널은 봄베이와 캘커타에서부터 중국까지 뻗어나갔다. 그는 1830년 아편 가격을 더 잘 받을 생각으로 광저우에 사절단을 파견하기도 했다.

나름의 기량을 뽐내며 세계에서 가장 강력한 마약 국가 대영제국을 무릎 꿇게 만든 서부 인도 상인들은 그 식민지 국가에 대한 심리적 의존에서 벗어날 수 있는 자신감을 키웠다.[13] 역사학자 마리카 빅지아니(Marika Vicziany)는 이렇게 말했다. "캘커타와 다르게 봄베이에는, 인도 상인들이 오랜 기간 대외 무역에 참여한 뒤 유럽 기업들의 지배력이 커진 게 적잖은 행운이었다. 이러한 경험을 통해 많은 저명한 인도 상인들은 자본과 상업적 기술을 획득할 수 있었고, 그를 통해 수월하게 해외 무역에서 국내 산업으로 자신의 능력을 이전할 수 있었다."[14]

오늘날에는 이 중 어느 것 하나 제대로 인정받거나 온전히 기억되지 않고 있다. 이는 아편과 관련한 모든 게 그러하듯 그 같은 연관성이 오랜 세월에 걸쳐 체계적으로 억압을 받아온 탓이다. 심지어 오늘날에조차 연구자들은 종종 아편을 둘러싼 침묵의 벽을 뚫고 나아가는 데 어려움을 겪곤 한다. 이와 관련해 인도 사업사(事業史)를 연구하는 선도적인 인물 아시야 시디키(Asiya Siddiqi)는 자신의 경험을 다음과 같이 들려준다.

> 우리 대부분은 아편 거래가 존재했다는 사실을 알지 못한다. 그 사실을 애써 떠올리고 싶어 하지 않는 사람도 많다. 내가 처음 아편에 대해 조사하기 시작했을 때, 봄베이 소재 어느 유력 기업의 대표는 내게 이렇게 물었다. "이런 사실들을 군이 파헤치려 드는 이유가 뭡니까?" 거의 한 세기 반동안 인도의 항구에서 중국으로 가는 수백만 궤짝의 아편이 선적되었기 때문에, 이는 민감한 주제다.[15]

인도 동부에서 아편 산업의 유산은 그와 전혀 다른 형태를 띠었다. 아편국의 독점 탓에 부정한 마약 산업의 이득은 먼저 식민지 정권에, 그다음으로 소수의 투기꾼과 상인들에게 돌아갔다. 그 투기꾼과 상인들 가운데 지역 토박이는 거의 없었다. 그로부터 혜택을 받은 이들은 인도인이든 서양인이든 대부분 국외 거주자였다.[16] 캘커타가 세계적 무역 중심지였음에도 불구하고, 그 도시에서 가장 유명한 가문 출신인 소수의 토박이 벵골인들만이 제 자신의 이익을 위해 상당량의 아편을 구매 및 수출할 수 있었다. 여기에는 드와르카나트 타고르, 무티롤 세알(Muttyloll Seal), 코니에랄 물리크(Conielal Mullick), 10억 루피어치의 재산을 보유한 최대 부호 람두랄 데이(Ramdoolal Dey) 같은 거상들이 포함되어 있었다.[17] 하지만 이렇게 엄청난 부를 거머쥔 벵골 상인들도 인도 서부의 그 상대역들보다 불리해지도록 내몬 역풍에 대처해야 했다. 첫째, 그들은 그 지역의 아편 공급망을 전적으로 영국이 장악하고 있었기 때문에 그에 접근할 수 없었다. 게다가 말와 무역 네트워크가 통제하고 있었던지라 서쪽에서 공급되는 아편에도 접근이 불가능했다. 둘째, 벵골 사업가들은 그들을 영국 사무역상의 보조역에 머물도록 고안된 '은밀한 배제 정책'에 대처해야 했다. 이를테면 벵골 상인들은 캘커타 경매에서 아편을 구매할 때 영국 사무역상에게는 구매 대금을 지불하기까지 통상적으로 연장해주는 3개월의 유예 기간을 거부당했다. 그들은 무조건 선불로 지급해야 했다. 또 아편을 중국으로 실어 나르는 데 따르는 운송 보험도 거부당했다. 이러한 메커니즘으로 인해 벵골 상인들은 캘커타의 가장 중요한 산업에서 변방으로 밀려났다.[18] 이와 관련해 워머가 말했다.

> 19세기에 접어들어 인도 서부의 토착 상인 집단은 독립적인 힘을 갖게 되면서 벵골의 상황과 뚜렷한 대조를 이루었다. 벵골의 주요 은행들과 배니언(banian)이라고 알려진 영국 상인의 현지 대리인들은, 1780년대부터 캘커타에 동인도회사 환어음 시장이 부상하면서 형성되기 시작한 인종적으로 계층화한 위계적 상업 질서 속에서 점점 더 종속적 역할로 전락하는 스스로의 모습을 발견했다.[19]

평범한 대다수 캘커타 시민에 관해 말하자면, 그들은 그 도시 경제의 근간이 되는 상업에 대해서도, 그 도시를 해외 선박의 주요 목적지로 만들어준 상품에 대해서도 깜깜무소식이었다. 아편과 관련한 모든 것은 그 도시 토착 인구들 시선으로부터 철저히 차단되었다. 아편국의 화물이 드나드는 것조차 거의 눈치챈 사람이 없었다. 아편은 지역 주민들 눈에 띄지 않은 채 마치 유령의 강처럼 캘커타를 흐르고 있었다. 매년 아편국의 인장이 찍힌 수천 개의 망고나무 궤짝이 경계가 삼엄한 한무리의 하천용 선박에 (나중에는 특수 열차에) 실린 채 가지푸르와 파트나의 공장에서부터 강을 따라 하류로 운송되었다. 캘커타에 도착한 아편은 요새처럼 생긴 창고로 옮겨졌다. 그리고 거기서 엄격하게 선발된 소수 상인들의 점검을 받은 후 경매에 부쳐졌다. 경매에서 낙찰된 아편은 곧장 중국과 동인도 지역으로 실어 가기 위해 상선으로 운반되었다.

반면 봄베이에서는 19세기 대부분 기간 동안 아편 거래가 활발하고도 공공연하게 이루어졌다. 이런 연유로 19세기 봄베이의 마라타족 연대기 작가 고빈드 나라인(Govind Narain)은 그 도시의 아편 시장을 이렇게 묘사하고 있다. "뭄바데비 광장(Mumbadevi Square)에서 동쪽으로 향하노라면 대규모 대부업체들의 회계실과 마주친다. ……조금만 더 가면 거리에서 소란스럽고 왁자지껄하게 거래하고 있는 아편 상인들―주로 마르와리족 및 다른 종류의 구자르족(Gujar)―이 보인다."[20]

봄베이의 아편 시장에서 조금만 더 걸어가면 번화한 요새 구내에 접어들었다. 그곳에서는 구자라트어 신문에 중국행 선박의 출항을 알리는 광고를 정기적으로 게재하는 수많은 해운업자들이 있었다. 진취적인 젊은 상인이 해야 할 일이라곤 돈을 긁어모아 그 통행권을 구입하는 것뿐이었다.

정확히 이런 경위로 1910년 나리만 카르카리아(Nariman Karkaria)라는 열여섯 살 난 파시교도 소년이 중국을 향해 떠났다. 나브사리(Navsari)에 있는 집에서 봄베이로 떠나온 그는 파시교도가 운영하는 구자라트어 신문 〈자메 잠셰드(Jame Jamshed)〉를 우연히 집어 들었다. 그가 자서전에서 썼다.

> 우연히 신문을 넘기다 광고에 시선이 머물렀다. 루바티노 해운회사(Rubatino Shipping Line Company)의 증기선 카프리호(Capri)가 1910년 8월 13일 화요일에 중국으로 출항할 예정임을 알리는 광고였다. 그 글을 읽자마자 중국으로 가야겠다는 엉뚱한 생각이 불현듯 뇌리를 스쳤다. 중국의 영광에 대해 수시로 들어온 데다, 중국에서 온 인도 고위층들이 커다란 붉은색 파그디(pagdi, 터번)를 쓴 채 코바(khoba, 노예)들을 거느리고 다니는 모습을 자주 보았기 때문이다.

카르카리아는 결국 홍콩으로 건너가 그곳의 여러 파시교도 기업에서 일자리를 구했다.[21]

반면 캘커타에서는 아편이 영국 권력 소재지의 지근거리에 있는 달하우지 광장(Dalhousie Square)의 세입위원회 건물〔현재 이곳은 마침맞게도 홍콩상하이은행(Hongkong and Shanghai Banking Corporation, HSBC)이 점유하고 있다〕에서 한껏 격식을 갖춘 경매를 통해 눈에 띄지 않게 처리되었다.[22] 경매는 매달 11일 치러졌고 입찰자들은 경매장에 입장하기 위해 특별 티켓을 가지고 있어야 했다. 티켓 소지자들이 너무나 유명한 국제적 인사들이라 영국인 관광객은 그 경매장이 내려다보이는 갤러리에서 그들을 구경하기 위해 몰려들었다. "유대인도 비유대인도 태도가 격렬하다.

그리스인·아르메니아인·페르시아인이 온갖 사투리가 난무하는 토착 인도인들과 뒤섞였다. 영국인과 유럽·아시아·아프리카 대륙을 대표하는 온갖 사람들이 예민한 입찰로 인해 극도의 흥분 상태에 빠졌다."[23]

경매가 불러일으키는 흥분은 입찰자들이 "중국에서 들려오는 어떤 좋은 소식이나 나쁜 소식으로 인해 지난달 판매 이후 아편 가격이 변동될지" 여부를 알아내고자 촉각을 곤두세우는 처음 몇 분 동안 극에 달했다. 따라서 모두의 시선은 실제로 가격을 결정하는 초부유층 상인들에게 고정되었다. "각축을 벌이는 백만장자들이 경매인에게 조용히 고개를 끄덕이는 식으로 입찰에 임했다. 그날 시가는 그들 사이에서 이내 정해진다. 그들이 자기네가 어느 한도까지 안전하게 끌고 갈 수 있을지 잘 알고 있기 때문이다." 오직 대어가 거하게 잔치를 벌인 뒤에야 피라미들이 잔해를 갉아먹을 기회가 생겼다. 그렇게 "한 시간이 지나면 경매장은 텅 비었다".[24]

요컨대 봄베이의 아편 거래는 활기찬 인도 시장의 분위기 속에서 치러졌고, 수익의 상당 부분이 낙수 효과를 낳으며 소규모 무역상, 소규모 기업가 그리고 그 지역에 뿌리내린 채 사는 수많은 토착민의 주머니로 흘러 들어갔다. 반면 캘커타에서는 아편이 미술품 경매 같은 과시적 의례를 거쳐 매매되었으며, 그에 따른 수익은 먼저 식민지 정권에, 그런 다음 해외 또는 인도의 다른 지역에서 온 부유한 상인들에게 돌아갔다.

세입위원회 경내에서 멀지 않은 달하우지 광장 주변의 북적이는 골목길에서는 또 한 가지 상당히 다른 아편 시장이 열렸다. 내 소설《쇄도하는 불》에서 젊은 미국인 선원 재커리 리드(Zachary Reid)가 성별이 확정되지 않은 고마스타(gomasta, 영업 대리인) 바부 노브 키신(Baboo Nob Kissin)의 멘토링을 받으면서 마약 거래에 입문하는 곳이 바로 그러한 골목길이다.

시장에 도착한 재커리는 판매용 물건이 하나도 진열되어 있지 않다는 사실에 깜짝 놀란다. 대신 그의 눈에 들어온 것은 "등불 밝힌 가판이 몇 개 모여 있는 광경"이었다. 그 안에 터번을 두른 남성들이 천으로 덮은 판매대에 다리를 꼬고 앉은 채 커다란 장부를 무릎에 들고 있었다. 바부 노브 키신은 이곳이 보통 말하는 그런 아편 시장이 아니라고, 사람들이 "눈에 보이지도 않고 알 수도 없는 어떤 것, 즉 아편이 가까운 미래나 먼 미래에 가져올 가치를 거래하는" 시장이라고 설명한다. 다시 말해, 이곳은 상인들이 아편 선물(先物)을 가지고 투기를 벌이는 시장이었다.

인도에서는 아편이 주요 상품으로 부상하기 전부터 농산물 선물 거래가 유구한 사업 관행으로 자리 잡고 있었다. 하지만 아편의 상업적 중요성이 커지면서 투기꾼들은 아편 선물에 막대한 돈을 걸기 시작했다. 매달 열리는 캘커타 경매는 전국 차원의 시장가를 결정하는 데 중요한 역할을 했기에, 대규모 말와 무역 네트워크는 최대한 신속하게 정보를 입수하기 위해 정교한 통신 시스템을 개발해 그 경매를 열렬히 추종했다. 캘커타에서 가격이 정해지기 바쁘게 전령들은 코타, 우자인(Ujjain)을 비롯한 인도 중서부의 여러 주요 무역 거점으로 그 소식을 전하러 부지런히 달려갔다.

말와 상인들은 그들의 캘커타 대리인을 통해 각 경매의 결과에 거액을 베팅하기도 했다. 베팅을 가능케 하는—치티(chitthi, 편지)라고 알려진―시장 도구는 두 가지였다. 첫 번째 종류는 타지 치티(tazi chitthi, 새로운 편지)라고 불리는, 강세장(bull)을 위한 것이었다. 두 번째 종류는 만디 치티(mandi chitthi, 시장 편지)라고 불리는, 시장 하락에 베팅하는 약세장(bear)을 위한 것이었다. 강세장은 타지왈라(taziwallah), 약세장은 만디왈라(mandiwallah)로 통했다.[25] 치티는 한 달에서 몇 년까지 그 어떤 기간이든 다루도록 작성될 수 있었다.

대체로 이것은 거래 내역서와 원시적이긴 해도 블룸버그식 정보 시스템을 갖춘 놀랍도록 현대적인 시장이었다. 그뿐만 아니라 이 시장은 모든 거래의 비밀을 보장하기 위해 자체 암호 시스템을 갖추고 있기까지 했다. 이 시스템을 처음 접하는 이들에게 그것이 작동하는 광경을 지켜보는 것은 경이 그 자체였다.

《쇄도하는 불》에서 재커리는 바부 노브 키신이 선물 상인과 거래하는 모습을 놀라운 눈길로 지켜본다.

> 두 사람은 단 한마디도 소리 내어 말하지 않은 채 손과 손가락을 재빠르게 움직이기 시작했다. 바부가 갑자기 그 브로커의 무릎 위에 덮인 숄 아래로 자신의 두 손을 밀어 넣었다. 숨겨진 손가락들이 서로 꼬이면서 비밀스러운 춤을 추자 숄이 위로 튀어 오르며 몸부림치기 시작했다. 움직임은 서서히 절정에 이르렀고 두 사람은 제대로 의사소통을 한 데서 오는 전율을 맛보았다. 이윽고 그들의 손은 숄 아래에서 움직임을 멈추었고, 둘은 조용히 미소를 주고받았다.[26]

이러한 비공식 시장의 기능은 종종 서양 방문객들을 놀라게 했다. "그들〔인도 상인들〕은 직관적으로 증권거래소의 온갖 책략을 간파하고 있다.

놀라우리만큼 영리하게 가장 숙련된 서구의 강세론자와 약세론자만큼이나 손쉽게 시장을 상승하거나 하락하게 만들었던 것이다."[27]

아편 선물 시장이 낳은 막대한 액수의 돈 가운데 벵골인이나 비하르인 사업가에게 돌아간 몫은 거의 없었다. 인도 동부의 아편 공급 전반을 식민지 정권이 통제했기에, 그 지역 상인 공동체들은 말하자면 판을 벌일 수 있는 공급량을 자체적으로 확보하지 못했고, 사실상 선물 시장에서도 배제되었다.

반면 인도 서부와 중부의 상인 네트워크에 캘커타 아편 시장은 공식적으로든 비공식적으로든 더없이 중요했으므로 그들은 그곳에서 입지를 단단히 다질 필요가 있었다. 따라서 아편 양귀비는 또 다른 이주 운동의 촉매제로 떠올랐다. 즉, 그것은 과거 벵골 사람들을 비하르주로 끌어들인 것처럼, 이제 점점 더 많은 마르와리족을 벵골로 끌어들이고 있었다.

역사학자 토머스 팀버그(Thomas Timberg)가 말했다. "아편은 마르와리족에게 천혜의 상품이었다. 그들은 말와 및 그들의 고향에서 아편을 거래해왔고, 특히 아편 가격에 대한 투기를 이어왔다. ……벵골 아편에 비해 말와 아편의 중요성이 상대적으로 커지자 필연적으로 아편 상인으로서 그들의 중요성 역시 높아졌다."[28]

시간이 지남에 따라 캘커타는 마르와리족을 위한 주요 거점으로 달라졌다. 그들은 캘커타의 문화생활과 사회생활에 크게 이바지하면서 그 도시를 구성하는 중요한 일부로 자리 잡았다. 그러나 벵골 경제를 형성한 역사적 우연성으로 인해 그들 공동체는 인도에서 유례를 찾아볼 수 없을 정도로 그 지역의 경제를 좌지우지했다. 마르와리족은 인도 전역에서 상업을 주도하고 있지만 인도 동부만큼 완전히 장악하고 있는 곳은 없다. 남부에서도 현지 기업가들은 사업 세계에서 두각을 나타내고 있다. 하지만 오직 벵골에서만큼은 그렇지 않다.

이 모든 것이 전적으로 아편 양귀비 때문일까? 물론 아니다. 예컨대 양귀비는 마라타 왕국을 세우는 데 아무 역할도 하지 않았으며, 인도 동부와 서부의 상업 세계 간에는 그 전부터 많은 차이가 존재해왔다. 그러나 인도 동부와 서부에서 상이한 양상으로 전개된 아편 산업이 "오늘날 캘커타보다 봄베이가 더 크게 발전한 현상을 얼마간 설명해주는 사실로서, 인도 동부보다 인도 서부가 한층 더 역동적인 경제 체제를 갖추도록 해준 토대로 작용했다는 것"만큼은 분명하다.[29]

물론 나중에 식민지 정권이 인도 서부 아편 산업을 위한 노다지판으로 떠오른 부정한 마약 사업을 구축할 수 있도록 해준 것이 비하르주요, 점점 더 가난해지는 그곳의 양귀비 농부들이었다는 사실은 정녕 비극이 아닐 수 없다. 하지만 안타깝게도 오늘날의 뭄바이에서는 우타르프라데시주 동부와 비하르주에서 온 이주민이 온갖 종류의 학대와 차별의 대상이 되고 있다. 최근 몇 년 동안 뭄바이의 비하르주 이주 노동자들은 그들에게 1년 중 가장 중요한 종교 의식인 차트 푸자(Chhath Puja) 의례를 치렀다는 이유로 맹목적인 마라타족 애국주의자들에게 신체적 폭행을 당하기까지 했다.[30] 하지만 파루쿠이가 지적했다시피, "어떤 의미에서 오늘날의 봄베이는 비하르주의 양귀비밭에 그 기원을 두고 있다".[31]

식민지 시대 내내 캘커타와 봄베이는 상반된 인도 정치·경제의 양극단을 이루었다. 두 도시는 아편 덕분에 인도에서 가장 오래된 영국인 정착지로서 한때 상업적 중요성에 있어 봄베이를 한층 능가하기도 했던 도시 마드라스보다 더 많은 이점을 누렸다. 하지만 캘커타와 봄베이가 번성하자 내륙에 아편 생산지를 두고 있지 않은 마드라스는 서서히 뒷전으로 밀렸으며 "제국의 변방"으로 전락했다.[32]

세 도시 중 가장 빠르게 성장한 곳은 봄베이다. 1820년대 초 그 도시의 수출액은 캘커타의 4분의 1에도 미치지 못했다. 하지만 봄베이는 말과 아편 산업의 호황 이후 급성장했으며, 결국 그 세기 중엽에 캘커타를 따라잡았다. 아편전쟁 이후 대영제국의 마약 사업에 대한 온갖 족쇄가 풀리자, 봄베이 아편 수출의 가치는 10배나 불어났다. 역사학자 클로드 마르코비츠(Claude Markovits)의 말마따나, "봄베이는 '인도의 맨체스터(Manchester: 영국 북서부에 위치한 도시. 과거의 공업 도시에서 상업·금융·보험 등을 주력으로 하는 상업 도시로 탈바꿈했다ー옮긴이)'가 되기에 앞서 '인도의 메덜린(Medellin: 콜롬비아 안티오키아주의 주도로, 마약 카르텔의 본거지ー옮긴이)'으로 떠올랐다".[33]

그러나 캘커타와 봄베이는 둘 다 아편 무역의 중심지였지만 두 도시에서 사업이 이루어진 방식은 판이했다. 캘커타는 19세기 내내 영국령 인도의 수도였으며, 인도 내 도시 가운데 백인 거주 인구가 가장 많았다. 영국 권력의 중심지이던 이 도시의 경제는 주로 인도의 식민지 관리들과 긴밀한 네트워크를 형성하고 있는 백인 기업인 공동체가 장악하고 있었다. 그 관리들 가운데 많은 이가 그들에게 자신이 저축한 돈을 투자했다. 캘커타에서는 백인 기업인 공동체 내에서도 서로 연결된 스코틀랜드 출신 상인 집단이 지배적 역할을 하는 등 배타적 분위기가 팽배했다. 따라서 인종과 공동체는 캘커타 경제의 핵심적 특징이었으며, 소수의 스코틀랜드 기업이 사업 세계의 일부를 과점적으로 지배하고 있었다. 마르와리족이 유일하게 중요한 그들의 경쟁자였다.

반면 봄베이에서는 다양한 배경을 지닌 기업가들이 한층 평등한 조건에서 사업을 꾸려갈 수 있었다. 이는 우연한 결과가 아니라 마라타족이 영국의 맹공격에 끈질기게 저항한 데 따른 또 하나의 유산이었다. 그 끈질긴 저항 덕분에 "인도 서부는 동부보다 뒤늦게 영국에 정복당함으로써 벵골의 토착 상인들에게 막대한 대가를 치르게 만든 후안무치한 착취 시기를 피할 수 있었다".

> 결과적으로 봄베이 사업 세계는 인종적·공동체적으로 더없이 다양했다. 거기에는 파시교도, 힌두교도인 바니아족·바티아족, 이슬람교도인 보흐라족·코자족·메몬족 등 구자라트의 여러 공동체에 속한 상인들뿐만 아니라 인도의 다른 지방(신드·마르와르)에서 온 사업가들, 바그다드 유대인(유명한 사순 가문의 여러 분파), 비영국 유럽인〔스위스 회사 폴카르트(Volkart)〕, 일본인〔도요 멘카 가이샤(東洋棉花株式會社)〕, 출신이 다양한 영국인들이 포함되어 있었다. 이는 스코틀랜드인과 마르와리족 두 공동체만 중요했던, 점점 더 양극화하고 과점화하는 캘커타의 세계와 명징한 대조를 이루었다.[34]

봄베이 토착 상인들은 수출 무역에 직접 참여하며 중국에서 오랜 시간을 보낸 덕분에 외부 세계에 한층 더 많이 노출되어 있었다. 따라서 19세기 말 마약 거래의 폭발적 성장세가 주춤해지자 섬유, 원사 제조, 철강, 시멘트, 호텔 등 다른 산업으로 발 빠른 전환을 모색할 수 있었다. 질리언 틴들(Gillian Tindall)이 말했다. "영국령 봄베이는 캘커타와 달리 본질적으로 식민지 도시가 아니었다. 봄베이의 실제 삶은 항상 ……

좀더 국제적이고 평등주의적인 환경에서 펼쳐졌다. 창고에서, 회계실에서, 가정에서 면화, 아편, 실크, 상아, 상감 세공품 샘플이 손에서 손으로 전해졌다."[35]

따라서 봄베이가 번성하는 동안 캘커타의 경제는 인종적·공동체적 위계질서를 중심으로 하는 철저한 식민지 경제로서, 하나같이 혹사당하는 저임금 노동자들의 고혈을 짜낸 결과인 아편·삼베·차 등의 농산물에 의존했다.

이러한 유산은 지금껏 살아남았다. 오늘날 콜카타에서 사업가나 기업 임원들의 사교 생활은 여전히 볼품없고 구식인 식민지 시대의 클럽을 중심으로 이루어지고 있다. 이 클럽은 한때 주로, 심지어 독점적으로 그 도시의 백인 인구들에게만 열려 있었다. 지금도 이들 클럽에서 선호하는 복장은 양복이며, 일부의 경우 쿠르타(kurta: 헐렁한 셔츠—옮긴이)를 비롯한 인도 의상을 입고 안에 들어오는 것을 허용하지 않는다. 뭄바이의 사업가는 콜카타의 사업가보다 훨씬 화려하고 한층 과시적이다. 하지만 그 도시의 사교계는 신기하게도 평등해서, 억만장자와 누추한 행상꾼(심지어 작가도)이 파티에서 우호적으로 어깨를 비비는 일이 다반사다.

이러한 두 도시의 차이는 새로운 게 아니다. 라빈드라나트 타고르는 이미 1939년에 그 사실을 깨닫고 충격을 받았다.

봄베이시에서 또 한 가지 발견한 게 있다. 그것은 바로 현지인들의 부유함이었다. 나는 저택 벽에 새겨진 파시교도, 이슬람교도, 구자라트 상인의 이름을 얼마나 많이 보았는지 모른다! 그렇게 눈에 잘 띄게 표시된 숱한 이름은, 캘커타에서는 어디서도 보기 힘든 광경이다. ……우리 지역 사람들은 부를 경험하지 못했기에, 그들의 비참함은 추악하고 사치에 대한 그들의 관념은 한층 더 소름끼친다. 이곳 부자들의 생활 방식이 소박할 뿐만 아니라 그들이 부에 대해 개방적이라는 사실을 확인할 수 있어서 기쁘다.[36]

두 도시 간 차이가 크게 벌어진 결과 봄베이는 인도의 경제 및 금융 중심지로 부상한 반면, 캘커타는 인도 급진주의의 온상이자 경제학의 중심지로 떠올랐다. 한마디로 봄베이는 경제를, 캘커타는 경제학자를 얻었다고 할 수 있다.

급진주의에 관해 말하자면, 빈곤과 불평등 같은 서벵골의 유산은 공산주의 이데올로기가 그 지역에서 폭넓은 호소력을 띨 수 있도록 보장했다. 그래서 1960년대에 서벵골주는 오랫동안 지속되어온 마오주의 반란의 요람으로 떠올랐다. 그런 다음 1977년 공산주의자들이 주도한 연합체가 그 주에서 권력을 잡았다. 그들은 2012년 선거에서 마침내 퇴출당하기까지 선거 때마다 연승을 이어갔다. '망치와 낫 심벌(농업 노동자와 산업 노동자의 프롤레타리아적 연대를 나타내는 공산주의의 상징—옮긴이)'은 그것이 다른 곳의 박물관들로 사라지고 한참이 지난 뒤까지도 오랫동안 그 도시의 벽을 장식하고 있었다.

벵골의 반자본주의 전통이 깊이 뿌리내리고 위력을 발휘하는 까닭은 무엇일까? 나는 개인적으로 인도 동부의 아편 경제라는 특수한 환경이 이러한 벵골의 문화 요소를 낳는 데 일정 역할을 했다고 믿는다. 지역 상인과 소규모 기업가들이 그 지역의 가장 수익성 높은 산업에서 배제되었다는 사실은 분명 토착 자본가 계급이 봄베이 관구에서와 동일한 속도로 발전하기 어렵다는 것을 뜻했다. 식민지 아편 독점으로부터 소외된 사람들에게 시장은 늘 부정하게 조작되고, 그러니만큼 신뢰할 수 없다는 게 자명해 보였을 것이다.

하지만 이러한 태도는 전혀 다른 또 하나의 신념을 키웠다. 부정하게 조작되는 것이 시장의 본질이라면, 돈을 벌기 위해서는 시장 조작 방법을 아는 플레이어를 찾기만 하면 되는 셈이다. 따라서 캘커타는 인도 폰지 사기(Ponzi scheme: 신규 투자금을 유치해 이를 실제로 투자 대상에 투자하는 게 아니라 기존 투자자들의 수익금으로 지급하고, 이러한 방법을 반복적으로 시행하는 피라미드 투자 사기의 한 형태—옮긴이)의 중심지로 떠올랐으며, 오랫동안 그 지위를 유지해왔다. 캘커타 거주민은 마치 불 속으로 뛰어드는 불나방처럼 그 지역에 '칫 펀드(chit fund: chit은 '작성자의 서명이 있는 간단한 전표'라는 뜻—옮긴이)'라고 알려진 금융 사기에 현혹되는 듯하다. 벵골인들은 수십 년 동안 반복적으로 역시나 같은 벵골인인 장사치들이 시작한 피라미드 사기에 평생 모은 돈을 날려버리는 특이한 경향을 보여왔다. 이러한 사기는 필연적으로 붕괴할 수밖에 없는데, 그로 인해 그런 일이 없었다면 그럭저럭 세상살이에 별 무리가 없었을 수십만 명의 평범한 중산층과 중하위 계층이 파멸로 치달았다.

넓은 지역을 여행했으며 제2차 세계대전 참전 용사였던 나의 아버지도 그런 부류 가운데 하나였다. 캘커타에서 은퇴한 아버지는 그 도시를 주기적으로 덮친 과대망상에 휩쓸린 나머지 자신의 저축액 대부분을 산챠이타(Sanchayita)라는 이름의 칫 펀드에 넣었다. 아니나 다를까 그 펀드는 몇 년 만에 망했다. 그 결과 약 13만 명에 달하는 사람이 막대한 피해를 입었고, 우리 가족도 곤경에 빠졌다. 다행인지 아버지는 또 다른, 아마 그만큼이나 위험한 투자로 관심을 돌렸다. 얼마 안 되는 자기 수입의 상당액을 들여 분수를 넘어서는 교육 수준을 내게 제공하는 도박에 뛰어든 것이다. 다행스럽게도 그것은 아버지의 칫 펀드 모험보다는 더 나은 결과를 가져왔다.

지금 돌이켜보면 아버지가 내 교육에 투자하기로 결정한 것은 아마 그의 실향민 선조들의 경험에 크게 영향을 받은 결과였으리라 싶다. 그들이 조상 대대로 살던 마을을 잃은 경험에서 배운 게 있다면, 그것은 홍수와 화재에 맞선 확실하고도 유일한 대비책, 잃거나 빼앗길 수 없는 유일한 대비책은 바로 교육이라는 사실이었다.

아편 거래에 관여한 인도인들은 자기네가 중국에서 불법인 물질을 밀수출하는 데 공모함으로써 수백만 명의 중국인에게 고통을 안겨주고 있다는 사실에 대해 영국 및 미국의 아편 상인들보다 훨씬 더 개의치 않았던 것 같다. 파루쿠이는 인도 상인 중 자신의 활동에 양심의 가책을 드러낸 이는 아무도 없는 것으로 알려져 있다고 밝혔다. 그러나 식민지 아편 무역에 반대하는 목소리를 가장 먼저 낸 중요한 인도인은 바로 파시교도 다다바이 나오로지(Dadabhai Naoroji)였다. 나브사리의 가난한 파시교도 가정에서 태어난 나오로지는 인도와 영국에서 수학자, 학자, 유명 인사로 떠올랐다. 그는 인생의 상당 부분을 런던에서 보냈으며, 1892년부터 1895년까지는 의회 의원으로 선출되기도 했다.[37]

나오로지는 1901년에 발표한 《인도에서의 빈곤과 비영국적 통치(Poverty and Un-British Rule in India)》에서 이렇게 썼다.

〔아편 거래는〕 전 세계에 얼마나 놀라운 광경인가! 영국에서는 어떤 정치가

도 아편을 맥주 및 증류주와 같은 방식으로 모든 거리 모퉁이의 술집에서 판매할 수 있다고 감히 제안하지 않는다. 반면 국가 전체를 대표하는 의회는 "아편과 모든 아편 또는 '양귀비' 제제(製劑)는 '독극물'로서 면허증을 가진 화학자만이 판매할 수 있으며, 그러한 독극물이 들어 있는 모든 상자, 병, 용기, 포장지 또는 덮개에는 그 물품의 이름과 '독극물'이라는 단어, 그리고 그 독극물 판매자의 이름과 주소를 뚜렷하게 표시해야 한다"고 명확하게 법규화했다. 그런데도 지구 반대편에 있는 이 기독교적이고 고도로 문명화해 있으며 인도적인 영국은 '이교도적'이자 '야만적인' 권력에 이 '독극물'을 받아들이도록 강요하고, 수많은 사람을 꼬드겨서 그 '독극물'을 사용하도록, 그것으로 스스로를 타락시키고 스스로의 사기를 떨어뜨리도록 만들었다! ……영국이 이 일을 감수하기 위해 양심을 팔아먹은 사실은 놀랍기 그지없다. 이 아편 거래는 영국에는 죄악이고, 그 도구로 참여한 인도에는 저주다.[38]

다다바이 나오로지와 마찬가지로 식민지 아편 무역에 맞서 반대 운동을 펼친 활동가 다수는 봄베이의 내륙 지역 출신이었다. 그 가운데는 판디타 라마바이(Pandita Ramabai)와 순데르바이 포와르(Soonderbai Powar) 같은 여성들의 존재가 유독 두드러졌다.[39] 1907년 인도 서부의 저명한 공인(公人)이었던 고팔 크리슈나 고칼레(Gopal Krishna Gokhale)는 이렇게 말했다. "나는 사실상 중국인의 타락과 도덕적 파탄에서 비롯된 이러한 〔아편〕 수익을 떠올리면 언제나 깊은 굴욕감을 느낀다."[40]

인도인은 자신들이 중국과 관련해 불만에 시달릴 때마다 이 말을 기억하는 편이 좋을 것이다.

11

디아스포라

식민지 아편 무역을 위한 논리적 근거를 제공해준 것은 자유 무역 교리로 구체화한 자유 시장 자본주의의 이데올로기였다. 영국이 19세기에 중국과 두 차례 전쟁을 벌였을 때도 그들은 이 교리를 명분으로 내세웠다. 그리고 아편 무역이 오늘날 우리가 알고 있는 글로벌화한 세계 시장의 토대를 구축하는 데 중대한 역할을 했다는 것은 엄연한 사실이다. 그러나 이 신흥 시장은 개인들이 저마다의 장점과 능력에 기반해 자유롭게 경쟁할 수 있는 열린 공간이기는커녕 외러 그와 정반대였다. 즉, 비밀스럽고 극도로 씨족적인 다양한 집단이 지배하는 폐쇄적이고 배타적인 영역이었던 것이다. 유럽인이든 아시아인이든 그들은 모두 같은 민족·인종·계급으로 묶여 있었다. 이 시장은 자유롭게 운영되기는 고사하고, 시종 자본주의를 괴롭혀온 으스스한 음지, 즉 지하 세계가 굴러가는 방식과 흡사했다.

이 음습한 세계를 형성한 많은 집단 중 가장 중요한 것은 전쟁, 박해,

정치적 분쟁으로 인해 제 삶의 터전을 등져야 했던 상인 공동체였다. 그들 가운데 하나가 한참을 거슬러 올라간 과거인 11세기에 셀주크튀르크족(Seljuk Turk)의 영토 정복으로 고향을 떠나 뿔뿔이 흩어진 아르메니아인 디아스포라(diaspora: 고향을 떠나는 사람 및 집단, 혹은 그들의 이동—옮긴이)였다.[1] 유라시아 무역로를 가로지르는 아르메니아의 지리적 위치 때문에 그 지역 상인들은 장거리 무역의 기능을 잘 이해하고 있었다. 그 덕분에 그들은 해상 및 대륙 무역로를 따라 널리 퍼져나가 서쪽의 암스테르담, 동쪽의 광저우 같은 주요 항구 도시뿐만 아니라 아시아와 아프리카의 내륙 깊숙이 자리한 티베트나 에티오피아에도 번성한 정착촌을 조성할 수 있었다.[2]

아르메니아 상인들이 가장 활발하게 활동한 곳은 오스만 제국, 사파비 제국 그리고 무굴 제국이었다.[3] 인도는 특히 아르메니아 상인을 환영했다. 아크바르 황제—그의 아내 중 한 명인 마리암 베굼 사혜바(Mariam Begum Saheba)가 아르메니아인이었다—는 친히 그들을 초청해 무굴 제국의 수도 아그라에 정착하도록 조치했다. 1562년 그곳에 최초의 아르메니아 교회가 설립되었으며, 그들 공동체는 판사·주지사·장군으로 활동하며 빠르게 무굴 제국의 엘리트층에 흡수되었다. 벵골 등 그 제국의 일부 지역에서는 아르메니아인이 북적이고 폐쇄적인 조계지를 형성했다. 캘커타에서 가장 오래된 아르메니아인 무덤은 동인도회사가 공식적으로 그 도시를 설립하기 수십 년 전인 1630년으로까지 거슬러 올라간다.[4] 실제로 아르메니아 중개인들은 동인도회사가 벵골에 식민지를 건설할 수 있도록 무굴의 토지 보조금을 조달하는 데 중대한 역할을 했다.[5]

요컨대 아르메니아 디아스포라는 15세기와 16세기에 아편 사용이 확산하던 아시아 전역에서 활약했다. 아르메니아인이 당시 아편을 사용하기 시작한 궁정 엘리트의 일원이던 경우도 왕왕 있었다. 이는 아르메니아 상인이 유럽 식민지 개척자들이 인도양에 도착하기 전부터 아편을 거래하고 있었음을 시사한다. 그들은 아마도 식민지 이전의 인도에서뿐만 아니라 동남아시아 전역에서 향신료 및 기타 약재와 더불어 소량의 아편을 판매하던 수많은 무역업자 및 상인 그룹 중 하나였을 가능성이 높다.

대영제국이 비하르주에서 아편 사업을 키우기 시작할 무렵, 아르메니아 상인은 진즉부터 인도 동부에서 중요한 존재로 자리 잡고 있었다. 따라서 그들이 엄청난 수익성을 자랑하는 이 상업에 뛰어든 것은 필연적인 일이었다. 유럽과 미국의 '사무역상'과 마찬가지로 아르메니아 상인 및 선주들은 동인도회사가 중국과 동남아시아로 마약을 밀매하기 위해 의존하는 은밀한 컨베이어 벨트의 일부였다. 네덜란드령 동인도제도, 특히 자바에는 아편을 도매로 취급하는 아르메니아인의 '대리점'이 많았다. 역사학자 제임스 러시(James Rush)는 이렇게 기록했다. "수라바야(Surabaya)에 사무실을 둔 아르메니아 회사들이 이 거래를 꽉 잡고 있었다. 그들은 중국 고객을 위해 튀르키에·인도·싱가포르의 대리점을 통해 아편을 구매한 다음 발리로 실어 날랐다."[6]

아르메니아인 네트워크는 인도네시아군도에서 아편을 완전히 장악하려는 네덜란드 정권의 시도를 전복하는 데도 수시로 도움을 주었다. (말과 무역 네트워크의 밀수 활동과 대단히 흡사하게) 결탁과 전복이라는 이 이중적 역할은 한편으로 네덜란드와 영국처럼 고도로 군사화하고 폭력이 빈번한 식민 세력과, 다른 한편으로 아르메니아인 디아스포라처럼 자체 군대나 영토적 야망이 없는 무국적 상인 공동체 사이의 관계에서 두드러진 특징이었다. 이는 단순한 협력 관계가 아니었다. 아르메니아인은 종종 식민지 개척자들의 먹잇감이 되곤 했다. 식민지 개척자들은 그들의 상품이며 선박을 탈취하는 데 거리낌이 없었던 것이다.[7] 식민지 개척자들의 힘에 맞선 무국적 디아스포라는 그들만의 강력한 카드를 몇 가지 쥐고 있었다. 그중 가장 중요한 카드는 아마도 정보 접근성이었을 것이다. 그들은 유럽인의 방법이며 제도를 꿰뚫어보고 있을 뿐만 아니라 토착 네트워크의 관행에 정통했으며, 그것을 종종 자신들에게 유리하도록 활용할 수 있었다.

아르메니아인과 마찬가지로, 하지만 그들보다 수 세기 전에 조로아스터 파시교도는 전쟁과 정복 탓에 조상 대대로 살아오던 제 고향 페르시아에서 쫓겨났다. 8세기부터 파시교도 집단은 구자라트주에서 피난처를 구하기 시작했고, 12세기에 이르러서는 훗날 수라트 인근 나브사리에 파시교도 문화 및 종교의 역사적 중심지가 되는 곳을 건설했다. 수백 년 뒤 수라트가 유럽 무역상의 주요 거점으로 떠올랐을 때, 파시교도는 아르메니아인과 마찬가지로 통역과 중개인 역할을 맡았다.

다양한 상인 공동체는 공통점이 많았는데, 조상 대대로 국경을 접해왔던 파시교도와 아르메니아인의 경우 유독 더 그랬다. 두 집단은 식민지 지배자와 피지배자 사이의 중간적 위치에 놓여 있다는 점에서도 서로 닮았다. 영국은 그들을 없어선 안 될 중개인이자 잠재적 적수 및 경쟁자로 간주했다. 물론 아르메니아인 디아스포라 네트워크는 더 오래되고 더 널리 퍼져 있었으며, 1688년에 일찌감치 동인도회사와 특별 조약을 체결하는 등 유럽 열강과 특권을 놓고 협상하는 데도 능숙했다.

따라서 아르메니아인이 아마도 중국으로 가는 길을 포함해 파시교도를 위해 새로운 경로를 개척하는 데 막중한 역할을 했다는 것은 그리 놀라울 게 없다. 실제로 처음 중국으로 여행했다고 알려진 파시교도, 즉 히르지 지반지 레디머니(Heerji Jeevanji Readymoney: Readymoney는 원래 현금이 풍부한 그들 가문의 별명이었는데, 훗날 그걸 성(姓)으로 채택했다―옮긴이)라는 상인은 1756년 아르메니아 선박을 타고 항해했다.[8] 파시교도와 아르메니아인의 관계는 여러 세대에 걸쳐 이어졌으며 20세기까지 지속되었다.

아이비스 3부작에서도 아르메니아인과 파시교도는 밀접하게 연결되어 있다. 즉, 바흐람 모디(Bahram Modi)의 가장 절친한 친구는 아르메니아인 시계 제작자 자디그 카라베디안(Zadig Karabedian)이다.

아이비스 3부작에서 바흐람 모디는 다른 많은 파시교도 유명 인사들과 다를 바 없이 나브사리 출신으로 과거에는 떵떵거리며 살았지만 지금은 어려운 시기를 지나고 있는 집안의 아들로 태어난다. 하지만 그의 인생에서 이 시기는 소설의 연대표를 훌쩍 앞선 먼 시대적 배경이다. 이러했기 때문에 나는 바흐람 모디가 처음 등장하는 소설 《연기의 강》을 집필할 당시에는 나브사리를 방문할 필요성을 느끼지 못했다. 이상하게도 나를 그 도시로 안내한 것은 그 책 자체였다. 그 소설을 출간한 직후인 2011년, 나는 초대를 받아 나브사리에서 가장 유서 깊은 파시교도 기관 중 하나인 메헤르지라나 도서관(Meherjirana Library)에서 강연을 하게 되었다. 1872년 설립된 이 도서관은 현재 조로아스터교와 파시교 역사를 연구하는 선도적인 학문의 전당이다.

메헤르지라나 도서관에서 저명한 파시교도 역사학자와 학자들이 다수 포진한 청중을 앞에 두고 강연하는 것은 쉬운 일이 아니었다. 특히 19세기 초의 한 젊은 파시교도 상인이 광저우에 대해 어떤 생각을 가졌는지 전달하기 위한 강연이었기에 더욱 그랬다. 이는 내가 《연기의 강》을 집필하면서 상당히 고민했던 내용이다. 소설에서는 바흐람 모디가 젊은 시절 참석한, 중국 상인의 시골 저택에서 열린 호화로운 연회의 첫인상을 회상하는 장면이 나온다.

> 그는 자신이 아름다운 파빌리온(pavilion: 행사장의 임시 구조물—옮긴이), 조각된 그리핀(griffin: 사자 몸통에 독수리의 머리와 날개를 지닌 신화적 존재—옮긴이), 테라스풍의 정원, 가장자리를 멋지게 꾸민 호수를 부끄러운 기색도 없이 입을 벌린 채 응시하던 모습, 즉 결코 상상할 수 없었던 그런 장소를 건너다보던 모습을 떠올렸다. 알 수 없는 향기와 낯선 맛을 즐기며 게걸스레 음식을 맛보던 순간을 기억했다. 그리고 청주의 알싸한 맛이며, 자신이 살아서 꾸는 어떤 꿈속으로 들어간 것만 같았던 기분을 기억했다. 어떻게 나브사리에서 온 무일푼의 하인인 그가 전설적인 파라다이스에서나 만날 법한 장소로 들어가는 일이 가능했을까? 이제 그로서는 그처럼 강렬한 경이의 순간, 즉 수많은 새롭고 놀라운 일들 속에서도 구자라트 마을 출신 가난한 소년인 그가 중국 정원에 들어간 일보다 더 특별하게 보이는 일은 아무것도 없을 듯싶은 그런 순간을 다시 한번 허락받기 위해서라면 그것과 자신의 수년간 경험 및 세상에 대한 지식을 기꺼이 맞바꾸어도 좋을 것만 같았다.

이 구절을 쓰고 있을 때 나는 다수의 파시교도 상인이 동쪽으로 여행하기 시작한 19세기 초에 한 나브사리 출신 청년이 중국에서 겪게 될 일에 전혀 준비되지 않았을 거라고, 이런 경험은 그 공동체 전체에 완전히 새로운 일이었을 거라고, 그리고 젊은 바흐람은 나이 든 친척들로부터 말라카나 광저우에 대한 이야기를 듣지 못했을 거라고 가정했다. 하지만 그러한 가정은 여지없이 무너졌다. 바로 봄베이의 상업 세계에서 거물로 부상한 실제 나브사리 출신의 중국 상인 두 사람, 즉 잠셰치 제지보이 경(1783~1859), 그리고 오늘날 세계 최대 기업 그룹 중 하나인 타타 손스(Tata Sons)의 창립자 잠셰치 타타 경(Sir Jamsetji Tata, 1839~1904)의 출생지를 방문했을 때였다.

거의 반세기 간격으로 태어난 이 두 거물의 출생지는 불과 몇백 미터밖에 떨어져 있지 않았다. 두 곳은 현재 가족 신탁기금에 의해 박물관으로 관리되고 있다. 두 집은 꽤나 비슷하게 생겼다. 한때는 양쪽에 비슷한 구조물이 나란히 놓인, 앞쪽이 좁은 연립주택이었을 것이다. 하지만 두 집은 이제 그런 종류 가운데 마지막으로 남아 있는 사례에 속한다. 2층인 두 집은 앞에서 뒤로 경사진 지붕을 이고 있다. 위층은 다락방이나 저장을 위한 지붕 밑 방처럼 생겼고 각 집의 길이만큼 이어졌으며, 계단이 아닌 사다리로 아래층과 연결되어 있다.

두 주택의 1층은 건물을 가로지르는 복도에서 갈라져 나온 여러 개의 작은 방들로 이뤄졌다. 작고 비좁은 여러 개의 부엌과 물탱크를 지나면 하얀 벽으로 둘러싸인 작은 안뜰이 나오는데, 거기에 별채가 있다. 두 거주지 모두 너무 소박했기 때문에 세계에서 가장 많은 재산이 이곳에 기원을 두고 있다는 생각에 놀라지 않을 수 없다.

하지만 내가 이 주택들을 보고 가장 인상적이었던 점은 그 배치가 흔히 볼 수 있는 인도의 일반 건축 양식을 따르지 않았다는 것이다. 건축학적으로 볼 때 두 집은 말라카·싱가포르·광저우의 '가정집 겸 상점'과 더 닮은 구석이 많은 듯했다. 이를 보면 그 집들의 디자인이 인도양 해안을 이어주던 초기 해상 연결망의 영향을 받아 그와 시각적·구조적 연속성을 띠게 되었다는 것, 그에 따라 이들 지역이 내륙보다 서로서로 더 많은 공통점을 띠게 되었다는 것을 알 수 있다.

잠세치 제지보이 경이 1783년에 태어났으니만큼, 이는 그가 탄생하기 전에 이미 동아시아 건축 양식이 구자라트 해안 지역에 크게 영향을 미쳤다는 걸 의미한다. 이런 환경에서 성장한 진취적인 청년에게는 식민지 시대의 아편 거래가 본격적으로 시작되기 전에도 인도 대륙 깊숙이 들어가지 않고 해외로 진출하는 편이 당연한 선택처럼 보였을 것이다. 다시 말해, 내 가정과는 달리 19세기 초반에 나브사리에서 자란 바흐람 모디 같은 소년은 중국과 동남아시아에 대해 들려줄 이야깃거리를 가진 사람들에게 둘러싸인 채 성장했을 가능성이 매우 높다.

그렇다면 젊은 시절 바흐람이 광저우를 보고 느낀 첫인상에 대한 나의 상상은 잘못 짚은 것일까? 꼭 그렇지만은 않다. 우리가 귀 따갑게 들어서 잘 알고 있는 도시를 직접 보았을 때 경험하는 경이감은 대개 그 도시에 대해 들어온 이야기에 의해 더욱 커진다. 상상력이 발동할 수 있는 맥락을 지니지 못한 장소에 가면 우리는 되레 감동을 느끼지 못하는 경향이 있다.

인도 서부의 상업 공동체는 모두 중국 무역에 관여했지만, 파시교도가 그 안에서 떠안은 역할은 한 가지 중요한 점에서 나머지 집단과 구별되었다. 일반적으로 말해 인도 상인이 중국으로 상품을 발송하는 데 관여하는 범위는 해안을 넘어서지 않았다. 실제로 일부 힌두교 상인 카스트의 경우 바다를 건너는 것이 금지되어 있었고, 이를 위반한 사람은 카스트를 잃거나 복잡한 정화 의례를 치러야 했다. 따라서 인도 상인은 자기네가 직접 중국으로 가는 대신 중국과의 무역 경험이 풍부한 대행인, 또는 광저우의 (대리인을 둔) '대리점'에 그들 상품을 위탁했다. 대행인들은 상품을 중국으로 운반한 뒤 그 대가로 일정 비율을 뗀 수익을 상인들에게 돌려주었다. 이를 위탁 시스템이라고 불렀는데, 인도 위탁 기관 대다수는 파시교도가 운영했다. 그들이 일반적으로 영국과 미국의 대형 회사 자딘 매서슨사(Jardine Matheson & Co.)나 러셀사(Russell & Co.)보다 낮은 수수료를 불렀기 때문이다.[9] 이에 힘입어 봄베이의 많은 소규모 투기꾼이 아편 무역에 참여할 수 있었다. 1845년 잠세치 제지보이는 "모든 요리사·하인·노동자가 아편 투기에 뛰어들고 있는데, 그중 일부는 엄청난 수익을 긁어모으고 있다"고 불평했다.[10]

봄베이의 아편 무역 참여가 워낙 광범위했기 때문에 1842년에는 163개 넘는 개인 및 기업이 식민지 정부에 제1차 아편전쟁이 끝난 후 중국이 감당해야 했던 배상금의 일부를 지급해달라고 청원했다. 마다비 탐피(Madhavi Thampi)와 샬리니 삭세나(Shalini Saksena)는 그들의 탁월한 연구서《중국, 그리고 봄베이의 형성(China and the Making of Bombay)》에서 "이들 청원자 중 3분의 1 미만은 파시교도이고, 그 나머지는 이름으로 미루어 판단할 때 자이나교도나 마르와리족 그리고 힌두교도인 듯하다"고 밝혔다.[11]

아편 무역에서 파시교도가 독특한 역할을 담당한 것은 그들이 제1차 아편전쟁 이전 몇 년 동안 광저우에 기거한 비서양 상인의 대부분을 차지하고 있었기 때문이다. 때로 그들은 다른 국적의 상인보다 그 수가 더 많기도 했다. 예컨대 1831년 광저우의 외국인 조계지에는 영국 상인이 32명, 미국 상인이 21명인 데 비해 파시교도는 41명이나 있었다.[12] 따라서 19세기에 인도와 중국의 관계에 인간적 면모가 있었다면 그것은 어디까지나 파시교도 덕분이었다. 이게 바로 그들이 인도 아대륙에서 중국과의 관계에 대한 집단적 기억을 생생하게 간직한 몇 안 되는 집단 가운데 하나인 까닭이다.

하지만 인도 아대륙에서 파견한 광저우 외국인 조계지 거주민은 결코 상인으로만 구성되어 있지 않았다. 가령 1831년 그곳에 있던 41명의 파시교도 가운데는 사무원 5명, 하인 15명이 포함되어 있었다. 많은 수의 래스카(lascar: 외국 배를 타고 근무하는 동인도 출신 선원—옮긴이)도 그 도시를 누비고 다녔다. 영국 및 다른 나라 공장에서 일하는 회계사, 하인, 환전상, 경비원, 문지기 중 상당수도 인도 아대륙 출신이었다. 실제로 수치상으로 볼 때 19세기 초 광저우에서는 인도인이 단일 세력으로는 가장 큰 외국인 집단이었을 가능성이 높다.

제1차 아편전쟁이 일어나기 전의 광저우는 가장 기묘한 수출입항이었다. 그 도시는 중국에서 유일하게 외국인한테 무역을 허용한 항구였는데, 그들에게 부과한 조건은 매우 제한적이었다. 그런데 이상하게도 이것이 파시교도 상인에게는 유리하게 작용했다.

이른바 이 '캔턴 체제(Canton System)'는 중국인이 유럽의 의도에 점차 염려를 키운 시기인 18세기 초에 서서히 발전했다. 청나라 관리들은 동남아시아의 중국인 디아스포라와 연줄이 있었던지라 유럽 식민지 개척자들의 수법이 처음에는 무해해 보이는 소규모 교역소를 세우고 그곳에 아내 및 자녀와 함께 거주지를 정하려는 것이라는 사실을 모르지 않았다. 그들은 그런 다음 점차 그 정착지를 요새화하고 영토 정복을 위한 지휘 본부로 전환했다.[13]

실제로 네덜란드인은 주장강에서 바로 이와 같은 시도를 했다. 그들이 1601년 광저우에 처음 도착했을 때, 중국인은 그 도시 맞은편에 있는 작은 섬을 선뜻 내주어 창고로 삼을 수 있도록 배려했다. 그러나 네덜란드인은 통(barrel) 속에 대포를 숨겨 밀반입해 그 섬을 요새화한 기지로 만들려고 시도했다. 그들의 계획은 통 하나가 깨지고 대포가 쏟아지는 바람에 수포로 돌아갔다. 그러자 현지 관리들은 무력이 아니라 식량과 물 공급을 보류하는 '제재' 조치를 통해 그들을 몰아냈다.[14]

영국인도 때로 중국인을 너무 공격적으로 대하는 바람에 "중국 상점에 들이닥친 황소" 같은 인상을 풍겼다.[15] 가령 1637년 존 웨딜 대위(Captain John Weddell)라는 사람은 주장강을 타고 올라가 광저우에 공격을 퍼붓기까지 했다.[16]

이러한 사건은 뇌리에 강하게 남았고, 중국 관리들은 향후 이 같은 혼란이 일어나지 않도록 여러 조치를 취했다. 청나라 전성기 때 권력을 쥔 건륭제(재위 1735~1796—옮긴이)는 1757년 중국과의 대외 무역은 남중국해에서 내륙으로 100킬로미터 떨어진 곳에 자리한 광저우를 통해서만 이루어질 것이라고 선언했다.[17] 광저우 내에서도 코홍 길드(公行 guild)라고 알려진 소수의 허가받은 중국 상인만이 외국인을 상대로 사업할 권한을 누렸다.[18] 게다가 〔흔히 '판쿠이(番鬼)'라고 불린〕 외국인은 광저우 흉벽(胸壁) 남서쪽 모퉁이에서 180미터밖에 떨어지지 않은 작은 조계지에서만 거주하도록 허용되었기에, 광저우의 일원으로 간주되지 않았다. 그들은 무역 시즌(대략 9월부터 이듬해 3월까지)에만 그곳에 머무를 수 있고, 광저우 시내에는 들어갈 수 없었다.[19] 무기를 소지할 수도, 가마를 이용할 수도 없었다. 모든 외국인은 음식 및 하인 등을 제공하기 위해 매판(買辦: 옛날 중국에서 외국 상사 따위에 고용되어 외국과 상거래한 중국인─옮긴이)을 고용하도록 요구받았다.[20] 그 밖에도 숱한 제한이 따랐는데, 그중 가장 중요한 거라면 아마도 외국인은 아내나 자녀를 광저우에 데려올 수 없다는, 그들이 영구 정착민이 되지 못하도록 막기 위한 조치였을 것이다. 원칙적으로 매판은 외국인에게 '남자 애인이나 창녀'를 제공할 수 없었다. 하지만 실제로는 바흐람 모디를 비롯한 많은 상인이 중국인 정부(情婦)나 현지처를 두고 있었다.[21]

외국인 조계지의 물리적 제약은 이런 법적 제한과 맞먹는 효과를 거두었다.[22] 그곳은 길이 400미터, 너비 200미터에 불과한 좁은 해안 지대로 이루어진 지역이었다. 이 좁은 땅은 13개의 대형 건물('공장')이 들어선 곳이라서 '13개 공장(Thirteen Factories)'으로 알려져 있었다. 실제로 각 공장은 주거 공간과 사업장 역할을 동시에 하는 주택 단지였다.[23] 18세기의 중국 작가 심복(沈復)은 그 공장들의 외관이 "마치 …… 외국 회화 같았다"고 했다.[24] 그 공장들은 원칙적으로 코홍 길드에 속해 있었지만, 시간이 흐르면서 그 대부분이 영국·프랑스·덴마크·오스트리아-헝가리·스웨덴·미국 같은 특정 국가의 국기와 연관되기에 이르렀다.[25] 미국인은 한동안 프랑스 공장을 차지했지만, 나중에는 주로 스웨덴 공장에 수용되었다.[26] 각 공장은 저마다 고유한 전통과 용도를 지녔기에 그곳 거주민은 어쩔 수 없이 서로 가까이 부대끼면서 살았고, 종종 같은 식탁에서 식사하는 등 오랜 시간을 함께 보냈다.

　당시 광저우에서 살아간다는 것은 남성들만 기거하는 으리으리한 궁전, 즉 미국 역사학자 자크 다운스(Jacques M. Downs)가 사용한 인상적 구절인 "황금 게토(Golden Ghetto)"에 갇혀 사는 것과 다를 바 없었다.[27] 그래서 광저우에 새로 도착한 어느 젊은 미국 상인은 뉴욕에 사는 제 형제에게 띄운 편지에서 그 공장들을 이렇게 묘사했다.

　　〔그것들은〕 상당히 크고 널찍한 건물이야. 식당과 응접실은 2층에 있는데, 꽤 크고 멋지게 꾸민 데다 근사한 그림들로 가득 차 있어. 그다음 층에는 침실들이 있고. ……회계실은 멋진 양식으로 꾸며져 있는데, 앞쪽은 사업 파트너들이 쓰는 공간이고 뒤쪽은 사무원들이 쓰는 공간으로 각자 자기 책상이 있어. 원하는 사항이 있을 경우 종만 누르면 곁에 대기하고 있던 사환이 달려오지.[28]

하지만 이 게토에서의 삶은 극도로 사치스러웠다. 상인들은 멋진 욕조에서 정성껏 목욕하는 것으로 하루를 시작했다. 그 후에는 산책을 하고 밥·케이크·토스트·카레·달걀·생선으로 차려진 아침 식사를 했다. 정오에는 식당에서 가벼운 점심 식사가 나왔다. 오후 6시 30분경 차려 낸 저녁 식사는 멋진 사교 행사였다. 늘 여러 종류의 와인·맥주 및 인도 에일을 곁들인 여러 가지 코스가 제공되었으며, 식사는 브랜디와 길쭉한 검은색 마닐라 엽궐련(Manila cheroot)으로 마무리되었다.[29]

　'13개 공장'의 사교 생활에서는 유쾌함과 관습, 와자지껄함과 절제미가 기묘하게 조화를 이루었다.[30] 광저우의 초대 미국 영사였던 새뮤얼 쇼(Samuel Shaw) 소령은 "광둥의 유럽인은 예상과 달리 그렇게 자유롭게 어울리지는 않는다. 각 공장의 신사들은 대부분 홀로 지내며, 몇몇 경우를 제외하고는 더없이 격식을 차린 절제된 행동을 한다"고 밝혔다.[31] 그러나 그와 동시에 이 상인들은 정기적으로 같이 춤을 추기도 했는데, 이는 여성이 없어서 생긴 불가피한 결과였다. 어떤 의미에서는 바로 이러한 결핍이 상인이 자신들의 관습을 고수하는 이유이기도 하다. 한 외국 상인은 이렇게 기록했다. "신사와 선원의 혼합체인 우리 모두는 필히 독신남일 수밖에 없다. 중국인에 따르면 우리 대부분은 '거의 야만인'인데, 그렇게 되지 않으려면 우리에게는 일정한 에티켓이 필요하다."[32]

돛대가 높은 배처럼 외국인 조계지는 그 나름의 의례와 위계질서를 갖추고 있었다. 그리고 그 시기의 원양 선박 대부분이 그렇듯 이 외국인 조계지 역시 유럽인(이 경우에는 당시 점점 더 인종차별적인 이데올로기에 휘둘리고 있던 영국인)이 지배했다. 인도 아대륙 출신 상인이 그런 곳에서 발판을 마련하는 데 따르는 어려움은 상상하기 어렵지 않다. 외국인 조계지에서 생활하는 가장 단순한 측면조차 문제시되었을 것이다. 이를테면 봄베이 상인은 어디에 살아야 했을까?[33] 광저우에는 인도 사람이 많이 살고 있었지만, 인도인이 세운 공장은 없었다. 무역 초창기에는 17세기 수라트까지 거슬러 올라가는 관련성 덕분에 파시교도들이 네덜란드 공장에서 거처를 마련할 수 있었다는 이야기가 전해진다.[34] 나중에 봄베이 상인의 수가 늘어나자 그들은 '차우–차우(Chow-Chow, 즉 잡종)' 공장으로 알려지게 되는 펑타이(Fungtai)라는 어떤 특정 공장으로 몰려들기 시작했다.[35]

봄베이 상인은 어느 면에서는 불리한 입장에 놓여 있었지만, 대단히 강력한 카드 하나를 쥐고 있었다. 바로 토착 무역 네트워크에 대한 접근성이었다. 이는 말와 아편을 가능한 한 최상의 가격에 조달할 수 있는 능력을 그들에게 부여했다.[36] 이것은 강력한 몇 가지 사회적 장벽을 뛰어넘는 공생적 이익을 창출했으며, 수익성 있는 숱한 파트너십의 토대를 마련했다. 잠세치 제지보이와 자딘 매서슨사의 윌리엄 자딘(William Jardine) 사이에 형성된 관계는 그 한 가지 예에 불과하다.[37]

파시교도가 광저우에서 성공적으로 사업을 운영하게끔 도와준 또 다른 요인은 그들이 정통 힌두교도나 이슬람교도의 경우 외국인과의 교류를 어렵게 만드는 요소로 작용한 숱한 금기와 식단 제약으로부터 비교적 자유로웠다는 점이다. 실제로 식습관과 관련한 편견은 인도인과 중국인 사이에 장벽을 쌓는 데―비록 크게 주목받지는 못했다 할지라도―중요한 역할을 오랫동안 담당해왔을 공산이 있다. 오늘날 인도에서는 특정 '인도식 중국 요리'가 큰 인기를 끌고 있지만, 그럼에도 중국 요리의 어떤 측면은 특히 인도의 정책 결정층을 이루는 흔히 채식주의자 상류 계급의 외교관 및 관료들 사이에서 여전히 극도의 혐오감을 불러일으키고 있다. 작가 팔라비 아이야르(Pallavi Aiyar)는 많은 인도인이 중국에 대해 느끼는 반감은 "중국인이 먹을 것 못 먹을 것 다 먹는다"는 생각에서 비롯되었다고 주장하기까지 했다.[38]

식탁에 함께 앉는 것을 통한 사교가 사업 수행에 필수적이었던 광저우의 외국인 조계지에서 이런 유의 태도는 분명 극복할 수 없는 장벽으로 작용했을 것이다. 그들의 식사에는 거의 항상 고기가 포함되었을 텐데, 이는 그 자체로 채식주의자인 보수적 힌두교 상인을 배제하는 데 기여했을 법하다. 그들로서는 소고기를 제공하는 집에 들어가는 것조차 카스트를 잃는 걸 의미했기 때문이다. 이슬람교도 상인에게도 서양인과 중국인 모두가 즐겨 먹는 돼지고기, 술 및 기타 여러 품목과 관련해 비슷한 금지 조항이 적용되었을 것이다.

반면 파시교도는 그러한 식생활 관련 제한을 받지 않았다. 그들은 영국 및 미국 상인이 정기적으로 개최하는 호화로운 잔치나 코홍 상인이 그들의 영지에서 즐겨 주최하는, 몇 시간에 걸쳐 여러 코스로 진행되는 연회 등 외국인 조계지에서의 친교 의례에 거리낌 없이 참여할 수 있었다. 많은 파시교도 상인의 경우, 그들 자체가 훌륭한 연회 주최자이기도 했다. 한 미국인 여행자가 썼다. "파시교도 상인은 광둥에서 가장 눈에 띄는 인종이었다. 그들은 잔치를 열고, 와인을 마시고, 소리 높여 환호하는 유쾌한 집단이다."[39] 그 결과 많은 파시교도가 중국의 선도적인 상인들과 긴밀한 파트너십을 맺을 수 있었다. 예를 들어, 잠세치 제지보이 경은 코홍 상인 중 가장 중요한 인물로 당시 세계 최대의 부자였을 가능성이 있는 오병감〔伍秉鑑. 외국인에게는 하우쿠아(Howqua, 浩官)로 알려졌다〕과 매우 돈독한 공감대를 형성했다.[40]

그런가 하면 중국 남쪽의 파시교도 상인은 저만의 독특한 정체성을 유지하고자 부득부득 고집을 피웠다. 이를테면 그들은 항상 파시교도의 옷과 모자를 쓰고 다녔으며, 그 때문에 '흰 모자를 쓴 외국인'이라는 별명을 얻었다. 영국 및 미국 상인과의 관계도 항상 순탄치만은 않았다. 실제로 파시교도는 유대인이나 아르메니아인과 마찬가지로 특권을 누림과 동시에 어느 면에서는 주변부 위치에 놓여 있었다. 이 때문에 백인에 의한 인종차별에 직면했을 때 극도로 단호하고 예민하기까지 한 반응을 보이기도 했다. 당시 가장 유명했던 어느 사교 행사에서는 이것이 거의 싸움으로까지 번질 뻔했다.

1839년 아편 위기가 발발하기 직전에 열린 이 행사는 대규모인 데다 시끌벅적했다. 중국에 맞선 전쟁을 지원하기 위해 영국 정치인과 언론인에게 뇌물을 찔러줄 목적으로 외국 상인들이 거둔 막대한 비자금을 챙겨서 영국행 항해에 나서는 윌리엄 자딘을 기리는 파티였다. (자딘은 이 일을 통해 터무니없을 정도로 큰 성공을 거두었다.)[41] 봄베이 상인들과의 파트너십은 자딘의 사업에 필수적이었으므로 초대받은 사람들 중에는 파시교도가 일부 포함되어 있었으며, 그들은 자딘에게 후한 선물을 제공했다. 값이 1000기니(guinea: 영국의 옛 금화 단위─옮긴이)에 달하는 은식기 세트였다.[42] 저녁 내내 숱하게 건배가 이어졌다. 잔을 권하는 사람 가운데 한 명은 당시 50대 중반이던 파티 주빈(主賓)에게 "예쁜 여인들 중에서도 가장 예쁜" 아내를 구하도록 행운을 빌어주었다. 자딘은 그에 대해 자기 나이대 남자가 "예쁜 여인들 중에서도 가장 예쁜 여인"을 얻을 자격이 있는지 심히 의심스럽다며, "'뚱뚱하고 예쁜 마흔 살' 여인"으로도 족하겠다고 응수했다.[43] 큰 환호성이 이어졌고, 나이 많은 상인들은 자리에서 일어나 이미 펼쳐지고 있는 춤에 끼어들었다. 자딘 자신도 앞장서서 선상 밴드의 음악에 맞춰 절친한 친구 윌리엄 웨트모어(William Wetmore)와 함께 왈츠를 추었다.[44]

미국 상인 로버트 베닛 포브스(Robert Bennet Forbes)가 이튿날 아내에게 보낸 편지에 따르면, 새벽 3시경 "한 젊은 스코틀랜드인이 '식탁을 치우고 저 파시교도들을 집으로 돌려보낸 다음 우리끼리 저녁을 먹읍시다!' 하고 소리쳤다." 이 말을 들은 파시교도들은 크게 격분했다. 만약 포브스가 끼어들어 화해의 악수를 나누도록 만들지 않았다면 싸움이 붙을 수도 있었다. "당연히 훌륭한 교제와 화해의 방법으로 이별의 잔을 기울이는 게 부득이하게 필요했다."[45]

파시교도는 광저우 외에 1822년 최초의 파시교도 협회가 결성된 마카오에서도 다른 국적의 상인들과 더불어 상당한 존재감을 드러냈다. 주장강 삼각주에서 파시교도 공동체는 존재감이 워낙 커서 왐포아 근처에 그들만의 공동묘지가 따로 있었을 정도다.[46] 그 공동묘지는 1847년경에 지어져 1923년까지 사용되었다.[47] 그곳은 오늘날 대형 해운 회사의 부지에 속해 있어 방문 허가를 받아내기 어렵다. 하지만 2011년, 인도와 중국 관계를 연구하는 저명 역사학자 탄셴 셴(Tansen Sen)의 주선으로 우리는 함께 그 공동묘지를 방문할 수 있었다.

그 공동묘지는 조선소의 크레인이 어렴풋이 내려다보이는 수풀 무성한 언덕 꼭대기에 자리 잡고 있다. 우리는 그곳에 닿기 위해 울창한 숲 사이를 헤치고 나아가야 했다. 위풍당당한 무덤은 위가 평평한 화강암 매장지로, 그중 일부에 구자라트어와 영어 문자가 새겨져 있지만 지금은 너무 닳아 해독하기 어려웠다. 좀더 읽기 쉬운 무덤 중에는 이렇게 쓰여 있는 것이 있었다. "나이 36세 되던 해인 1850년 8월 1일, 즉 야즈데게르드(Yazdegerd) 기원, 즉 야즈데게르드기(紀) 1219년 11개월 9일째에 광둥에서 삶을 시작한 봄베이의 파시교도 주민 부르조르지 에둘지 코트왈(Burjorjee Eduljee Kotwal)을 기리며."

홍콩에서 파시교도는 코즈웨이만(Causeway Bay)에 오늘날까지 남아 있는 에이지어리(Agiary), 즉 '불의 사원'과 더불어 한층 더 중요한 존재감을 과시했다. 1852년 해피계곡(Happy Valley)에 세워진 파시교도 공동묘지는 그 도시의 부산함과 번잡함 속에서도 여전히 아름답게 관리되고 있는 고요한 안식처다.[48] 홍콩의 파시교도는 주로 윈담가(Wyndham Street, 雲咸街) 주변에 살았는데, 이 지역은 한때 "인도인이 많이 거주한다는 이유로 중국인들이 '말라카'라고 불렀던 곳"이다.[49] 현재 홍콩의 파시교도 공동체는 약 200명으로 줄었지만, 그들의 이름은 그 도시 전체에 널리 아로새겨져 있다. 한 주요 도로의 이름은 아편 경매인이었던 호르무스지 나오로지 모디 경(Sir Hormusjee Naorojee Mody)의 이름을 따서 지었다. 그는 부동산 재벌이자 자선사업가로 홍콩 대학교를 비롯한 여러 중요 기관을 설립하는 데 기여했다. 호르무스지 경의 사업 파트너는 캘커타 출신의 아르메니아인 카치크 폴 채터 경(Sir Catchick Paul Chater, 遮打)이었는데, 그는 홍콩에서 가장 부유한 사업계 거물들 가운데 한 사람으로 떠올랐다. 오랜 친구였던 채터와 모디는 둘 다 컨두이트 로드(Conduit Road, 干德道)에 웅장한 저택을 소유하고 있었으며, 현재 그 도시가 서 있는 땅의 일부를 매립하는 데 기여했다. 홍콩 거리에서 자주 볼 수 있는 또 다른 파시교도 이름은 코테발(Kotewall)인데, 이는 저명 사업가이자 입법가인 로버트 호머스 코트월 경(Sir Robert Hormus Kotewall, 羅旭龢) 덕분이다. 로버트 호머스 코트월 경의 이름은 그의 파시교도 아버지에게서 유래한 것이지만, 실제로 그는 약간 다른 집단, 즉 중국 남부의 중국계 인도인 공동체의 일원이었다. 많은 파시교도 상인은 중국인 정부를 두었고, 그들과 사이에서 자녀를 낳았다. 그들 삶에서 이 부분은 일반적으로 고향 봄베이에 있는 가족에게는 비밀이었다. 하지만 그들은 결코 자기 자녀들에게 소홀하지 않았다. 그중 상당수를 자기 회사로 데려와 사업 운영의 필수적인 역할을 맡겼다.

시간이 지나면서 중국 남부의 중국계 인도인 공동체는 홍콩을 활기차고 국제적인 도시로 만드는 데 크게 기여한 훨씬 더 큰 유라시아 공동체에 합류했다. 실제로 (이 글을 쓰면서 알게 된 사실이지만) 로버트 호머스 코트월 경의 후손 중에는 할리우드 스타 맥스 밍겔라(Max Minghella)도 포함되어 있다. 그의 어머니 캐럴린 제인 초아(Carolyn Jane Choa)는

홍콩 출신이며, 아버지는 영화 〈잉글리시 페이션트(The English Patient)〉
와 〈리플리(The Talented Mr Ripley)〉의 감독 고(故) 앤서니 밍겔라(Anthony
Minghella)다.

✨

많은 파시교도 상인은 중국에서 어마어마한 돈을 쓸어 담았다. 하지만
그게 그들이 중국에서 살며 얻은 것 중 가장 가치 있는 부분은 아니었
다.[50] 그들은 서구 및 중국 사업가들과의 인맥을 통해 당시 유럽과 미
국에서 펼쳐지고 있던 경제 및 산업의 변화에 대해서도 체득할 수 있었
다. 이는 결국 그들이 열렬히 추구해온 새로운 사업으로 진출할 때 인
도의 다른 상업 공동체보다 더 많은 이점을 그들에게 안겨주었다. 그들
중 많은 이가 중국에서 상당한 자본을 챙겨 돌아온 덕분에 여러 새로
운 사업에 뛰어들 수 있었다. 따라서 파시교도 기업가는 은행업과 보험
업에 진입하고 방직 공장, 제철소 및 다양한 종류의 공장과 제조업체를
설립하면서 인도 산업과 상업의 선구자로 부상했다. 또한 화석 연료 경
제를 발 빠르게 받아들여 목재·면화·해운 산업에서 증기 사용의 선두
주자로 떠올랐다. 한 파시교도는 봄베이 증기선항해회사(Bombay Steam
Navigation Company)를 설립했다. 이 회사는 카라치에서 콜롬보까지 인도
아대륙 서해안을 따라 항해하는 증기선 선단을 보유했다.[51] 홍콩의 상
징인 스타 페리(Star Ferry)를 설립한 것도 파시교도였다.

　이러한 파시교도의 혁신 및 기업가 정신의 전통은 지속적 유산을 남
겼다. 그 유산은 코로나19 팬데믹 기간 중 세계 최대 규모인 아스트라
제네카(AstraZeneca)의 코비실드(Covishied) 백신 제조업체가 인도 푸네

(Pune)에 위치한, 잘 알려지지 않은 파시교도 소유의 회사라는 사실이 느닷없이 밝혀지면서 분명하게 드러났다. 파시교도 기업가 시루스 푸나왈라(Cyrus Poonawalla)가 설립한 그 기업, 즉 '인도혈청연구소(Serum Institute of India)'는 한동안 인류 상당수의 운명을 쥐락펴락하는 것처럼 보였다.

따라서 봄베이와 그 내륙 지역은 말과 아편으로 인해 다양한 방식으로 혜택을 누렸다. 그 지역의 양귀비 재배 농부들이 창출한 부는 더 많은 사람의 주머니로 흘러 들어갔으며, 중국에서 들여온 아편의 수익도 혁신 및 기업가 정신 문화를 조성하는 데 기여했다. 반면 캘커타에서 수출한 아편은 그 도시와 그 내륙 지역에는 아무런 이득을 안겨주지 못했고, 오히려 영국·미국·유럽에 혜택을 주었다.

사람들은 봄베이의 성공을 주로 인도 서부의 상업 문화 덕으로 여기려는 경향이 있다. 그러나 우리는 그 지역 사업가들이 성공할 수 있도록 토대를 다진 것은 궁극적으로 대영제국을 향한 마라타 국가들의 결의에 찬 저항 덕택이었다는 사실을 반드시 기억해야 한다. 또한 봄베이의 성공을 위해 부담을 떠안은 것은 동남아시아와 중국의 아편 사용자 및 중독자들이었다는 점도 결코 잊어선 안 된다.

물론 봄베이 상인이 수출한 상품은 아편만이 아니었다. 면화도 중국과의 무역에서 대단히 중요한 역할을 했다.[52] 그러나 아편은 그들 사업의 '핵심 상품'이었고, 역사학자 자크 다운스가 중국 내 미국 상인을 두고 다음과 같이 말한 내용은 인도인에게도 고스란히 적용된다. "……전체 중국 무역은 아편 밀거래에 기반을 두고 있었다. ……아편이 없었다면 합법적인 중국 무역이 어떻게 발전할 수 있었을지 짐작도 하기 어렵다."[53]

식민지 아편 무역에서 어마어마하게 중요해진 또 하나의 디아스포라 집단은 '바그다드 유대인'이라고 알려진 공동체였다. 바그다드 유대인이라는 이름은 그 공동체의 구성원 대부분이 따르는 바빌로니아(즉, 바그다드) 의례에서 유래한 것이지, 그들의 출신지에서 비롯된 것이 아니다. 실제로 그들의 출신지는 중동 여러 지역에서부터 북아프리카, 중앙아시아에 이르기까지 무척이나 다양했다.[54] 그러나 이들 공동체는 항상 소규모로서 그 수가 8000명을 넘은 적이 없었다.

인도를 찾은 최초의 바그다드 유대인은 1700년대에 이주했다. 하지만 많은 유대인이 인도로 이주한 것은 오스만 제국의 박해가 심해지던 19세기 초의 일이었다. 그러한 이들 중 한 명이 장차 그 공동체의 우두머리가 되는 데이비드 사순이었다. 부유한 가문의 자손이었던 그는 1832년 마흔 살의 나이로 봄베이에 도착했는데, 그 이전 12년 동안 실제로 바그다드 재무장관을 역임했던 인물이다. 그는 수십 년 만에 말와의 아편 판매를 장악했고, 이를 이용해 캘커타의 아편 경매에서 가격을 결정했다. 그 일을 어찌나 효과적으로 수행했던지 "1871년경 사순 가문은 인도 양편의 아편 시장을 장악했을 정도다".[55] 가족 회사인 '데이비드 사순사(David Sassoon & Co.)'는 곧바로 싱가포르·홍콩·상하이에 사무소를 두고 아편 수송 경로를 따라 사업을 확장해나갔다. 그 회사는 인도 아편에 대한 독점권을 유지함과 동시에 다른 여러 분야로 사업을 다각화했다. 수많은 책에 잘 소개되어 있는 이야기다.[56]

동양의 로스차일드 가문으로 알려진 사순 가문은 결국 유명한 은행업계 및 다른 많은 귀족 가문과 혼인 관계를 맺음으로써 영국 상류층에 완전히 동화되었다. 아시아에서는 사순이라는 이름이 모든 아편 무역의 주요 거점에서, 그리고 그 가문이 봄베이·캘커타·싱가포르·홍콩·상하이에 세운 수많은 건물·부두·도서관·공장·유대교회당·병원 및 기타 기관 등에서 오늘날까지 이어져오고 있다.[57]

파시교도 아편 상인과 바그다드 아편 상인은 기본적으로 경쟁자였지만, 새로운 기업을 설립할 때면 수시로 협력하기도 했다. 둘의 파트너십 중 가장 중요하고 가장 오래 지속된 것은 아마도 1865년 설립된 홍콩상하이은행일 것이다. 창립위원회 소속 위원 14명 중 3명은 파시교도였고, 한 명은 '데이비드 사순사'의 대표였다.[58] 말할 필요도 없이 그 은행의 급속한 확장은 아편 무역에서 비롯된 자금 덕분이었다.[59] HSBC로 더 잘 알려진 그 회사가 오늘날 세계 최대 은행 중 하나로 우뚝 섰다는 사실은 세계화한 현대 자본주의 제도가 아편 위에 구축되었음을 똑똑히 보여준다.

아편으로 인해 봄베이보다 더 많은 덕을 본 것은 싱가포르였다. 칼 트로키(Carl Trocki: 미국의 역사학자로 동남아시아 및 중국 전문가—옮긴이)의 말마따나, 싱가포르의 건국은 "인도-중국 간 아편 무역의 주변적 결과"로 이루어졌다. 따라서 그 도시 국가는 "아편에 기원을 두고 태어난" 셈이다.[60] 하지만 싱가포르는 무역에 세금을 부과하지 않고 수출입에 관세를 매기지 않는 자유 시장 실험의 장이기도 했다. 이는 일반적으로 그 도시 수입의 절반가량을 제공한 아편이 없었다면 가능하지 않았을 일이다. 인도에서 생산하는 아편의 20퍼센트 이상이 매년 싱가포르로 유입되었다. 그중 다량이 그 지역 도처로 재분배되었지만 상당 부분은 싱가포르에서 소비되었다. 사실상 "아편 무역의 리듬이 19세기 싱가포르의 경제 발전을 얼마간 좌우했다"고 할 수 있다.[61]

대부분의 동남아시아에서와 마찬가지로 싱가포르에서도 아편은 이른바 '농장' 시스템을 통해 관리되었다. 그에 따라 생아편을 수입할 수 있는 권리는 전적으로 식민지 당국에 속했고, 아편을 가공 및 판매할 수 있는 권리는 주기적으로 경매를 거쳐 현지 입찰자들에게 판매되었다. 낙찰받은 상인 또는 좀더 일반적으로 신디케이트는 '농부'로, 생아편을 증류해 흡연 가능한 찬두로 만드는 가공 센터 및 작업실은 '농장'으로 알려져 있었다. 싱가포르 주변의 영국령 영토에는 이러한 농장이 많았다. 자바섬에도 많은 농장과 농부가 있었고, 그들의 입찰은 "그 섬의 네덜란드 행정부에 막대한 수익을 안겨주었다".[62] 그러나 공식적인 농장들은 이 지역에 들어오는 아편의 일부만을 취급했다. 강력한 밀거래 네트워크는 암시장이 활성화하도록 보장했으며, 실제로 암시장은 합법적 농장보다 훨씬 더 많은 아편을 통제했을 가능성이 있다.[63]

동남아시아 전역에서 아편 농장은 거의 항상 디아스포라 중국인 상인 및 신디케이트가 운영했다.[64] 그 지역의 대다수 소비자(주로 농장 노동자와 광부) 역시 대체로 중국인이었으나, 자바 같은 일부 장소에서는 토착민도 아편을 광범위하게 소비했다.[65] 자바에서는 네덜란드 식민지 개척자들이 흔히 이렇게 말하곤 했다. "자바인은 쟁기질하고 씨를 뿌린다. 중국인은 그것을 거두어들인다. 그리고 유럽인은 그것을 제 몫으로 챙긴다."[66]

아편 농장을 운영한 중국인 상당수는 그 지역에 깊이 뿌리내린 디아스포라 집단, 곧 페라나칸(Peranakan: 중국-말레이의 혼합 문화 및 인종을 일컫는 말—옮긴이) 공동체에 속해 있었다.[67] 파시교도나 아르메니아인과 마찬가지로 동남아시아의 수많은 초기 중국인 이주자들은 고국에서의 정치적 소요 그리고 전쟁 및 반란 때문에, 특히 명나라와 청나라의 격동적 전환기에 고향을 등져야 했다. 인도의 파시교도처럼 페라나칸도 점차 동남아시아의 문화에 동화해갔다. 파시교도처럼 현지 언어를 사용하고 현지 의상을 변형한 옷을 입었을 뿐만 아니라, 역시나 파시교도와 마찬가지로 더없이 세련된 혼합 요리를 발전시켰다. 많은 페라나칸 남성이 동남아시아 여성과 결혼했고, 그들 가운데 일부는 다수 종교인 이슬람교를 받아들였다. 페라나칸은 그와 동시에 저만의 독특한 정체성을 고수했으며, 그들의 중국 내 고향 지역과의 연관성을 유지하는 데 주의를 기울였다. 파시교도와 마찬가지로 페라나칸은 문화적으로 민첩했으며, 영국·네덜란드·프랑스의 식민지 체제에 매우 잘 적응할 수 있었다. 그들은 그 체제에서 중요한 교섭 담당자이자 중개자 역할을 수행했다.

동남아시아 전역에서 페라나칸 상인은 수많은 농장과 광산을 지배했고, 그곳에서 수천 명의 가난한 중국인 이주민은 끔찍한 환경 아래 고된 노동에 시달렸다. 이들 노동자 대다수에게 아편은 하루를 버텨내기 위한 필수품이었다. "아편은 그들이 실제로 겪는 고통을 무디게 함으로써 고된 노동이 그들 자신의 신체에 가하는 장기적 손상에 무감각해지도록 만들었다. 그들은 말 그대로 큰 고통을 느끼지 않은 채 죽을 때까지 일할 수 있었다."[68]

그 노동자들이 아편을 구입하는 직판점과 아편굴은 흔히 광산이나 농장을 소유한 상인 및 신디케이트가 운영했다.[69] 많은 경우, 그 소유주의 수익 대부분을 창출하는 것은 광산이나 농장이 아니라 아편 농장이었다. 따라서 아편은 동남아시아의 디아스포라 중국인 엘리트들에게 매우 중요한 자본 축적의 원천으로 떠올랐다.

페라나칸 외에도 다른 여러 이주 중국인 집단, 특히 콩시(kongsi, 公司)―'비밀 결사체'라는 뜻으로 식민지 당국은 그들을 이렇게 부르는 걸 선호했다―라고 알려진 조직과 신디케이트는 농업 시스템을 통해 경제적·사회적 사다리를 타고 올라갈 수 있었다.[70] 따라서 아편은 어느 면으로 보나 동남아시아의 근대 경제를 형성하는 데 결정적 역할을 했다. 즉, 그것은 분명 이 지역에서 가장 중요한 도시인 싱가포르에 자양분이 되어주었을 뿐만 아니라 기업가 및 산업가들에게는 초기 투입 자본을 제공하기도 했다. 19세기 싱가포르에서 존경받는 저명 가문 대부분은 아편 농장과 직간접적으로 연결되어 있었다. 그 농부들 이름은 사실상 "싱가포르의 중국인 명사록"이라고 할 수 있다.[71]

1880년대에 유럽 식민 세력이 자신감을 키우고 현지 주민에 대한 통제력을 강화하자 동남아시아의 많은 지역에서 아편 농장 시스템은 종말을 고했다. (1910년까지 아편 농장을 유지한 싱가포르만큼은 예외였다.)[72] 농장은 국가 독점 기업으로 대체되었으며, 그 기업이 아편의 가공과 소매를 떠안았다.[73] 이러한 독점을 부르짖은 명분은 아편 사용을 제한하는 한편 세수는 늘리겠다는 것이었다. 하지만 아편이 식민지 정권의 주요 세수원으로 남아 있는 한 그 정권의 관리들은 부득이 더 많은 수익을 보여줘야 한다는 압박에 시달릴 수밖에 없었다.[74] 그래서 "아편의 위험성에 대한 네덜란드의 공식적 우려 표명은 이론적으로야 좋은 뜻이었는지 몰라도, 실제로는 대체로 진실하지 못했다".[75] 공식적 독점이 주로 성공한 부분은 다름 아니라 식민지 정권이 아편으로 거둔 수익을 실제로 늘리는 일이었다.[76] 어느 네덜란드 관리가 솔직하게 인정했다시피, "아편 전매제도(Opiumregie)에서는 판매량을 줄일 수 있는 곳이 없다. 모든 구

매자를 도와야 하기 때문이다".[77]

이 농업 시스템의 종말은 디아스포라 중국인 사업가 및 신디케이트에 손해였다. 하지만 그 시스템이 폐지될 무렵 그들 가운데 상당수는 이미 다른 산업으로 넘어가기 시작한 상태였다. 인도의 파시교도 경우와 마찬가지로 아편은 다수의 현대 동남아시아 기업에 초기 투입 자본을 제공했다. 동남아시아의 오래된 '크레이지 리치(Crazy Rich: '어마어마하게 부유하다'는 의미로, 상상을 초월한 아시아인 부자들을 다룬 미국 영화 〈크레이지 리치 아시안〉에서 따온 표현—옮긴이)' 가문의 재산 대부분은 아편에서 비롯되었다.

놀라운 사실은 뭄바이·싱가포르·홍콩·상하이 등 세계화한 현대 경제의 주축을 이루는 여러 도시가 애초 아편에 의해 유지되었다는 것이다. 다시 말해, 세계화한 경제의 토대를 다진 것은 자유 무역도 시장의 자율적 법칙도 아니었다. 그것은 다름 아니라 가난한 아시아 농부들이 식민지 정권의 후원을 받으며 생산한 약물, 즉 중독을 일으키는 물질이자 자유와는 정반대되는 약물의 독점적 거래였다. 트로키가 지적했다시피, 이것은 식민지 체제 그 자체가 드러낸 근본적 역설이었다. "자국의 법률과 사법 제도에 커다란 자부심을 품고 있던 지배 세력은 과세 기반을 유지하기 위해 사실상 전체주의적이고 '불법적'인 사회 통제 시스템에 기대고 있었다."[78]

12

보스턴 브라만

중국과의 거래에서—그리고 그에 따른 전 세계의 아편 밀매에서—영국 다음으로 가장 큰 혜택을 얻은 나라는 바로 미국이었다. 그리고 잘 알려진 바와 같이, 미국에서는 영국에서와 달리 그 나라의 저명한 가문·기관·개인들이 아편 수혜자 명단에 대거 포진해 있었다.

이는 아편으로 인해 혜택을 받은 영국인이 더 적었다는 뜻이 아니다. 외려 그 반대다. 전 세계 마약 밀거래의 주동자로서 영국은 분명 미국보다 훨씬 더 큰 규모로 아편 사업에 뛰어들었다. 인도의 영국 식민지 기구는 전 세계 아편의 생산 및 유통을 감독했다. 그뿐만 아니라 영국은 중국으로의 아편 밀매에 관여하는 단일 집단으로는 최대이자 가장 부유한 '사무역상' 집단의 본거지이기도 했다. 최근 몇 년 동안 노예제도에서 파생된 부의 순환을 기록한 것과 같은 방식으로 영국 상인들이 들여온 재산의 경로를 추적하는 작업은 가능하기는 할 테지만 쉬운 일은 아니었다. 아편 자금이 19세기 영국에 너무 깊숙이 스며든 나머지 사실상 보이지 않게 되었기 때문이다. 어쨌거나 이 작업은 이뤄지지 못했다. 아마도 본질적인 어려움 때문이거나, 그것이 영국 제국의 과거에 대한 소중한 신화를 위협할 수 있었기 때문이거나, 노예 제도의 경우와 마찬가지로 그러한 조사에 뛰어들도록 압박할 국내 유권자 집단이 부재했기 때문일 것이다.

반면 미국이 19세기 아편 무역에 관여한 규모는 영국보다 훨씬 작았지만, 미국 민간 상인들이 가져온 돈의 행방은 꽤나 상세히 밝혀졌다. 주된 이유는 아마 그 자금이 영국에 비해 경제 규모가 작은 이 신생 독립 국가에 한층 더 크게 영향을 미쳤기 때문일 것이다.

중국 무역이 미국에 이처럼 막대한 입김을 불어넣었던 터라 미국인의 기억에서 중국 무역이 차지하는 위상은 영국인이나 인도인의 기억과는 사뭇 다르다. 그것을 보여주는 증거 중 하나는 중국 무역만 전문으로 다루는 박물관의 유무다. 영국은 방대한 중국 유물·서적·예술품 컬렉션을 보유하고 있지만 내가 아는 한 중국 무역만 전문으로 다루는 박물관은 갖고 있지 않다. 영국의 중국 유물은 대부분 대영박물관이나 빅토리아 앤드 앨버트 박물관(Victoria and Albert Museum) 같은 세계적인 기관에 소장되어 있다. 반면 미국에서는 19세기 후반 매사추세츠주 밀턴(Milton)에 중국 무역만 전문으로 전시하는 박물관이 설립되었다. 게다가 이는 유일한 게 아니었다. 매사추세츠주 세일럼(Salem)에 위치한, 재원이 충분하고 인상적인 피보디 에식스 박물관(Peabody Essex Museum)처럼 중국 무역을 특별히 중요하게 다루는 박물관도 여럿 있다.

중국 무역이 미국에 끼친 영향을 가늠할 수 있는 또 한 가지 척도는 '캔턴(광둥)'이라는 이름을 가진 미국의 도시 및 마을의 수다. 그 수는 30여 개로, 런던이라는 이름을 딴 것의 2배에 달한다. 그런데 미국에 캔턴은 많지만 '광저우', 심지어 '왐포아'는 단 한 곳도 없다. 이런 이름은, 보이지 않는 미국 내 중국의 존재를 불편하리만치 실감나게 만들었을 것이다. '캔턴'이란 단어는 미국인의 기억 속에 특별한 장소, 즉 중국이 길들여지고 영국화한 장소이자 아편 무역이라는 당혹스러운 현실이 유쾌한 상태로 바뀌는 장소를 창출하는 데 기여했다.

이러한 현실은 존 하다드(John R. Haddad)의 《중국에서 미국 최초의 모험(America's First Adventure in China)》, 대얼 노우드(Dael A. Norwood)의 《거래의 자유(Trading Freedom)》, 자크 다운스의 《황금 게토: 캔턴의 미국 상업 공동체와 미국의 중국 정책 형성, 1784-1844(The Golden Ghetto: The American Commercial Community at Canton and the Shaping of American China Policy, 1784-1844)》 등 여러 훌륭한 연구의 주제가 되었다. 이 중 마지막 책은 저자의 평생에 걸친 작업 성과물이다. 다운스는 모든 주요 상인들 기록을 샅샅이 뒤졌다. "문서, 의복, 부서진 가구, 낡은 제도 등 어느 것 하나 버리지 않는 뉴잉글랜드와 필라델피아 사람들"이 보존해 온 기념비적 규모의 기록 보관소를 말이다.[1] 그러나 그 기록 보관소는 규모가 방대함에도 반드시 과거를 투명하게 보여주지는 않는다. 상인들은 일반적으로 자신이 펼친 사업의 실체를 숨기기 위해 상당히 신중을 기했으며, 심지어 고국에 있는 제 가족에게 자신들의 편지를 공개하지 말라고 엄중 경고하기까지 했다.[2] 어떤 경우에는 그 상인의 후손들이 아편 매매에 관한 내용이 담긴 서류를 선별적으로 파기하기도 했다.

아편이 그 상인들의 사업 전체를 차지한 것은 결코 아니지만, 그들이 벌인 다른 사업도 전적으로 아편에 근거를 두고 있었다. 즉, 그들은 아편을 통해 거두어들인 수익을 이용해 차·도자기·비단·예술품 등을 구입했다. 예컨대 고등판무관 임칙서가 아편 거래를 중단시킨 직후 작성한 편지에서 젊은 양키(Yankee: 미국 북부, 특히 뉴잉글랜드 지방 사람을 일컫는 말―옮긴이) 무역상 로버트 베넷 포브스는 아편 없이는 중국과 외국 상인들의 여타 사업 가운데 그 어떤 것도 기능할 수 없다고 설명한다. "아편 거래가 중단되면 돈이 없다. ……따라서 아편은 여기서 거래하는 모든 사람과 우리 자신에게도 영향을 미친다. ……우리는 차를 살 돈이 없으며, 수수료도 받지 못한다."[3]

다운스의 말마따나, 포브스와 그의 동생 존 같은 상인들은 "중국 무역 전체는 아편 거래에 기반을 두고 있다"는 사실을 똑똑히 간파하고 있었다.[4] 따라서 합법적 상업으로서 미국의 '중국 무역'은 1784년부터 1804년까지 약 20년 동안만 존재했다는 사실을 똑똑히 기억할 필요가 있다. '중국 무역'이라는 표현은 그 이후의 상업 형태에 적용할 경우, 파블로 에스코바르(Pablo Escobar: 콜롬비아 마약 카르텔의 수장―옮긴이)의 코카인 사업을 '안데스산맥 무역(Andean Trade)'이라고 부르는 것과 마찬가지로 정중한 완곡어법에 불과하다.

많은 미국 전문가들이 믿고 있는 바와 같이, 미국과 중국의 '결합'은 새로운 현상이 아니다. 역사학자 대열 노우드가 저서 《거래의 자유》에서 설명했듯 그 관련성은 미합중국 건국 초기부터 존재해왔다. 영국과 마찬가지로 미국의 경우에도 초기 관계를 창출한 것은 차였다. 미국인 역시 차를 열렬히 즐겼고, 차는 "상류 계급의 수행과 관련이 있다는 점에서 이 새로운 나라의 정치적 상상력에서 특별한 위치를 점했다".[5] 그러나 식민지 시대에는 미국인이 동인도회사의 독점적 특권이던 중국과의 무역을 하지 못하도록 확실하게 금지당했다. 그 결과 미국인이 마시는 차는 영국을 경유해야 했고, 그로 인해 가격이 더 비싸졌다. 그에 따라 불거진 불만이 1773년 보스턴 차 사건(Boston Tea Party)을 통해 폭발했고, 이것이 미국 독립전쟁의 도화선 역할을 했다.[6]

1783년 독립전쟁이 끝나고 그 새로운 국가는 독립을 쟁취했으나 여전히 고립되어 있었다. "부모를 떠난 자식은 기댈 곳이 없었"던 것이다.[7] 인근에 있는 영국 식민지들과의 교역이 차단된 상황이었던 만큼 중국은 미국 선박에 개방된 몇 안 되는 가치 있는 목적지 중 하나였으며, 미국 상인들에게 잠재적 생명줄이었다.[8] 존 애덤스(John Adams)가 1783년 의회에서 말했다. "중국으로 즉시 배를 보내십시오. 이 무역은 다른 모든 나라한테와 마찬가지로 우리에게도 열려 있습니다."[9] 애덤스의 바람은 이내 실현되었다. 같은 해 영국이 뉴욕에서 철수한 지 몇 주 만에, 중국으로 방향을 잡은 최초의 미국 선박, 즉 해리엇호(Harriet)라는 작은 범선이 닻을 올렸다. 그러나 해리엇호는 중국에 당도하지 못했다. 대부분 인삼 뿌리인 해리엇호의 화물은 희망봉에서 동인도회사 선박의 선장이 비정상적으로 높은 가격에 인수했다.[10] 아마도 미국인이 중국 무역에 직접 뛰어들지 못하도록 뜯어말리기 위한 조치였을 것이다. 하지만 이미 시작된 경쟁을 막을 도리는 없었다.

두 달 뒤 훨씬 더 큰 선박이 해리엇호를 뒤따랐다. '중국황후호(Empress of China)'라는 이름이 그 배의 임무를 말해주었다. 이 상선의 화물 관리인은 독립전쟁 참전 용사 새뮤얼 쇼였다. 훗날 미국이 중국과 무역 관계를 확대해야 한다고 강력하게 외친 인물이다.[11]

뉴욕을 출발하고 6개월 뒤, 중국황후호는 미국 선박으로는 최초로 주장강의 마지막 심해 정박지 왐포아에 닻을 내렸다.[12] 미국인은 중국 상인들로부터 열렬히 환영받았고, 럼주와 모피 그리고 "중국 시장에 들여온 사상 최대 물량의 인삼"으로 이뤄진 중국황후호의 화물은 후한 가격에 팔렸다. 돌아오는 길에 그 상선의 화물칸은 차와 도자기, 직물로 가득 찼다. 중국황후호는 상하이 수탉도 몇 마리 실어왔는데, 그 수탉은 미국 품종과 교배해 곧 미국에서 엄청난 인기를 누리게 될 품종—'벅스 카운티 치킨(Bucks County Chicken)'—을 만들어냈다.[13] 이러한 수입품에 힘입어 필라델피아의 중국황후호 선주들은 "원래 투자 금액의 25퍼센트에 달하는 3만 달러의 쏠쏠한 수익"을 챙겼다.[14] 이 상선의 성공적 항해에 대한 소문이 동부 해안을 따라 빠르게 퍼져나갔다. 보스턴·세일럼·프로비던스·뉴욕·볼티모어의 상인과 선주들도 서둘러 중국으로 여행하기 위한 선박을 장만하기 시작했다. 중국황후호가 항해를 시작하고 몇 년 만에 매년 수십 척의 미국 선박이 광저우를 방문했다.[15]

그러나 미국 상인은 이내 그들보다 앞서 다른 상인이 마주한 것과 동일한 문제에 직면했다. 그들은 중국 차의 대금을 에스파냐 은화로 지불해야 했던 데다, 중국인은 금괴 말고는 그들에게서 원하는 게 거의 없었다.[16] 인삼은 중국에서 어느 정도 수요가 있는 상품 중 하나였지만, 미국 제품은 열등한 것으로 취급당할 뿐 아니라 중국 시장이 소화할 수 있는 양도 얼마 되지 않았다.[17] 다른 뭐가 좋을까? 한동안 모피와 바다표범 가죽에서 그 답을 찾았고, 그로 인해 매사추세츠주의 두 가문, 즉 델러노(Delano)와 퍼킨스(Perkins) 가문이 미국에서 가장 유명한 모피 판매업자 존 제이컵 애스터(John Jacob Astor)와 함께 중국 무역에 뛰어들었다.[18] 그러나 그들은 처음에 중국인에게 모피를 판매하는 데는 성공했지만 머잖아 극복할 수 없는 문제에 봉착했다. 그들이 죽일 수 있는 물개와 해달이 얼마 되지 않아 그 개체수가 그걸 사냥하는 일이 더 이상 경제적이지 않은 지점까지 줄어든 것이다. 백단향(sandalwood)이 다음번 해결책으로 떠올랐고, 태평양의 여러 섬이 백단향나무가 완전히 바닥을 드러낼 때까지 수난을 당했다. 그다음 차례는 보잘것없는 해삼(bêche de mer) 등이었다.[19] 그러는 동안 계속해서 미국인 앞에는 18세기 후반 영국인이 고안해낸 해결책, 즉 인삼과 달리 이른바 수요와 공급의 법칙을 따르지 않는 상품인 아편이 놓여 있었다.[20]

하지만 미국인은 불리한 입장에 처한 상태였다. 아편 암거래 초기에 열리는 캘커타의 동인도회사 경매에서 배제되었기 때문이다.[21] 그러나 영국의 마약 밀반입 사업이 성공을 거두는 광경을 지켜본 미국 상인은 다른 아편 공급처를 찾아 나섰고, 결국 이즈미르〔Izmir, 스미르나(Smyrna)〕를 발견하기에 이르렀다. 그곳은 바로 튀르키예 내륙의 주요 아편 재배 지역을 위한 직판점이었다.[22]

튀르키예 마약 거래의 선구자는 필라델피아의 저명 가문 출신 제임스 스미스 윌콕스(James Smith Wilcocks)와 벤저민 츄 윌콕스(Benjamin Chew Wilcocks) 형제였다.[23] 윌콕스 형제는 1805년 튀르키예에 아편을 실어 나른 최초의 미국 선박 펜실베이니아호에 화물 관리인 자격으로 승선해 여행했다. 이 배는 중국에 도착하기도 전에 이즈미르 아편을 50궤짝 처분했다. 화물은 자카르타에서 판매되었다.[24] 이 선구적 노력이 성공을 거두면서 뉴욕의 존 제이컵 애스터, 세일럼의 조지프 피보디(Joseph Peabody), 필라델피아의 스티븐 지라드(Stephen Girard) 등 기라성 같은 미국 상인들 사이에서 일종의 '아편 러시'가 발생했다.[25] 선박 사환이던 지라드는 프랑스에서 미국으로 건너와 끝내 엄청나게 부유한 노예 사냥꾼, 은행가, 해운계의 거물로 거듭난 자수성가형 인물이다. 튀르키예 아편 루트를 알게 된 그는 지중해에 있는 자신의 대리인에게

급히 편지를 띄워 "아편에 집중적으로 투자하는 데 적극 찬성한다"고 밝혔다.[26] 1831년 사망할 무렵 지라드는 미국에서 가장 부유한 사람이었으며, 지금도 여전히 미국 역사상 가장 부유한 사람 중 하나로 손꼽힌다. 애스터와 피보디도 마찬가지다.

곧 이즈미르에는 미국 상인이 수없이 많아졌고, 그 결과 그들은 튀르키예 아편의 중국 운송을 독점할 수 있게 되었다.[27] 그러나 튀르키예 산업의 생산량은 많지 않고, 인도에서의 기회는 놓치기엔 너무 아까웠다. 그래서 일부 미국인은 튀르키예 아편 밀거래를 준비하는 와중에도 벵골에서 이루어지는 동인도회사의 경매에까지 눈을 돌리기 시작했다. 1804년 보스턴 소유 선박의 선장 찰스 캐벗(Charles Cabot)이 선언했다. "동인도회사의 경매를 통해 아편을 구입한 다음 동쪽으로 향할 생각이다. 거기서 나는 틀림없이 시장을 개척한 최초의 사람이 될 것이다."[28]

인도 시장을 공략하려는 이 같은 초기 시도는 처음에는 실패로 돌아갔다. 먼저 나폴레옹 전쟁으로, 이어 1812년 영미 전쟁으로 혼란이 이어졌기 때문이다.[29] 그러나 1815년 영미 전쟁이 끝나자 미국인은 아편 거래를 빠른 속도로 확대하기 시작했다.[30] 존 제이컵 애스터는 튀르키예 아편을 보충할 다른 공급원을 찾아 나서기 위한 시도로 페르시아만에 배를 보내기까지 했다.[31] 이 시기에 이루어진 애스터의 아편 투기는 경쟁자들의 등골을 오싹하게 만들 만큼 대규모였다. 당시 튀르키예 시장을 장악하고 있던 보스턴 회사는 "우리가 두려워하는 사람은 애스터 말고는 없다"고 단언했다.[32]

일부 추정치에 따르면, 1818년경 미국인은 중국에서 소비되는 아편의 3분의 1을 밀거래함으로써 그 시장에 대한 동인도회사의 지배력에 적잖은 위협을 가했다.[33] 실제로 미국인과의 경쟁 및 그들의 튀르키예 아편은 동인도회사가 곧바로 비하르주에서 아편 생산량을 늘린 이유 중 하나였다.

한편 인도는 계속해서 아편 무역의 가장 큰 수익원이었기에 미국 상인은 여전히 자신들도 인도 밀거래에 진출하길 열망했다. 자신들이 거기서 배제되었다는 사실은 다만 그들의 욕구를 자극할 따름이었다. 그뿐만 아니라 미국인도 나름대로 승산 있는 카드 몇 가지를 만지작거리고 있었다. 그들은 중국에서 튀르키예 아편을 거래함으로써 인도 사업가들의 대리인 역할을 하기에 유리한 위치에 있었다. 또한 그 무역의 자세한 내막을 잘 알고 있었으며, 밀거래 네트워크 내에서 광범위한 인맥을 확보하기까지 했다. 게다가 주장강의 링팅섬에 자체 '수령 선박(receiving ship: 원래는 신병 훈련에 썼던 폐함을 뜻하는 말—옮긴이)'을 구비함으로써, 그곳에 영국의 대형 밀수 네트워크보다 저렴한 가격에 그들 무역 파트너의 마약 위탁 화물을 저장해주겠다고 제의할 수 있었다.[34] 게다가 봄베이 및 캘커타 사업 세계와의 관련성은 1783년 미국 독립을 공식 인정받은 직후 시기로까지 거슬러 올라간다.

1780년대 후반 몇몇 뉴잉글랜드 상인이 봄베이의 파시교도 및 구자라트 중개인과 협력하기 시작했다. 그들이 영국인 중개인보다 더 나은 가격과 한층 신뢰할 수 있는 서비스를 제공했기 때문이다.[35] 당시 봄베이의 주요 수출품은 면화였으며, 그 도시에서 팔려나간 미국 제품은 진(gin), 럼주, 철, (선박용) 밧줄 등이었다.[36] 당시 영국의 규정 때문에 미국인으로서는 인도 상품을 중국으로 운반하는 일이 어려웠다. 하지만 1815년 그 규정이 바뀌자마자 뉴잉글랜드 상인은 앞뒤 살필 겨를도 없이 다투어 말와 아편 밀매에 뛰어들었다.[37]

곧이어 주로 세일럼 출신인 네댓 명의 미국 상인이 봄베이에 상주했고, 그들의 식량이며 거주지를 돌봐준 것은 파시교도 상인 파트너들이었다.[38] 미국인은 와디아, 다디세스(Dadiseth), 레디머니 가문 같은 위대한 파시교도 상인 집단 사이에서 파트너를 구했다. 하지만 큰 회사 대부분은 이미 자딘 매서슨사나 덴트사(Dent & Co.) 같은 영국의 거대 조직이 장악한 상태였다. 따라서 그들과 함께 일하길 더 열망한 것은 소규모 파시교도 기업인 경우가 많았다. 미국인과 협력한 구자라트 기업 가운데 가장 중요한 곳은 최대 규모의 말와 아편 중개업체 중 하나인 아메다바드의 후티싱 쿠샬찬드(Hutheesing Khushalchand)였다.

지칠 줄 모르는 필라델피아의 벤저민 츄 윌콕스는 아편과 관련해 미국과 인도의 파트너십을 구축한 선구자 중 한 명이었다. 1824년 윌콕스 형제는 봄베이의 호르무즈지 도라브지(Hormuzjee Dorabjee)와 자그마치 연간 10만 은화 규모에 달하는 사업을 벌였으며, 1827년 회사를 친척 존 래티머(John R. Latimer)에게 넘겨주고 은퇴할 때까지 그 사업을 줄곧 키워나갔다. 래티머는 파시교도 상인, 특히 코와스지(Cowasjee), 프람지(Framjee), 호르무즈지 가문과 그 회사의 관계를 한층 발전시켰다.[39]

필라델피아 상인들 뒤를 바짝 추격한 것은 보스턴의 대규모 아편 거래 집단인 퍼킨스, 스터기스(Sturgis), 러셀, 포브스 가문이었다. 한결같이 이탈리아 남부의 마피아 혈통만큼이나 복잡하게 얽혀 있던 집단이다. 그들은 스스로를 '보스턴 콘체른(Boston Concern: '콘체른'은 재계에서 큰 세력을 가진 독점 자본가나 기업가 무리 또는 일가친척으로 구성된 대자본가 집단을 말한다—옮긴이)'이라 불렀으며, 결국 그들 회사는 합병을 통해 중국에서 가장 큰 아편 거래 네트워크로 부상했다.[40] 아편 거래로 얻은 부 덕분에 이들은, 올리버 웬델 홈스(Oliver Wendell Holmes)가 미국의 귀족에 가까운 '보스턴 브라민〔Boston Brahmin: '브라민'은 브라만(brahman)과 같은 뜻—옮

긴이)'이라 부른 엘리트 집단의 핵심 구성원으로 떠올랐다.[41]

&

다운스는 "거의 예외 없이 지난 25년 동안 중국 아편 무역에 종사했던 미국인은 불과 몇 년 만에 엄청난 부를 거머쥐고 금의환향했다"고 말한다.[42]

이 운 좋은 미국인은 과연 누구였을까? 이들의 이름이 애스터, 캐봇, 피보디, 브라운, 아처, 해서웨이, 웹스터, 델러노, 쿨리지, 포브스, 러셀, 퍼킨스, 브라이언트 등 장황한 북동부 지역 상류층의 목록을 이루고 있다는 것은 결코 우연이 아니다. 그들은 대부분 백인 정착민 사회의 특권층, 즉 오래전부터 북동부 지역에 정착해온 영국 기원 가문 출신이었다.[43] 이들 중 다수는 보스턴 라틴 스쿨(Boston Latin School), 밀턴 아카데미(Milton Academy), 필립스 아카데미 앤도버(Phillips Academy Andover), 필립스 엑서터 아카데미(Phillips Exeter Academy) 등의 엘리트 학교에서 교육받았다. 그리고 상당수는 하버드 대학, 예일 대학, 펜실베이니아 대학, 브라운 대학('브라운'은 로드아일랜드주 프로비던스 출신인 저명한 노예 및 아편 무역 가문의 이름에서 따왔다) 등에 진학했다.[44]

19세기 초 북동부 지역의 상류층 가문에 속해 있었다는 것은 유럽이나 미국 남부 가문 출신인 백인 엘리트의 일원이었다는 것과는 차원이 달랐다. 북동부 지역 엘리트는 지주 집단이 아니라 대개 전문직과 상인 계층이었으며, 변덕스러운 신생 경제의 부침에 많은 영향을 받았다. 사업 실패가 워낙 잦아서 제아무리 연줄 좋은 집안도 어느 정도는 불안정한 삶을 각오해야 했다.

거기에 딱 들어맞는 예는《립 반 윙클(Rip Van Winkle)》《슬리피 할
로의 전설(The Legend of Sleepy Hollow)》을 비롯해 여러 미국 고전 소
설을 쓴 워싱턴 어빙(Washington Irving)의 가문이다. 워싱턴 어빙과 그
의 형제들은 북동부 지역에서 가장 연줄 좋은 가문 중 하나의 일원이
었으며, 오늘날 셔머혼(Schermerhorn), 슈일러(Schuyler), 반 렌슬리어(Van
Rensselaer), 리빙스턴(Livingston) 등 제 성(姓)이 맨해튼과 브루클린 전역
의 거리에 선명하게 새겨져 있는 이들을 친구 집단으로 거느린 상태였
다. 어빙 가문이 사는 주택은 로어맨해튼 중심부의 금싸라기 땅인 브리
지가(Bridge Street) 3번지에 위치해 있었다. 그들은 시골 별장도 네댓 채
보유했다. 하지만 가족끼리 주고받은 서신을 보면, 그의 남동생들은 끊
임없이 돈 걱정에 시달렸음을 알 수 있다. 그 작가의 조카 중 한 명인
시어도어 어빙(Theodore Irving)은 "끔찍한 빚이 내 어깨를 짓누르고 있
다. 그 빚을 갚아야 편안하게 숨을 쉴 수 있을 것 같다"고 불평했다.[45]
이 젊은이의 탄식은 때로 오늘날 20대 독신 뉴요커들이 내뱉는 한탄처
럼 들리곤 한다.

> 나는 누가 뭐라 해도 뉴욕만 한 곳이 없다고 한숨 쉬며 혼잣말을 하곤 했
> 다. 하지만 당시 돈에 대한 욕망은 결코 내 머릿속에 들어오지 않았다.
> 돈-돈-돈! 이 사회에 속한 모든 이들이 숭배하는 것이자 창조물 가운데
> 가장 사랑스러운 것. 그렇다. 이곳 여성들이 부유한 남성들에게 굽실거리
> 는 것은 서글픈 현실이다.[46]

그러나 자기 가족의 재산을 되찾기 위해 광저우로 가겠다는 선택을 한
것은 시어도어가 아니라 그의 동생 윌리엄(친척들은 그를 윌이라고 불렀다)이

었다. 워싱턴 어빙 자신은 자기 조카가 중국에서 가장 큰 미국 아편 무역 기업 러셀사에 사무직으로 취직할 수 있도록 뒤를 봐주었다. 스물두 살의 월은 1833년 역시나 러셀사에 입사하기 위해 광저우로 길을 나선 또 한 명의 젊은 동갑내기 청년 에이비얼 애벗 로(Abiel Abbot Low)와 함께 중국으로 향했다. 애벗 로—친구들 사이에 대체로 이렇게 알려져 있었다—는 최근 브루클린에 정착한 세일럼 가문 출신이었다. 애벗 로와 월은 그 여행 기간 동안 좋은 친구가 되었고, 광저우에 도착하자마자 함께 보트를 구입해 이따금 주장강에서 뱃놀이를 하곤 했다.[47]

어빙과 로랑 비슷한 시기에 워런 델러노 2세(Warren Delano Jr.)라는 또 한 명의 젊은 미국인도 러셀사에 합류했다. 세 남성 모두 광저우의 외국인 조계지에 있는 그 회사 사무실에서 사무원으로 근무하기 시작했다. 그곳에서 월은 모든 사람에게 '워싱턴 어빙의 조카'로 통했다.[48] 그러나 로와 델러노가 잘나가는 동안 윌리엄 어빙은 별다른 진척을 보지 못했고, 그 회사에서의 본인 전망에 대해 절망하기 시작했다. 가족은 그를 격려하기 위해 그들이 할 수 있는 일을 했다. 형 시어도어가 그에게 편지를 띄웠다.

나는 네가 풀 죽어 있는 게 싫어. **힘을 내야 해.** 다가오는 몇 년을 편안함과 풍요로 이어지는 연옥이라고 생각하렴. 〔그 회사에서〕 네 전망이 무엇이든, 너는 확실히 투기(speculating)를 통해 무언가를 해낼 수 있어. ……돈을 벌수만 있다면 내일이라도 네게 달려가겠어. 하루라도 이 가난은 더러운 것이니까.[49]

그러나 월의 울적함은 잦아들지 않았고, 형은 다시 동생을 다독이는 편지를 쓰지 않을 수 없었다. "나는 네가 엄청난 부를 그러모으길 바라지는 않아. 내 희망은 네가 2만 달러나 4만 달러 정도만 모아서 아직 젊을 때 고국으로 돌아올 수 있었으면 하는 거야. 네가 10년 이상은 떠나 있지 않았으면 해."[50]

하지만 월은 본인 경력을 불평하면서도 다른 미국인이 광저우에서 벌어들이는 막대한 금액에 대해 주위섬겼다. 그의 아버지가 썼다. "네가 이내 그 회사에 관심을 기울이게 될 거라고 기대한 것은 우리 착각이었을지도 몰라. 하지만 파트너가 자주 바뀌는 걸 보면 우리는 여전히 네 장래성이 좋다고 생각한다. 허드 씨(Mr. Heard)는 **3년 동안** 15만 달러를 모아 올봄에 떠난다고 네가 말하지 않았니."[51]

월은 자신이 러셀사에서 성공하지 못한 것은 애벗 로나 워런 델러노 2세와 달리 아편 투기에 쏟아부을 자금이 없기 때문이라는 결론에 도달한 것 같다. 그래서 친척들에게 편지를 띄워 자신을 위해 돈을 모아달라고 부탁했다. 그들은 흔쾌히 그의 청에 응해 소규모 가족 펀드를 조성했다. 캔턴의 아편 거래에 대해 놀랄 만큼 잘 알고 있던 워싱턴 어빙도 투자한 펀드였다. 형 시어도어가 편지에 썼다. "투기에 뛰어들 수 있는 좋은 기회를 맞이할 거다. 워싱턴 삼촌이 아버지한테 네가 그렇게 할 수 있도록 생전 증여분을 주도록 부탁하셨거든."[52]

그럼에도 월은 계속해서 그 생전 증여분을 받지 못했고, 암울한 편지들이 내내 이어졌다. 시어도어는 여느 때처럼 최선을 다해 동생을 격려했다.

바쁘지 않은 시즌에는 마카오에 가지 않니? 올리펀트 부인(Mrs. Olyphant)이 우리한테 그게 관습이라고 말했거든. **여성들**을 다시 보는 건 꽤나 좋은 일이 될 테고, 그곳의 포르투갈 소녀들이 본국의 그 어머니들보다 타락하지 않았다면 보기에 나쁘지 않을 거야. 온갖 시시콜콜한 것들을 편지에 써서 보내주렴. 그 거칠고 거의 알려지지 않은 지역을 접하노라면 모든 게 얼마나 흥미진진할지 너로서는 상상하기도 어려울 거야. 마카오와 그곳 여성들에 대해 모든 걸 들려주렴.[53]

하지만 윌은 계속해서 갈팡질팡했다. 마약 거래에 혐오감을 느껴서인지, 사업에 재능이 없어서인지, 매사추세츠주 유력 가문 출신인 델러노나 로와 달리 러셀사의 가장 가까운 파트너인 보스턴 기업들에 친인척이 없어서였는지 모를 일이었다. 어빙 가족은 최후의 수단으로 윌의 미래에 대한 희망을 연줄 좋은 또 다른 미국인 조지프 쿨리지(Joseph Coolidge)에게 걸었다.

귀족 혈통의 양키이자 하버드 대학 졸업생인 쿨리지는 토머스 제퍼슨(Thomas Jefferson: 미국의 3대 대통령. 재임 기간은 1801~1809─옮긴이)이 가장 아끼는 손녀 엘런 웨일즈 랜돌프(Ellen Wayles Randolph)와 결혼했다. 제퍼슨은 몬티첼로(Monticello)에서 직접 그 결혼식을 주관했다. 결혼식을 치르기 몇 년 전, 쿨리지는 유럽 그랜드 투어를 떠났고, 파리를 경유하던 중 당시 그곳에 머물던 워싱턴 어빙을 수소문해 찾아냈다. 어빙은 이 젊은이에게 홀딱 반해 당시 라벤나(Ravenna: 이탈리아 북부의 아드리아 해안에 있는 고대 도시─옮긴이)에 살고 있던 바이런 경(Lord Byron)에게 소개해주었다. 쿨리지는 그 시인을 만나러 갔고, 바이런의 가장 최근 작품인 《베니스 총독 마리노 팔리에로(Marino Faliero, Doge of Venice)》를 한 권 선물로 받았다. 이 만남은 쿨리지에게 엄청나게 깊은 인상을 남겼다. 그는 필시 남은 인생 내내 그 만남에 대해 들먹였을 것이다. 심지어 그

만남은 60년 후 그의 부고 기사에도 다음과 같이 언급되었을 정도다. "바이런 경과 개인적으로 친분이 있으며 근대의 가장 뛰어난 숱한 인물과 친숙하고 친밀한 관계를 맺어온 신사가 여기 보스턴에서 살았다는 사실을 아는 이는 …… 비교적 드물었다."[54]

쿨리지가 아편 거래에 뛰어든 것은 아마 워싱턴 어빙을 통해서였을 것이다. 어빙은 쿨리지가 젊은 윌의 커리어에 도움을 주길 바라는 마음에서 그를 보스턴 콘체른에 추천하는 식으로 또 한 번 호의를 베푼 것 같다. 그러나 이것은 커다란 실수였다. 쿨리지는 매력적이고 박식하긴 했으나 실상 걸핏하면 싸우려 들고 신뢰하기 힘든 인물로, 광저우에서의 짧은 경력 동안 자신과 마주치는 거의 모든 사람들로부터 반감을 샀다.[55] 쿨리지는 윌의 경력에 도움을 주기는커녕 오히려 지저분한 싸움에 휘말림으로써 윌의 경력을 사실상 끝장내버렸다. 무엇을 두고 벌인 다툼이었는지는 알려지지 않았지만, 너무나 추악한 일이라서 윌은 트렁크도 챙기지 않고 세탁물도 수거하지 않은 채 곧바로 광저우를 떠나버렸다. 소지품은 나중에 애벗 로가 마닐라에 있는 그에게 부쳐주었다. 애벗 로는 가족이 보내준 돈으로 윌이 구입한 아편의 남은 물량도 처분했다. 그러나 이 역시 손해를 보고 팔았기 때문에 결과는 좋지 못했다.

이렇게 불운한 모험을 마친 윌리엄 어빙은 수고한 보람도 거의 없이 뉴욕으로 돌아왔다. 그는 자신과 같은 부류 가운데 광저우에서 돈을 벌지 못한 희귀한 미국인들 가운데 한 명으로 남았다.

윌리엄 어빙의 이력은 통상적 패턴에서 벗어난 것이었을지도 모른다. 하지만 그는 덜 부유한 특권층 멤버였다는 점에서 그 시기에 볼 수 있는 미국 아편 밀매업자들의 전형적 모습이었다. 그와 마찬가지로 미중 관계를 구축한 양키들 다수는 부유한 상인 가문 가운데 좀더 가난한 축에 속했다. 그들은 대개 부유하거나 영향력 있는 남성의 조카로, 정확한 의미에서의 정실주의에 입각해 그 사업에 진출했다.[56] 러셀사의 설립자 새뮤얼 러셀(Samuel Russell)이 정확히 거기에 들어맞는 예다. 그는 코네티컷주 미들타운에서 "평범한 학교 교육"만 받은 "반(半)고아 신세의" 백인 소년으로 출발했다. 하지만 프로비던스에 중국과 사업하는 삼촌들이 있었다. 애초 삼촌들이 그를 광저우로 보냈고, 그가 자신의 회사를 설립하도록 거들었다.[57] 가족 인맥이 없었다면 그는 자신의 부를 쌓을 수 없었을 것이다.[58] 그가 "자수성가한 사람"으로 여겨진 것으로 보아 그 표현이 종종 많은 종류의 특권을 은폐하곤 한다는 걸 알 수 있다.

이 시기에 중국으로 간다는 것은 몇 년 동안 제 집을 떠나 있다는 걸 의미했다. 따라서 그 여행을 감행하기 위해 젊은이들은 배를 곯기 십상인 상황을 이겨내고 강한 동기를 품어야 했다. 당시 그 여행에 뛰어든 이들 다수가 부유한 남성의 가난한 친척이었다는 사실은 놀라울 게 없다. 부유한 집안의 언저리에서 자란 이 소년들은 자기 자신의 궁핍한 환경에 불만을 느꼈고, 제 처지를 개선할 기회를 갈망했다.[59] 하지만 단순히 똑똑하고 야망 있고 백인이라는 조건만으로는 충분하지 않았다. 특정 종류의 계급적 특권이 반드시 필요했다. 미국 젊은이가 광저우에서 성공하려면 교육을 받아야 했을 뿐만 아니라, 좋은 회사에서 사무직으로 일할 수 있는 기회와 (월 어빙의 경우에서처럼 대개 친척으로부터 비롯되는) 자본에 대한 접근성을 보장해주는 가족적 인맥이 필요했다. 제아무리 똑똑하고 근면하고 야망이 있다 한들 (유대인이나 흑인은 말할 것도 없고) 산간벽지에서 온 무일푼 백인 소년이라면 러셀사에 입사할 기회는 거의 누리기 힘들었을 것이다.

젊음은 많은 미국-중국 상인이 공통적으로 가지고 있던 또 다른 속성으로, 더러 그들에게 유리하게 작용하기도 했다. 보스턴에서 가장 부유한 상인 축에 속하는 토머스 퍼킨스(Thomas H. Perkins)의 가난한 조카 존 퍼킨스 쿠싱(John Perkins Cushing)의 경우가 그랬다.[60] 토머스 퍼킨스는 처남의 선박인 아스트레아호(Astrea)의 화물 관리인 자격으로 일찌감치 광저우로 여행을 떠났고, 미국 사업의 미래가 중국에 달려 있다는 확신을 품은 채 돌아왔다.[61] 1803년 그는 사무실을 차리기 위해 2명의 대표를 광저우로 보냈다. 하나는 간부 사원이고, 다른 하나는 퍼킨스의 열여섯 살 난 조카 존 쿠싱이었다.[62] 간부 사원은 광저우에 도착하자마자 병에 걸려 사망했다. 그 바람에 갑자기 경험 없는 10대 소년이 막중한 책임감을 떠안은 채 홀로 남게 되었다. 존 쿠싱으로서는 다행스럽게도 코홍 신디케이트에서 가장 부유하고 유력한 사람이 그를 돌봐주었다.[63] 그는 다름 아닌 엄청난 부자이자 뛰어난 지성과 선견지명을 갖춘 인물 오병감(하우쿠아)이었다.[64] 초상화(여러 점이 있다)는 그를 키가 크고 허약하며 미소가 부드럽고 눈이 아련하게 빛나는 남성으로 묘사하고 있다. 오병감은 존 쿠싱을 처음 만났을 때 30대 초반으로 얼마 전 열여섯 살 난 아들을 잃은 상태였다. 오병감이 그 소년의 곤궁한 처지에 동정심을 느낀 것은 아마도 이 때문이었던 것 같다. 어쨌든 존 쿠싱은 이내 오병감에게 '아들 같은 존재'가 되었고, 오병감은 존 쿠싱이 사업체를 설립할 수 있도록 안내하고 무이자로 대출을 해주었다. 오병감의 도움으로 한때 가난했던 미국 양키 소년은 백만장자로 탈바꿈했다. 그는 보스턴으로 돌아오자마자 그 지역에서 가장 인기 많은 신랑감으로 손꼽혔다. "다른 보스턴 사람들이 쿠싱을 농담 삼아 하우쿠아 씨(Mr. Howqua)라고 부르기도 했다는 것은 두 사람 간의 돈독한 우정을 보여주는 징표였다."[65]

존 쿠싱이 러셀사에서 차지했던 자리는 그가 광저우를 떠난 뒤 또 다른 퍼킨스의 극빈한 친척 존 머레이 포브스(John Murray Forbes)의 몫으로 돌아갔다. 존 머레이는 자신의 형 로버트 베넷 포브스와 함께 중국에서 큰돈을 만졌고, 미국의 거부로 부상했다. 그의 성은 여전히 미국 자본주의의 상징으로 꼽힐 정도로 지속적 유산을 남겼다.[66]

존 머레이 포브스가 걸은 성공의 길은 그의 삼촌 존 쿠싱이 지나온 성공의 길과 대단히 흡사했다. 그 역시 궁핍한 환경에서 자랐지만, 그의 가문이 중요한 상업적·교육적 연줄을 지니고 있었던 것이다. 삼촌 가운데 한 명은 보스턴의 상인 토머스 퍼킨스였고, 또 다른 한 명은 필립스 엑서터 아카데미의 교장이었다.[67] 그의 가문은 1830년 열일곱 살의 나이로 광저우에 도착한 그를 러셀사에 입사시켰다. 곧이어 존과 그의 형도 오병감 및 그의 일족과 가족이나 다름없는 관계를 맺었다. 몇 년 뒤 존은 이런 글을 쓴다.

무엇이든 어중간하게 하는 법이 없는 하우쿠아는 나를 보자마자 쿠싱 씨의 후계자로 삼았고, ……나를 전적으로 신뢰했다. 그는 자신에게 온 모든 외국 서신(그중 일부는 거의 국가적 중요성을 띠는 것이었다)을 내게 건네주며 읽게 했다. 그가 지시한 대로 답장을 준비하도록 하기 위해서였다. ……내가 열여덟 살이 되기 전에 그가 내게 한 번에 하나 또는 그 이상의 선박 전체를 용선 계약으로 빌리고 거기에 선적하도록 명령한 것은 드문 일이 아니었다. 송장은 내 이름으로 작성되었고, 마치 그 화물이 내 소유물인 양 판매 및 반품에 관한 지침을 부여받았다. 한때 나는 50만 달러나 되는 많은 돈을 주물렀다.[68]

두 포브스 형제는 결국 오병감의 미국 내 투자 책임자가 되었다. 오씨 문중은 19세기 중반 이들을 통해 미국 경제에 수십만 달러를 투자했다.[69] 이 모든 것이 그 어떤 서면 계약서도 없이 신뢰에 입각해 이루어졌다. 하지만 1843년 오병감이 사망한 후에도 양쪽 가족은 서로에 대한 의무를 내내 지켜나갔다.

광저우의 미국 상인 다수가 '가난한 친척들'이었지만, 부유하게 태어난 이들도 있었다. 매사추세츠주 입스위치(Ipswich) 출신인 유력 상인의 아들 어거스틴 허드(Augustine Heard)가 그런 부류 가운데 하나였다. 허드는 필립스 엑서터 아카데미를 다닌 뒤 중국으로 건너갔다. 처음에는 화물 관리인으로, 그 뒤에는 배의 선장으로, 마지막으로 러셀사 직원 자격으로였다. 그는 제1차 아편전쟁이 발발해 영국 상인들이 그 도시에서 철수하고 항구를 보이콧했을 때 선임 파트너였다. 중국 주재 영국 고위 관리였던 찰스 엘리엇(Charles Elliot)은 미국인에게도 협박과 애원을 통해 철수하도록 설득하려 애썼지만, 그들은 이를 거부했다. 다행히도 이 도박은 커다란 성공을 거두었다. 폭동과 여러 소요로 인해 가끔 사업이 중단되긴 했지만, 그들은 이 시기에 단단히 한몫 잡을 수 있었다. 유럽과 미국에서 차에 대한 수요가 수그러들지 않은 데다 그들이 차를 공급할 수 있는 유일한 상인 집단이었기 때문이다. 허드는 자신의 회사가 연간 1000만 달러에 달하는 자딘 매서슨의 사업 전체를 관장하기 시작하면서 그 누구보다 더 큰 번영을 누렸다.

곧이어 허드는 17세기에 찰스 1세에게 사형을 선고했던 3명의 판사 중 한 사람의 후손인 조지 바질 딕스웰(George Basil Dixwell)이라는 또 다른 보스턴 특권층 시민과 손을 잡았다.[70] 딕스웰 가문은 상업뿐만 아니라 학계에서도 성공을 거두었다. 조지 딕스웰의 형제 중 한 명이 미국에서 현존하는 가장 오래된 학교인 보스턴의 유명한 라틴 스쿨 교장이었다. 조지 딕스웰 자신도 벵골어와 중국어를 익혔을 정도로 언어에 재능을 발휘했다. 딕스웰은 결국 허드의 회사를 인수하고 중국에서 인도 아편을 운송 및 유통시키는 선박 함대를 건조함으로써 "막대한 수익을 창출하는 허드 회사의 주요 아편 무역 설계자"로 떠올랐다.[71]

허드, 딕스웰, 쿠싱, 포브스 형제 그리고 그들의 수많은 사촌이며 삼촌 같은 남성들은 결국 자본주의라고 불리게 될 체제의 선구자였을지도 모른다. 하지만 그들은 사회생활이나 사업 운영에 있어서는 인도의 여느 상업 계급과 매우 흡사했다. 다운스가 말했다.

> 그들은 당시의 대다수 미국 가문보다 더 부유하고 교육 수준이 높았다. 그리고 일반적으로 사업이나 전문직에 종사했다. 그들의 대가족은 하나의 단위처럼 운영되었다. 적어도 보스턴의 가문들끼리는 모여 사는 경향이 있었다. 그들은 종종 같은 도시 지역이나 작은 마을에 집을 지었고, 하루의 대부분을 함께 보냈으며, 여행과 휴가를 더불어 즐겼고, 같은 정당과 사교 클럽에 가입했으며, 동일한 학교와 교회에 다녔다. ……다양한 가족 사업이 서로서로 얽혀 있었고, 젊은 남성은 그들 회사 내에서 예상되는 삶의 역할을 맡는 경향을 보였다. 자신의 지역 사회 내에서 결혼하는 것이 그 외부와의 연합보다 더 일반적이었으며 사촌 간 결혼도 금지하지 않았다.[72]

이 경우, 개신교 윤리는―막스 베버(Max Weber)의 말을 인용하자면―"대가족의 족쇄"를 분쇄하기는커녕 오히려 그에 따른 유대를 강화해 중국의 상인 문중이나 인도의 무역 카스트와 흡사한 연대를 구축했다.[73]

하지만 윌리엄 어빙의 사례가 보여주듯 이 계급에 속한다고 해서 저절로 성공이 보장되는 것은 아니었다. 그러나 약간의 야망과 능력만 있다면 그런 배경을 지닌 사람은 광저우에서 성공을 거둘 수 있었다. 이 남성들 중 상당수는 의심할 여지 없이 훌륭한 사업가였다. 하지만 그들의 성공이 전적으로 기업가적 수완 때문이었다거나, 막스 베버의 말마따나 "전례 없는 개인의 내적 외로움" 때문이었다고 말할 수 있는 인물은 없다.[74]

13

미국 이야기

미국인은 19세기의 아편 무역에서 몇 가지 중요한 혁신을 주도했다. 중국과 튀르키예 사이에 안정적인 운송 채널을 구축하고, 아편 밀수를 용이하게 하기 위해 링팅섬에 '수상 창고'를 이용하는 시스템을 개발한 것이 그 예다.[1] 또 한 가지 혁신은 수십 년 동안 아편 무역에서 더없이 중요한 역할을 한 선박 '볼티모어 쾌속 범선(Baltimore clipper)'의 설계였다.[2]

이 쾌속 범선은 영국 전함을 피할 수 있을 만큼 빠른 소형 유선형 선박을 전문적으로 건조하는 볼티모어의 조선업자 학교에 힘입어 탄생했다.[3] 이 선박은 더없이 민첩해서 선장과 선원들에게 열띤 사랑을 받았다. 아편 쾌속 범선 팰컨호(Falcon)의 선장은 이렇게 기록했다. "이 배는 오리처럼 헤엄치고 물고기처럼 움직였다. 선원들은 흔히 '이 배는 말하는 것 빼곤 모든 걸 할 수 있다'고 말하곤 했다."[4] 이 쾌속 범선은 필요할 경우 상선을 공격할 수도 있었는데, 이는 약탈(적국의 선박을 나포하는 것)이 중대 사업이던 볼티모어 선주들에게 유용한 특성이었다.[5]

대부분의 볼티모어 쾌속 범선은 세로돛을 장착한 스쿠너(schooner: 돛대가 2개 이상인 범선—옮긴이)였다. 내가 쓴 3부작 소설에 붙은 이름 '아이비스'도 같은 종류의 배다. 3부작에 등장하는 이 배는 볼티모어에서 가장 유명한 조선업자로 볼티모어 항구의 펠스포인트(Fell's Point)에 조선소를 세운 윌리엄 가드너(William Gardner)와 조지 가드너(George Gardner) 형제가 건조했다고 알려져 있다. 가드너 형제가 만든 다른 많은 배들과 마찬가지로 아이비스호도 본시 노예선으로 만들어졌다.

가드너 형제가 오늘날에도 여전히 기억되고 있다면, 그것은 아마도 그들의 조선소 때문이 아니라 그곳에서 일한 어느 노동자 때문일 것이다. 그는 바로 19세기에 가장 유명한 아프리카계 미국인 중 한 명으로 떠오른 프레더릭 더글러스(Frederick Douglass: 미국의 노예해방론자로 노예제 반대 대회에서 연설한 웅변을 인정받아 노예제반대협회 연사로 고용되어 영국 등지로 강연 여행을 다녔다—옮긴이)다. 당시 조선업은 흑인이 취업할 수 있는 몇 안 되는 산업 중 하나였다. 그러나 1830년대에 영국 및 아일랜드에서 많은 노동자가 유입되면서 인종 간 긴장이 높아졌다. 그러던 1836년 어느 날 (자신의 자서전에서 생생하게 묘사한 바와 같이) 더글러스가 백인 노동자 무리에게 흠씬 두들겨 맞아 거의 실명 위기까지 몰리는 사건이 발생했다.[6]

《양귀비의 바다》에서는 백인 노예상과 노예 어머니 사이에서 태어난 재커리 리드가 이 사건을 목격한다. 피부색이 밝은 자유인 신분의 재커리는 본인도 위험에 처할 수 있다는 사실을 깨닫고 볼티모어에서 도망쳐 인도에 기반을 둔 영국 상인이 막 인수한 아이비스호의 선원으로 합류한다. 그는 그 스쿠너의 목수로서 캘커타로 향하는 여정에 이름을 올린다.

19세기 초에는 인도에서 중국까지 아편을 운송할 목적으로 볼티모어 쾌속 범선처럼 빠른 유선형 선박의 수요가 많았다. 그로 인해 재커리가 합류한 것과 같은 여정이 드물지 않았다. 과거에는 선박들이 그 항로를 항해하기 위해 몬순 바람의 방향이 바뀔 때까지 기다려야 했다. 하지만 스쿠너식 돛을 장착한 쾌속 범선은 바람을 거슬러 항해할 수 있었고, 그 덕분에 아편 무역은 계절을 타는 거래에서 속도가 관건인 연중 거래 상업으로 바뀌었다.[7] 다른 선박들보다 먼저 시장에 화물을 실어 나를 수 있는 선박은 선적 제품의 가격을 더 높게 받았고, 그런 다음 보통 금괴를 싣고 봄베이나 캘커타로 되돌아갈 수 있었다. 쾌속 범선은 때로 인도와 중국을 오가며 아편을 연중 두 번, 심지어 세 번씩 실어 나르기도 했다.[8] 배들은 툭하면 서로 각축을 벌였으며, 빠르게 항해에 성공한 선장은 훌륭한 선박 조종술 덕분에 두둑한 보상을 받기도 했다.

자딘 매서슨사나 덴트사 같은 대형 아편 무역 회사는 인도와 중국을 오가는 수십 척의 배를 줄곧 운행했다. 러셀사나 어거스틴 허드사 같은 미국의 주요 기업도 상당한 규모의 함대를 보유하고 있었다. 뉴욕, 보스턴 또는 필라델피아에서 출발한 이들 선박은 봄베이나 캘커타에 당도해 상품(더러 뉴잉글랜드 연못에서 채취한 얼음이 포함되기도 했다)을 판매한 뒤 아편을 싣고 중국으로 이동했다.[9] 때로 미국인 소유 선박은 인도와 중국을 2~3년 동안 오간 다음 다시 미국으로 돌아가기도 했다.

볼티모어 스쿠너는 1830년대에 탄력을 받고 있던 또 하나의 수송에도 더없이 적합했다. 인도 계약직 노동자를 영국 식민지로 실어 나르는 일이 선주들에게 수익성 높은 사업으로 떠오른 때가 바로 제국에서 노예제를 금지한 이후인 바로 이 시기였다. 아이비스호 같은 과거의 노예선은 이러한 목적에 딱 맞아떨어졌다. 계약직 노동자 신분은 노예 처지와는 달랐지만 그들이 처한 물리적 조건은 그와 상당히 유사했다.[10]

《양귀비의 바다》에서 아이비스호는 입이 상스러운 보스턴 출신의 아일랜드 선장, 재커리 등 9명의 흑인을 포함한 선원 19명을 태우고 볼티모어를 출발한다. 그 항해는 순식간에 재앙으로 변하고, 많은 뱃사람과 고급 선원이 병에 걸리거나 사고로 목숨을 잃는다. 상황이 이렇다 보니 재커리는 배의 선원이 아니라 목수임에도 2등 항해사 역할을 떠안지 않을 수 없었다.

아이비스호가 케이프타운(Cape Town)에 도착하자 선원들은 "생지옥 같은 배에 쥐꼬리만 한 임금"이라는 소문을 퍼뜨리며 하룻밤 사이에 떠나버린다. 백인은 누구도 선원이 되겠다고 계약하지 않을 터라, 선장은 하는 수 없이 래스카를 채용한다. 재커리는 이제 래스카가 하나의 부족도 국가도 아니라는 것, "저마다 멀리 떨어져 있고 인도양을 제외하고는 서로 아무런 공통점도 없는 장소들에서 왔다는 것, 그들 속에는 중국인, 동아프리카인, 아랍인과 말레이인, 벵골인과 고아인, 타밀인과 아라칸인(Arakanese: 미얀마의 동남아시아 소수 민족 집단—옮긴이)이 섞여 있다는 것"을 깨닫는다. 재커리는 맨발에 사롱(sarong)과 브리치클라우트(breechclout)를 허리에 두른 래스카들이 처음에는 우스꽝스러워 보였다. 하지만 이내 그들이 숙련된 뱃사람이며 일을 잘 해낼 수 있다는 걸 알아차린다.

케이프타운을 떠난 후 아이비스호는 또 한 사람을 잃는다. 선장이 이질에 걸려 숨지고 만 것이다. 그 배에 승선한 최후의 미국인 재커리가 자동적으로 선장 자리를 승계한다. 래스카들의 지도자 세랑 알리(Serang Ali)라는 이름의 아라칸인 선원에게 재커리의 갑작스러운 출세는 꿈만 같은 일이었다. 19세기 초, 배를 완벽하게 조종할 수 있는 숙련된 래스카는 인종차별 탓에 그 배의 고급 선원이 될 수 없었다. 모든 서양식 상선의 경우—심지어 인도 사업가가 소유한 것이라 해도—선원들은 압도적으로 래스카가 차지하는 한편, 고급 선원 지위는 백인에게 돌아갔다. 놀랍게도 이러한 인종차별 구조는 20세기 내내 지속되었다. 대부분이라고는 할 수 없지만 상당수 상선에서, 선장은 유럽인과 미국인이 맡았으며 선원은 대개 남아시아인이나 필리핀인 차지였다.

래스카들 사이에는 그들만의 서열이 있었다. 가장 직급이 높은 '하사관'은 세랑(serang)과 틴달(tindal)이라고 불렀다. (이 두 계급은 인도 해군과 상선에 아직까지 남아 있다.)[11] 세랑과 틴달은 종종 승선한 이들 가운데 가장 지식이 풍부하고 유능한 사람이었다. 하지만 아직 10대에 불과한 이들도 일부 섞여 있는 풋내기인 데다 입이 거친 백인 고급 선원들의 엄청난 간섭을 견뎌내야 했다. 세랑 알리에게 재커리는 피부색이 밝은 미국인이라는 점에서 신이 보내준 선물과도 같았다. 배에는 반드시 백인 선장을 두어야 했기에 재커리처럼 정감 있고 친절하고 경험 없는 사람이면 더할 나위 없었던 것이다. 따라서 허먼 멜빌(Herman Melville)의 단편소설 《베니토 세레노 선장(Benito Cereno)》에서 보듯 선박의 백인 선장이 노예 반란군에 의해 간판뿐인 두목으로 전락하는 상황과 대조적으로, 세랑 알리와 그의 래스카 선원들은 재커리를 서서히 사히브이자 고급 선원으로 변화시킨다. 그것은 재커리가 아편 무역에서 자신의 지위가 올라갈수록 점점 더 즐기게 된 역할이다.

아편은 주로 배를 통해 운송했으므로 많은 저명 가문이 조선업과 목공업을 아편 무역 진출 경로로 삼은 것은 하등 놀라운 일이 못 된다. 예

컨대 구자라트에서 조선업으로 출발한 파시교도 가문 와디아도 마찬
가지였다.[12] 프랜시스 스콧 키(Francis Scott Key)가 1814년 9월 13일 볼
티모어의 폭격을 목격한 것은 다름 아닌 와디아 가문이 건조한 민덴호
(Minden) 갑판에서였다. 프랜시스 스콧 키는 이 사건에서 영감을 얻어
미국의 국가(國歌)가 된 시 〈성조기여 영원하라(The Star-Spangled Banner)〉
를 썼다.[13]

조선업과 항해업을 통해 아편 무역에 뛰어든 숱한 미국 가문 중 유
독 유명해진 곳이 있으니, 바로 델러노 가문이다. 원래 플랑드르 출신
으로 그 가문의 미국 분파 창립자 필리프 드 라노이(Philippe de Lannoy:
'델러노'는 이 이름의 축약 꼴로 추정된다)는 1621년 19세의 나이로 뉴잉글랜드
에 정착했다. 처음에는 메이플라워호(Mayflower)를 타고 그 전년도에 미
리 도착한 삼촌과 함께 거주했다. 그는 피쿼트(Piquot) 부족 학살에 참
여했고, 뉴잉글랜드에서 드넓은 땅을 차지했다. 매사추세츠주 덕스베
리(Duxbury)에서 조선업을 하던 그의 아들 새뮤얼은 조선공이자 선장인
애머사 델러노(Amasa Delano)의 아버지로, 무척이나 다사다난한 삶을 살
면서 광저우를 수차례 방문하고 그곳에 거주했다. 또한 세 차례에 걸친
자신의 세계 일주를 바탕으로 저명한 해양 회고록 《북반구와 남반구에
서의 항해와 여행에 관한 이야기(A Narrative of Voyages and Travels in the
Northern and Southern Hemisphere)》를 집필하기도 했다.[14] 멜빌이 《베니토
세레노 선장》의 소재를 찾아낸 게 바로 이 회고록에서였다. 그 소설의
배경은 1805년 애머사 델러노가 칠레에서 중국으로 물개 가죽을 운반
하던 중 표류하는 에스파냐 노예선 트리알호(Tryal)를 발견한 사건이었
다. 델러노가 바로 그 소설의 실제 화자다.

그러나 그 가문을 위해 아편 거래에 연줄을 대준 것은 애머사가 아니

라 그 가문의 방계(傍系)인 또 다른 델러노였다. 바로 월 어빙과 같은 해에 광저우에 도착했으며, 이내 그 도시의 러셀사 사무소 소장이 된 워런 델러노 2세였다. 그는 자신의 이복형제 에드워드의 주선으로 그 회사에 합류했는데, 에드워드 역시 그 회사에서 파트너로 자리 잡았다. 두 델러노 형제는 수십 년 동안 그 미국 최대 아편 무역 회사에서 지분 대부분을 보유했다. 러셀사는 워런 델러노 2세의 리더십 아래 아편 보유량에서 다른 모든 미국 기업을 여유 있게 제쳤다. 델러노는 예리한 사업가였을 뿐만 아니라 멋진 파티를 즐기는 데서도 둘째가라면 서러울 인물이었다. 1839년 1월 윌리엄 자딘의 전설적인 송별 만찬에서 델러노는 동료 상인과 왈츠를 추다가 "파트너의 **손을 놓치는 바람에** 넘어지면서 화분에 정통으로 머리를 부딪쳐 머리에 1인치가량의 자상을 입었다".[15] 몇 달 뒤 임칙서가 외국 상인들에게 아편 보유량을 넘기라고 강요하자 러셀사는 미국인한테 넘겨받은 물량의 93퍼센트를 내놓았다. 이는 그들의 가장 가까운 미국 경쟁사보다 100배나 많은 물량이었다.

제1차 아편전쟁 기간 동안 워런 델러노 2세는 광저우 주재 미국 명예 영사를 역임했다. 그는 상인으로서 명성이 드높았을 뿐만 아니라 중국의 대의명분에 호의적이었으므로 그 직책을 수행하기에 적임자였다. 이 점과 관련해 델러노는 혼자가 아니었다. 다른 많은 미국인도 중국을 향한 영국의 공격에 반대했으며, 개인적으로는 중국이 더욱 잘 저항해주길 은근히 바랐다. 워런 델러노 2세는 중국 방위군이 그들의 유일한 서양 군함 케임브리지호(Cambridge)를 확보하는 데 힘을 보태기도 했다.[16] 그는 러셀사의 다른 멤버들과 함께 공격을 미리 경고하고, 대피해야 할 시기를 귀띔하고, 그들이 화물에 손실을 입지 않도록 보호하는 등 오병감 문중을 도와주기까지 했다.

그러나 델러노 형제는 영국이 광저우에서 철수한 뒤 막대한 이득을 거머쥠으로써 아편전쟁의 최대 수혜자 명단에 이름을 올리기도 했다.[17] 게다가 러셀사는 오병감의 주장에 따라 아편 무역을 잠시 포기했지만, 전쟁이 끝나기 무섭게 곧바로 다시 마약 밀매 사업에 뛰어들었다. 다른 많은 동료 미국인과 마찬가지로 델러노 형제도 개인적 차원에서는 거리끼는 마음이 없지 않았지만, 그와 상관없이 영국이 중국에 폭력적으로 부과한 조건을 이용하고 싶은 마음이 굴뚝같았다. 그와 같은 처지에 있던 어느 상인의 말을 빌리자면, "아편 무역은 우리가 가장 장려해야 할 사업 분야로, 가장 안전하고 수익성 높은 사업이다".[18]

델러노 형제뿐 아니라 그들의 동포도 중국—그리고 비서구권 전반—과의 관계에서 미국인과 유럽인은 그들의 내부적 차이가 어떻든 본질적으로 단일 대오로 행동해야 한다는 사실을 믿어 의심치 않았다. 서양인들은 자기끼리는 끊임없이 전쟁을 치렀지만, 무슨 수를 써서라도 백인의 우위는 유지해야 한다는 데 전적으로 뜻을 같이했다.[19] 한편 중국인들은 이 같은 두 영어권 국가의 관계를 똑똑히 이해하고 있었으며, 그에 따라 미국인을 더러 영국인의 '남동생'이라고 부르기도 했다.

1843년, 어마어마한 거부가 되어 미국에 금의환향한 워런 델러노 2세는 매사추세츠주 저명 가문의 딸 캐서린 라이먼(Catherine Lyman)과 결혼했다. 이 부부는 슬하에 여러 자녀를 두었는데, 그 가운데는 딸 세라(Sara)도 있었다. 세라의 외아들 프랭클린 델러노 루스벨트(Franklin Delano Roosevelt)는 미국의 제32대 대통령에 올랐다. 워런 델러노 2세는 자신의 형제 및 자녀들을 통해 애스터 가문과 캘빈 쿨리지(Calvin Coolidge) 대통령의 가문을 비롯한 미국 굴지의 가문과도 친인척 관계를 맺었다.

1857년 워런 델러노 2세는 금융 공황으로 자기 재산의 상당 부분을 잃었다. 그래서 그 이전의 다른 많은 미국 투기꾼처럼 아편 거래로 복귀해 빠른 속도로 다시 재산을 일구었다. 프랭클린 델러노 루스벨트와 엘리너 루스벨트(Eleanor Roosevelt)가 혼례를 치른 장소는 바로 뉴욕에 있는 대궐 같은 그의 저택 앨고낙(Algonac)이었다.

미국과 중국 사이의 거리는 멀지만, 미국에 중국은 (인도에 중국이 그러하듯) 중력의 힘과도 같은 존재로서 눈에 잘 띄지는 않으나 막강한 영향력을 행사하고 있었다. 그 힘은 미국의 영토 확장에도 얼마간 입김을 불어넣었다. 이를테면 중국과의 무역을 확대하려는 열망이 토머스 제퍼슨으로 하여금 영토를 획득하고, 자신이 서부 해안으로 파견한 루이스 앤드 클라크(Lewis and Clark) 탐험대를 후원한 데 중요한 고려 사항이었다는 주장이 제기되었다.[20] 메리웨더 루이스(Meriwether Lewis)는 자신이 작성한 보고서에서 그 탐험대의 임무 중 하나가 모피를 비롯한 기타 무역 상품을 중국으로 더 손쉽게 보낼 수 있는 육로를 개척하는 일이었음을 명시적으로 인정한다.[21]

그러나 루이스와 클라크가 그 태평양 연안에 도착하기 훨씬 전에 이미 중국과 교역할 모피를 찾던 보스턴의 선원 존 보이트(John Boit)는 태평양 북서부에서 가장 큰 강의 하구에 도달했다. 그는 1792년 자신의 배 컬럼비아호(Columbia)의 이름을 따서 그 강의 이름을 지었다. 1805년 루이스와 클라크가 그 강 하구에 도착했을 때 그곳 해안에 살던 원주민들은 이미 "캔턴 모피 무역 덕에 영어를 약간 구사할 수 있었다".[22] 컬럼비아호의 항해는 영국과의 오리건 준주(準州: 주의 자격에는 못 미치나 그에 비길 만한 행정 구역—옮긴이) 소유권 분쟁에서 미국의 주장을 강력하게 뒷받침한 추가적 증거 가운데 하나였다. 미국의 주장을 밀어준 또 한 가지 증거도 중국 무역과 관련이 있었다. "존 제이컵 애스터가 컬럼비아 강 어귀의 애스토리아(Astoria)에 정착한 사실이 바로 그것이다. 애스터는 …… 중국 무역을 위해 모피를 취하고 더 많은 모피를 생산할 수 있는 충분한 동물을 확보하려면 모피 지역의 중심부에 영구적 통상 거류지가 있어야 한다고 판단했다."[23]

1867년 알래스카를 획득할 때도 비슷한 상황이 펼쳐졌다. 당시 많은 미국인은 알래스카 매입을 '수어드의 어리석음(Seward's folly: 윌리엄 수어드(William H. Seward)는 미국의 국무장관과 뉴욕 주지사를 역임한 인물로, 알래스카를 매입한 당사자다—옮긴이)'이라고 조롱하면서 극력 반대했다. 하지만 결국에는 "알래스카가 중국과 가깝다는 점이 알래스카를 매입해야 할 충분한 사유"라는 주장이 득세했다.[24]

그러나 무엇보다 중국이 미국에 자신의 존재감을 드러낸 수단은 미국 아편 상인들이 본국에 들여온 돈이었다. 다운스의 표현을 빌리자면, 중국에서 돌아온 '캔턴 졸업생들(Canton graduates)'은 대부분 20대로 젊고 활기찼을 뿐만 아니라 중국에서의 사업 경험으로 국제 무역과 금융을 빈틈없이 이해했다. 이들 중 다수는 성공한 기업가로 성장했으며, 아편으로 거둔 돈을 빠르게 성장하는 미국 경제의 여러 분야에 투자했다.

아편 자금으로 커다란 이익을 누린 산업 중 하나는 은행업이었다. 필라델피아의 스티븐 지라드는 미국 최초의 은행들 가운데 하나를 설립했으며, 보스턴 콘체른의 동문들도 금융 및 보험 회사에 막대한 자금을 투자했다.[25] 그러나 중국이 미국 은행업에 기여한 것은 자본만이 아니었다. 중국은 미국, 더 나아가 세계의 은행 시스템에서 초석이 되어준 핵심적 금융 혁신에도 기여했다. 그 혁신이란 다름 아니라 오늘날 연방 예금보험공사(Federal Deposit Insurance Corporation, FDIC)를 통해 대다수 미국인의 저축을 보장하는 은행 예금 보험 제도다.

뉴욕은 1829년 예금보험법을 최초로 제정한 주였는데, 당시 이를 책임지고 주도한 조슈아 포먼(Joshua Forman)은 분명하게 중국 판례에 근거해 자신의 법안을 마련했다. 그가 주 의회에 말했다. "은행들이 서로에 대해 책임을 지도록 하는 조치가 타당하다는 것은 캔턴의 코홍 상인에 대한 규제가 말해준다. 캔턴에서 각각 개별적으로 활동하는 많은 남성은 정부 허가를 통해 외국인과의 거래에 대한 독점권을 지니고 있으며, 모두는 실패할 경우 서로의 부채에 대해 책임을 지도록 요구한다."[26]

1933년, 100년 역사를 자랑하는 뉴욕 법령은 미국 은행 예금 보험의 모델로 떠올랐다. 역사학자 프레더릭 델러노 그랜트(Frederick Delano Grant)는 "은행 예금 보험은 그 이후 전 세계로 확산했으며, 현재 약 100개국에서 시행 중이다"라고 썼다.[27] 그러나 비서구권이 기여한 많은 여타 글로벌 사업 및 금융 혁신과 마찬가지로, 은행 예금 보험 역시 거의 항상 미국의 금융 혁신으로 기술된다.

아편 자금의 혜택을 크게 받은 미국 경제의 또 다른 분야는 철도 산업이었다. 토머스 한다시드 퍼킨스(Thomas Handasyd Perkins)는 뉴잉글랜드에 초기의 철도, 어쩌면 최초의 철도를 건설했다. 하지만 당대 최고의 철도 거물로 부상한 사람은 바로 그의 조카 존 머레이 포브스였다. 그는 1836년 스물세 살의 나이에 "거의 대머리"였지만 자신만의 "적당한 능력"을 갖춘 채 오병감이 미국 주식에 투자하라고 그에게 건넨 거금 50만 달러를 들고 중국에서 돌아왔다.[28] 포브스는 중국에 머무는 동안 철도에 회의적이었고, 자신의 형제에게 철도 주식은 피하라고 당부했다. "내가 영국 철도에 대해 배울 수 있는 모든 것에 비추어볼 때, 우리 철도가 처음 몇 년이 지나면 실패로 드러날 테고, 마모도 파괴적 수준이 될 거라고 믿을 만한 이유는 다분해. 좌우지간 철도는 쳐다보지도 마."[29]

그러나 그는 미국으로 돌아온 뒤 마음을 바꿔먹었다. 아마도 이미 오병감의 돈을 철도에 투자하기 시작한 삼촌 존 쿠싱의 영향을 받은 결과였을 것이다.[30] 포브스는 삼촌을 따라 자신이 관리하던 자금을 이용해 미시간 센트럴 레일로드(Michigan Central Railroad)를 사들여 완벽하게 만들었다.[31] 철도를 건설하고 홍보한 그의 파트너들 가운데는 광저우 시절 친구이자 러셀사의 동료 직원이던 존 클리브 그린(John Cleve Green)도 있었는데, 그 역시 철도 거물로 떠올랐다. 자크 다운스는 이렇게 썼다.

> 귀국한 중국 상인들이 철도 분야에서 두각을 나타낸 데는 몇 가지 분명한 이유가 있었다. 첫째, 부유한 그들은 어느 정도 신중하게 통제할 수 있는 좋은 국내 투자처를 물색하고 있었다. 둘째, 그들은 미국 및 외국 자본가(특히 영국 자본가)와 인맥이 닿았고 다른 사람들로서는 불가능한 자원을 이용할 수 있었다. 셋째, 그들은 장거리 사업을 추진하고 권한을 위임하는 데 능란했다.[32]

중국인 노동자들이 미국의 철도 인프라를 구축하는 데 중요한 역할을 했다는 것은 익히 알려진 사실이다. 하지만 그 철도 건설에 필요한 자본의 상당 부분 역시 중국에서 들어왔다는 사실은 거의 알려져 있지 않다.[33] 그러나 이것이 미국에서 '캔턴'이라는 지명 대부분이 철도 노선과 가까운 곳에 자리한 이유일지도 모른다.

아편 자금의 혜택을 받은 다른 산업으로는 섬유, 제철, 호텔업, 투자 중개업 등이 있다. 다운스는 "캔턴 졸업생들이 이 모든 분야에 진출했고 미국 경제 혁명의 씨앗이 되었다"고 적고 있다.[34] 하다드는 "아편은 미국이 중국의 경제력을 미국의 산업혁명으로 이전시킬 수 있었던 통로였다"고 말했다.[35]

서로 얽히고설킨 소수의 미국 양키 상류층 집단은 다양한 산업에 투자함으로써 자신들이 아편 무역으로 벌어들인 돈을 몇 곱절로 불려나갔다. 그들은 그런 다음 자신이 거둬들인 수익의 일부를 그만큼이나 다양한 자선 단체에 쏟아부었다. 대학·칼리지·학교·병원·정신병원·도서관·역사학회·교회·박물관을 설립하고 거기에 자금을 댔다. 캔턴 졸업생 중 한 명은 미국 자선 활동에서 중대 혁신을 꾀하기도 했다. 즉, 다른 출처들에서 그에 상응하는 금액을 거둔다는 조건으로 기금을 기부하는 것이다.[36] 존 클리브 그린은 프린스턴 대학교에 막대한 금액을 기부했으며, 그 대학의 과학 및 공학 프로그램 발전에 중대 역할을 한 것으로 인정받고 있다.[37] 아이비리그에 돈을 쏟아부은 사람은 그뿐만이 아니다. 미국 북동부의 오래되고 유서 깊은 교육 기관 가운데 어느 시점에서든 아편에서 비롯된 기금을 제공받지 않은 곳은 실제로 거의 없다.

아편과 자선 활동의 관계는 오늘날까지 지속되고 있다. 퍼듀 제약사(Purdue Pharma)를 소유하고 옥시콘틴(OxyContin)과 기타 처방용 오피오이드로 수십억 달러를 거두어들인 새클러 가문은 전 세계의 병원·대학·미술관에 막대한 자금을 기부함으로써 더러 피렌체의 메디치(Medici) 가문에 비유되곤 했다.[38] 아이러니하게도 그런 기관 가운데 하나가 바로 베이징 대학교의 아서 M. 새클러 미술고고학 박물관(Arthur

M. Sackler Museum of Art and Archaeology)이다. 이 박물관은 중국의 예술품과 유물을 강박적으로 수집하던 왕조의 우두머리 이름을 달고 있다.[39] 한층 더 아이러니한 것은 제2차 아편전쟁 당시 영국·프랑스·인도 군대에 의해 파괴된 청나라의 이화원(Summer Palace, 頤和園), 즉 원명원(圓明園)의 경내 일부에 아서 새클러의 아내들 가운데 한 명의 이름이 붙어 있다는 사실이다.

따라서 역사를 거슬러 올라가 19세기 초 아편에서 유래한 부는 미국의 건축 양식, 소비 방식, 실내 장식, 자선 활동, 레크리에이션 형태에 독특한 족적을 남겼다. 이 상인들의 주택은 너무나 화려하고 과시적이었다. 그래서 캔턴 졸업생들이 "훤히 보이는 은행 계좌"라고 할 법한 주택에 대한 미국인의 선호가 지속되도록 이끌었다고 말할 수 있을 정도다.[40]

러셀사 설립자 새뮤얼 러셀은 코네티컷주 미들타운에 도시 한 블록 전체를 차지하는 방 44개짜리 그리스 부흥(Greek Revival: 19세기 전반기의 건축 양식으로, 고대 그리스 디자인을 두루 모방함—옮긴이) 저택을 지었다. 그 건물은 지금 웨슬리언 대학교(Wesleyan University) 철학과가 차지하고 있다.[41] 내가 아이비스 3부작의 마지막 책인 《쇄도하는 불》을 쓰고 있을 때 마침 내 아들이 웨슬리언 대학교 학부생이었다. 나는 아들을 방문할 때면 종종 (캠퍼스에서 부르는 대로) 그 '러셀 하우스(Russell House)'를 지나치곤 했다. 그때마다 그 저택이 인도의 양귀비 농부와 중국의 아편 중독자들에게서 비롯된 부로 지어졌다는 사실이 떠올라 마음이 편치 않았다.

새뮤얼 러셀의 스승 토머스 한다시드 퍼킨스는 보스턴의 템플 플레이스(Temple Place)에 벽난로를 26개나 설치한 4층짜리 타운하우스와 광활한 시골 땅을 소유하고 있었다. 그러나 그의 조카 존 퍼킨스 쿠싱은 그를 능가했다. 보스턴 서머가(Summer Street)에 있는 자신의 저택 주변 도시 전체를 사들인 다음 광저우에서 수입한 "도자기로 벽을 둘러싼" 것이다. 그는 또한 매사추세츠주 워터타운(Watertown)에 사슴 공원과 20에이커에 달하는 잔디밭, 당대 최고의 건축가 중 한 명인 앤드루 잭슨 다우닝(Andrew Jackson Downing)이 설계한 저택을 둔 200에이커 규모의 부지를 보유했다.[42] 그 건축가는 나중에 워런 델러노 2세의 집인 앨고낙을 리모델링하면서 아시아풍 베란다와 돌출 처마를 추가하기도 했다.[43] 존 머레이 포브스는 매사추세츠주 밀턴에 광대한 부지를 지니고 있었다. 또한 "마사즈빈야드섬(Martha's Vineyard: 매사추세츠주 케이프 코드 연안의 섬─옮긴이) 옆에 있는 길이 약 11.2킬로미터에 달하는 노션섬(Naushon)을 사들였다. 그 섬은 여전히 그 후손들이 사적으로 소유한 상태다".[44]

캔턴 졸업생들이 지은 집에서는 중국식 디자인 요소를 흔히 볼 수 있다. 이는 중국에서 돌아온 상인들이 열망한 것이─다운스의 말마따나─그저 "남작의 화려함"이나 "18세기 영국 지주 계급의 안락함"에 그치지 않았음을 말해준다.[45] 그들의 열망은 자신이 광저우의 외국인 조계지에서 누린 호화로운 삶에 대한 기억과 부유한 중국 상인의 시골 영지─도자기와 예술 소장품, 그 지역 유명 종묘장의 놀라운 식물적 풍요로움을 보여주는 잘 조경한 정원이 특징적이다─를 관찰한 경험에 큰 영향을 받았다. 그래서 그들은 자기 집 내부를 광저우에서 수집해 온 중국풍 물건과 예술품으로 빽빽이 채웠다. 예컨대 존 쿠싱은 자신의 두 저택을 "광저우가 떠오르도록 중국 벽지와 도자기로 장식했다".[46] 펜실베이니아의 저명 상인 존 래티머는 아편 무역으로 떼돈을 벌어 필라델피아 월넛가(Walnut Street) 359번지에 으리으리한 저택을 지었다. 방문객들은 그 집에 들어서자마자 광저우 외국인 조계지의 화재(火災)를 묘사한 거대한 유화 작품을 마주했다.

〔그 도서관에는〕 중국 도자기 찻잔, 잔 받침, 우유 및 차 주전자, 설탕 접시와 받침대, 차통 등이 진열되어 있었다. 하나같이 다채로운 '캔턴식' 또는 '난징식' 테두리를 두른 제품이었다. 식료품 저장실 선반에는 도자기 식기 세트를 훨씬 더 즐비하게 진열해놓았는데, 거기에는 저마다 작은 하중도(river island, 河中島)에서 자라는 동양의 버드나무가 그려져 있었다. 식당방의 고급스러운 코너 찬장(corner cupboard)에는 다양한 래티머 가문 구성원들의 문장(紋章)이며 모노그램(monogram: 주로 이름의 첫 글자를 합쳐 한 글자 모양으로 도안한 것—옮긴이)으로 장식한 도자기 작품이 전시되어 있었다. 이 방에는 대형 메달리온(medallion) 도자기 화병이며 난해하게 조각한 중국산 자단 테이블 두 세트도 진열되어 있었다. 조명이 희미하게 켜진 위쪽 복도의 세면대 위에서는 옻칠한 화장실 용품들이 자줏빛과 금빛으로 반짝이는 걸 볼 수 있었다.[47]

흔히 그렇듯 미국 사회 사다리의 아래쪽에 놓인 이들도 이 같은 부유층의 취향을 모방했다. 19세기 초 보스턴·세일럼·필라델피아 등 미국의 주요 항구 도시에 들어선 주택의 10~20퍼센트가 이 같은 중국풍의 영향을 받은 것으로 추정되었다. 이는 비단 부유층에만 해당하는 문제가 아니다. 실제로 "초기에 펜실베이니아로 배송된 중국 물품은 대부분 가난한 가정에서 발견되었다".[48] 중국에서 돌아오는 쾌속 범선들은 일반적으로 미국에서 헐값에 팔 수 있는 질 낮은 도자기를 다량 실어오곤 했다.

염가 판매점에 중국산 제품이 즐비한 것은 비단 오늘날 미국에서만 볼 수 있는 현상이 아니다. 19세기에 가난한 미국인을 대상으로 한 상점도 중국산 물건으로 가득했다. 그렇다고 해서 그 물건들이 모두 중국산이라고 단정할 수는 없었다. 지금과 마찬가지로 당시에도 다수의 '아메리카나(Americana: 미국적인 것, 혹은 미국의 풍물—옮긴이)'가 중국에서 만들어졌다. 미국 가정에 걸려 있는 오래된 조지 워싱턴 초상화 중 상당수는 사실 광저우 화실에서 제작한 복제품이다. 미국의 골동품 가게에 진열되어 있거나 전국의 민박집 벽에 걸려 있는 식물 수채화, 풍경화, 초상화도 마찬가지다.

광저우와 그곳의 코홍 상인이 영향을 미쳤다는 사실은 캔턴 졸업생들이 들여온 원예 취향에서도 여실히 드러난다. 그들 중 다수는 엄청나게 값비싸고 화려한 정원을 가꾸었으며, 광저우 종묘장의 관습에 따라 정원사에게 신품종 화훼 재배 실험을 적극 장려했다. 존 쿠싱은 당시 캔턴에 머물고 있던 조카 존 머레이 포브스에게 이렇게 지시하기도 했다. "나를 위해 중국에서 가장 멋지고 희귀한 모과나무와 모란, 그리고 다른 멋지고 희귀한 꽃과 식물, 또는 관목과 다양한 꽃씨들을 수집해서 보내다오."[49]

여가와 관련한 캔턴 졸업생들의 관심에도 광저우의 흔적이 짙게 배여 있다. 뱃놀이, 요트 타기, 조정, 보트 경주는 광저우에서 가능했던 몇 안 되는 여가 활동이었는네, 그들 가운데 몇몇은 미국으로 돌아간 뒤 이러한 활동의 열렬한 지지자가 되었다. 존 쿠싱의 요트 실프호 (Sylph)는 1832년 개최된 미국 최초의 요트 경주에서 우승하기도 했다. "은퇴한 중국 상인들은" 이처럼 다채로운 방식으로 "미국 부자들의 사

치와 생활 양식 과시에 크게 기여했다".[50]

그러나 많은 캔턴 졸업생은 부를 축적했음에도 광저우의 외국인 조계지에서 누리던 호사스러운 삶을 끊임없이 갈망했다.[51] 그 같은 생활 양식은 제아무리 많은 돈을 쏟아붓는다 한들 미국에서는 재현할 수 없었다. 직원 문제가 특히 골머리 아팠다. 미국에서는 광저우에서만큼 숙련된 하인과 요리사를 구할 수 없었기 때문이다. 일부 캔턴 네이밥 (nabob, 대부호)은 그냥 중국에서 하인을 들여오는 식으로 그 문제를 해결하기도 했다.

다시 말해, 이 엄청난 미국의 거부들은 '캔턴화한' 삶의 방식이라고 말할 수 있는 생활 양식을 제 고국에서 빚어냈다. 그들의 사회적 명성이 드높았기에 이런 생활 양식을 이루는 여러 요소는 널리 모방되었으며, 결국 미국 사회생활 구조에 켜켜이 스며들었다.

아편 자금이 미국에 광범위한 파급 효과를 안겨주었다는 사실은 아마 개별 상인 및 그 가족들 이야기를 통해 가장 잘 엿볼 수 있을 것이다.

단연 좋은 예가 애벗 로다. 그는 시간적으로나 환경적으로나 멀리 떨어져 있음에도 내가 묘한 유대감을 느끼는 역사적 인물이다. 애벗 로는 나와 다를 바 없이 브루클린 이주자로, 내 아이들이 학교를 다녔던 거리인 브루클린 하이츠(Brooklyn Heights)에 많은 부동산을 갖고 있었다. 또 한 가지 좀더 의미 있는 나와의 연결 고리는 애벗 로의 이름을 딴 건물이다. 내가 미국에 온 처음 몇 년 동안 많은 시간을 보낸 컬럼비아 대학교의 로 도서관(Low Library) 말이다.

물론 애벗 로는 바로 불운한 월 어빙과 같은 배를 타고 광저우로 여행했던 다정한 젊은이였다. 아편 무역에서 친족 관계가 얼마나 중요했는지 고려할 때, 애벗 로의 경력이 그의 동료 여행자와 완전히 다른 궤적을 밟았다는 것은 전혀 놀라운 일이 아니다. 애벗 로는 좀더 강력한 계급 출신이라는 점에서 월보다 유리한 위치에 있었다. 세일럼에서 태어난 매사추세츠주 양키 출신이었던 것이다. 그의 아버지는 아프리카 및 남미의 제품을 전문으로 취급하는 상인이었는데, 1828년 가족을 이끌고 브루클린[콩코드가(Concord Street) 40번지]으로 이주했다. 당시는 "브루클린이 하나의 마을에 불과했으며, 돼지가 떼 지어 거리를 뛰어다녔다는 점에서 하나의 거대한 농장 마당과 흡사한 때였다".[52] 세일럼 상류층 가정의 관습에 따라 애벗 로는 하버드 대학에 진학했고, 한동안 세일럼의 한 수출입 회사에서 사무원으로 근무했다. 애벗 로의 경력에서 중국이 다음 차례일 거라는 것은 거의 정해진 수순이었다. 당시 그의 삼촌 윌리엄 로(William H. Low)가 광저우에 있는 러셀사의 대표였던 것이다.

당시로서는 이례적으로 윌리엄 로는 아내 애비게일(Abigail)을 데리고 중국으로 건너갔다. 애비게일이 후사가 없고 건강도 좋지 않았던지라 윌리엄 로는 자신이 제일 좋아하는 조카딸 해리엇(Harriet), 즉 애벗 로의 누나도 함께 데려갔다. 애비게일과 해리엇은 중국에 거주한 최초의 미국 여성이었다. 그러나 이들의 거주지는 외국인 여성의 출입이 금지된 광저우가 아니라 마카오였다. 이곳에서 그들은 활발한 사교계의 중심에 있었다. 그 사교계에는 남중국으로 이주하기 전 캘커타에서 수년의 세월을 보낸 화가 조지 치너리(George Chinnery)도 있었다. [그는 벵골인 정부(情婦)와의 사이에 두 아들을 두었는데, 그중 한 명인 로빈 치너리(Robin Chinnery)

는 아이비스 3부작의 주요 등장인물이다.)[53] 치너리와 해리엇은 좋은 친구가 되었으며, 그는 뺨이 볼그레하고 미소를 머금은 해리엇의 얼굴과 그 얼굴을 감싸고 있는 곱슬머리, 그리고 그녀의 주된 관심사를 부각하는 책을 손에 든 모습을 멋진 초상화로 그려주기도 했다.[54]

해리엇 자신은 훌륭한 작가였다. 그녀의 일기와 서신은 중국에 거주한 미국인과 영국인의 사회적 삶을 면밀하게 관찰해 기록하고 있다. 해리엇의 모험적 기질은 몇 가지 주목할 만한 일탈로 이어졌다. 해리엇과 그녀의 숙모는 광저우의 외국인 조계지에 몰래 들어간 적이 있는데, 중국 당국에 의해 발각되어 쫓겨나기 전까지 며칠 동안 그곳에서 머물기도 했다.[55] 하지만 외국인 조계지의 "고집스러운 총각들"도 그 여인들의 방문을 그다지 달가워하지 않았다. 어느 상인은 "캔턴이 대체 어찌될 것이며, 총각들은 어디서 안식을 구해야 한단 말인가"라고 구시렁거렸으며, 어느 "까다로운 늙은이"는 "두 번 다시 캔턴에서 여자들 때문에 **성가신 일**이 안 생겼으면 좋겠다"고 쏘아붙였다고 한다.[56]

다른 기회에 해리엇은 좌절된 연애에서 벗어나려고 노력하면서 마카오를 떠나 링팅섬에 정박해 있는 러셀사의 아편 운반선으로 이사하기도 했다.[57] 자신의 글들에서 아편에 대한 언급은 피했지만, 그녀는 분명 아편 거래의 내막을 들여다본 몇 안 되는 미국 여성 가운데 한 명이었을 것이다.

애비게일과 해리엇의 말년 삶은 불행의 연속이었다. 애비게일의 남자 형제 프랭크 냅(Frank Knapp)과 조지프 냅(Joseph Knapp)은 1830년 세일럼의 저명 선주이자 노예상인 조지프 화이트(Joseph White) 살해에 가담한 혐의로 교수형을 당했다.[58] 이 사건은 19세기 미국에서 벌어진 가장 선정적인 범죄 가운데 하나였으며, 에드거 앨런 포(Edgar Allan Poe)와 너새니얼 호손(Nathaniel Hawthorne)의 작품에서 언급되기도 했다.[59] 해리엇으로 말하자면, 가족들의 반대로 진정한 사랑과 맺어지지 못했고 결국 몇 년 만에 사업을 말아먹은 은행가와 결혼했다. 종국에는 브루클린에 사는 남동생 애벗 로가 모든 재산을 잃은 그녀를 부양했다.[60]

애벗 로는 중국에 있는 가족과 잠시 동안 체류 시기가 겹쳤다. 하지만 이내 러셀사에서 매우 편안하게 지냈다. 로의 편지를 보면 그가 아편을 가장 좋은 가격에 판매하는 데 재빠르게 능숙해졌음을 알 수 있다. 그는 도착한 지 5년 만에 제 동료에게 다음과 같은 편지를 띄웠다. "우리는 지난해와 올해를 잘, 아주 잘 보냈고, 아마 내년에도 유망하게 사업을 시작할 거야. ……이번 시즌에 우리가 인도에서 실어온 화물의 양은 내가 이곳에 온 이래 그 어느 때보다 많았어."[61] 말할 것도 없이 그 화물은 바로 아편이었다.

그러나 아편 밀수업자에 대한 중국의 태도가 강경해지기 시작하면서 자신의 사업에 대한 로의 생각도 바뀐 것 같다. 1839년, 그와 광저우의 다른 아편 밀매상은 임칙서 고등판무관에게 그들의 아편 보유량을 마지못해 넘겨야 했다. 그 일을 겪고 나서 그는 누나 해리엇에게 그간의 경위를 담은 장문의 편지를 띄웠다.

우리[러셀사]는 전체 아편 재고량 중 1407궤짝을 넘겼어! 그 고등판무관이 도착하기 직전에 우리는 영사를 친구들에게 보내 더 이상 [아편] 화물을 받지 않겠다고 했지. 여러 가지 이유에서 나는 최근에 실제로 평판이 안 좋은 것처럼 보인 어느 사업 부문, 즉 우리를 가장 타락한 중국인들과 접촉하도록 만들고 결과적으로 더 나은 부류의 평가에서 우리를 끌어내리는 데 기여한 어느 사업 부문, 거기서 완전히 손을 떼게 되어 너무나 기뻐.[62]

위의 구절을 보면 신앙심 깊고 젊은 개신교 신자이던 애벗 로가 중국 밑바닥 세계의 쓰레기를 직접 주물럭거리고 있었다는 것, 그리고 그 사실을 똑똑히 인식하고 있었다는 것을 분명히 확인할 수 있다. 실제로 캔턴 졸업생들의 아편 밀수 가담은 결코 간접적인 방식도, 그저 '직접 물건을 보지 않은 상태로(sight unseen)' 상품에 투기하는 문제도 아니었다. 그들 중 일부는 링팅섬의 수령 선박에서 오랜 기간 머물며 중국 밀수업자에게 아편 궤짝을 판매하는 상황을 직접 감독했다. 로버트 베넷 포브스는 수령 선박에서 너무나 많은 시간을 보내는 바람에 "아편의 악취"로 인해 병에 걸리기까지 했다.[63]

중국에서 보낸 6년은 애벗 로가 '꽤 큰 돈'을 벌기에 충분한 시간이었다. 광저우에서의 체류를 마치기 2년 전, 그는 아버지에게 편지를 띄워 무슨 일이 있어도 1840년에는 미국으로 돌아갈 작정이라고 선언했다.[64] 그는 그 약속을 지켰고, 자신이 의도한 대로 영국이 중국을 공격하기 직전 광저우를 떠났다. 그로 인해 영국의 광저우 보이콧 기간 동안 다른 미국 상인들이 거둔 횡재라 할 만한 수익을 놓쳤다. 뉴욕에 도착하자마자 그는 당시 광저우에서 러셀사를 이끌고 있던 워런 델러노 2세에게 아쉬움을 토로하는 편지를 보냈다.

내가 캔턴에 몇 달만 더 머물렀다면 지난 몇 년 동안의 그 어느 때보다 많은 돈을 거둬들일 수 있었을 텐데, 이따금 그 생각을 하면 순간적으로 후회의 감정이 밀려들기도 하네. 하지만 그건 언제나 반성으로 바뀌지. …… 내가 지금 가진 것에 만족하는 마음을 유지할 수 없다면, 어떤 액수의 돈도 내게 그걸 보장해주지 못할 테니까. 나는 분명 오래전에 내가 세웠다고 자네가 인정하는 합리적 삶의 계획, 즉 아내를 얻고 더없이 조용하고 꾸밈

없는 방식으로 정착하기, 그걸 해내려고 노력할 걸세. 몇 달 후 그 얘길 더 자세히 설명해주겠네.[65]

애벗 로는 '합리적 삶의 계획'의 첫 번째 부분을 자신이 쓴 대로 실천에 옮겼다. 즉, 캔턴에서 돌아온 직후 "동정심 많은 젊은 브루클린 여성"인 엘런 다우 양(Miss Ellen Dow)과 결혼한 것이다.[66] 그 무렵 그는 이미 자신의 회사 A. A. 로 앤드 브라더스(A. A. Low & Brothers)를 설립한 상태였다. 이 회사는 이내 "쾌속 범선, 소형 범선, 바켄틴(barkentine: 앞 돛대만 가로돛이고 나머지는 세로돛인 범선 — 옮긴이) 등 16척의 선박을 갖춰" 선도적인 미국 해운 회사들 가운데 하나로 우뚝 섰다.[67] 그의 첫 선박 중 하나는 오병감의 이름을 따서 하우쿠아호라고 명명했는데, 그의 형제 찰스가 수년 동안 그 배의 선장 노릇을 했다.

애벗 로는 해운업에서 다른 많은 분야로 사업 영역을 넓혀갔다. 최초의 대서양 횡단 케이블과 체서피크 철도(Chesapeake Railway) 및 오하이오 철도(Ohio Railway)에도 투자했다. 확장 일로인 자신의 회사를 입주시키기 위해 빌딩을 짓기도 했다. 오늘날 맨해튼에 있는 '사우스 스트리트 항구 박물관(South Street Seaport Museum)'이 그것이다.

애벗 로는 너무 크게 번창한 나머지 '합리적 삶의 계획'의 두 번째 부분은 실천할 수 없었다. 그는 '더없이 조용하고 꾸밈없는 방식으로 정착'하는 대신, 브루클린 하이츠의 피어펀트 플레이스(Pierrepont Place) 3번지에 호화로운 궁전을 짓고 1857년 가족과 함께 그곳으로 이사했다. 이 저택은 뉴욕 항구의 전경을 한눈에 내려다볼 수 있는 곳에 위치해 있었다. 그러니만큼 그 가족은 자유의 여신상이 들어설 때 침실 창문을 통해 그 광경을 지켜볼 수 있었을 것이다. 애벗 로의 저택은 아직까지도 남아 있는데, 2015년에는 브루클린에서 그때껏 가장 비싼 매물인 4000만 달러에 시장에 나왔다. 그 물건을 매수하는 데 관심을 보였다고 알려진 이들 가운데는 배우 맷 데이먼(Matt Damon)과 그의 아내 루치아나 바로소(Luciana Barroso)도 있었다.[68]

브루클린의 고풍스러운 저택에 살고 있던 애벗 로 가족은 뉴욕에 깊이 뿌리를 내렸다. 애벗 로의 아들 중 한 명인 세스 로(Seth Low)는 브루클린 구청장을 거쳐 뉴욕 시장에 올랐다. 그 사이 컬럼비아 대학교 총장도 역임했는데, 그때 당시 자신의 아버지를 기리기 위해 로 도서관을 그 대학에 기증했다.

아편의 역사에 얽힌 불가사의한 동시대 사건 중 하나가 일어났다. 다름 아니라 1962년 중독성 강하고 널리 남용되는 약물인 바륨(Valium)의 마케팅을 기획한 막후 실력자, 브루클린 태생의 아서 새클러가 자신이 수집한 중국 미술품과 유물을 처음으로 공개하는 전시회를 로 도서관의 웅장한 원형 홀에서 개최한 것이다. 보스턴 콘체른의 다른 수많은 회원처럼 그도 열렬한 중국 미술품 수집가였다.[69] 옥시콘틴의 출시와 마케팅의 막후 주역으로 떠오른 그의 조카 리처드 새클러는 당시 컬럼비아 대학에 재학 중이었는데, 룸메이트를 자기 삼촌의 전시회에 자랑스럽게 데려갔다고 한다. 그 룸메이트가 훗날 회상한 바에 따르면, 그들 가족 전체는 "아시아 예술과 아시아의 아름다움"을 이상하리만치 좋아했다.[70] 몇 년 뒤, 애팔래치아에서 바륨과 옥시콘틴의 조합은 '캐딜락 하이'(Cadillac High)'로 알려지게 된다.[71]

애벗 로의 또 다른 아들 애벗 어거스터스 '거스' 로(Abbot Augustus 'Gus' Low)는 훨씬 더 근사한 이력을 일구었다. 발명가이자 산업가였던 그는 한때 토머스 에디슨을 제외하고 그 어떤 미국인보다 많은 특허를 보유했다. 자신의 발명품을 기반으로 산업을 일으켰을 뿐만 아니라 뉴욕주 북부의 세인트로런스 카운티(St. Lawrence County)—그 카운티의 소재지를 '캔턴'이라 부른다—주변의 애디론댁산맥(Adirondack)에 리히텐슈타인공국보다 훨씬 더 넓은 4만 6000에이커의 광대한 토지를 사들였다. 그는 이곳에 댐을 건설하고, 자신이 직접 테라포밍한 땅에 산림 관련 산업 제국을 구축했다. 또한 메이플 시럽이나 목재 같은 제품을 수송하기 위해 철로를 건설했다. 하지만 그의 모험은 석탄 엔진에서 비롯된 불꽃이 재앙적 산불을 일으키는 바람에 순조롭게 끝나지 않았다. 그럼에도 거스 로의 흔적은 오늘날까지도 애디론댁산맥의 풍경에 아로새겨져 있다. 블루마운틴 호수 박물관(Blue Mountain Lake Museum)의 웹사이트에는 이렇게 적혀 있다. "거스 로의 황무지 댐(wilderness dam)은 유구한 유산을 남겼다. 오늘날 패들러(paddler: 카누를 즐기는 사람—옮긴이)들은 하부 댐과 상부 댐 사이를 흐르는 잔잔한 보그강(Bog River)에서 약 5킬로미터에 이르는 아름다운 풍경을 고적하게 즐길 수 있다."[72]

이런 것들은 중국에서 유입된 돈이 미국에서 여러 세대 동안 몇 배로 불어나면서 서서히 미국 땅에 스며들고 심지어 미국의 지형까지 변형시킨 다양한 방법을 보여주는 수많은 예 가운데 일부다.

우리는 아편 자금이 장대한 시간 규모에 걸쳐 영향을 미치고 있다는 걸 깨달을 수 있다. 그런데 이는 많은 아프리카계 미국인, 아메리카 원주민, 백인 노동 계급 미국인을—몇 세대에 걸쳐 대물림된—구조적 빈곤 패턴에 가둔 차별 형태와 정반대되는 과정이 작동해왔음을 말해준다. 캔턴 졸업생들이 누린 인종적·가문적·계급적·교육적 이점은 세대를 이어 구조적 부와 특권적 패턴을 강화하면서 정반대 과정을 빚어냈다. 그리고 캔턴 졸업생들이 엄청난 부를 거머쥘 수 있었던 것은 궁극적으로―'자유 시장' 신화와 달리―그들에게 19세기 아편 무역에서 미국 몫을 독점하도록 허락해준 혈연적·계급적·인종적 구조에 힘입은 결과다.

캔턴 졸업생들이 아편 무역에서 연상되는 오명을 피하는 데 크게 성공할 수 있었던 것도 계급과 인종 덕분이었다. 마약 거래와 관련해 "당시에는 관습이 달랐기 때문에" 그들의 행동이 묵인되었다는 생각은 아무런 근거가 없다. 오히려 마약 거래에 대한 사회적 낙인은 당시가 지금보다 한층 더 강력했다.[73] 그러한 낙인과 그로 인한 배제는 여러 세대 동안 지속되었다. 로버트 베넷 포브스의 5대 손녀이자 그의 신문 편집자였던 필리스 포브스 커(Phyllis Forbes Kerr)는 매사추세츠주 밀턴에 있는 포브스 저택에서 겪은, 삼촌들이 할머니를 놀려대던 저녁 식사 시간에 대해 이야기했다. "우리가 식탁에 둘러앉고 할머니가 포브스에 대한 이야기를 꺼내면 삼촌들은 '아, 그 마약상 말이에요?' 하고 대꾸했다. 그러면 할머니는 버럭 화를 내곤 했다."[74]

당시에 정말 다른 점이 있었다면, 그것은 백인이 다른 민족들에게 헤아리기 힘든 해를 입히는 일이―특히 먼 곳에서 행해지는 경우에는―나쁘게 여겨지지 않았다는 것이다. 아메리카 원주민이 무더기로 쫓겨나고 살해당한 나라, 수백만 명의 흑인 노예가 농장에서 고된 노동에 시달리는 나라에서 멀리 떨어져 있는 중국인에게 아편을 파는 행위는 딱히 부끄러워 보이지 않았던 것이다.

또한 캔턴 졸업생들은 미국에서 가장 오래된 개신교 가문에 적을 둔 상류층 백인 남성들, 즉 산업의 거물이자 그들 지역 사회의 기둥으로 부상한 남성들이 비난받아 마땅한 일을 저질렀을 리 없다는 광범위한 믿음에 의해 보호받기도 했다. 이러한 인종과 계급의 역학 관계는 21세기 미국에서도 결코 멈추지 않고 있다. 그들은 오피오이드 유행 기간 동안, 퍼듀 제약사의 최고 경영진이 사법 체계의 특혜를 받곤 할 때 다시 수면 위로 떠올랐다. "기질적으로 철창 신세를 져야 할 그런 유의 범죄를 저지를 수 없는" 존경받는 백인 사업가로 자신을 드러내는 게 가능했다는 이유만으로 말이다.[75] 그래서 2019년 멕시코 마약왕 호아킨 '엘 차포' 구즈만(Joaquin 'El Chapo' Guzman)은 미국 법원에서 종신형을 선고받고 120억 달러를 몰수당했지만, 퍼듀 제약사 경영진은 세 건의 중범죄 유죄 판결을 받았음에도 감옥에 갇히지 않았고 새클러 가문은 그들의 재산 대부분을 지킬 수 있었다.[76]

또한 중독은 선천적으로 성격이 나약한 데다 악행을 일삼는 기질을 타고난 사람들이 걸리는 도덕적 실패로 여겨졌는데, 이 역시 캔턴 졸업 생들에게는 유리하게 작용했다. 이 가정은 오늘날의 미국 문화에도 여전히 강력하게 뿌리내리고 있다. 가령 처방용 오피오이드 제조업체는 이러한 가정을 이용해, 오피오이드 중독자를 선천적으로 나약하고 자제력이 없으며 중독에 빠지기 쉬운 사람으로 부단히 제시했다.[77] 하지만 이런 암시는 결국 오늘날 미국에서는 일반적으로 받아들여지지 않는다. 아마도 그 까닭은 이 경우 그 피해자가 주로 백인이라는 사실 때문일 것이다.

캔턴 졸업생들 이야기는 대부분의 미국인에게 알려져 있지 않다. 하지만 그것은 위대한 미국 아편 거물들의 후손에게는 비밀이 아니다. 내가 미국에서 아이비스 3부작 소설을 홍보하기 위해 북 투어에 나섰을 때 겪은 일이다. 아편 무역으로 이득을 누린 미국 기관 및 가문의 이름을 언급하면 서부나 중서부의 청중은 놀라움을, 심지어 충격을 보이곤 했다. 하지만 매사추세츠주에서는 그런 반응이 전혀 없었다. 거기서는 청중이 오히려 고개를 끄덕이거나 비꼬는 기색을 담아 동의하는 미소를 지었다. 강연이 끝나고 나서 사람들은 내게 다가와 자신이 바로 내가 언급한 그 가문과 관련이 있다고 말하기도 했다. 그들 가운데 몇몇은 심지어 내가 이 장 집필에 활용한 출처를 귀띔해주기까지 했다.

캔턴 졸업생들의 삶에서 두드러지는 한 가지 특징은 그들이 미국으로 돌아온 뒤 "거의 고통스러울 정도로 고상하고" 더없이 정직한 인물로 거듭났다는 사실이다.[78] 그중 대다수는 아니더라도 상당수는 독실한 신앙인이었으며, 일부는 교회 건축과 교회 자금 지원에 말도 못 하게 관대했다. 예컨대 애벗 로는 그의 가족이 뉴욕 브루클린의 피어펀트 가(Pierrepont Street)에서 여전히 번성하고 있는 퍼스트 유니테리언 교회(First Unitarian Church)를 설립하는 데 도움을 주었다.

사업 관행에서도 캔턴 졸업생들은 허세 있는 기업가들과 거리가 멀었고 지나치다 싶을 정도로 신중했다. "그들은 대호황 시대(Gilded Age: 1865~1898, 남북전쟁 이후 급격한 산업화가 진행되던 시기―옮긴이)의 탐욕스러운 해적들 캐리커처와 눈곱만큼도 닮지 않았다."[79] 이를테면 존 머레이 포브스는 철도 경영에 엄격할 정도로 윤리적이어서 "과대 증자(stock watering) 제안을 일절 용납하지 않았다". 하지만 다운스가 지적했듯이 "캔턴에서 젊은 시절을 보낸 이 철도 미덕의 화신들이 아편 상인이었다는 사실에는 변함이 없다".[80]

좋은 시민이자 좋은 기독교인이 되고자 한 캔턴 졸업생들의 열망은 너무나 분명했다. 따라서 우리는 그들이 어떻게 범죄적 거래와 자신의 양심을 조화시켰는지 묻지 않을 수 없다. 물론 이 질문은 당시 광저우에서 마약을 거래하던 모든 이에게 던질 수 있지만, 특히 두 가지 이유에서 양키 상인들과 한층 관련이 깊다. 첫째, 미국인 대다수는 집요할 정도로 양심이라는 주제를 되풀이했다. 아편 위기가 심화하고 있던 1839년에 로버트 베넷 포브스는 이렇게 적었다. "어제 교회에 갔다가 디킨슨 씨로부터 양심을 주제로 한 즐거운 연설을 들었다. 교회에 다니는 것만큼 사람을 깨닫게 해주는 것은 없으므로 교회에서 멋진 설교를 들을 수 있어서 기쁘다. 좋은 설교를 듣지 못한다면 교회에 나갈 필요가 없을 것이다."[81] 둘째, 1844년 미국은 청나라와 '불평등 조약'을 체결해 한편으로는 아편 무역을 명시적으로 금지하고 다른 한편으로는 미국 선교사들에게 중국에 교회와 병원을 세울 수 있는 권리를 부여했다.[82] (이 미국 조약은 중국이 영국과 체결한 조약과는 달랐다. 후자가 교회에 대해 언급하지 않고 아편 이슈에는 입을 다물었다는 점에서 말이다. 영국 정부의 전략은 중국인이 자진해서 아편을 합법화하도록 압력을 가하는 것이었기 때문이다.)[83]

종교 조항에 대한 미국인의 이러한 주장은 그들이 다른 어떤 외국인 공동체보다 전도 열정이 강렬했음을 보여준다. 그러나 1844년 직후 러셀사를 필두로 미국 기업 대다수는 아편 거래로 다시 돌아갔다. 다만 한 가지 중요한 예외가 있었다. 참으로 우연하게도 광저우의 미국인 공동체에 아편 밀수를 일관되고도 강경하게 반대하는 회사가 있었던 것이다. 그것은 다름 아니라 뉴욕에 본사를 둔 올리펀트사(Olyphant & Co.)였다. 이 회사는 결코 아편을 취급하지 않았음에도 중국 무역에서 커다란 성공을 거두었다. 독실한 기독교인들이 설립한 올리펀트사 역시 친족 집단으로, 이 경우 그 기업의 파트너들은 주로 부인을 통해 이어졌다. 그들은 선교사의 중국 여행 및 체류 자금을 대주는 등 선교사들의

주요 후원자였다. 그들은 동료 미국인에게 아편 밀거래의 부당함을 알릴 기회를 놓치지 않았다.[84]

특히 주목할 만한 올리펀트사의 파트너 중 한 명은 찰스 킹(Charles W. King)이라는 상인이었다. 브라운 대학교를 졸업한 킹은 10대 때 중국으로 건너갔는데, 처음부터 적응을 못 했던 것으로 보인다. 미국인 공동체에서는 그를 '미스 킹(Miss King)'이라고 불렀는데, 아마도 외모가 동포들에게 계집애 같은 인상을 풍겼기 때문인 듯하다. 해리엇 로는 1832년 6월 21일자 일기에 이렇게 적었다. "오늘 아침 킹과 페릿(Perit)에게서 전화가 왔다. 킹은 그 어느 때보다 연약해 보였다. 페릿은 18세 정도 되는 예쁜 소년 같다." 그녀는 다른 곳에서 킹과 그의 친구 2명이 광저우의 외국인 조계지에서는 "흰 피부색과 몇몇 다른 것들 때문에" "3명의 숙녀"로 통했다고 썼다.[85]

그 '몇몇 다른 것들'이 무엇이든 이 같은 언급으로 미루어 찰스 킹이 그 지역 사회 내에서 종류도 다양한 비방의 표적이었다는 것, 그리고 이 점이 동료 상인들에 대한 그의 태도가 강경해지는 데 얼마간 영향을 미쳤으리라는 것은 분명하다. 어쨌거나 그는 상인들의 밀매 행위에 비난을 아끼지 않았다. 이는 정녕 놀라운 일이다. 그 공동체가 끈끈하게 연결되어 있고 입단속이 심해 만약 거기서 체제 거부자로 찍힌다면 거센 사회적 비난뿐만 아니라 재정적 재앙마저 불러올 수 있다는 사실을 고려할 때 말이다.

아편 위기가 맹위를 떨치던 1830년대 후반, 킹은 그 외국인 상인 공동체가 공개 서약을 하게끔 만들려고 거듭 노력했다.

우리 서명인들은 중국과의 아편 무역이 상업적·정치적·사회적·도덕적 악으로 가득 차 있으며, 중국 정부에 정당한 불쾌감을 안겨주고, 이 나라 당국과 국민이 우리의 상업과 거주 자유의 확장에 반대하도록 내몰고, 진정한 기독교적 개선의 희망을 저해한다고 믿는다. 이에 우리는 당사자로도 대리인으로도 아편의 구매, 운송 또는 판매에 참여하지 않을 것을 선언하는 바이다.[86]

올리펀트사의 사업 파트너들을 제외하고는 여기에 서명한 외국 상인이 단 한 명도 없었다.[87] 하지만 그렇다고 해서 물러설 킹이 아니었다. 그는 하나같이 소용이 없었지만, 캔턴 상공회의소에 호소하고 진정서를 제출하고 미국 의회에 청원까지 했다. 1839년, 영국이 임칙서의 밀수 아편 압수를 개전(開戰) 명분으로 삼을 계획임이 분명해지자, 킹은 아편 거래에 대한 강력한 규탄으로 여겨져야 마땅한 공개서한을 작성했다. 영국 사절 찰스 엘리엇에게 보낸 이 서한은 아편 밀거래가 전적으로 '동인도회사의 소행'이라고 지적하고, 이어서 그것이 중국에 끼치는 해악을 다음과 같이 열거하는 데까지 나아갔다.

거의 40년 동안 동인도회사를 필두로 영국 상인들은 중국 제국의 최고 법과 최대 이익을 위배하면서까지 한 가지 무역을 추진해왔다. 그들은 중국의 통화 가치를 왜곡하고, 그 나라 관리들을 부패하게 만들고, 수많은 중국 국민을 파멸의 구렁텅이로 몰아넣는 정도로까지 그 과정을 밀어붙였다. 마약 밀거래는 그 나라 정치에서는 낭패스러움 및 불길한 징조와, 그 나라 형법에서는 처벌 및 감옥과, 개인들 삶에서는 재산·미덕·명예·행복의 파탄과 연결되었다. 왕좌에 앉은 황제부터 가장 미천한 촌락의 백성들에 이르는 모든 계급이 그로 인해 상처를 맛보았다.[88]

찰스 킹이 편지에서 언급한 모든 내용은 광저우의 외국 상인들이 익히 아는 내용이었다. 당시 중국에서 마약을 팔고 있던, 겉으로 보기에는 신앙심 깊은 젊은 미국인들 가운데 그 내용을 놀랍게 받아들일 사람은 아무도 없었을 것이다. 그들은 청나라 관리, 기독교 설교자, 그리고 실제로 수많은 영국과 미국의 아편 반대 운동가로부터 같은 말을 듣고 있었던 것이다. 많은 양키 아편 밀매업자는 아편 거래가 중국에 커다란 해악을 끼치고 있다는 사실을 사석에서는 인정했다. 가령 로버트 베넷 포브스는 1839년 광저우에서 아내에게 보낸 편지에서, 아편 거래로 "나의 첫 부를 얻었다"고 솔직하게 실토함과 동시에, 아편 거래가 "사람들의 사기를 떨어뜨리고, 육체를 파괴하며, 그 나라〔중국〕의 돈을 유출시키고 있다"는 사실을 순순히 인정했다. 그러나 동시에 그는 아내에게 아편 이야기가 나오면 신중하게 처신하라고 조언했다.[89]

이는 캔턴 졸업생들의 침묵 규범과도 일맥상통하는 부분이었다. 다운스가 지적했다시피 "그들은 마약 밀거래에 관해 공개적으로 발언해야 할 때마다 거기에 대해 거짓말로 둘러댔다".[90] 그 후손들 역시 침묵의 규율을 준수했다. 즉, 그들은 자기 가문이 어떻게 돈을 벌어들였는지 언급하지 않으려고 신중을 기했다. 이를테면 토머스 한다시드 퍼킨스는 수년간 튀르키예 아편 무역을 좌지우지했지만, "퍼킨스가 사망하고 2년 뒤인 1856년 그의 사위가 편찬한 회고록에는 아편에 대한 내용이 단 한 줄도 언급되지 않았다"고 한다.[91] 분명 캔턴 졸업생과 그 가족들은 아편 무역에 의혹을 품고 있었다. 하지만 다운스는 이렇게 지적하고 있다. "정황상 서신에 죄책감이 거의 표현되어 있지 않다는 것은 주목할 만한 일이다. 특히 그 마약 거래상들이 종종 올곧은 성품을 지닌 이들이었기 때문이다."[92]

'올곧은 성품'을 지녔다고 추정되는 많은 미국인이 본인의 범죄 행위에 거의 양심의 가책을 느끼지 않은 이유는 무엇일까? 그 가운데 하나는 그들에게 기독교의 가르침이 실상 자유 무역이라는 복음보다 훨씬 덜 중요한 취급을 받았기 때문이다. 그들이 생각하는 자신의 첫 번째 의무는 투자자와 주주를 위해 이익을 창출하는 것이었다. 로버트 베넷 포브스가 광저우 철수에 동참해달라는 영국의 간청을 거부한 것도 정확히 이러한 근거에 입각한 결론이었다. 그는 찰스 엘리엇에게 "나의 소유주에 대한 의무가 명예, 애국심, 공동체의 장기적 이익 등 다른 고려 사항보다 더 중요하다"고 노골적으로 대답했다.[93] 이윤 창출과 관련한 모든 윤리적 제약을 제거한 자유 무역 교리의 가장 중요한 업적을 이보다 더 명료하게 요약할 수는 없었을 것이다.

아편전쟁 이후에는 이러한 태도가 한층 더 강경해졌다. 한 상인은 상하이에서 이루어지는 영국과 미국의 마약 거래에 대한 우려를 다음과 같은 말로 일축했다.

> 의심할 나위 없이 장차 닥칠 재앙에 대한 당신의 예상에는 다소간 근거가 있다. ……하지만 가능한 한 시간을 허비하지 않으면서 재산을 모으는 게 내가 할 일이다. 나는 길어야 2~3년 안에 재산을 챙겨서 달아나길 원한다. 그 후에 화재나 홍수로 상하이가 완전히 사라진다 한들 그게 나한테 무슨 대수겠는가?[94]

이 상인의 '장차 닥칠 재앙에 대한 예상'은 근거가 다분했다. 제약사 경영진이 취약한 미국인을 대상으로 공격적 아편제 마케팅을 정당화한 취지도 이런 말과 대단히 흡사했다. 세계적인 거대 에너지 기업이 그들 자신이 후원한 기후과학자의 연구 결과를 억압하는 행위를 정당화하는 것도 이 같은 주장을 통해서다. 그렇게 함으로써 그들이 자기 자신과 가족을 포함한 모든 인류를 화재와 홍수로 몰아넣고 있다는 사실을 잘 알고 있음에도 불구하고 말이다. 과거에는 먼 땅과 다른 종족을 괴롭히던 약탈이, 이제는 느리지만 확실하게 제 동포와 동족을 겨냥해 포식자의 발톱을 드러내고 있다.

우리는 광저우에서 활약한 영국과 미국 상인들이―매너가 제아무리 고상하다 해도, 그리고 종교적 열정이 제아무리 진지하다 해도―전 세계 사람들에게 헤아릴 수 없는 피해를 안겨주는 한편 다양한 종류의 경건함을 발산하는 예술을 빚어낸 영미 엘리트에 속해 있었다는 사실을 반드시 기억해야 한다. 특히 영국인은 끝없는 교화를 통해, 자기네가 저지른 모든 일이 제아무리 옹호할 수 없어 보인다 할지라도 마땅히 존경받을 만한 일이라고 사람들을 설득하는 데 성공했다. 당시 자신을 영국인의 하급 파트너로 여겼던 영국계 미국인에게는 동인도회사가 수십 년 동안 아편 무역을 장려해왔다는 사실 자체가 아편 무역을 정당화하는 요소로 보였다.[95] 로버트 베넷 포브스는 고향에 보낸 편지에서 이렇게 적었다. "〔아편〕 무역은 이곳에서 가장 존경받는 상인들에 의해 이루어져왔으며, 위대하고 명예로운 동인도회사는 …… 인도에서 마약을 재배해온 장본인이기 때문에 그 사업과 관련해 도덕적 분노를 느끼지 않았다."[96] 하다드는 이렇게 지적한다. "세계 무역의 귀감인 동인도회사가 아편 거래에 총력을 쏟고 있는 마당에 쉽게 휘둘리는 젊은이들이 과연 그 거래의 도덕성에 의문을 표시할 수 있을까?"[97] 이것은 아마도 미국인·파시교도·아르메니아인·바그다드인 아편 장사꾼에게 유리하게 인용될 수 있는 유일하게 설득력 있는 정상 참작 사유일 것이다. 요컨대 그들은 그저 압도적 군사력과 해군력을 앞세워 도덕적 우월성을 주장하는 세계 최대 강대국이 계획하고 보호하는 길을 따라가고 있었을 뿐이다.

대영제국을 향한 미국인의 찬양은 시간이 갈수록 더욱 커져만 갔다. 1920년 출간한 책에서 미국 작가 엘런 뉴볼드 라 모트(Ellen Newbold La Motte)는 이렇게 썼다.

> 어찌 …… 미국에 사는 우리가 영국의 아편 독점에 대해 그토록 까맣게 모를 수 있을까? 그 사실이 우리에게 낯설고 충격으로 다가오는가? 그 이유는 영국을 향한 우리의 동경 때문이다. ……결과적으로 영국은 그 사실을 아는 사람들이 존경심에 힘입어 또는 두려움 때문에 침묵을 지키는 사태에 기댈 수 있었다.[98]

역사학자 프리야 사티아가 보여준 것처럼, 이 시기에 영국 식민지 개척자들은 '양심 관리'를 위한 갖가지 기법을 개발했는데, 그중 꽤나 중요한 것은 '역사'를 지속적 진보의 궤적으로 바라보는 개념이었다. 의심의 여지 없이 많은 캔턴 졸업생들은 아편 무역이 가속화하는 미국의 산업 경제에 의해 정당화되는 필요악이라고 스스로를 세뇌시켰다.

우리는 특히 미국 캔턴 졸업생들이 저만의 독특한 방식으로 숱한 종류의 폭력과 범죄가 일상화한 나라의 일원이라는 사실도 잊어선 안 된다. 이들 중 상당수는 뉴잉글랜드의 아메리카 원주민을 상대로 저지른 말살 전쟁에 직접 가담한 남성들의 후예였다. 그 전쟁들은 뉴잉글랜드로부터 멀지 않은 곳에서 그 나름의 수명을 갖고 여전히 맹위를 떨치고 있었다. 마찬가지로 노예 제도는 미국 남부에 확고하게 뿌리내려 있었고, 많은 뉴잉글랜드 선주들은 북동부에서 노예제 폐지 분위기가 고조되고 있었음에도 내내 은밀하게 인신매매에 참여했다. 이러한 상황에서 성인이 된 젊은이들에게 중국으로 아편을 밀반입하는 것쯤이야 비교적 사소한 범죄처럼 보였을 것이다. 이들에게 중국인 아편 중독자들은 그저 또 한 무리의 소모품에 지나지 않았다.

물론 누구도 이 모든 것을 공개적으로 천명하지는 않았다. 캔턴 졸업생들은 자신이 아편 거래에 가담했다는 사실을 덮기 위해 어떤 고생도 마다하지 않았다. 그뿐만 아니라 제1차 아편전쟁으로 미국에서 논란이 불거졌을 때 자신들은 마약 밀수와 거의 또는 전혀 관계가 없다고 발뺌하면서 새빨간 거짓말을 늘어놓았다. 노우드가 지적했다시피 "모든 종류의 미국인은 아편이 가져온 효과를 익히 알고 있었기에" 이 같은 거짓말이 반드시 필요했다.[99]

혹자는 이 시기에 미국인과 영국인은 아편이 자국에서 법으로 금지되어 있지 않았던지라 그것을 불법으로 간주하지 않았다는 주장을 더러 제기하곤 했다. 유럽과 미국에서 많은 종류의 아편 기반 강장제와 약물이 널리 소비된 것은 엄연한 사실이다. 그러나 이러한 약물의 성분은 중국과 동남아시아에서 유통되던 중독성 강한 물질이 아닌 하급 아편이었다. 약용 아편과 찬두급 물질을 동일시하는 것은 코데인 성분의 기침용 시럽과 모르핀을 똑같이 취급하는 것과 같다.[100]

하지만 더 중요한 점으로, 19세기 전반에 영미 엘리트들이 아편 금지 필요성을 느끼지 못한 것은 광범위한 아편 중독이 그들 자신의 나라에 위협을 가할 수 있을 거라고는 믿지 않았기 때문이다. 그 이유는 다음의 네 가지다. 첫째, 미국과 영국에서는 찬두급 아편이 거의 유통되지 않았다. 둘째, 아편을 찬두로 정제하고 파이프로 흡입하는 기술은 극도로 복잡했고, 따라서 서양에서는 그 기술에 대한 지식이 거의 없었다. 셋째, 백인 남성은 체질적으로 아편 흡연을 꺼리는지라 그에 대한 공식적 금지가 불필요하다는 믿음이 서양에 파다했다.[101] 마지막으로, 미국과 영국에서는 아편 흡연이 법적으로 금지되는 대신 아마 그 어떤 법보다 잘 먹히는 인종차별적인 사회적 낙인에 의해 억제되었다. "호가스(W. Hogarth: 1697~1764. 영국의 화가이자 판화가—옮긴이)가 맥주와 진을 구분했듯이, 미국의 아편 산업 종사자들은 의료용 아편과 흡연용 아편을 분간했다. 전자는 유익하고 필수 불가결한 것으로, 후자는 위험하고 불필요한 것으로 말이다."[102]

그 결과 미국에서 1850년부터 1860년대 후반까지 아편 흡연은 중국인 이민자들에 의해서만 행해졌다. "미국에서 아편을 피운 최초의 백인 남성은 클렌데닌(Clendenyn)이라는 모험적인 인물이었다고 전해진다. 1868년 캘리포니아주에서의 일이다."[103] 아편 흡연이 확산하기 시작하자 1875년 샌프란시스코에서, 1876년 버지니아시티에서 지역적으로 금지법이 제정되었다. 연방 정부도 그 관행을 억제하기 위해 다양한 조치를 취했다.[104]

영국에서도 마찬가지로 일반적으로 유통되던 아편은 '흡연 아편'이 아닌 하급 아편이었는데, 그마저도 1868년 약국법 통과 후 '독극물'로 엄격한 규제를 받았다.[105] 그러나 미국에서처럼 영국에서도 아편 흡연은 강력한 사회적 낙인으로 인해 억제되었다. 그리고 외국 상인이 대량의 아편을 영국으로 밀수하는 데 관여하는 일도 당연히 금지했다.[106] 이것은 임칙서가 빅토리아 여왕에게 보낸 미전달 서한에서 제기한 많은 질문 중 하나였다. "외국인이 다른 나라에서 영국으로 아편을 들여와 각하 나라의 백성을 유혹해 아편을 피우게 한다면, 해당 국가의 주권자

이신 각하인들 그러한 행위를 화난 눈길로 바라보고 정당한 분노를 품은 채 그것을 없애고자 노력하지 않을 리 있겠습니까?"[107]

따라서 서양 상인들이 아편 금지법이 없었기 때문에 아편을 '불법'으로 간주하지 않았다는 생각은 솔직하지 못한 또 한 가지 발뺌에 지나지 않는다. 이 상인들은 중국의 법을 똑똑히 인식하고 있었다. 게다가 만약 자국에서 대량으로 고급 아편을 판매한다면 가족과 동료들로부터 매도당할 거라는 사실도 잘 알고 있었다.

궁극적으로 캔턴 졸업생들이 맘껏 거짓말을 하고 범죄를 저지를 수 있었던 것은 그에 따른 부담을 먼 나라에 사는 비백인 민족이 떠안았기 때문이다. 당시 백인 엘리트로서는 다른 인종 사람들에게 완전히 다른 기준을 적용하는 게 지극히 당연한 일이었다. 인종이 다르다는 사실 자체가 비백인을 마음껏 유린하고 그들의 법을 무시할 수 있는 근거였다.[108] 광저우의 영미계 마약 밀수꾼은 만인 평등이라는 기독교와 계몽주의 사상의 계승자였지만, 그들의 행동은 실제로 그와 정반대 논리를 따랐다. 대신, 인류애를 담은 언어로 아편 밀수업자를 책망해야 할 책임은 평등주의도 보편주의도 믿지 않은 중국인들 몫으로 돌아갔다. 찰스 킹이 영국 사절단에게 보낸 편지에서 지적했듯 고등판무관 임칙서가 취한 숱한 조치는 "그 외국인들이 비록 문명의 경계 밖에서 태어나고 자라긴 했지만 **여전히 인간의 마음을 지니고 있다**"는 신념을 전제로 한 것이었다.[109]

두 차례의 아편전쟁이 끝나고 중국이 서구 열강 앞에서 완전히 무력하다는 사실이 분명해지자, 영미 상인들의 태도는 한층 더 드러내놓고 인종차별적이 되었다. 예컨대 광저우에서는 외국 상인들이 사멘섬(沙面島)으로 자기들 시설을 옮기고 중국인의 출입을 금지시켰다. 영국이 중국에 강요한 치외 법권 원칙에 의거해 백인 외국인들은 현지 법에 따라 재판을 받지 않아도 되었다. 이는 곧 그들이 면책 특권을 누리며 행동할 수 있다는 것을 뜻했다. 한 영국 마약 밀수꾼은 "중국 어선이 우리 가는 길을 비키지 않을 것이기에, 우리는 항상 밤에 중국 어선을 덮치는 게 일이었다"고 말했다.[110]

고결한 젊은 미국인들은 먼 나라에서 범죄를 저지르고도 미국 경제 건설에 기여했다는 이유로 영웅으로 추앙받으며 결백한 손을 한 채 고국으로 돌아갈 수 있었다. 이것은 본질적으로 식민주의가 유럽 출신 엘리트와 유럽에 인접한 디아스포라 집단에 속한 그들의 동맹이 절대 패권을 누리는 권력 구조를 창출해낸 덕분이었다. 다시 말해 그들이 러키 루치아노(Lucky Luciano)나 파블로 에스코바르 같은 마약왕이 떠받든 열망—즉, '합법적' 성공—을 실현할 수 있었던 것은 다름 아니라 식민지 세계 체제 덕분이었다.

미국 캔턴 졸업생들의 영향력은 그들의 생애를 훌쩍 뛰어넘었다. 그 결과 그들의 관행은 그들이 숨진 뒤까지 오랫동안 지속될 수 있었다. 그런 관행 가운데 하나가 범죄 네트워크와의 협력이었다. 애벗 로와 광저우에 있는 그의 미국 동료들은 저도 모르는 사이, 결국에 가서는 자국을 괴롭히는 선례를 남겼다. 앨프리드 매코이는 20세기 대부분 기간 동안 미국 첩보 기관을 운영했던 아이비리그 출신 상류층 미국인들이 지하의 아편 밀매 네트워크와 (처음에는 시칠리아, 프랑스 남부, 코르시카 등 유럽 일부 지역에서, 그다음에는 동남아시아와 라틴아메리카에서) 반복적으로 협력한 경위를 소상하게 기록했다.[111] 이 엘리트 미국인들은 필시 자신이 저만의 우수한 자원과 감각을 무기로 지하 마약 세계를 통제하고, 그 세계를 본인들의 전략적 목적을 위해 사용할 수 있으리라 믿었다. 하지만 그들이 놓친 게 한 가지 있었다. 그것은 바로 자신들이 인간 범죄자뿐만 아니라 전혀 다른 시간대에서 노는 비인간 존재들과도 결탁하고 있었다는 사실이다. 그들 간 협력의 의도치 않은 결과는 아편 양귀비와 코카 식물에―그리고 그것을 밀매하는 범죄 카르텔에―힘을 실어준 점이었다. 그 결과 미국에 대한 그들의 장악력이, 그에 맞선 인간의 갖은 노력을 쓸모없게 만드는 것으로 드러날 지경까지 커졌다.

이 암울한 이야기의 전조는 찰스 킹이 1839년 영국 사절단에게 보낸 서한에 포함된 다음과 같은 경고였다.

> 우리는 이미 마약〔아편〕 사용이 병적인 서구 사회 일부의 습관 속에 스며들고 있다고 들었습니다. ……특히 증류주를 탐탁지 않게 여기는 공동체들에서는 아마도 별 어려움 없이 그보다 더 세련되고 더 쉽게 숨길 수 있는 이 대체품을 들여와서 그에 대한 대중의 취향을 빚어낼 수 있을 겁니다. 그런 취향은 한두 세대에 걸쳐 전승되면서 확산하고 고착화하는데, 어떻게 그걸 근절할 수 있단 말입니까?[112]

그의 말은 온통 대단한 선견지명이었다. 처방용 아편 생산자들이 수백만 명을 거기에 중독시킨 게 정확히 사기가 저하된 미국 사회에서 아편에 대한 '대중의 취향'을 적극적으로 조성하는 방식을 통해서였던 것이다. 그리고 오피오이드 위기 뒤에 버티고 선 이들―악당 같은 의사, 약사, 영업 사원, 경영진, 재계 거물―은 19세기의 그 전임자들만큼이나 자신이 일으킨 고통에 놀라 나자빠질 정도로 무관심했다. 크리스 맥그리얼(Chris McGreal)은 "미국의 국가적 악몽에 책임 있는 이들이 아무런 죄책감도 고통도 …… 보여주지 않고 있다. 그들은 심지어 오늘날에도 그 전염병의 책임을 거기에 희생된 이들 탓으로 전가하고 있다"고 적었다.[113] 19세기 미국의 상류층 아편 상인들처럼 "아르마니 정장을 빼입은 오늘날의 마약상들"도 중독자를 탓했다. 리처드 새클러는 이렇게 썼다. "그들은 스스로를 거듭 중독으로 몰아넣는다. 철저히 범죄적 의도를 지닌 채 중독에 빠져드는 것이다. 도대체 그들이 우리 동정을 받아 마땅한 이유가 뭔가?"[114] 그들에게 오피오이드 위기로 최악의 피해를 입은 가난한 시골 사람들은 그저 소모품에 불과했다. 19세기의 그들 상대역에게 가난한 아시아계 중독자들이 그래 보였던 것과 다를 바 없이 말이다.

나는 현재의 위기가 아편 양귀비의 막강한 힘에 경각심을 불러일으키고, 처방용 오피오이드로 막대한 수익을 거머쥔 기업들에 대한 엄청난 분노를 촉발한 것은 전적으로 긍정적인 발전이라고 생각한다. 그러나 주목할 만한 점은 백인 미국인에게 불균형하다 할 정도로 과하게 영향을 미치는 위기가 발생해서야 비로소 이러한 경각심을 갖게 되었다는 것이다. 마찬가지로 놀라운 점은 처방용 오피오이드 제조업체에 대한 분노가 아편제를 홍보하는 데서 서구가 맡은 역할에 대한 경각심으로까지 확장하지는 않았다는 사실이다. 내 생각에, 이는 마약이 여전히 매우 잘못된 방식으로 '불법적 외국인'과 외국에 투사되고 있다는 신호인 듯하다. 아편 거래의 역사에서 특권적인 백인 상류층이 담당한 역할에 대한 이야기가 더 잘 알려져 있다면, 미국에서 여전히 자주 행해지는 바와 같이 마약 관련 문제에 외국인 혐오적인, 반(反)이민 프레임을 씌우는 작업이 (불가능하지는 않더라도) 분명 더 어려웠을 것이다.[115]

1997년 홍콩이 중국에 반환되기 직전, 〈뉴욕타임스〉는 '아편전쟁 비사: 중국과 미국에 대한 몇 가지 불편한 진실(The Opium War's Secret History: Some Awkward Truths for China and America)'이라는 제목의 흥미로운 사설을 게재했다. 중국에 대한 책망과 미국의 아편 거래 연루에 대한 속죄 사이에서 아슬아슬하게 줄타기를 시도하는 이 사설에서 이름이 언급된 상인은 워런 델러노 2세 단 한 명뿐이다.

> 이 늙은 중국 상인은 자신의 러셀사 파트너들과 마찬가지로 아편에 대해 함구했다. 프랭클린 델러노 루스벨트가 자기 할아버지 재산의 이 원천에 대해 얼마나 잘 알고 있었는지는 분명치 않다. 그러나 최근 그 대통령의 전기 작가 제프리 워드(Geoffrey Ward)는 워런의 개입을 어떻게든 축소하려는 델러노 가문의 노력에 거부 반응을 보이고 있다. ……그 가문의 불편한 심정은 이해할 만하다. 우리는 더 이상 사회적 결과와 상관없이 세계 시장에서는 무슨 일이든 할 수 있다고 믿지 않는다.[116]

이 마지막 문장은 대단히 솔직하지 못하다. 아편 거래가 "사회적 결과와 상관없이 세계 시장에서는 무슨 일이든 할 수 있다"는 믿음이 일반적이던 시대에 이루어졌음을 암시하는 식으로 아편 거래에 대해 설명하려 애썼다는 점에서 말이다. 중국인들은 분명 이익이 사회적 결과보다 우선한다고 믿지 않았다. 이것이 정확히 임칙서가 빅토리아 여왕에게 보낸 (배달되지 않은 것으로 유명한) 편지에서 다음과 같이 쓰면서 염두에 둔 점이었다! "외국 아편 상인들은 이익을 향한 지나친 갈망 때문에 자신들이 우리에게 입히는 피해에 대해서는 조금도 아랑곳하지 않습니다. 사정이 이러하므로 우리는 하늘이 모든 사람의 가슴에 심어준 양심은 대체 어떻게 되었는지 묻고 싶습니다."[117]

임칙서가 빅토리아 여왕에게 보낸 편지와 광저우의 재계 인사들에게 행한 연설에서 강조하고자 했던 것은 이윤에 대한 인간의 갈망이 일정한 윤리적 한계에 의해 제약받지 않는다면 사회에 심각한 타격을 안겨줄 수도 있다는 것이었다. 이러한 생각이 한때는 자명해 보였기 때문에 모든 사회는 전통적으로 상업과 상인 공동체에 일정한 관습적 제약을 가했다. 하지만 그런 상황은 18세기 후반과 19세기 초반에 애덤 스미스, 데이비드 리카도를 위시한 자유 무역 옹호론자들의 영향을 받아 바뀌기 시작했다. 자유 무역 교리가 급진적이었던 것은 그게 새로운 형태의 상업을 창출했기 때문이 아니었다. (그 이전에도 다양한 종류의 시장 지향적 사업 벤처는 존재했었다.) 그 교리와 관련해 정녕 새로웠던 점은 '시장의 법칙' 같은 추상적 기준틀을 발명해 이전에 무역과 상업에 제약을 가했던 도덕적 보호막을 모조리 제거했다는 데 있었다. 청교도적인 도덕철학자 애덤 스미스가 저도 모르게 겉으로만 그럴싸한 도덕적 셈법을 구축하는 데 일조했다는 것은 엄청난 역사적 아이러니 가운데 하나다. 그 셈법은 인간성·윤리·정의에 대한 온갖 고려 사항보다 더 중요한 상위의 결정 요인—즉, 시장의 법칙—을 들먹임으로써(인간은 그 법칙을 무시할 힘이 없다고 알려져 있었기에), 그 이후 기업인들의 행동에 대한 모든 책임을 면해주었다.

따라서 "세계 시장에서는 무슨 일이든 할 수 있다"는 발상은 분명 유럽 '계몽주의' 이후의 서구, 특히 영미권에서 지배적으로 떠오른 자유 무역 이데올로기의 산물이다. 또한 그것은 사실상 근대 이전에 인류가 믿었던 내용과는 근본적으로 달랐다. 그렇다고 해서 근대 이전에는 탐욕과 범죄가 존재하지 않았다는 뜻은 아니다. 하지만 자유 무역 자본주의 이데올로기는 이윤을 추구하는 데 있어 완전히 새로운 차원의 타락을 용인했다. 그 결과 출현한 악마는 이제 워낙 확고하게 세상을 장악한 결과 아마도 결코 퇴치할 수 없을 것이다.

"세계 시장에서는 무슨 일이든 할 수 있다"는 생각이 오늘날에는 더 이상 적용되지 않는다고들 하지만, 이것도 사실이 아니기는 마찬가지다. 나오미 오레스케스(Naomi Oreskes)와 에릭 콘웨이(Eric Conway)가 그들의 저서 《거대한 신화(The Big Myth)》에서 밝혔듯이, 기업 및 우익 싱크탱크는 자유 시장 근본주의(자유 무역 교리의 현대적 반복에 지나지 않는다)를 홍보하는 데 막대한 돈을 퍼부었다.[118] 따라서 그러한 사상은 오히려 19세기 영국과 미국의 상인들 사이에서보다 오늘날의 기업 세계에서 더욱 기승을 부리고 있다. 이는 거대 에너지 기업들이 기후 변화에 대한 허위 정보를 퍼뜨리기 위해 저지른 온갖 행위를 통해 분명히 드러난다. 그들은 한때 아편 상인들이 그것을 안내하는 시장의 법칙이 존재한다는 구실로 수백만 명을 중독에 빠뜨린 것처럼, 인류 전체에 재앙을 안겨줄 정도로까지 그야말로 기꺼이 "무엇이든 할 수 있다"는 태도를 보여주었다.

14

광저우

홍콩과 광저우 사이의 160킬로미터를 이동하는 데는 채 한 시간도 걸리지 않는다. 고가 고속도로가 마치 복잡하게 뒤얽힌 아스팔트 리본처럼 고층 빌딩 사이를 빙빙 도는 풍경 속을 질주하는 고속 열차를 이용하면 말이다. 그 대부분 구간에서 철도는 1981년 중국 최초의 경제 특구로 지정된 선전(深圳)을 뚫고 지나간다. 당시에는 지방 도시에 불과했던 선전은 그동안 급속도로 성장한 결과, 현재는 그 지역의 역사적 수도인 광저우를 제치고 중국에서 세 번째로 큰 도시로 부상했다. 오늘날 선전은 세계에서 네 번째로 번화한 항구이며, 세계에서 두 번째로 고층 빌딩이 많고 샌프란시스코보다 더 많은 억만장자를 보유하고 있는 도시다.

광저우에서 기차를 내리면 과거의 흔적이 온통 지워지고 하룻밤 사이에 튀어나온 거대 도시를 지나가고 있다는 압도적인 인상에 휩싸인다. 하지만 이것은 그릇된 생각이다. 광저우의 모든 곳에서 과거와 현재는 가장 예기치 못한 방식으로 교차하고 있기 때문이다. 반짝이는 고층 빌딩과 길게 뻗은 도시 재개발 지역 사이로 1000년 된 불교 사원, 수백 년 된 정원, 7세기의 이슬람 사원, 그리고 18세기의 모습을 거의 온전하게 간직한 동네들이 자리 잡고 있다.

나는 2005년 9월 이곳을 처음 방문했을 때, 아편전쟁 이후 광저우의 새로운 외국인 조계지로 떠오른 사몐섬의 한 호텔에서 묵었다. 원래 작은 모래톱이었던 사몐섬은 영국이 임대해 간척지로 만들고 요새화한 뒤 1861년 외국 상인들에게 경매를 통해 부지를 매각했다. 최고로 열성적인 입찰자 중에는 파시교도 집단도 있었는데, 그들은 가장 부유한 영국 상인들을 제치고 주요 코너 부지(corner lot)를 확보하는 데 성공했다.[1]

그 섬의 부지들은 기하학적 격자로 배치되었으며 정원, 테니스 코트, 크로켓용 잔디밭, 산책로를 위한 공간을 넉넉히 확보하고 있다. 사몐섬은 분명 식민지 전초 기지로 설계되었다. 옛 외국인 조계지의 건축 양식은 중국과 유럽의 요소를 결합했지만, 사몐섬에 들어선 건물은 명백히 서구적 외관을 갖도록 디자인했다.[2] 사몐섬에서 중국은 엄격하게 제지당했다. 즉, 중국인은 하인이나 서비스 제공자인 경우에만 출입을 허락받았으며, 그 외에는 거주하거나 재산을 소유하거나 심지어 그 섬에서 하룻밤을 묵는 것조차 허용되지 않았다.[3] 이러한 규칙을 집행한 것은 서양인 선장이 지휘하는 경비병과 포함(砲艦)으로 구성된 사몐섬의 자체 보안군이었다. 이 군대는 광저우 시민을 대할 때 더러 공격적이기도 했는데, 1925년에는 결국 사지 대학살(沙基大虐殺: '사지'는 광저우에 있는 거리 이름. 6·23사건이라고도 한다—옮긴이)이라고 알려진 사건에서 시위 군중에게 발포해 52명을 살해했다.[4]

오늘날 사몐섬은 원화공원(文化公園)으로 알려져 있는데, 내가 그곳에 머무는 동안 외국인이 눈에 많이 띄었다. 당시 광저우는 중국 아기를 입양하고자 하는 외국인에게 인기 있는 행선지였는데, 그들 대부분이 사몐섬에 있는 호텔에 묵었기 때문이다.

당시 나는 일기장에 이렇게 적었다.

그 섬의 여러 대로에는 그늘을 드리우는 나무들이 아름답게 늘어서 있고, 저녁이 되면 아연 활기를 띠는 공원과 놀이터도 많다. 곳곳에 조성된 배드민턴장과 테니스 코트는 온갖 연령대의 사람들로 가득 차 있는데, 그들 모두는 상당히 수준 높은 경기를 펼친다. 어딜 가나 운동하는 사람들을 볼 수 있는데, 그중 상당수는 꽤나 나이가 많은 축이다. 호텔 주변 거리는 서양인들, 주로 유아차를 끌고 다니는 미국인들로 북적인다. 주변을 둘러보면 어디서나 세탁 서비스와 유아차 대여를 광고하는 작은 가판대가 눈에 띈다. 다들 친절하고 협조적이다.

밝은 불빛이 몇 킬로미터에 걸쳐 켜져 있는 우아한 강변 공원이 있다. 그 공원에서는 화이트 스완호〔White Swan Lake: 바이어탄(白鵝潭)—옮긴이〕로 흘러가는 주장강이 내려다보인다. 그곳의 한 카페에서 맥주를 한 잔 들이켰다. 웨이터에게 팁을 주려고 했더니 강하게 손사래를 쳤다. 여기서는 누구도 심지어 내 여행 가방을 들어준 벨보이조차 팁을 기대하지 않았다. 19세기 서양의 중국 여행 기록에 컴쇼(cumshaw, 팁)가 언급되었다는 사실이 인도 여행 기록에서 백쉬시(baksheesh, 팁)가 등장했다는 사실만큼이나 기이하다.

제1차 아편전쟁을 촉발한 많은 사건이 일어난 옛 외국인 조계지는 그 전쟁 중에 소실되어 오늘날 흔적조차 남아 있지 않다. 그 조계지가 자리했던 해안 지역에는 이제 도로와 제방, 부두가 들어섰다. 19세기 초의 조계지 모습을 상상하는 것은 거의 불가능하다. 그것은 특히 가장 기억에 남는 광저우 강변의 특징이자 항상 외국인 방문객의 눈을 휘둥그레지게 만든 광경, 즉 수 세기 동안 주장강을 따라 왐포아, 심지어 그 너머까지 뻗어 있던 '수상 도시'가 더는 존재하지 않기 때문이다.

이 광활한 수상 도시에는 수천 척의 삼판선(三板船: 항구 안에서 사람이나 짐을 실어 나르는 중국식 작은 돛단배―옮긴이)과 정크(junk: 사각형 돛을 달고 바닥이 평평한 중국 배―옮긴이)가 마치 해안이 연장된 것처럼 다닥다닥 정박해 있었다. 18세기의 한 여행자는 "캔턴에서 2~3킬로미터 아래 강에는 100톤짜리 배부터 연락선에 이르는 다양한 크기의 배들이 너나없이 움직이고 있는데, 서로서로 너무 가까이 붙어 있어 그것들 사이를 지나가기가 굉장히 힘들다"고 투덜거렸다.[5] 또 다른 여행자는 다음과 같이 솔직하게 놀라움을 표현했다.

> 독자 여러분, 8만 4000척의 배가 정박해 있거나 사방으로 움직이고 있다고, 거기에 남성과 여성, 아이들 그리고 배 밖으로 떨어질 경우를 대비해 등에 박(buoy)을 묶어둔 영아들이 살아간다고, 그렇게 부유 상태로 지내는 이들의 인구가 15만 명을 웃돈다고 상상해보십시오.[6] 그러면 광둥을 관통하는 주장강에 대해 아주 희미하게나마 그려볼 수 있을 겁니다.

하지만 그러한 수상 도시는 사라졌으나 오늘날에도 광저우에 밤이 찾아오면 과거와 마찬가지로 강변을 따라 분위기가 미묘하게 달라지면서,

18세기 중국 작가 심복이 했던 말이 떠오른다. "우리가 사몐섬 강변에 도착했을 때 음악과 노래가 사방에 울려 퍼졌다."[7]

오늘날에도 그때와 마찬가지로 해가 지기 무섭게 유람선들이 주장강의 마지막 구간인 화이트 스완호를 향해 유유히 항해한 다음, 그 호수에 도착해서는 창문과 갑판 위쪽에서 음악이 흘러나오는 가운데 그곳을 빙글빙글 돈다. 그러면 오래전 다음과 같이 기록한 여행자의 눈으로 그 도시를 바라보는 일이 한결 쉬워진다.

> 이방인이 캔턴에 접근하기 가장 좋은 시간은 아마도 밤일 것이다. 밤이 되면 종류도 다양한 배와 선박들이 온통 중앙 홀에 불을 밝힌다. 수많은 구형(球形)의 유지(油紙) 등불로 장식한 해안의 세관 건물들, 사방에서 들려오는 소란스러운 중국어, 징을 치며 내뱉는 그들의 떠들썩한 외침, 그들이 만들어내는 음악의 날카로운 음조, 그들이 즐기는 불꽃놀이의 섬광, 이 모든 것이 한데 어우러져 빚어내는 풍경은 너무나 진기하고 강렬해서 우리 기억 속에 남겨진 그 인상이 결코 지워지지 않는다."[8]

밤에 광저우에 도착한 어느 미국인 선교사는 "광저우의 야경은 현실이라기보다 마법 같았다"고 말했다.[9]

옛 '13개 공장'의 흔적이 남아 있다면 그것은 바로 과거에 그 조계지의 북쪽 경계를 표시했던 스싼항루(十三行路, '13상업가')다. 서양인에게는 '13개공장가(Thirteen Factory Street)'로 알려진 거리다.[10] 그 당시 이 거리는 비좁은 데다 온갖 종류의 사람과 운송 수단으로 북적거렸다. "우리는 이 거리에서 어깨 위에 걸친 긴 막대기의 양쪽 끝에 납작한 생선 바구니를 매달고 다니는 남성들, 외국인에게는 사용이 금지된 가마들, 우산을 든 사람들이 제각기 서로 반대 방향으로 움직이면서도 용케 부딪치지 않는 모습을 볼 수 있다."[11]

오늘날에도 이 거리는 여전히 스싼항루라는 과거와 동일한 이름으로 알려져 있지만, 이제는 광저우 의류 산업의 소매 중심지 역할을 하고 있다. 이 거리는 지금이야 훨씬 더 넓어졌지만, 여전히 정신없이 바쁘게 돌아가는 현장이다. 얼마나 정신이 없는지 번화한 도시에서 자란 나조차 처음 이 거리에 들어섰을 때는 입이 딱 벌어졌을 정도다. 하지만 어디에 서 있든 순식간에 다른 사람과 부딪히기 때문에 잠시 입을 벌리고 있는 것조차 쉬운 일이 아니었다. 딱히 매력적인 광경은 아니지만, 거기서 느껴지는 에너지와 부지런함은 분명 모종의 경외감을 불러일으켰다.

그 거리 한 귀퉁이에 "제각기 서로 반대 방향으로 움직이면서도 용케 부딪치지 않는" 행인들 틈에 끼여 있자니, 19세기 여행자들이 왜 이 같은 거리에 발을 들여놓으면서 놀라움과 경외감, 때로 반감을 느꼈는지 이해되기 시작했다. 광저우의 부지런함은 어찌나 강렬했는지 방문객들로 하여금 자신이 일평생 게으름만 피워온 것처럼 느끼도록 만들 지경이었다.

광저우에서 수 세기 동안 존재해온 것을 현대적으로 재현해놓은 듯한 인상을 내게 심어준 거리는 스싼항루만이 아니었다. 실제로 그런 거리를 너무나 자주 접해서 나는 온갖 고속도로, 고층 빌딩, 밝은 조명에도 불구하고 광저우는 어떤 의미에서 전혀 변하지 않았다고 느끼기 시작했다. 광저우는 과거에 늘 그랬던 것처럼 오늘날에도 여전히 중국이 세계에 영향력을 행사하는 수단인 방대한 물건(object)과 실체(entity)를 변함없이 제공해주는 원천인 것 같았다.

나는 광저우를 돌아다니는 동안 사람들이 나무와 식물에 큰 관심을 기울인다는 사실에 끊임없이 놀랐다. 나는 일기에 이렇게 적었다.

> 이 도시에서는 가는 곳마다 나무에 라틴어와 중국어로 표기한 식물 이름표가 달려 있다. 많은 도로에서는 리본처럼 바람에 나부끼는 기근(aerial root, 氣根)을 매단 무화과나무들이 그늘을 드리우고 있다. 어디를 둘러봐도 식물 천지다. 지지분한 창문 밖으로 고개를 삐죽 내민 식물, 비좁은 작은 테라스를 호사스럽게 장식한 식물, 우아한 아파트의 발코니 위로 뻗어 내린 식물……. 마치 이곳에서는 모두가 정원사인 것만 같다.

나중에 나는 이것이 수 세기 동안 변하지 않고 이어온 그 도시의 또 한 가지 측면이라는 사실을 알았다. 1790년대에 광저우를 방문한 영국의 식물 수집가 제임스 메인(James Main)은 "중국 해안을 처음 본 이방인은 중국 주민들이 정원사 집단이라는 결론을 내린다"고 썼다.[12] 메인에게 주어진 임무는 특이한 꽃을 찾는 것이었고, 이를 통해 그는 쏠쏠하게 보상을 받았다. 그는 "꽃에 대한 열망은 유럽에서보다 중국에서 훨씬 더 널리 퍼져 있다"고 밝혔다. 당시 중국의 부유한 상인이 희귀하거나 특이한 식물에 100은화에 상당하는 금액을 지불하는 것은 드문 일

이 아니었다.[13]

꽃은 실제로 중국이 세계에 주는 가장 좋은 선물 중 하나다. 원예학자 피터 발더(Peter Valder)가 말했다.

> 중국의 정원 식물은 마침내 전 세계 나머지 국가 상당수의 정원을 풍성하게 만들어주었다. ……그중 가장 잘 알려진 식물로 몇 가지만 언급하자면, 복숭아나무·모란·국화·동백·치자나무·진달래·개나리·등나무·꽃사과나무 등을 꼽을 수 있다. 이른바 월계화(monthly rose, 月季花)가 중국 정원에서 유럽으로 전해지지 않았다면, 오늘날 거듭해서 개화하는 장미의 개발은 꿈도 꿀 수 없었을 것이다.[14]

그리고 수년 동안 중국의 경이로운 꽃들이 전 세계에 알려진 것은 바로 광저우를 통해서였다. 이 꽃들은 야생에서 자란 식물이 아니라 특별한 종묘장에서 전문가의 육종에 의해 탄생한 품종이자 신중한 장인 정신의 산물이었다.

19세기 광저우에서 가장 중요한 종묘장은 외국인 조계지 바로 맞은편, 즉 주장강 건너 허난섬〔河南島, 사우스뱅크섬(South Bank Island)〕에 위치했다.[15] 오늘날 이 섬은 고층 빌딩과 고속도로의 숲으로 뒤덮여 있지만 200년 전만 해도 그 대부분이 농경지였다.[16] 주장강과 화이트 스완호 사이에 자리 잡은 허난섬의 종묘장은 그들의 가장 관대한 후원자인 부유한 코홍 길드 상인들의 토지에 인접해 있었다.[17]

이 허난섬 종묘장들은 총칭해서 파티(Fa-ti) 또는 '화디(花地, 즉 '꽃 피는 땅') 정원'으로 불렸다. 마을 사람들은 휴일이면 진달래·동백·장미를 비롯한 여타 꽃식물을 구입하기 위해 이곳으로 몰려들곤 했다. 그 종묘장들에서 구비한 식물의 수와 종류는 북쪽에서 온 학식 있는 중국인 방문객들도 혀를 내두를 정도였다. 18세기 여행가 심복이 말했다. "나는 모르는 꽃이 없다고 자신했는데, 여기 오면 10개 중 6개 내지 7개밖에 식별하지 못했다. 모르는 꽃들 이름을 물어보고 그중 일부는 심지어 《꽃모음 편람(Handbook of Collected Fragrances)》에 실리지도 않은 것들이라는 사실을 알았다."[18]

그 화디 종묘장들은 외국 상인이 즐겨 찾는 곳이었다. 그들은 심지어 그곳에서 중국 춘절 기념을 관례화하기도 했다.[19] 광저우의 다른 많은 것과 마찬가지로 화디 종묘장들도 소박하고 가식이 없었다. 종묘장들은 식물을 일렬로 놓은 흙 화분에 전시했다.[20] 이 종묘장들 가운데 일부는 20세기까지 살아남았고, 혁명 이후 원에 공동체로 변모했지만 여전히 파티 또는 화디라는 이름으로 알려져 있었다. 1981년 한 영국인 객원 정원사가 이 중 한 곳의 사진을 게재했는데, 그것들은 오늘날 중국 도시에서 볼 수 있는 종묘장과 꽤나 흡사한 모습이었다.[21]

그 파티 사진들은 너무나 평범해서 지금은 전면이 유리로 뒤덮인 고층 빌딩 아래 묻혀버린 해안가에 늘어선 이 소박한 시설들이 전 세계 정원에 혁명적 영향을 미쳤다고는 믿기 어려울 지경이다. 어쨌거나 바로 이곳에서 오늘날까지 크든 작든, 웅장하든 소박하든 지구의 정원을 장식하고 있는 많은 꽃이 탄생했다.[22]

1760년대부터 광저우는 끊임없이 영국의 식물 사냥꾼을 끌어들였다. 그중 가장 잘 알려진 것은 이 시대의 과학과 제국주의의 교차점을 완벽하게 보여주는 인물인 조지프 뱅크스 경(Sir Joseph Banks)이 파견한 이들이었다. 41년간 왕립학회(Royal Society) 회장을 지낸 조지프 경은 열성적인 식물 수집가였고, 열렬한 대영제국 확장 옹호자였다.[23] 그의 지도 아래 광저우 동인도회사의 많은 직원이 아마추어 식물 사냥을 부업으로 삼았다. 그들 가운데 한 명이 기어오르는 보라색 등나무를 소개한 것으로 유명한 존 리브스(John Reeves)다. (식물 사냥을 주요 주제로 삼은 《연기의 강》을 집필하면서 내가 브루클린의 우리 집 뒷마당에 심은 품종이 바로 그 등나무다.)[24]

조지프 경은 식물들을 큐 왕립식물원(Kew Gardens: 런던 서남부 교외에 위치한 식물원—옮긴이)으로 가져오도록 영국 정원사 몇 명을 광저우에 파견하기도 했다. 그중 한 명이 윌리엄 커(William Kerr)였는데, 그의 광저우 체류는 행복하지 못했다. 조지프 경에게 많은 식물을 보내는 데는 성공했지만, 정원사 봉급으로 간신히 연명하며 술꾼으로 전락했기 때문이다.[25] 목향장미(Banks' Rose)와 참나리 등 커가 소개한 식물 중 일부는 오늘날 전 세계 정원에서 사랑받고 있다.[26] 커가 큐로 실어 보낸 수송품 가운데 하나는 런던에 머무는 동안 상당한 관심을 끌었던 젊은 중국인 정원사 아페이(Ah Fey)와 동행했다. (아페이와 윌리엄 커는 《연기의 강》에 잠깐 등장한다.)[27]

광저우에서 식물 사냥꾼들은 실제로 화디에 가서, 공손하게 오랜 흥정 끝에 새로운 종류의 꽃을 살 수 있길 희망하는 '식물 구매자'에 가까웠다. 두 차례의 아편전쟁에서 영국이 청나라를 격퇴시킨 뒤에야 서양의 식물 사냥꾼들은 중국 전역을 활개 치며 휘젓고 다니면서 중국의 식물 및 원예 자원을 닥치는 대로 먹어치울 수 있었다.[28] 정원 역사가 제인 킬패트릭(Jane Kilpatrick)이 지적했다. "이들 식물 중 상당수는 이제 영국에서 너무나 인기가 높아져 그것들이 본시 중국에 기원을 두고 있다는 사실은 완전히 잊었다. 우리는 그것들을 우리 자신 것으로 간주하기에 이르렀다."[29]

광저우가 세계에서 가장 인기 있는 다수의 정원 꽃 원산지라는 사실은 꽃과는 거리가 먼 이 도시의 투지 넘치는 근면함과 조화를 이루기 어렵다. 광저우가 희귀한 꽃들을 수출하는 관문이자 매우 흔한 꽃인 아편 양귀비로 만든 제품의 교역을 금지한 지역이었던 19세기에는 이러한 이분법이 한층 더 확연했을 것이다.

《연기의 강》에서 이 이분법은 로빈 치너리를 괴롭힌다. 그가 제1차 아편전쟁 직전에 식물학자인 친구 폴레트(Paulette)에게 띄운 편지에서 말한다. "세상의 많은 악을 흡수한 이 도시가 그 대가로 그토록 많은 아름다움을 베풀었다고 생각하니 이상해. ……언젠가 나머지는 모두 잊히겠지만 꽃만은 길이 남을 거야. ……영원불멸하는 캔턴의 꽃들은 언제까지고 피어나겠지."

광저우가 세계 정원에 기여한 것은 단지 꽃만이 아니다. 내가 이 사실을 깨달은 것은 중국 여행에서 베이징의 이화원 경내, 그리고 1000년 된 '졸정원(Humble Administrator's Garden, 拙政园)' 등 유명한 정원을 거느린 쑤저우(蘇州)를 돌아본 직후 옥스퍼드를 방문하는 동안이었다.

나는 저명 전기 작가 허마이어니 리(Hermione Lee) 박사의 초대로 옥스퍼드에 있는 울프슨 대학(Wolfson College)을 방문했다. 그녀의 사무실에 앉아 아름다운 경관을 자랑하는 처웰(Cherwell) 강변에 인접한 대학 부지를 바라보고 있었다. 나는 옥스퍼드 대학원생 시절부터 그 강의 이 구역을 잘 알고 있었다. 수양버들이 점점이 늘어선 그곳은 내게 전형적인 영국적 풍경으로 보였다. 하지만 그날, 그곳에 앉아 멍하니 창밖을 바라보던 나는 지극히 영국적인 그 정원이 실은 늘어진 버드나무를 배치하고 '야생의 자연'임을 암시하는, 세심하게 빚어낸 중국식 작품임을 불현듯 깨달았다.[30]

내가 중국의 정원과 영국적 전형으로 여겨지는 정원이 유사하다는 사실에 충격을 받은 최초의 사람은 아니다. 이탈리아의 철학자이자 미술 평론가 프란체스코 알가로티 백작(Court Francesco Algarotti)은 '조경 운동(Landscape Movement)'이 영국 정원을 크게 바꿔놓고 있던 1755년에 이렇게 썼다. "오늘날 영국인의 정원 가꾸기 취향은 중국에서 왔다. 프랑스식 규칙성은 이제 영국의 모든 주택에서 자취를 감추었다."[31] 10년 뒤, 한 프랑스인이 한층 더 확실하게 이렇게 선언했다. "현재 공원과 정원을 배치하는 방식에서 영국인 사이에 널리 퍼져 있는 이 같은 취향은 중국의 것이다."[32] 이 취향은 곧 프랑스에도 퍼졌다. 프랑스에서는 이 스타일을 '영국-중국 정원(jardins Anglo-Chinois)'이라고 지칭했다. 역사학자 올더스 버트럼(Aldous Bertram)은 이렇게 기록하고 있다. "이 스타일이 더 멀리까지 모방됨에 따라, 중국을 연상케 하는 이름과 프랑스인이 선호하는 수많은 중국식 건물이 파리에서 유럽 전역으로 퍼져나갔다."[33]

중국이 영국 (그리고 미국) 정원에 미친 영향은 네덜란드 주재 영국 대사였던 윌리엄 템플 경(Sir William Temple)이 1692년 출간한 정원 가꾸기에 관한 책에서 그 기원을 찾을 수 있다. 《에피쿠로스의 정원에 대하여 (Upon the Gardens of Epicurus)》라는 제목의 이 책은 당시 유럽에서 유행하던, 엄격하게 대칭적이고 기하학적인 정원과 결별할 수 있는 길을 터주었다. 윌리엄 경은 중국인들은 그러한 식재 방식을 깔보았다고 지적했다. 그리고 이렇게 말을 이었다. "대신 그들은 형상을 고안하는 데서 빼어난 상상력을 펼쳤다. 그에 따르면 아름다움은 뛰어나야 하고 시선을 사로잡아야 하지만, 일반적으로 또는 쉽게 관찰할 수 있는 부분들을 배치해서도 안 되고, 그 어떤 질서도 없어야 한다."[34]

윌리엄 템플 경은 중국을 여행한 적이 없었으므로 중국 정원에 대한 그의 지식은 아마도 1600년대 후반 청나라 조정에 파견된 세 차례의 네덜란드 사절단 중 한 팀의 누군가에게서 얻었을 것이다.[35] 그 무렵은 이미 예수회 선교사들을 통해 중국 정원에 대한 정보가 유럽에 얼마간 퍼져 있는 상태였다.[36] 그 정보 대부분은 중국 북부의 멋진 정원을 기반으로 했다. 하지만 그런 정황은 18세기 후반 윌리엄 체임버스(William Chambers)라는 영국인이 중국의 정원과 건축에 관한 두 권의 책을 출판하면서 서서히 달라지기 시작했다. 체임버스는 광저우를 두 차례 방문했으며, 그가 집필에 참고한 자료는 주로 그 도시에서 목격한 것을 바탕으로 했다.[37]

체임버스가 광저우에서 보았을 법한 정원들은 일반적으로 안뜰에 조성한 것이었다. 그에 따라 그 정원들은 평범한 영국 정원사가 모방하기에 이상적인 모델로 떠올랐다. 크기가 아담할 뿐만 아니라 광저우를 통해 유럽에 도착한 새롭고 눈부신 꽃들을 부각하기에 안성맞춤이었기 때문이다. 체임버스는 주로 화디의 종묘장을 후원하던 부유한 상인과 정확히 같은 부류들이 소유하고 있던 안뜰 정원을 본 최초의 영국 정원사로 여겨진다. "종종 강박적이리만큼 완벽한 상태로 유지되는 이 정원들은 수 세기 동안 중국 전역에서 부유한 주택의 높은 담장 안쪽에 조성되어 있어, 유럽인들 눈에는 거의 띄지 않았다."[38]

체임버스의 두 책은 "중국식 파빌리온, 지그재그식 다리, 구불구불한 오솔길"을 소개함으로써 영국의 조경과 정원 건축에 혁명적 영향을 끼쳤다.[39] 이러한 영향은 초기 미국의 심장부로까지 확장되었고, 그 결과 조지 워싱턴으로 하여금 버넌산(Mt. Vernon)에 구불구불한 오솔길을 조성하도록 영감을 불어넣기까지 했다.[40] 따라서 체임버스가 두 권의 책을 통해 소개한 광저우의 정원 문화는 "영국이 중국을 모방했음을 말해주는" 확실한 한 가지 사례였다.[41]

물론 영국에서는 영국 정원이 "중국의 정원을 모방한 데 지나지 않는다"는 생각을 잘 받아들이지 않았고, 거의 오늘날까지 수 세기 동안 극성스러운 영국 정원 국수주의자들은 외국의 영향을 극구 부인해왔다.[42] 그들 가운데 일부는 유럽의 여러 지역, 심지어 고대 로마—사실상 중국을 제외한 어디든!—로까지 이어지는 독창적인 대안적 계보를 제시하기도 했다. 그러나 마지막 한마디는 이 구체적인 문제에 정면으로 맞선 케임브리지 역사가에게 주어져야 마땅하다.

> 영국의 정원이 중국의 실제 산물과 너무나 다르다는 주장은 많은 관찰자들이 영국의 정원을 '중국풍'이라고 묘사했다는 사실과 배치된다. ……중국 정원에 대한 아이디어는 어떻게 해서든 적어도 60년 동안 영감의 원천, 정당한 선례, 이상적 모델 그리고 부단히 적응력을 발휘하는 캔버스—즉, 영국의 온갖 변화하는 유행을 영국 정원에 담아내고 다시 반영할 수 있는 캔버스—역할을 해왔다.[43]

광저우와 화디의 종묘원들은 인도 아대륙의 시각적 풍경에도 심대한 영향을 끼쳤다. 중국에서 유럽으로 건너간 꽃들 다수는 인도 정원에도 빠르게 자리를 잡았다. 어떤 경우에는 영국의 정원사와 식물학자들이 중국 식물을 유럽으로 보내기 전에 인도에서 재배하기도 했다.〔이 가운데 일부는 인디카(Indica)라는 식물 명칭을 통해 인도산으로 잘못 알려지기도 했다.〕[44]

물론 예컨대 철쭉과 동백나무 같은 인도 아대륙의 토착 식물 다수도 유럽으로 전파되었다. 그러나 아삼주에 식재된 차나무와 마찬가지로 중국 식물은 인도의 유럽 정원사들에게 인도 현지의 식물보다 더 매력적으로 다가왔다. 그 결과 바로 중국 식물 품종들이 인도의 정원에 대량 서식하기에 이르렀다.

중국이 인도의 식민지 정원에 미친 영향은 비단 식물 품종에만 그치지 않았다. 18세기 말과 19세기 초에 영국인들 사이에서는 중국 정원사가 인도 정원사보다 솜씨가 더 좋다는 믿음이 파다하게 퍼져 있었다.[45] 중국 정원사들은 식민지 영지와 부동산을 관리하는 역할을 통해 인도 아대륙에 막강한 입김을 불어넣었다. 또한 그들은 현대 인도 정원의 가장 중요한 특징 가운데 하나를 도입하는 데도 기여한 듯하다. 그것은 바로 서양의 화단과 비슷한 역할을 하는 방식으로, 흔히 여러 개의 '토분(土盆)'을 광범위하게 사용했다는 점이다.

중국 정원에서 토분을 사용한 역사는 적어도 1500년 전인 당나라 시대로까지 거슬러 올라간다. 그리고 중국 정원사와 종묘업자가 이 관행을 광저우에서 들여왔을 가능성이 매우 높다. 광저우의 종묘장과 정원은 포장된 안뜰과 울타리 안에 배치 및 재배치할 수 있는 토분으로만 구성한 경우가 많았다. 이는 분명 인도 상황에 안성맞춤인 관행이었다.[46]

물론 인도 정원은 여러 문화에서 차용되었지만, 영향의 흐름은 언제나 순환적이었다. 많은 식민지 개척자들이 믿었던 것처럼 "피식민지 민족이 영국의 방식을 일방적으로 모방하는" 방식과는 달랐던 것이다.[47] 식민지 개척자들의 그 같은 믿음은 해괴한 망상을 불러일으켰다. 이를테면 버지니아 울프(Virginia Woolf)의 시누이 벨라(Bella)는 "진정한 향수를 불러일으키려면 열대 지방에 피는 앵초가 필요하다"며 향수병에 시달리는 식민지 여성들의 정서를 대변한 적이 있다.[48] 그러나 공교롭게도 영국 정원에서 가장 흔히 볼 수 있는 앵초 대다수는 사실 아시아에서 도입한 것들이다.[49]

그런 의미에서 오늘날의 인도 정원은 묘하게 가려진 두 아시아 지역 관계의 본질을 드러내는 좋은 예다. 요컨대 복잡한 순환 교류 패턴에서 비롯된 일련의 관행은 유럽에서 인도로 널리 확산한 결과로 간주되기에 이르렀다.

문화적 영향이 순환적 경로를 따른다는 걸 가장 잘 보여주는 예가 인도의 예술 및 공예품에 중대한 영향을 끼친 한 가지 기법이다. 바로 '반전 유리 회화(reverse glass painting: 유리 조각에 그림을 그린 다음 그걸 뒤집어 유리를 통해 이미지를 보는 예술 형식―옮긴이)' 기법이 그것이다.[50] 이 유형의 회화는 흥미로운 기술적 과제를 제기한다. 보는 이의 반대쪽 유리에 거울 이미지로 그림을 그리는지라 그림 순서가 뒤바뀌어야 하기 때문이다. 즉, 마감 처리를 먼저 하고 배경을 마지막으로 그려 넣어야 하는 것이다. 미술사학자 파울 판 동언(Paul van Dongen)의 말마따나 이런 회화는 "크고 작은 채색 부문과 선들로 구성된 퍼즐로 간주할 수 있고, 서로 형태며 색의 아주 미세한 부분까지 일치해야 하고 최대한 정밀하게 들어맞아야 한다".[51]

유럽에서는 16세기에 이 기법이 널리 알려졌지만 주로 민속 예술로 행해졌으며 성인(聖人)과 성지(聖地)의 이미지를 형상화하는 데 쓰였다. 17세기 초 프랑스와 이탈리아 예수회 신도들이 중국에 도입했을 것으로 추정되는 이 기법은 그 이후 빠른 속도로 인기를 누렸다. 수십 년만에 광저우에서는 국내 시장뿐만 아니라 해외 시장을 겨냥한 완성도 높은 유리 그림이 대거 제작되었다.[52]

이 기법은 광저우에서 18세기 후반 자바·인도 등을 위시한 다른 아시아 지역들로 퍼져나갔다. 인도의 경우, 아마도 "관심 있는 인도(무굴) 귀족이 쉽게 후원해줄 거라는 기대감"에 솔깃해서 그곳으로 이주한 중국인 유리 화가들이 그 기술을 들여온 듯하다.[53]

초기의 중국인 유리 화가들은 중국과의 무역에 종사하는 파시교도 상인이 다수 거주하는 구자라트주 수라트에 당도한 것으로 알려져 있다. 일부는 중국 비단 방직공이 개척한 길을 따라 파시교도 상인의 요청으로 그곳에 왔을 가능성이 있다.

반전 유리 회화는 인도인의 취향에 호소할 수 있는 무언가—아마도 반투명성, 선명함, 반짝이는 요소 등—가 있었던 듯하고, 그 덕분에 엄청난 인기를 누렸다. 초기 회화 중 일부는 야심차고 복잡했다. 하지만 이 기법은 민중적 양식에도 발 빠르게 적용되었으며, 종교적 이미지를 제작하는 데 널리 쓰였다. 반전 유리 회화는 인도 아대륙의 시각적 어휘에 심대한 영향을 끼친 달력 예술의 선조일 가능성이 있다.

중국은 광저우를 통해 인도의 직물과 의복에도 막대한 영향을 끼쳤다. 중국적 요소는 '가로(Garo)' 또는 '가라(Gara)' 사리(sari: 인도 여성이 몸에 두르는 길고 가벼운 옷—옮긴이)로 알려진 '비단 문직(紋織: 무늬를 도드라지게 짠 옷감—옮긴이)'의 한 형태로서, 파시교도와 동일시하기에 이른 직물 스타일의 디자인에 접목되었다. 마다비 탐피(Madhavi Thampi)가 지적했듯 이런 종류의 사리는 "중국과 인도의 문화적 전통이 융합된 결과임을 보여주는 매력적인 예"다.[54]

이런 의복은 사리 형태를 띠었지만, 그럼에도 그 위에 장식한 디자인은 주로 중국적인 것이었다. 역사가 칼파나 데사이(Kalpana Desai)는 "해, 달, 화려한 가금, 수초, 분미(粉米: 임금의 옷에 백미 모양의 수를 놓아 '기르는 것'을 상징하던 문장 장식—옮긴이) 등 일부 요소는 고대부터 사용되었으며, 송나라 이전에도 중국 제례용 예복을 수놓는 데 쓰인 12장(十二章: 해, 달, 별, 산, 용 등 12가지 장식 무늬) 목록에 들어 있었다"고 썼다.[55]

중국 방직의 영향력은 파시교도를 통해 인도 깊숙이 파고들었으며, 인도 직물에 커다란 입김을 불어넣었다. 이를 보여주는 가장 좋은 예가 '탄초이(Tanchoi)'라고 알려진 사리다. 이것은 베나레스의 방직 중심지와 매우 밀접한 연관이 있어 일반적으로 '바나라스(Banaras)' 사리로 알려져 있었다. 나의 할머니·어머니·누이가 결혼식 때 차려입었던 것이며, 내 아내도 1990년 캘커타에서 혼례를 치를 때 이 사리 종류를 사용했다. 인도의 다른 많은 지역에서와 마찬가지로 벵골에서도 바나라스 사리는 특별한 날을 위해 심지어 평범한 가정에서도 꼭 갖추어 입어야 하는 필수품이다. 그러나 이 전형적인 인도 직물은 본시 인도에서 만들어진 게 아니다. 마다비 탐피가 설명한 바와 같이 "탄초이 방직 기술은 …… 중국에서 [인도] 서부 해안을 통해 인도에 도착했다".[56]

이와 관련해 칼파나 데사이는 아래와 같은 이야기를 들려준다.

수라트의 조시(Joshi) 가문 출신인 3명의 방직공이 1856년의 어느 날 중국 비단 방직의 대가 초이(Chhoi)에게 특별한 종류의 비단 방직 기술을 배우기 위해 상하이로 떠났다. 이 기술을 상당 경지까지 숙달하고 돌아온 그들은 스승의 이름 '초이'를 취했고, 수라트 사람들은 그들이 만든 직물을 3(tan)명의 초이가 만든 직물이라는 의미에서 '탄초이(tanchhoi)'라고 불렀다.[57]

데사이 박사는 이렇게 덧붙인다. "탄초이 직물은 1925년이 지나자마자 유행에서 멀어지기 시작했다. ……그 시장이 쇠퇴하자 수라트는 탄초이 생산을 중단했다. 그에 따라 그 기술을 되살리는 것은 베나레스 직공들 몫으로 남았다."[58]

중국 직물과 의복의 영향은 소재와 디자인을 넘어서까지 확장되었다. 즉, 초기 파시교도의 의복은 중국 디자인이 인도 아대륙에서 흔히 볼 수 있는 사리와 함께 착용하는 블라우스 같은 '인도' 특유의 의복 품목이 발전하는 데서도 중요한 역할을 했음을 말해준다.[59]

이 역시 인도 근대성의 시각 언어를 형성한 보이지 않는 손이 남겨놓은 흔적이다.

광저우는 미안한 기색도 없으리만큼 당당한 상업 도시치고는 희한하게 예술 중심지이기도 했다. 그 도시의 최대 명소 중 하나는 외국인 조계지 올드차이나가(Old China Street)에 늘어선 일련의 화실이었다. 경제적 사정이 허락하는 모든 방문객, 심지어 휴가 중인 선원들도 그곳에 들러서 자신의 '초상화' 제작을 의뢰했다. 대부분의 일반인으로서는 초상화가 언감생심인 시대였던 만큼, 이는 엄청난 호사였다.[60] 광저우에서는 선원이 한 시간 만에 자신의 초상화를 손에 넣을 수 있었다. 물론 선장이나 부유한 상인은 광저우에서 가장 유명한 화가에게 자신의 대형 초상화를 그려달라고 의뢰할 수도 있었다. 캔턴 졸업생들은 항상 귀국할 때 이런 초상화를 여러 점 챙겨 갔다. 그중 일부는 지금도 그들 저택의 벽을 장식하고 있다.

광저우의 화가들은 친절할 뿐만 아니라 다재다능하기까지 했다. 그들은 로켓(locket: 조그마한 사진·머리카락·기념물 등을 넣어 목걸이 등에 다는 금속제 곽—옮긴이)에 넣을 수 있는 미니어처에 이르기까지 다양한 크기의 초상화를 기꺼이 여러 점 제작해주었다. 영국·네덜란드·미국 가정에 대대로 전해 내려오는 이런 미니어처 중 상당수는 실제로 광저우에서 제작되었다.[61] 심지어 그들은 기꺼이 미니어처를 실물 크기의 초상화로 확대 제작하기도 했다. 이것은 편리한 선택이었는데, 로켓을 선장의 짐에 넣어 쉽게 옮길 수 있었기 때문이다. 화가들이 절대로 하지 않는 일 하나는 대상을 실제보다 돋보이게 만드는 것이었다. 어느 화가는 그러도록 요청받으면 "잘생기지 않았는데 어떻게 잘생기게 그릴 수 있는가?"라고 쏘아붙였다고 한다.[62]

광저우의 화실은 제 서양 후원자를 위해 다양한 종류의 예술품도 제작했다. 여기에는 유명한 유럽 미술 명작을 전문적으로 재현한 작품, 그리고 '전형적인' 중국 풍경을 담은 방대한 양의 기념품 그림이 포함되어 있었다. 젊은 선원 및 상인 사이에서 포르노그래피에 대한 수요가 많았던지라 "외설적인 종류의" 그림도 그 지역의 또 한 가지 특산품이었다.[63]

광저우 예술가들의 가장 영향력 있는 특기 중 하나는 '자연사 회화

(natural history painting)', 즉 동물과 식물을 묘사한 그림이었다.[64] 이 회화 작품은 서양 식물 미술의 기법과 양식에 지대한 영향을 미쳤을 뿐만 아니라, 이따금 유럽 식물학자에게 중국 꽃을 알리는 역할도 했다.[65] 오늘날 영국과 미국의 아늑한 민박집 벽에 걸려 있는 예쁜 식물과 새 그림 중 상당수는 중국에서 제작된 작품들이다. 심지어 그런 그림 가운데 중국에서 제작되지 않은 작품들조차 광저우 예술가들로부터 영향을 받았음을 보여준다.[66]

광저우의 화실에서 놀랍도록 다양한 이미지 수천 점을 제작할 수 있었던 까닭 중 하나는 거기서 일하는 장인들이 엘리트 예술가, 즉 두루마리 그림을 그리거나 한문 서예를 하는 지극히 세련된 학자도 그런 유의 지식인도 아니었기 때문이다. 광저우의 예술가 다수는 노동자 계급 가문의 후예로 도자기 가마와 관련이 있었다. 중국 도공들은 유럽인의 취향을 충족시키는 데 노련했고, 스텐실(stencil: 본을 놓고 찍는 무늬판―옮긴이)을 써서 서양의 디자인을 재현하는 데 능란했다. 광저우의 예술가들은 바로 이러한 기술 가운데 일부를 본인의 화실로 들여왔다. 그들의 화실에서는 스텐실도 광범위하게 쓰이기 시작했다. 실제로 그들이 그린 회화와 이미지 상당수는 매번 새로 제작한 게 아니라 조립의 결과였다.[67] 따라서 이것은 기계 없이도 기계적으로 복제하는 진정한 이미지 창출 산업이었다! 이런 전통은 우리 시대까지 유구하게 이어졌다. 선전 인근의 다펀(大芬) 마을은 오늘날 "모범적인 중국 예술 산업인 수공예의 세계 최대 생산 중심지이자 서구 소매상에게 서양 명화의 유화 복제품을 대주는 최대 규모의 공급처"로 자리 잡았다.[68]

광저우의 화실에는 기능 수준이 서로 다른 예술가들이 있었는데, 그중 최고는 유럽과 중국 예술을 선구적으로 융합한 빼어난 화가와 조각가들이었다. 그 일부는 살아생전에 서양에서 인정받기도 했다. 유럽인에게 치트쿠아(Chitqua)라는 이름으로 알려진 예술가 담기규(譚其奎)는 1760년대라는 이른 시기에 런던으로 건너가 왕립 아카데미에서 큰 호평을 받으며 자신의 그림을 전시했다.[69] 그는 조시아 웨지우드(Josiah Wedgwood)와 제임스 보즈웰(James Boswell)을 비롯해 많은 유명인을 만났고, 버킹엄궁에서 조지 3세와 샬럿 여왕(Queen Charlotte)의 영접을 받았다. 그는 심지어 잘 알려진 요한 조파니(Johan Zoffany)의 그림 〈왕립 아카데미 회원들(The Academicians of the Royal Academy)〉에도 등장한다.[70]

광저우 출신의 다른 많은 예술가도 19세기 초 런던과 보스턴에서 그들 작품을 전시했다. 뭄바이의 타지마할 호텔 설립자 잠세치 타타 경 같은 파시교도 상인들은 많은 회화 작품을 인도에 가져왔다. 그중 일부는 아직도 오래된 그 호텔 건물의 아트리움이 내려다보이는 복도에서 볼 수 있다. 잠세치 타타 경의 아들 도라브 경(Sir Dorab)과 라탄 타타 경(Sir Ratan Tata)도 중국 미술품과 공예품을 대량 수집했다. 그것들은 오늘날 뭄바이에서 가장 유명한 박물관에 소장되어 있다.[71]

이 시기 광저우의 예술가 중 가장 두드러진 인물은 서양인에게 람쿠아(Lamqua)로 알려진 관교창(關喬昌)이다.[72] 그의 작품이 매우 뛰어나고 서양 기법에 능숙했기 때문에 많은 외국인은 그가 조지 치너리를 사사했다고 믿었다.[73]

사실 관교창은 저명 예술가 가문 출신이었으며(파트나학파와 마찬가지로 광저우의 많은 예술가도 가족적 유대를 공유했다), 치너리가 마카오로 이주하기 전에 이미 확실하게 자리 잡은 화가였던 것으로 보인다.[74] 관교창이 분명 치너리를 알고 있었고 심지어 그로부터 영향을 받았을 수도 있지만, 그가 치너리의 제자임을 말해주는 증거는 없다. 게다가 치너리 자신도 그가 본인의 제자가 아니라고 완강히 부인했다.[75] 또한 풍경과 거리 묘사에 일가견을 보인 치너리와 달리 관교창의 장기는 초상화였다. 그는 그 분야에서 치너리보다 한층 뛰어난 실력을 뽐냈던 것 같다.

이와 관련해 관교창과 조지 치너리가 그린 매우 유사한 주제의 회화 작품 두 점을 비교해보면 흥미롭다. 치너리의 그림은 마카오의 유명한 영국 외과 의사 토머스 콜리지 박사(Dr. Thomas Colledge)의 초상화인데, 그를 호화로운 커튼이 드리운 배경 속에서 영웅적 포즈를 취하고 있는 모습으로 표현했다.

관교창의 그림은 광저우의 외국인 조계지에서 자선 클리닉을 운영한 미국인 외과 의사 피터 파커 박사(Dr. Peter Parker)의 모습을 담고 있는데, 그는 중국인 조수가 환자를 수술하는 동안 의자에 앉은 채로 관람자를 정면으로 바라보고 있는 모습이다. 서로 대조적으로 묘사된 서월과 시바 랄의 파트나 아편 공장 작품들처럼 유럽 화가의 시선과 아시아 화가의 시선 사이에는 두드러진 차이가 있다. 요컨대 둘 가운데 더 사실적이고 '자연스러워' 보이는 쪽은 관교창의 작품이다.

실제로 관교창의 가장 강렬한 그림들 중 일부는 흉측한 질병에 시달리는 파커 박사의 환자들을 가감 없이 세밀하게 묘사한 작품이다.[76]

시타 람과 시바 랄의 작품과 마찬가지로 관교창의 작품은 종종 '회사 미술(Company Art)'로 묘사되곤 한다. 그러나 인도의 회사 미술과 중국의 회사 미술 간에는 몇 가지 중요한 차이점이 있다. 인도 학파들은 결코 광저우 화실처럼 산업적인 규모로 그림을 제작하지 않았다. 또한 인도의 그 어떤 회사 화가들의 명성도 인도 아대륙을 넘어서까지 퍼져나가지 않았다. 시타 람이 발군의 예술가라는 사실은 캘커타의 영국 관리들에 의해 인정받았을지 모르지만, 그의 작품은 담기규의 작품과 달리 왕립 아카데미에 전시되지 않았다. 또한 인도의 그 어떤 '회사 미술가'도 영국에서 다소간이나마 명성을 얻지 못했다. 그 이유는 무엇이었을까?

이런 질문을 던진 사람은 내가 처음이 아닌 것 같다. 잠세치 제지보이 경은 1850년대에 그가 봄베이에 예술 학교를 건립하는 데 당시로서는 입이 딱 벌어질 금액인 10만 루피를 기부하는 놀라운 일을 행했는데, 이로 보아 그도 그런 질문을 던졌던 게 틀림없다.[77] 오늘날 '제이 제이 경 예술학교(Sir J. J. School of Art)'로 알려진 이곳은 1857년에 문을 열었는데, 이후 인도의 예술과 문화뿐만 아니라 인도 아대륙의 시각적 풍경 전체에 막대한 영향력을 행사해왔다. 그 학교의 졸업생 중 다수는 잠세치 제지보이 경의 원했을 법한 바대로 국제적 명성을 누렸다.[78]

'제이 제이 경 예술학교'의 초기 교사와 교장 대부분은 영국 출신이었다. 아잔타(Ajanta) 벽화를 모사한 존 그리피스(John Griffiths)도 그중 한 명이었으며, 작가(인도 뭄바이 태생의 영국 소설가이자 시인으로 1907년 노벨 문학상을 수상한 러디어드 키플링을 지칭한다―옮긴이)의 아버지 록우드 키플링도 그들의 일원이다. 이 두 영국인 이름만 들으면 '제이 제이 경 예술학교'가 '영국화' 또는 '서구화'의 한 장을 장식했다는 인상을 받을 수도 있다. 하지만 실제로 그 학교 건립의 계보는 그와 전혀 다른 방향을 가리키고 있다. 그 학교는 인도 출신 중국 상인들 중 가장 저명한 사람이 중국 무역을 통해 번 돈으로 설립했다. 희망봉을 지나는 모험에 뛰어든 적은 결코 없지만 광저우를 네 차례나 여행하고 조지 치너리를 비롯한 많은 예술가를 위해 포즈를 취했던 인물 말이다. 이 놀라운 학교의 건립은 다름 아니라 잠세치 제지보이 경의 광저우 경험, 즉 그가 자신이 속한 공동체의 많은 사람과 공유한 경험에 의해 촉발되었다는 것은 의심할 나위가 없어 보인다. 오늘날 위키피디아에 수록된 그 학교 사이트를 장식하고 있는 그림은 그 점을 분명하게 시사한다. 바로 조지 치너리가 중국에서 제작한 것으로, 잠세치 경이 그의 중국인 비서와 함께 있는 그림이다.

가구는 광저우 장인들의 또 다른 지역 특산품이었다. 광저우에는 서양식 가구를 완벽하게 모방해 제작할 수 있는 공방이 많았다. 오늘날 치펜데일(Chippendale)·헤플화이트(Hepplewhite)·셰이커(Shaker) 가구로 행세하는 많은 작품이 실은 광저우에서 만든 걸 복제한 것이다. 그러나 광저우에서 나온 가장 훌륭한 가구는 흔히 현지 장인들이 여러 디자인 요소를 자유롭게 결합해 즉흥적으로 제작한 것이었다. 그들의 작품 가운데 일부는 놀라울 정도로 시대를 앞서간 것처럼 보인다.[79]

광저우의 예술가와 장인은 다양한 수단을 통해 걸작을 생산할 능력이 있었음에도, 무엇보다 적응력이 뛰어난 데다 허세를 부리지 않는다는 점에서 주목할 만했다. 그들은 구매자가 값싼 물건을 원하면 저렴한 물건을 흔쾌히 제공하곤 했다. 구매자가 값비싸거나 정교한 물건을 원할 경우와 다를 바 없이 말이다. 세계 다른 지역의 장인들은 엘리트층을 상대하는 경향이 있었지만, 광저우의 장인들은 항상 대중 시장을 주시하고 있었던 것 같다. 이 점에서도 그들은 시대를 앞서갔다. 광저우의 목수들은 몇 세기 전에 이미 이케아(IKEA)를 예상하고 구매자가 조립할 수 있는 단위로 대형 제품을 작업장에서 출고하는 시스템을 개발하기까지 했다.[80]

아마 가장 인상적인 중국 수출품, 예술 작품 및 가구 컬렉션은 매사추세츠주 세일럼에 위치한 피보디 에식스 박물관의 것일 터이다. (뉴잉 글랜드의 많은 캔턴 졸업생이 중국풍 물건 및 작품을 열렬히 수집하는 이들이었기에 그리 놀라운 일은 아니다.) 이 박물관에는 값비싼 희귀품 이외에 다양한 일상 용품도 전시되어 있다. 그중 몇몇은—내가 그곳을 방문했을 때 깨닫고 놀란 점인데—오랫동안 내 삶의 일부였지만 다른 겉모습을 하고 있는 물건들의 먼 조상(ancestor)이었다. 경첩을 단 상판과 거울이 달린, 멋지게 옻칠한 18세기 후반의 파우더 캐비닛(powder cabinet)에서 나는 우리 어머니 삶에서 없어선 안 될 부분이었던 화장대의 조상을 보았다.[81] 검은색과 금색으로 정교하게 옻칠한 재봉대를 보고 있자니 탁자에 장착 가능한 어머니의 싱어(Singer) 재봉틀이 그 후예라는 사실을 느낄 수 있었다.[82] 그제야 나는 오래된 싱어 재봉틀이 왜 그렇게 반짝이는 검은 고색(古色)을 띠었는지 이해할 수 있었다. 분명 옻칠 작품의 외관을 흉내 내려 애쓴 결과였던 것이다.

피보디 에식스의 전시품 가운데 유독 눈에 띄는 또 다른 물건은 기념품, 즉 브루클린에서는 '초치케(tchotchke)'라고 알려진 골동품들이었다. 즉, 손으로 그림을 그린 부채, 조각한 선상 가옥, 옻칠한 상자, 점토로 빚은 조각상, 만지거나 후 불면 고개를 까딱거리는 식으로 균형을 잡는 머리가 달린 인형 등이다.

캘커타의 중산층 사이에서 흔히 그랬듯 우리 집에는 항상 거실 한쪽에 초치케로 가득 찬 진열장이 놓여 있었다. 그중 눈에 띄는 것은 그림이 그려진 부채, 장식용 도자기, 옻칠한 상자, 조각한 선상 가옥, 고개를 까딱거리는 인형이었다. 어렸을 때는 특히 크게 웃으며 움직이는, 머리가 탈구된 인형을 보는 게 퍽 당황스러웠던 기억이 난다. 그 인형들은 가끔 내 꿈에 나타나 잠을 깨울 정도로 무서웠다.

내 인생에서 처음으로 그간 의식하지 못했던 중국이라는 존재를 어렴풋이 느끼게 된 것은 각각 캘커타와 브루클린에 있는 나의 서재에서였다. 하지만 나의 시각 및 촉각의 세계가 언제나 나도 모르는 사이에 광저우의 장인들에게서 유래했을 가능성이 있는 디자인 요소들에 흠뻑 젖어 있었다는 사실을 깨달은 것은 바로 매사추세츠주 세일럼에서였다.

인도에서 파시교도는 중국의 관행과 제품을 미국에 들여온 뉴잉글랜드 엘리트들에 상응하는 역할을 담당했다. 파시교도 집단은 작은 공동체였지만 그 규모에 전혀 어울리지 않는 막강한 영향력을 행사해왔다. 정치·산업·과학·자선 등 분야를 막론하고, 오늘날 인도를 규정하는 제도와 관행의 (대부분은 아니더라도) 상당수는 파시교도에게서 그 기원을 찾아볼 수 있을 정도로 말이다.[83] 이는 인도 아대륙에서 지배적인 대중문화의 경우도 마찬가지다. 예컨대 발리우드(Bollywood: 할리우드에 빗대 인도의 영화 산업을 일컫는 말—옮긴이) 영화 산업의 뿌리는 19세기의 파시교도 극장으로 거슬러 올라간다. 〔파시교도 순회 극단은 말레이시아와 인도네시아에서 새로운 공연 장르인 와양 파시(wayang Parsi)를 만들어내기도 했다.〕[84] 마찬가지로 파시교도는 인도를 마치 종교처럼 크리켓(cricket: 11명으로 이루어진 두 팀이 벌이는 야구 비슷한 경기로 인도에서 국민 스포츠로 엄청난 사랑을 받고 있다—옮긴이)으로 개종시키는 데 막중한 역할을 했다.

나는 파시교도들이 초기에 캔턴에서 겪은 경험 덕분에 그들 공동체가 또 한 가지 측면에서 시대를 앞서갔다고 믿는다. 바로 현대 인도에 깊은 족적을 남겼으며, 내 자아의 특정 부분에 영향을 미치기도 했던 측면이다. 이렇게 말해보면 어떨까. 인도의 도시 중산층 문화를 바라볼 때 나를 강렬하게 사로잡는 한 가지 측면은—좀더 나은 표현을 찾기 힘든데—특정 스타일, 즉 일종의 사회적·언어적 적응력, 이중 언어 능력, 언어 사용역(register, 使用域), 문화, 심지어 인성(人性) 사이를 오가는 능력이라고 부를 법한 것이 널리 퍼져 있다는 점이다. 그것은 우리 시대의 가장 저명한 파시교도 지식인 호미 바바(Homi Bhabha)가 '혼종성(hybridity)'이라고 부르는 것을 미덕으로 삼는 스타일이다. 이는 고향을 떠나본 적 없는 사람들에게 일종의 국제적 감각을 부여하는 상호 작용 양식이다. 아울러 젊은 전문가들이 외국의 까다로운 업무 환경에 적응하는 데 기여하며, 많은 인도인이 글로벌 기업 및 기관의 최고 자리에 오를 수 있게 해주었다.

내가 생각하기에 이러한 스타일은 그 자체로 하나의 문화로서, 내가 인도의 여러 영어 사용 기관들에서 교육받는 과정을 통해 연마한 것이기도 하다. 이것이 실제로 모종의 문화라면, 다음과 같이 물어보는 것은 온당하다. 그 선조는 누구인가? 그 계보는 무엇인가? 그것은 어디에서 어떻게 발달해왔는가?

인도 아대륙에서 유럽인과 인도인은 물론 다양한 방식으로 서로에게 적응했다. 하지만 1760년대 이후에는 그 일이 거의 항상 지배와 피지배라는 맥락에서 이루어졌다. '캔턴먼트(cantonment: 인도 주재 영국 군대의 병영—옮긴이)'라고 알려진 군사 캠프가 좋은 예다. 이곳에서는 다른 어떤 시설들에서보다 인도인과 영국인이 서로 대단히 밀접하게 접촉하며 공존했다. 그러나 그 군사 캠프는 엄격하게 구조화한 공간이기도 해서 인도인 병사(sepoy)와 영국인 장교가 떨어져 살았다. 그들은 서로 다른 종류의 건물에 거주하고 다른 종류의 음식을 먹고 다른 규칙의 지배를 받았다. 따라서 그 군사 캠프는 교류의 공간이 아니라 거리 두기의 장소가 되어 "세포이들은 군복을 벗으면 본래의 '자연인' 성격으로 돌아간다"는 말이 회자될 정도였다.[85] 따라서 군사 캠프는 '문화 변용(acculturation)'의 장소가 아니었다. 만약 그랬다면, 인도에서 가장 먼저 '서구화'한 지역은 동인도회사에 최초의 세포이를 공급한 푸르반찰이었을 것이다. 그러나 이는 분명 사실이 아니다.

주요 관구 도시들에서도 집단 및 공동체 간의 경계는 매우 뚜렷했다. 마리아 그레이엄(Maria Graham)은 1812년 집필한 인도에 관한 회고록에 "모든 영국인은 자신이 아주 별난 '존 불(John Bull: 전형적인 잉글랜드인─옮긴이)'이라는 자부심을 품고 있는 것 같다"고 적었다.[86] 19세기 중반의 또 다른 영국인 관찰자는 이렇게 썼다. "인도에 사는 영국인의 특징인, 원주민에 대한 극단적 능멸에 충격을 받았다. 그런데 그 점이 캘커타에서보다, 즉 그곳의 정부 청사뿐만 아니라 독립적인 정착민들 사이에서 보다 더 강하게 느껴지는 지역은 없을 것이다. 그리고 그것은 그 자체를 산책로에서의 저녁처럼 느끼게 한다."[87]

1840년대 이전의 광저우가 독특하고 흥미로운 이유는 바로 여기에 있다. 광저우는 주도 세력이 유럽인이 아니라 아시아인이었으며, 서양인·인도인·중국인이 상업적·정치적·사회적으로 서로 의존하며 가까이 살았던 곳이다. 게다가 캔턴의 무역업자들은 관리라기보다 상인이었고, 그렇게 해서 돈을 벌었기에 서로 동등한 조건으로 거래하는 데 익숙해 있었다.

식민지 시대 초기에 유럽으로 여행하는 인도인은 거의 없었지만, 정기적으로 중국 남부로 여행을 떠나는 인도인은 상당수였다. 당시는 아시아와 유럽을 막론한 모든 지역 사회가 자기 고유의 관습을 고수하는 걸 중요시했던 시기다. 하지만 광저우의 외국인 조계지는 배타성을 고집할 수 없는 곳이었다. 그곳에서 거주하는 파시교도는 필연적으로 다양한 종류의 외국인과 쉽게 어울려 지낼 수 있는 사회적 상호 작용 방식을 고안해내야 했고, 결국 그렇게 하는 데서 커다란 성공을 거두었다. 아마 이게 바로 뭄바이가 현대적이고 도시적인 인도의 문화 양식이 가장 손쉽고 편리하게 구현된 도시로 손꼽혔으며, 지금도 그러한 이유일 것이다.

그렇다면 인도 아대륙의 문화적 적응 양식을 빚어낸 것은 인도도 유럽도 아니었을 가능성이 있을까? 그런 양식이 실제로는 중국에서 발명되었을 수 있을까? 만약 그렇다면 '서구화'라고 불리는 이 문화 변용 과정을 '캔턴화'라고 지칭해야 하지 않을까?

내 의도는 19세기에 인도가 '중국화'되었다고 주장하려는 게 아니다. 그보다 내가 하려는 말의 요지는 광저우가 다양한 영향을 한데 아우른 일종의 코즈모폴리탄적 진화에 필수적인 역할을 했다는 것이다.[88] 캔턴화라는 주장은 처음에는 엉뚱해 보일 수 있지만, 탄초이 사리, 정원, 차 마시기, 고개 까딱거리는 인형, 그리고 '제이 제이 경 예술학교'를 비롯한 다른 많은 사례를 통해 볼 때 그 같은 정의는 자명한 사실이다.

15

전하이루

900년 동안 광저우의 중심 지역은 높이 7미터, 두께 6미터 이상, 16개의 문루가 있는 거대한 성벽으로 둘러싸여 있었다.[1] 총길이 10킬로미터에 달하는 이 성벽은 주장강 가장자리를 따라 이어지다 도시를 한 바퀴 돌고 나서 아래로 평원 전체가 내려다보이는 웨슈산(越秀山, North Hill) 정상에서 만난다.[2] 그 정상에서 성벽은 넓은 발코니와 뒤집힌 처마가 특징적인 위풍당당한 5층 건물을 이고 있는데, 이것이 바로 전하이루(鎭海樓, 전하이는 '바다를 진정시키다'라는 뜻)다.

오늘날 옛 성벽은 거의 남아 있지 않다. 그 성벽은 1920년대에 당시 시장이던 쑨원의 아들이 추진한 현대화 사업 과정에서 철거되었다.[3] 옛 요새 가운데 아직 남아 있는 부분은 정교하게 조경한 넓은 공원을 내려다보는 전하이루뿐이다. 이 누각은 오늘날 광저우 시립박물관으로 쓰이고 있는데, 5층에는 18세기 및 19세기 유물 소장품이 다량 전시되어 있으며, 그중 다수는 아편전쟁과 관련한 것들이다.

나는 광저우를 여행할 때마다 전하이루를 수시로 방문했고, 결국 이곳은 아이비스 3부작에서 중요한 역할을 하게 되었다. 《연기의 강》에서 인도계 혼혈 미술가 로빈 치너리는 전하이루에서 뜻밖의 순간을 경험한다. 꼭대기 층으로 올라간 로빈은 자신의 발아래에 도시 전체가 펼쳐져 있는 광경을 본다. 그 광경이 자신에게 가리키듯이, 그는 인도가 광저우의 지도에 깊이 각인되어 있다는 사실에 놀라움과 기쁨을 동시에 느낀다. (나 역시 마찬가지였다.) 광저우에서 가장 유서 깊고 중요한 불교 사원 중 두 곳은 인도 승려와 관련이 있다. 한 명은 카슈미르 출신으로 추정되는 다르마야사(Dharmayasa)이고, 다른 한 명은 인도 남부 출신으로 여겨지는 보디다르마(Bodhidharma)다. 이 사원들은 매일 몰려드는 많은 참배객으로 북적거린다. 전하이루 가까이에는 그 도시의 수호신인 관음(觀音)에게 헌정된 사원도 있다. 일부 전설에 따르면, 그 관음이 실제로는 인도에서 온 비구니였다고 한다. 로빈은 광저우의 수호신이 한때 사리를 둘렀을 여성일지도 모른다는 생각에 (나 역시 그랬듯이) 크게 놀란다.

《쇄도하는 불》에서는 전하이루가 1841년 5월 제1차 아편전쟁의 막바지 단계가 배경인 완전히 다른 유의 장면에 등장한다. 그즈음은 영국 원정군이 중국에 도착한 지 11개월도 채 되지 않았을 때다. 영국 원정군은 약 4000명의 병사로 구성된 소규모 부대였으며, 이들 가운데 절반가량은 인도인 세포이였다.[4] 그러나 그 원정군의 해군 부대는 이들 해역에서는 볼 수 없는 비밀 병기[석탄을 동력으로 삼고 선체가 철제인 포함(砲艦)], 즉 적절한 이름이 붙은 '네메시스호(Nemesis: 인과응보 또는 복수라는 뜻—옮긴이)'를 보유하고 있었던지라 치명적인 위력을 발휘했다.[5] 그 원정군의 해군 부대는 이 포함을 앞세워 청나라 군대에 숱한 패배를 안겨주었으며, 중국의 여러 도시를 습격하고 약탈했다. 그러나 산발적 저항이 이어졌고, 중국 통치자들은 패배를 인정하길 꺼려했다. 그들은 외국 아편 밀수꾼들이 입은 손실에 대한 '배상금'으로 600만 은화를 지불하라는 요구를 담은 영국의 조건에 계속 반발했다. 청나라에 더 강한 압력을 가하기 위해 영국군 최고 사령부는 오랫동안 준비해온 계획을 실행에 옮긴다. 전하이루를 공격해 성벽으로 둘러싸인 그 도시를 무너뜨리기로 결정한 것이다.[6]

그 침략에 투입된 병력 중에는 112명의 비하르 세포이와 4명의 영국군 장교로 구성된 '벵골 자원자' 중대가 포함되어 있었다. 이 중대의 최고 선임 세포이는 하빌다르 케스리 싱(Havildar Kesri Singh) 하사인데, 그의 누이 디티가 내 소설 《양귀비의 바다》의 주인공이다. 케스리 싱 하사 자신은 《쇄도하는 불》의 주인공이다.

5월 24일, 케스리 싱과 그가 이끄는 '벵골 자원자' 중대는 광저우에서 강 하류로 13킬로미터 떨어진 왐포아에 정박한 병력 수송선에 오른다. 이들은 제37 마드라스 원주민 보병대 출신의 세포이 215명과 제49 허트퍼드셔(Hertfordshire) 연대의 영국군 273명을 포함한 여단의 일부로, 전하이루 북쪽의 경사면을 지키는 작은 요새 4곳을 점령하라는 임무를 맡은 4개 여단 가운데 하나였다.

한편 거대한 폭풍우가 남중국해에서 주장강 삼각주를 향해 무시무시한 기세로 북상하고 있었다. 폭풍우가 당도할 것을 예감한 광저우 날씨는 후텁지근하고 숨 막힐 정도로 무더웠다. 케스리 싱은 더위 속에서 비지땀을 흘리며 어서 작전을 펼치고 싶어 안달이 났다. 하지만 그날은 빅토리아 여왕의 생일이다. 따라서 정오에 예포를 쏘고 건배를 해야 하며, 병사들에게 여러 종류의 맥주를 '특별 배급(batta)'해야 했다.[7]

건배를 하고 맥주를 벌컥벌컥 마시는 시간은 예상보다 오래 걸린다. 네메시스호가 병력 수송선을 강 위로 끌기 시작한 것은 오후 4시경이었다. 호송대는 계획대로 광저우를 통과하고 약탈당한 외국인 조계지를 지나 도시 북쪽의 지정된 착륙장에 당도한다. 수백 명의 인도인 지원군 (군대를 따라다니며 물건을 팔거나 일을 하는 '종군 민간인')이 캠프를 설치하고 저녁 식사 준비를 시작하는 사이 해가 진다. 하지만 날이 어두워진 뒤에도 이따금 인근 마을에서 로켓이 날아와 그 시골 지역을 비추고. 그들은 자기네가 감시당하고 있다는 사실을 알아차린다. 늦은 밤, 캠프 바로 밖에서 인도인 종군 민간인의 시체가 발견된다. 머리가 사라졌다는 것은 누군가가 포상금을 노리고 챙겨 갔다는 뜻이다. 군대는 이제 자신들 머리에 가격이 매겨졌다는 사실을 알고 있다.

이튿날 아침, 날씨는 또다시 숨이 막힐 정도로 푹푹 쪘다. 저 멀리서 위협적으로 대비 태세를 갖추는 조짐이 느껴졌다. 중국군이 성벽으로 둘러싸인 도시에서 쏟아져 나와 침략자들을 겨냥해 대포를 설치하고 있었다.

침략군과 전하이루 사이에는 물에 잠긴 5~6킬로미터의 논이 가로놓여 있다. 군대와 그들의 (전투원 한 명당 네다섯 명에 이르는) 종군 민간인은 이제 무거운 군복을 입은 채 무더위에 시달리면서, 등에 엄청난 짐을 짊어지고 대포와 짐수레를 끌면서 물이 가득 찬 논에 난 좁은 진흙길을 힘겹게 걸어야 한다. 그들이 고군분투하는 사이 중국군의 사격이 계속된다. 그들의 후방 경비대는 성난 농부 집단들에 의해 끊임없이 괴롭힘을 당한다.

케스리가 소속된 여단의 목표는 전하이루 바로 맞은편에 위치한 작은 요새를 습격하는 것이다. (지금은 그 위치가 기념비로 표시되어 있다.) 타격 목표에 도착했을 때 병력은 이미 지쳤지만, 대형을 갖춰 공격해 성벽을 오르는 데 성공한다. 성벽 내부의 작은 주둔지는 순식간에 압도당한다. 케스리가 성벽 꼭대기에 올라서자 그 너머의 도시 전경이 눈앞에 펼쳐진다. 온통 아수라장이다. 임박한 영국군의 공격을 피해 수천 명이 성문 밖으로 쏟아져 나오는 모습이 보인다.[8]

전하이루 공격은 이튿날 아침 시작할 예정이었지만, 그 전에 중국 지휘관들이 백기를 들었다. 협상이 벌어지고, 영국은 그 도시를 파괴하지 않는 대가로 '배상금' 600만 은화를 요구한다.[9] 중국은 이에 동의하면서 돈을 마련할 시간을 달라고 요청한다. 요새에 주둔한 영국군은 날이 갈수록 식량이 바닥나기 시작한다. 식량을 구하기 위해 그 시골 지역을 샅샅이 뒤지도록 징발대를 파견하지만, 그들은 가는 곳마다 적대적인 군중과 마주한다. 군대는 약탈하지 말라는 명령을 받았으나 상황이 그랬던 만큼 무력을 쓰지 않고서는 식량을 구할 길이 없다.[10]

긴장이 고조되면서 기강이 해이해지기 시작한다.[11] 영국 군대는 사원에 들이닥쳐 매장을 기다리고 있는 관들을 일부 부순다. 나중에 담당 장교는 현지 장례 의식을 연구하려 했던 것뿐이라고 발뺌한다. 그러나 중국인의 눈에 사자의 뼈를 휘젓는 행위는 도저히 용서받기 힘든 범죄다.[12] 이어 싼위안리(三元里)라는 마을에서 성폭행 혐의가 제기된다. 영국군은 처음에는 혐의에 오리발을 내밀었으나 나중에는 평소 때와 같이 세포이들에게 책임을 뒤집어씌운다. 그러나 중국의 기록에 따르면, 성폭행 책임이 있는 군인은 분명 영국인이었다.[13] 수백 명이 그 군인들과 맞서기 위해 모인다. 이후 수많은 현지 남녀가 사원에 집결해 마을을 지키고 외국인을 몰아낼 것을 맹세한다.[14] 그들은 스스로를 '정의의 병사'라고 부르며 수백 개의 현수막에 이 문구를 써넣는다.[15]

시간이 흘러 마침내 첫 공격이 있은 지 5일 만에 600만 달러의 배상금이 지불된다. 이튿날 아침, 철수를 시작한 영국군은 저 아래 평원에 칼·창·창검·낫·곤봉 등으로 무장한 수천 명의 남성과 여성이 몰려드는 광경을 본다. 그중 다수가 자신을 '정의의 병사'라고 선언하는 깃발을 들고 있었다. 그 민병대의 저항은 영국 군대가 이전에 중국에서 맞닥뜨린 그 어떤 것보다 더 치열하고 결연했다. 침략자들은 후퇴하면서 지속적으로 괴롭힘을 당한다. 때마침 폭풍우가 몰아친다. 시야가 크게 좁아지고 논이 '물바다'를 이룰 정도로 비가 억수같이 퍼붓는다.[16] 이는 철수하는 군대, 특히 인도 세포이들에게는 재앙이었다. 그들은 축축하거나 젖은 상태에서는 발사되지 않는 오래된 '인도식' 브라운 베스 (Brown Bess) 화승총으로 무장했기 때문이다. 〔반면 영국군 대다수는 격발 장치를 써서 발사하는 퍼커션(percussion: 충격식 발사 장치—옮긴이) 머스킷을 지급받았다.〕[17] 화승총이 말을 듣지 않자 세포이들은 민병대와 육박전을 벌인다. 발목 깊이의 진흙 속에서 발이 빠지지 않도록 애쓰며 총검과 칼을 마구 휘두른다. 그들은 비바람이 너무 거세서 길을 잃고, 싼위안리 인근에서 군중에 둘러싸여 궁지에 몰린다.

빗줄기가 쏟아지는 가운데 지근거리 전투는 더없이 치열해진다. 방어 공간을 구축한 세포이들은 몇 시간 동안 필사적으로 싸운다. 저녁 늦게 제26 캐머런(Cameron) 연대 소속 파견대가 도착해 퍼커션 머스킷으로 민병대를 격퇴할 때까지 어떻게든 공격자들을 막아낸다.[18] 목숨을 부지한 세포이는 대체로 운이 좋았을 뿐이다.[19]

그렇게 싼위안리 전투는 끝났다. 공개적으로 영국군 최고 사령부는 이 전투를 사소한 국지전이라고 선언하면서 일축했다. 그들의 내부 통신과 나중에 배포된 홍보지를 보면, 그들이 비공식적으로는 다른 견해를 가지고 있었음을 알 수 있지만 말이다.[20] 그로 인해 싼위안리 전투에 대해 들어본 인도인이나 영국인은 극히 드물다. 그러나 중국의 역사적 기억 속에서 싼위안리 전투는 대단히 상징적인 의미를 띠고 있으며, 제국주의에 대한 대중적 저항의 출발을 나타내는 사건으로 간주된다.[21] 제1차 아편전쟁을 연구한 대표적인 중국 역사학자 마오하이젠(茅海建)은 싼위안리 전투를 둘러싸고 생겨난 몇 가지 신화를 비판했다. 하지만 "싼위안리에서 영국에 맞선 저항이 현대 중국 민족주의로 이어진 변화의 첫 번째 고리"라는 점은 인정한다.[22] 중국에서는 모든 학생이 싼위안리라는 지명을 알고 있다.[23]

　오늘날 싼위안리 전투 및 아편전쟁과 관련한 다른 많은 사건은 주장강 삼각주 여러 곳에 있는 박물관들(규모가 크고 세련된 것도 일부 있다)에서 기념하고 있다. 몇몇 박물관에는 엄청난 인파가 몰리기도 한다.

　이러한 박물관과 아편전쟁 전반에 대한 기념은 중국이 겪은 '굴욕의 세기'에 대한 기억을 되살려서 민족주의를 부추기기 위한 전략의 일환이라는 주장이 제기되어왔다. 하지만 다음과 같은 질문을 해볼 필요는 있다. 즉, 이러한 전략이 없었다면 그와 같은 기억이 사라졌을까? 토스카나(Toscana: 이탈리아 중부에 있는 주―옮긴이)의 아레초시(Arezzo)에서는 사람들이 여전히 자녀들에게 1289년 피렌체에 패배하고 굴욕당한 캄팔디노(Campaldino) 전투에 대한 이야기를 들려준다. 세르비아에서는 1389년의 '블랙버드 필드(Field of Blackbirds)' 전투를 오늘날까지 기억하고 이야기한다. 미국에서는 남북전쟁 관련 유적지에 매년 수십만 명의 방문객이 몰려든다. 제2차 세계대전에 대해 말하자면, 미국이나 영국에서 신문 및 텔레비전을 통해 그에 대해 언급하거나 인용하지 않는 날이 거의 없다.

19세기 중국에서 일어난 사건의 심각성을 감안할 때, 중국인만큼 역사에 관심 높은 민족이 아편전쟁을 기억하지 **못한다**는 말을 정녕 믿을 수 있을까?

～☁～

오늘날 싼위안리는 광저우의 팽창하는 교외 지역에 둘러싸인 또 하나의 분주하고 북적대는 동네로서, 거미줄처럼 얽힌 케이블과 전기 배선이 그늘을 드리운 좁은 길들로 이뤄져 있다. 하지만 이 동네 안쪽에, 1841년 마을 사람들이 모여 맹세했던 바로 그 사원에 싼위안리 전투를 기념하는 박물관이 자리 잡고 있다. 광저우 안팎의 다른 많은 사원 단지와 마찬가지로, 놀라우리만치 고요한 이 박물관은 마치 먼 옛날로 돌아간 것 같은 느낌을 안겨준다.

싼위안리 박물관은 다른 아편전쟁 박물관들에 비해 규모가 작고 전시품도 소박하다. 전시품에는 임칙서의 선언서 사본, 중국 내 아편 소비량 도표, 영국군 포로의 군복, 그 전쟁의 주요 교전지를 표시한 지도 따위가 포함되어 있다. 하지만 가장 눈에 잘 띄는 자리는 그 전투 중 민병대 남녀들이 사용했다고 전해지는 단검·망치·곤봉·창·낫·삼지창 등의 다양한 무기가 차지하고 있다.

싼위안리 박물관을 비롯해 많은 아편전쟁 박물관에서 볼 수 있는 전시물 중 하나는 검은 대포처럼 보이는 물체 옆에 아편 파이프와 용기를 진열해놓은 유리 케이스다. 이것은 아편을 가지푸르 공장과 파트나 공장에서 해외로 운송할 때 사용한 채색 도자기 용기의 복제품이다.[24]

이 희한한 물건들은 보는 이에게 마치 최면을 거는 듯한 느낌을 안겨준다. 즉, 마치 블랙홀처럼 우리를 빨아들여 수천 킬로미터 떨어진 비하르의 양귀비밭에 던져놓는다. 그 밭에서는 케스리의 남자 형제 및 여자 형제들이 힘겹게 잘 익은 양귀비 구근에 금을 긋고 생유액을 모은다. 그들은 그것을 나중에 가지푸르의 아편 공장으로 가져가고, 그 공장에서는 노동의 대가로 쥐꼬리만 한 돈을 건네줄 것이다.

많은 비하르 세포이와 마찬가지로 케스리도 식민지 아편국의 비호 아래 매년 겨울마다 양귀비를 재배해야 하는 농부 집안 출신이다. 이는 케스리가 중국에서 각기 다른 목적을 위해 여러 전선에서 싸우고 있다는 걸 의미한다. 그중 하나는 중국이 인도 아편을 계속 수입하도록 강요하는 일이다. 그러나 이는 곧 그가 저도 모르게 제 집안사람 같은 가족들이 아편국이 이끄는 가혹한 체제 아래서 아편을 계속 재배하도록 보장하고 있다는 뜻도 된다. 이런 의미에서 케스리는 영국뿐만 아니라 아편 양귀비의 식민지 백성이다. 그 식물이 내내 지배력을 확장하도록 만전을 기하고자 싸우는 군사 작전의 일부이기 때문이다. 따라서 케스리가 동인도회사의 세포이인 것처럼, 영국인 역시 저도 모르는 사이 아편 양귀비의 세포이라는 결론에 이를 수 있다. 즉, '자신들이 바라보는 모든 것의 정복자〔윌리엄 쿠퍼(William Cowper)의 시 〈알렉산더 셀커크의 고독(The Solitude of Alexander Selkirk)〉에 나오는 "I am monarch of all I survey(나는 내가 바라보는 모든 것의 군주다)"라는 구절에서 기원한 표현. 알렉산더 셀커크(1676~1721)는 조난자로 무인도에서 4년을 보낸 스코틀랜드 선원이다—옮긴이〕'라고 믿는 영국인은 실제로 그들이 인정할 수 없는 생명력과 힘을 지닌 존재의 목적을 위해 봉사하고 있는 것이다. 다시 말해, 영국인 식민지 개척자들은 비하르주의 양귀비밭을 식민지화하는 과정에서 지능·인내심·수명에서 인간을 한층 능가하는 비인간 존재에 의해 제 스스로를 식민지화한 셈이다.

마치 식물계의 원로들이 호모 사피엔스가 생존하도록 허락하기에는 너무 위험한 동물이라고 결론 내린 뒤, 인간종 가운데 가장 무자비하고 강력한 종족이 서서히 그리고 냉혹하게 그들 문명의 종말을 초래할 경제 체제를 구축하기 위해 사용하게 될 줄 알고 있던 선물을 인류에게 선사한 것만 같다.

쌘위안리 박물관의 전시물 중에는 붉은색과 파란색 옷을 입은 군인 집단이 두 민병대 사이에 붙잡혀 있는 전투 장면을 담은 유색 삽화도 있다. 이 그림에서 놀라운 점은 그것을 그린 화가가 쌘위안리 전투가 기본적으로 인도 세포이와 중국인 마을 주민 간 싸움이었다는 사실을 간파하지 못한 듯하다는 사실이다. 전경에 보이는 사람들 얼굴은 모두 흰색이고, 후면에만 인도인 세포이일 수도 있는 (혹은 아닐 수도 있는) 인물 몇이 그려져 있는 것으로 보건대 그렇다. 다시 말해, 그 그림에서 인도인은 본질적으로 배제된 채 이 식물 전쟁의 또 다른 참가자—즉, 식물—와 다를 바 없이 비가시적 존재로 묘사되어 있다.[25]

하지만 제1차 아편전쟁 당시 중국인에게 세포이는 결코 비가시적 존재가 아니었다. 오히려 그들은 청나라 군사 지도자들 사이에서 커다란 호기심을 불러일으켰다. 청나라 군사 지도자들은 "흑인 외국인은 백인 외국인에게 약탈의 대상이며, 이들이 하루라도 눈에 보이지 않으면 백인 외국인은 병력이 약화하고 용기를 잃는다"는 사실을 똑똑히 꿰뚫어 보고 있었다.[26]

중국이 제1차 아편전쟁을 기억하는 과정에서 인도인을 에어브러싱(airbrushing: 실제와 다르게 수정하는 것—옮긴이)하는 작업은 오직 과거를 돌이켜볼 때에만 발생하는 일이다. 이는 두 가지 의미로, 즉 고의적 삭제 또는 인도인이 그 전쟁의 선동자가 아니었음을 인정하는 역사적 관용의 제스처로 해석할 수 있다. 어느 쪽이든 인도인은 그 이야기에서 조연으로 밀려난다.

나는 (공손함과 친절함만 마주했던) 싼위안리를 거닐면서 전투를 치르는 케스리에게 이 거리들이 어떻게 비쳤을지 상상해보려 애썼다. 그날 그의 심리 상태는 어땠을까?

군인이 전투 중 느끼는 감정을 상상하는 일은 작가에게 가장 까다로운 작업 중 하나다. 이는 부분적으로 전투 자체가 가장 격렬한 정신 활동이며 의식을 변화시키는 극단적 경험이기 때문이다. 이런 까닭에 역사를 통틀어 군인은 필요한 정신 상태에 도달하는 데 도움을 받고자 향정신성 물질을 사용하는 것으로 알려져 있다.[27] 식민지 시대 영국군의 경우, 공식적으로 지정된 물질은 알코올이었다. 알코올은 거의 총과 총알만큼이나 조심스럽게 병사들에게 배포되었다.[28]

영국 군인들의 정신 상태를 상상하는 작업은 전투에 참여한 남성들이 작성한 수천 개의 개인적 기록 덕분에 한결 손쉬웠다. 19세기 세포이의 경우 단 한 개의 기록만 전해지는데, 그것조차 출처가 미심쩍다.[29] 수백만 명의 인도 남성이 17세기부터 수백 년 동안 영국 군대에 복무했을 만큼 그들의 활동 기간이 길었다는 점에 비춰보면 이 같은 침묵은 놀랍기 그지없다.[30] 그들 중 다수가 글을 읽고 쓸 줄 아는 상층 카스트 출신이었음에도, 1902년이 되어서야 타쿠르 가다다르 싱(Thakur Gadadhar Singh)이라는 이름의 군인이 자신의 전시 경험을 직접 기록한 책을 출판한 것이다. 힌디어로 쓰인 이 책은 영국이 중국의 '복서(Boxer: 외국인의 영향력에 분노를 표출한 중국의 비밀 결사 단체―옮긴이) 반란'에 맞서 전개한 군사 작전을 다루었다.[31]

다큐멘터리 자료가 부족했기 때문에 나는 인도인 세포이와 종군 민간인들이 쓴 후대 기록에 의존할 수밖에 없었다. 또한 내 아버지의 제2차 세계대전 경험담과 캄보디아 및 버마 국경에서 포격을 받았던 나 자신의 경험도 참고했다. 하지만 이것들은 기껏해야 19세기 세포이의 내면생활에 대한 허술한 안내서일 뿐이다. 많은 역사 연구에 따르면 인도인에게는 군 복무가 힌두교도나 이슬람교도에게 그렇듯이 단순한 직업에 그치는 게 아니라 신비로운 체험과 연결된 영적 소명이었다.[32] 실제로 인도에서 가장 용맹한 전사들 중에는 다양한 종파의 수피교도와 사두(sadhu: 힌두교의 은둔 성자―옮긴이)가 포함되었다. 이 점을 또렷이 인식했던 영국인들은 항상 각 대대에 종교 전문가나 모울비(moulvi: 이슬람 법률학자―옮긴이) 같은 평범한 종교 지도자와 함께 파키르(faquir: 이슬람교에서 성자 대우를 받는 고행 수도자―옮긴이)나 사두를 한 명씩 배치했다. 사두는 종종 대대와 함께 이동할 때 알몸 행진을 우겨대는 바람에 영국 장교들과 그 아내들에게 커다란 당혹감을 안겨주곤 했다. 하지만 그들은 그 신비주의자들을 묵묵히 참아내야 했다. 뛰어난 정보 수집가인 데다 세포이가 전통적인 종교 지도자보다 이 신비주의자들을 한층 신뢰했기 때문이다.

이러한 전통이 쌘위안리 전투가 벌어지던 날 밤, 케스리와 그의 세포이 중대를 지탱시키는 데 도움이 되었을까? 나로서는 알 도리가 없으니, 이를 어쩔 수 없는 한계로 받아들여야 했다. 마찬가지로 나로서는 이런 질문을 던지지 않을 도리가 없다. 과연 케스리가 평범한 중국인을 적으로 간주했을까?

타쿠르 가다다르 싱의 회고록은 적으로 간주하지 않았다는 것을 암시한다. 그는 사실상 많은 측면에서 중국인의 역경에 동정심을 느꼈다. 실제로 사용 가능한 모든 자료에 따르면, 외국 전쟁에 복무한 세포이들은 자신이 싸우고 있는 사람들에 대해 거의 적개심을 품지 않았다. 그들에게 이러한 분쟁은 말하자면 개인적인 게 아니었다. 그들이 지극히 분쟁적인 방식으로 자신의 감정을 표출한 것은 그들과 함께 복무한 영국 장교 및 동료 병사들과의 관계에서였다.

세포이들은 다른 어떤 인도인보다 식민지 위계질서에서 비롯된 제약을 가장 체계화한 형태로 겪어야 했다.[33] 그 결과 종종 금방이라도 반란으로 치달을 듯한 상태까지 나아갔고, 특히 외국 전쟁에 파병된 부대에서는 산발적인 항명이 빈발했다. 제1차 아편전쟁 당시 영국 원정군 사령관이던 휴 고프 경(Sir Hugh Gough)은 이 점을 유념하고 세포이들에게 해외 복무에 따른 추가 수당과 "그들이 누릴 수 있는 온갖 혜택"을 자주 상기시켜달라고 특별히 요청했다.[34] 이러한 여러 가지 당근은 해외에서 복무하는 세포이들에게 통상적인 것이었지만, 그들이 늘 반항과 불만을 막는 데 성공했던 건 아니다. 예컨대 아편전쟁이 일어나기 전 해에 말라카의 제8 원주민 보병대는 거의 반란을 일으킬 뻔했다.[35] 당시 세포이들은 대규모 반란의 루비콘강을 건넜던 1857년 비하르, 1916년 싱가포르, 1942년 말라야에서처럼 영국군과 더없이 열정적으로 싸웠다. 따라서 그들이 이런 갈등을 진정으로, 그들 자신을 위해 지극히 개인적인 것으로 받아들였다는 사실은 의심의 여지가 없다.

케스리 싱 같은 군인의 의식에 내재된 이러한 이중성은 종이에 담아 내기가 지극히 어렵다. 즉, 그가 겪은 내적 갈등은 싼위안리에서의 그 날로부터 16년 뒤 결국 그를 식민지 지배자들에 맞선 전쟁에서 비하르 주의 세포이들과 손을 잡도록 내몰 정도로 강력했다.[36]

역사학자 매슈 모스카(Matthew Mosca)는 선구적인 연구를 통해 청나라 관리들이 포로로 잡힌 인도인 래스카와 종군 민간인들을 철저히 심문 했으며, 영국군 내부의 인종적 위계에 대해 잘 알고 있었다는 사실을 밝혀냈다. 그들은 이러한 긴장을 써먹기 위해 몇 차례 허술한 노력을 기울이기도 했다. 반란을 조장하기 위한 중국의 한 가지 술책은 아래와 같았다.

> 모든 교전에서 그들〔'흑인 남성들'〕은 전투의 최전방에 서야 했기에 다수가 부상당하거나 사망한다. 그들은 수시로 눈물을 흘리고 불평하면서 자신과 조금도 상관없는 전투에 참여하지 않으려는 의사를 표시한다. 따라서 우리 는 적의 대열에서 반란을 일으키려면, 그들이 자기 지휘관을 우리에게 넘 겨주리라는 것을 은밀하게 이해하면서 …… 그들을 관대하게 대해야 한 다.[37] 〔세포이가 그들 지휘관을 넘기려는 모략을 꾸미기 훨씬 전에 그 계획은 영국 군에 의해 발각되었다.〕

때로 청나라 지휘관들은 중국군에게 발포하지 않은 세포이에게는 사면을 약속하는 포고문을 발표하기도 했다. 그러나 세포이들이 이 제안에 대해 전해 들었을 가능성은 거의 없다. 왜냐하면 영국군은 항시 대원들이 불만을 품을 여지가 있다는 걸 유념하고 있었을 뿐만 아니라, 세포이들의 중국인 접촉을 제한하는 데 주의를 기울였기 때문이다.

임칙서에게 인도의 언어들을 유려하게 구사하고 인도 아대륙에 대해 잘 아는 통역 및 기타 정보원이 대거 포진해 있었다는 점을 고려하면, 세포이를 회유하려는 중국의 시도가 그토록 어리숙했다는 사실은 놀랍기 짝이 없다.[38] 만약 임칙서가 그들로부터 조언을 구했다면, 그들은 아마도 세포이가 진영을 바꾸도록 하려면 무엇보다 고향으로 안전하게 돌아갈 통로를 그들에게 보장해주어야 한다고 귀띔했을 것이다. 중국인이 특히 티베트를 가로지르는 육로를 통해 그 같은 통로를 마련하는 일은 불가능하지 않았을 것이다. 세포이는 어쨌거나 용병이었고 그것도 보수가 형편없는 처지였으므로, 금전적 인센티브가 필요하기도 했을 것이다. 이런 접근법은 비용이 많이 드는 것으로 드러났을지 모르지만, 청나라가 결국 영국에 배상금과 보상금 조로 지불한 수백만 달러보다는 한층 부담이 덜했을 것이다. 그러나 중국 관리들은 세포이에게 그들 자신을 이해시킬 수 있는 중개인을 통해 정중히 그렇게 제안하는 대신, 종종 포로로 잡힌 인도인 세포이를 백인 포로보다 더욱더 포악하게 다루곤 했다.[39]

청나라 지도부가 아편전쟁이라는 재앙을 (막지는 못하더라도) 완화하기 위해 사용할 법한 또 다른 전략이 있었는데, 그것은 바로 당시 중국에 공물을 바치는 속국이던 네팔의 구르카(Ghurkha) 왕국과 동맹을 맺고 후방에서 벵골의 동인도회사 영역을 공격하는 전략이었다.

네팔과 티베트는 오랫동안 중국에 인도 아대륙에 대한 정보를 알려주는 주요 원천 노릇을 해왔다. 네팔의 경우, 이 기능이 1792년 이후 한층 더 중요해졌다. 1792년은 청나라 영토를 둘러싼 티베트 내에서의 여러 분쟁으로 인해 건륭제가 구르카 왕국에 맞서도록 원정군을 파견한 해였다.[40] 만주족 장군 복강안(福康安)이 네팔로 진격해오자 구르카족은 동인도회사와 접촉해 병력과 무기를 지원해달라고 요청했다. 그러나 당시 중국 차에 대한 접근성 유지를 가장 중요시하던 영국은 그들의 요청을 그 자리에서 거절했다. 그들은 광저우에서 쫓겨날까 봐 청나라와 대적하는 위험을 감수할 수 없었다. 그렇게 될 경우 더없이 중요한 수입원을 자신들로부터 앗아갈 소지가 있었던 것이다.[41]

그래서 구르카족은 그 청나라 장군과 타협을 보았으며, 이후 중국을 동인도회사에 대항하는 군사 동맹으로 끌어들이기 위해 갖은 노력을 다했다.[42] 그들은 청나라에 "영국이 악의를 품고 남쪽 바다에서 북쪽 산맥에 이르는 땅을 온통 점령했으며, 각지의 왕국들을 굴복시키고 합병했다"고 거듭 경고했다.[43] 그러나 청나라는 1814년부터 1816년까지 구르카족이 영국과 연달아 전쟁을 치를 때 주저하면서 개입하기를 거부했다. 하지만 중국은 교전 중인 양측을 감시하기 위해 황실 경찰국장과 대규모 군대를 티베트에 파견했다. 이 사절단의 외교적 개입은 결국 네팔에 상대적으로 유리한 조건으로 그 분쟁을 해결하는 데 결정적 역할을 했다. 동인도회사가 인도 아대륙의 주들을 야금야금 먹어치우며 팽창에 탐닉하던 시기에 영국은 구르카 왕국이 대체로 자치권을 유지하고 핵심 영토를 소유할 수 있도록 허용했는데, 이는 다름 아니라 그 왕국이 청과 조공 관계에 놓여 있었기 때문이다.[44] 네팔은 1906년까지 중국에 5년마다 내내 조공 사절단을 보냈다.[45]

이후 수십 년 동안 베이징 주재 네팔 사절단은 영국의 저의를 거듭 경고했다. 그리고 청나라에 구르카 왕국과 동맹을 맺고 영국을 후방에서 공격하는 전략을 채택하도록 촉구했다.[46] 이런 조언은 중국이 제1차 아편전쟁에서 치명적 패배를 당하는 와중에조차 되풀이되었다.[47] 제1차 아편전쟁 이후에도 구르카족은 내내 이 전략을 채택하라고 중국의 등을 떠밀었다. 1842년 라젠드라 왕(King Rajendra)은 청나라 황제에게 보낸 서한에서 다음과 같이 간청했다.

> 영국과 맞서 싸울 수 있도록 군대를 파견해 우리를 도와주실 것을 간청합니다. 중국군이 동쪽 길, 즉 시킴(Sikkim)을 통해 이동할 경우 캘커타에 20일에서 25일이면 당도할 수 있고, 제국군이 서쪽 길, 즉 타클라카르(Taklakhar)를 통해 행군하면 델리에 도착하는 데 35일에서 40일이 걸립니다. 군대를 보낼 수 없다면, 우리나라에서 영국 거주자를 내쫓고 인도를 공략할 수 있도록 7000만 내지 8000만 루피를 우리에게 주십시오.[48]

이 전략은 성공할 가능성이 있었을까? 구르카족이 훌륭한 군인이라는 것은 두말할 필요도 없다. 중국군에 관해 말하자면, 그들은 해상에서는 가망이 없을 정도로 뒤떨어졌지만, 육상에서는 조금도 무능하지 않았다. 전술적으로도 유리한 상황이었다. 아편전쟁이 한창이던 1841년, 영국 침략군이 아프가니스탄에서 전멸한 것이다. 청이 구르카족에 넉넉한 병력과 충분한 물자를 지원했다면, 그에 따른 공격은 주의를 딴 데로 돌리게 하는 데 기여함으로써, 아편전쟁을 지연시키고 청나라에 자체적으로 대비할 시간을 넉넉히 제공할 수 있었을 것이다. 훗날 중국 관리 위원(魏源)은 이렇게 탄식하곤 했다. "만약 우리 국무 대신들이 지라나 외교 정책에 대해 뭘 좀 알고 〔구르카족이〕 주의를 딴 데로 돌릴 수 있도록 허용했다면 영국의 인도 군대는 본국에서 손 놓을 새 없이 바빴을 테고, 몽땅 중국으로 들이닥치지는 않았을 것이다."[49] 구르카 왕국으로 말하자면, 최상의 시나리오에서 그들은 인도 북부로 자신들의 영토를 확장할 수 있었을 것이다. 심지어 델리에서 지위를 확립했을지도 모른다.

그러나 이것은 그저 우리의 꿈속에서나 가능한 일이다. 청나라가 구르카 왕국의 제안을 단칼에 거부한 것은 조공 국가들 탓에 분쟁에 휘말리는 데 대한 뿌리 깊은 거부감 때문이었다.[50] 그럼에도 네팔이 오늘날까지 독립 국가로 남아 있다는 사실은 차·아편·중국이라는 보이지 않는 손이 다양한 방식으로 인도 아대륙의 역사뿐만 아니라 정치적 지리에 입김을 불어넣었음을 보여주는 흔적이다.

16

제국을 떠받치는 기둥

"시장을 뒤따라가지 마세요. 창출하세요." 새클러 가문의 한 구성원이 그들 소유의 퍼듀 제약사가 아편 기반 진통제 옥시콘틴으로 수십억 달러를 벌어들인 이야기를 다룬 TV 미니시리즈 〈도프식(Dopesick: 아편제로 인한 금단 증상을 지칭—옮긴이)〉에서 한 말이다.[1]

1996년 퍼듀 제약사가 옥시콘틴을 출시했을 때, 이 약의 매출액은 4800만 달러에 불과했다. 그로부터 4년 뒤 그 수치는 11억 달러로 2192퍼센트나 불어났다.[2] 동인도회사의 신약 개발 프로그램이 거둔 성공은 그다지 인상적이지는 않았지만, 그럼에도 놀라웠다. 1729년부터 1830년까지 101년 동안 동인도회사의 중국 아편 수출량은 200궤짝에서 3만 궤짝으로 1만 4900퍼센트 증가했다.[3] 그 수치는 이후 몇 년 동안에도 가파른 증가세를 이어갔으며, 제1차 아편전쟁 발발 직전인 1840년에는 거의 4만 궤짝에 이르렀다.[4] 다시 말해, 1831년부터 1840년까지 불과 10년 만에 중국은 그 이전 세기 전체에 걸쳐 인도에서 수입한 양만큼의 아편을 받아들였다.[5] 1837년에는 아편이 중국 전체 수입의 57퍼센트를 차지했다.[6] 그러나 이는 시작에 불과했다. 두 차례의 아편 전쟁 이후 대영제국의 아편 수출량은 꾸준히 증가해 1880년에는 10만 5507궤짝으로 정점에 다다랐다.[7] 그 아편 수출량 대부분이 결국 중국으로 흘러 들어갔다.

영국 식민지 정권에 아편 수출은 재정적 노다지나 다름없었다. 1790년대에 그들이 아편으로 벌어들인 연간 수입은 약 20만 파운드였다. 그 수치가 1880년대에는 1000만 파운드 이상으로 늘어났다.[8] 리처즈는 이렇게 기록하고 있다.

> 1880년대에 아편은 국제 무역이 취급하는 것들 가운데 가장 가치 있는 상품 중 하나였다. 캘커타와 봄베이를 떠나는 수출용 아편은 매년 평균 9만 궤짝이 넘었다. 총 5400톤을 웃도는 양이었다. 이는 매일 아편을 피우는 1300만~1400만에 이르는 중국 및 동남아시아 아편 소비자들의 연간 수요를 충족시킬 수 있는 어마어마한 분량이다.[9]

아마 대영제국의 아편 계획보다 더 성공적으로 시행된 경제 정책은 달리 없을 것이다. 아편은 정확히 의도한 대로 수십 년 만에 동인도회사의 국제 수지 문제를 해결해주었다. 그것은 영국에서 중국으로 은이 유출되는 사태를 끝장냈으며, 막대한 양의 금괴가 다른 방향으로 흐르도록 해주었다.[10] 1837년 한 청나라 관리는 연간 2000만 파운드에 해당하는 금액이 중국에서 유출되고 있다고 추산했다.[11]

인도의 식민지 지배자들에게 아편은 지세(地稅)와 염세(鹽稅)에 이어 세 번째로 큰 수입원으로서 경제를 지탱해주는 대들보였다. 그러나 아편 수입은 비용이 막대한 관료적 인프라를 요구하는 지세 및 염세 수입과 달리, 저렴하고 손쉽게 징수할 수 있었다. 식민지 개척자들이 끊임없는 확장 전쟁에 소요되는 자금을 조달할 수 있는, 쉽게 버는 돈이었다. "영국 무역은 제국의 시스템 아래에서 미묘하게 균형을 이루고 있었는데, 그 시스템 전체는 아편을 통한 기타 상품 거래들에서 세금이나 이윤 형태로 거둘 수 있는 자금에 의존하고 있었다. 그리고 제국의 규모가 커지자 그 자금에 대한 의존도 역시 커졌다."[12]

아편은 서류상으로는 19세기 대부분 기간 동안 영국의 인도 통치 수입에서 16~20퍼센트를 차지했다. 그러나 이 수치는 아편이 밀어준 온갖 부수적 산업을 고려하지 않은 결과다. 그 산업들 가운데 가장 주목할 만한 것은 해운업과 운송업이었다. 이들 산업은 사업가에게 막대한 수익을 안겨주었을 뿐만 아니라, 제국은 거기서 비롯된 세금으로 상당한 자금을 조달하기도 했다. 이들 여타 산업까지 고려하면, 아편으로 거둬들인 순이익은 지세와 염세에서 얻은 수입을 너끈히 초과했을 것이다. 실제로 중국-인도 역사를 연구하는 탄중(Tan Chung, 譚中)의 추정에 따르면, "영국은 중국 무역을 통해 인도 식민지 가치의 절반에 해당하는 경제적 이득을 누렸다".[13] 아시아의 다른 유럽 제국들도 그와 비슷하게 아편에 의존했다. 네덜란드령 동인도제도와 프랑스령 인도차이나는 아편을 전혀 생산하지 않았지만, 아편이 전자에서는 수입의 35퍼센트를, 후자에서는 단일 수입원으로서 가장 큰 비중을 차지했다.[14]

그러나 아편이 20세기를 훌쩍 넘어서까지 제국의 대들보 노릇을 하며 가장 오랫동안 명맥을 이어간 곳은 다름 아니라 아시아 아편의 원산지인 식민지 인도에서였다. (결코 제국의 비평가가 아닌) 리처즈의 말에 따르면, "1789~1790년부터 제2차 세계대전 직전인 1934~1935년에 아편과

인도 제국은 나란히 걸었다".[15]

아편이 아시아에서 식민주의를 지탱하는 데 결정적 역할을 했다는 사실은 오늘날 대체로 잊혔다. 유럽 제국들이 역사 기록을 지우고 역사적 현실을 호도하는 데서 놀라우리만큼 성공적이었기 때문이다. 하지만 당시 식민지 시대의 고위층들은 한층 더 솔직했다. 1843년 영국 외무장관 애버딘 경(Lord Aberdeen)이 홍콩에서 아편 거래 금지를 승인할 수 있다는 뜻을 내비쳤을 때, 당시 인도 총독 엘런버러 경(Lord Ellenborough)은 단호한 어조로 "아편 수익을 위험에 빠뜨릴 수 있는 일은 여하한 것도 하지 말라"고 경고하면서, "아편 제조와 중국에서의 아편 판매를 막는 것은 당신의 권한을 넘어서는 일"이라고 호통을 쳤다.[16]

대영제국의 마약 거래를 옹호하는 이들은 종종 술과 아편의 유사점을 이끌어내곤 했다. 유럽에서 와인이나 증류주가 그랬듯이 아편도 인도에서 수 세기 동안 대체로 절제력을 발휘하는 가운데 사용되었기에, 알코올과 마찬가지로 세수 원천으로 취급하지 말아야 할 이유가 딱히 없다는 주장이었다.[17] 찰스 디킨스(Charles Dickens)가 아편에 관한 글에서 이렇게 표현한 것도 바로 그와 같은 맥락에서였다. "만약 아편 사용을 억제하거나 금지한다면, 절제에 대한 무절제한 옹호가 종종 열렬한 성향만큼이나 나쁜 어떤 것에 대한 은밀한 방종으로 이어지곤 하는 영국에서처럼, 다른 모종의 자극에 대한 갈망이 고개를 들 것이다."[18] 마찬가지로 자바에서 네덜란드 식민지 개척자들은 "네덜란드가 자바 사람들에게 아편을 금지한다면, 유순하고 얌전하며 무해한 아편 흡연자들이 이

내 소란스럽고 골치 아픈 술꾼으로 전락할 것"이라고 믿었다.[19]

식민지 정권에 몸담은 어느 인도인 직원은 1893~1895년 '왕립아편위원회(Royal Commission on Opium)' 증언에서 한층 더 솔직하게 발언했다.

> 우리가 영국 국민들로 하여금 매년 알코올음료에 20억 루피 넘게 소비하는 대신 아편을 먹도록 유도할 수는 없을까요? 아편은 놀라우리만큼 저렴하고 관세도 포함되어 있어요. 일정 연령이 지난 뒤부터는 수명을 늘려주기까지 하죠. 술 대신 아편을 복용하면 …… 오늘날 행복이라고는 모르는 영국과 아일랜드의 수천 가정에 행복을 되돌려줄 거라고 너무도 진실하고 진지하게 주장할 수 있습니다. 영국 국민이 아편을 복용하면 영국에 엄청난 보탬이 될 거예요.[20]

같은 맥락에서 영국의 의학 저널 〈랜싯(The Lancet)〉은 1895년 왕립아편위원회의 보고서에 대해 이렇게 비꼬는 논평을 냈다.

> 인도 원주민들이 우리나라에 음주 문제를, 즉 우리 인구가 술에 1인당 지출하는 금액과 그 모든 것의 결과로 너무나 빈번하게 드러나곤 하는 타락·빈곤·범죄를 조사하기 위해 위원단을 파견했다고 가정해보자. 우리나라에서 알코올로 인한 악영향이 그 위원회에 엄청난 규모로 받아들여지리라는 것, 인도에서 아편 남용에 따른 악영향이란 그에 비하면 아주 미미한 정도로 비치리라는 데 합리적 의심을 품을 수 있을까.[21]

이러한 주장은 당시 많은 사람을 설득했고, 지금도 대영제국의 아편 정책을 옹호하는 역사가들에 의해 이따금 인용되고 있다. 반면 아편 비판론자들은 (오늘날에도 마찬가지이지만) 아편이 지닌 특유의 화학적 성분 탓에 알코올보다 한층 더 중독성이 강하고, 따라서 더 위험하다고 주장했다. 어느 비판론자 말을 빌리자면, "아편이 그 희생자에게 부여하는 속박과 비교할 수 있는 노예 제도는 지구상 어디에도 존재하지 않는다".[22]

양쪽 주장의 공통점은 아편과 알코올 같은 물질의 영향이 시간이나 장소와 관계없이 모든 곳에서 유사하리라고 가정하는 것이다. 그러나 알코올에서도 아편에서도 중요한 요소는 화학적 성분이 아니라 그들의 사회적 역사다. 즉, 어느 집단이 그 물질에 노출되는 시간, 지속 기간 및 역사적 상황 말이다. 중국과 동남아시아에서 '흡연 아편'이 그랬던 것처럼, 알코올 역시 '미개척 대지'에 도입되면 아메리카 원주민과 오스트레일리아 원주민 사이에서 관찰한 바와 같이 치명적 결과를 초래할 수 있다.[23] 오늘날까지 알코올은 원주민 사망 원인의 8~10퍼센트를 차지하고 있다. 오스트레일리아 서부에서는 1981~1990년 동안 알코올 관련 질환으로 인한 병원 입원율이 원주민 남성의 경우 비원주민 남성의 경우보다 8.6배, 원주민 여성의 경우 비원주민 여성의 경우보다 12.8배나 더 높았다.[24]

18세기 후반 오스트레일리아에 처음 정착한 영국인들은 원주민이 그때까지 알코올을 접해본 적이 없다는 사실을 삽시간에 간파했고, 그들을 상대할 때 증류주를 광범위하게 사용했다. 원주민 학자 마르시아 랭턴(Marcia Langton)은 이렇게 적고 있다. "알코올은 영국 정착 초기부터 원주민을 대하는 데서 결정적으로 중요한 전략이었다 해도 과언이 아니다. ……영국인들은 의식적으로든 무의식적으로든 원주민이 식민지와 경제적·정치적·사회적으로 교류하도록 꼬드기기 위한 장치로서 알코올을 사용했다."[25]

알코올과 아편을 동일선상에 놓는 식민지 관리들은 알코올이 사회적·행정적으로 관리 가능한지 여부는 역사적 상황에 따라 다르며, '순진한' 사람들에게는 그 효과가 치명적일 수 있기에 때로 생물정치적 무기로 쓰일 수도 있다는 사실을 필시 잘 알고 있었을 것이다. 아편이 중국과 동남아시아에서도 그와 마찬가지로 치명적 영향을 미치고 있다는 사실을 그들이 몰랐다는 주장은 믿기 어렵다.

그러나 알코올은 중국과 동남아시아에서 아편과 동일한 방식으로 무기화될 수는 없었을 것이다. 그들 지역에서는 사람들이 오랫동안 알코올에 노출되어 있었기 때문이다. 이게 바로 식민지 관리들이 둘 간의 유사성을 주장했음에도 불구하고, 알코올이 아편과 같은 규모로 수익을 창출하지 못한 이유다. 두 물질은 모두 유럽 식민지 정권에 의해 거의 동일한 방식으로 관리되었다. 두 물질의 유통권을 매년 양허권자(즉, '농부')에게 경매에 부치는 동남아시아에서는 특히 더 그랬다. 그랬음에도 알코올은 그 어디서도 아편에 필적할 만한 수익을 창출하지 못했으며, 식민지 경제의 핵심 요소에는 전혀 해당하지 않았다. 싱가포르에서는 아편 농장을 위해 식민지 당국에 지불하는 연간 임대료가 알코올의 경우 지불하는 임대료의 4배에 달했고, 말레이시아 조호르주(Johor)에서는 그 수치가 자그마치 8배에 이르렀다.[26] 아편과 알코올을 동일시한 식민지 관리들은 시치미를 떼고 있었다. 그들은 두 물질이 세수의 원천으로서도 판이한 성질을 지녔다는 사실을 정확히 꿰뚫어보고 있었다.[27] 이를테면 인도네시아에서 네덜란드 식민 정권은 아편으로 몇 년 동안 742퍼센트의 이익을 거둬들였는데, 그 어떤 상품도 비용에 대비 이와 같은 천문학적 이익을 얻는 데 근접조차 하지 못했다.[28]

동남아시아와 중국은 알코올에는 오랫동안 노출되었지만, 아편은 그와 경우가 완전히 달랐다. 그들은 그 약물에 광범위하게 노출된 경험이 없었기에 아편 흡연 이외의 소비 프로토콜을 개발하지 못했다. 따라서 저급 아편을 중독성이 덜한 형태로 오랫동안 소비해온 인도에서 그런 아편을 판매하는 것은, 중국과 동남아시아에서 흡연을 위한 '수출용' 아편을 판매하는 것과 완전히 다른 경우였다. 중국과 동남아시아에서 아편이 호소력을 지닐 수 있었던 주된 이유는 바로 색다르다는 것, 즉 "세상에서 전혀 새로운 어떤 것, 다른 무엇으로도 포괄할 수 없는 매력을 지닌 것"이라는 생각 때문이었다.[29]

흥미롭게도 심지어 아편을 알코올과 동일시하는 사람들조차 암묵적으로는 한 사회가 향정신성 물질에 노출된 기간이 중요하다는 사실을 인정했다. 디킨스의 글에 등장하는 한 가상의 아편 반대 운동가는 말한다. "중국에서 아편 흡연은 고래로부터 내려오는 습관이 아니라 비교적 현대적인 것이며, 따라서 더 쉽게 근절될 수 있다는 점을 기억해야 한다." 또 다른 영국 작가는 이렇게 말한다. "100년 전만 해도 중국에서 아편은 약으로만 쓰였다. 설사 아편을 먹거나 흡연하는 법을 배운 이가 있다손 쳐도 그 수는 필시 꽤나 적었을 것이다. 그 시기까지 수입된 양은 연간 200궤짝을 넘지 않았기 때문이다. 현재 수입되는 양은 약 6만 5000궤짝에 이른다."[30]

　리처즈의 글에 실린 다음과 같은 문장도 마찬가지로 눈에 띈다. "어느 사회에서든 새로운 약물이 처음 등장하고 확산할 때면, 흔히 그 적응 기간에 파괴적 결과가 초래되곤 한다. 이는 1700년대 중반 파이프로 아편을 피우기 시작한 중국인의 경우도 마찬가지였다."[31] 그러나 리처즈는 같은 글 말미에서 중국으로의 마약 수출을 정당화하기 위해 아편과 알코올을 동일선상에 놓는 주장에 분명한 공감을 표시했다.

내 생각에 이는 리처즈가―당대 영미권 역사가들 사이에서 흔히 볼 수 있는 태도로서―식민지 아편 정책에 따른 아시아 희생자들에 대한 연민과 대영제국에 대한 동경 사이에서 갈팡질팡했음을 보여주는 것 같다. 예컨대 리처즈는 2002년 발표한 글에서는 식민지 아편 무역의 역사가 "인도 내 영국 정권의 냉소주의와 탐욕 그리고 제국주의 정책이 중국 국민에게 끼친 해악"을 유감없이 보여준다는 견해에 "상당한 진실"이 담겨 있다고 말했다.[32] 그러나 2007년 내놓은 또 다른 글에서는 "세계 아편 무역에서 인도가 맡은 역할을 단호한 어조로 개탄한" 역사가들을 거세게 비판했다. 그는 "내가 보기에 도덕적 판단에 과하게 물든 이러한 비난은 오늘날 세계 마약 전쟁의 수사적 과잉이 아편제를 악마화한 데서 비롯된 결과다"라고 덧붙였다.[33]

내 생각에 이러한 리처즈의 입장 선회는 오피오이드 부활―이는 미국 교도소를 유색 인종으로 북적이게 만들고 숱한 국가와 소외된 지역 사회에 엄청난 폭력을 가한, 수십 년에 걸친 미국의 '마약과의 전쟁'이 처참하게 실패한 데 따른 부분적 결과다―을 향한 폭넓은 문화적 변화를 반영하는 것 같다. 그러나 이러한 변화는 좀더 일반적인 학계 및 의료계의 태도 변화에서 비롯되기도 했다. 1960년대의 호스피스 및 고통 완화 처치 운동은 극심한 통증, 특히 임종을 앞둔 환자의 치료에 오피오이드를 사용하자고 촉구한 최초의 영역들 가운데 하나였다.[34] 그 후 몇몇 영향력 있는 의사들이 통증 치료에 광범위한 아편제 사용을 적극 옹호하기 시작했다.[35]

이 같은 아편제 부활 운동이 퍼듀 제약사의 대표 리처드 새클러가 오피오이드 처방을 촉구하는 대대적 운동을 펼친 배경이 되었다. 강력한 오피오이드에 대한 낙인이 의료계에 존재한다는 사실을 인식한 퍼듀 제약사는 "그 장벽을 무너뜨리고 제거하기 위해 훌륭한 전략을 시행했다". 오랫동안 의료 광고를 전문으로 해온 새클러 일가는 오피오이드가 "부당한 낙인에 시달려왔다"는 주장을 그 전략의 핵심으로 삼았다.[36] '아편제를 악마화했다'는 리처즈의 언급은 퍼듀 제약사의 선전이 무의식적으로나마 그에게 얼마간 영향을 미쳤을지도 모른다는 것을 암시한다.

미국이 벌인 마약과의 전쟁이 참담한 실패로 귀결되었다는 사실이 한층 더 분명해지는 시기였던 만큼, 식민지 아편 무역에 대한 대안적 견해를 제시한 역사학자는 리처즈만이 아니었다. 이즈음은 대마초 합법화 운동이 힘을 얻기 시작하면서 아편제 부활 운동에 신뢰성을 부여한 시기이기도 했다.[37] 그 무렵 몇몇 다른 학자들도 대영제국의 식민지 정책에 대한 수정주의적 프레임을 만들었다. 그들은 그에 따라 아편의 영향이 비평가들의 주장만큼 그렇게 해롭지는 않다고, 사용자 중 극히 일부만이 중독에 이른다고, 그리고 오늘날 '약물'에 대한 재고(再考)는 특히 중국의 금지 정책과 관련해 과거에 대한 재평가를 요청한다고 주장했다.[38] 이는 이제 마약에 대한 오래된 편견을 대신하는 한층 자유로운 태도의 프리즘을 통해 19세기의 아편 거래를 바라볼 필요가 있다고 암시하는 주장이다.

또 다른 수정주의적 프레임은 "행위 주체성"이라는 개념에 의존한다.[39] 아시아의 마약 중독자를 식민지 전략의 무력한 희생자로 표현하는 것은 자신의 습관과 선호도를 형성하는 데서 그들에게 행위 주체성과 개인적 선택권이 있다는 사실을 부정하는 꼴이라는 게 이 주장의 골 자다.

오피오이드 옹호론자가 그들이 지칭하는 이른바 '오피오포비아(opio-phobia)'와 전쟁을 벌이던, 하필 그런 시기에 학계에서 이런 유의 수정주의적 사고가 입지를 다지기 시작한 것은 전혀 우연이 아니다.[40] 실제로 이런 노력의 배후에 버티고 선 세력은 오피오포비아 같은 신조어가 의사나 학자 같은 먹물들 사이에서 얼마나 마력적인 힘을 발휘할 수 있는지 꿰뚫어보았는데, 이 사실은 그들이 얼마나 지능적으로 작전을 펼쳤는지 잘 보여주는 척도다. 아편에 대한 이 같은 수정주의적 관점은 사회적으로 통용되는 견해에 반하는데, 이 역시 그 관점이 학계에서 입지를 다지는 데 보탬이 되었을 것이다. 전문가와 학자들, 특히 경제학자와 경제사학자들이 일반적으로 통용되는 믿음에 맞서는 것보다 더 좋아하는 일은 드물기 때문이다.

오늘날 중국에서는 억압이 심화하고 서구에서는 반중(反中) 태도가 급속도로 확산하고 있는데, 이러한 현상은 아마도 아편에 대한 수정주의적 견해가 타당성을 얻는 데 얼마간 기여했을 것이다. 중국이 많은 것에서 잘못을 저질렀으니만큼 아편 무역을 역사적 병폐로 간주하는 것도 잘못일지 모른다는 이야기다. 게다가 싱가포르 및 기타 아시아 국가에서 소량의 대마초를 소지했다는 이유로 가혹한 처벌을 받은 젊은 서양인들에 대한 이야기도 마약에 대한 아시아인의 태도가 지나치게 금욕적이라는 인상을 심어주는 데 한몫했다. (특히 풀뿌리 향정신성 물질에 관한 이는 꽤나 맞는 말이기도 하다.)[41]

그러나 행위 주체성 문제와 관련해 분명한 질문은 이와 같다. 즉, 아편제를 제한하자고 목소리를 높인 수많은 아시아인의 행위 주체성은 어떻게 되는가? 그들의 수효는 분명 사용자와 중독자를 크게 앞질렀다. 그리고 무엇보다 중국, 태국, 베트남 및 아편을 제한하려고 노력했지만 유럽의 총과 포함에 의해 무력으로 그렇게 하지 못하도록 제지당한 수 많은 아시아 국가 군주들의 행위 주체성은 어떻게 되는가? 그 통치자와 관리들은 분명 서구 식민지 개척자보다 자신들이 지배하는 백성을 훨씬 더 잘 파악하고 있었다.

반대로 우리는 이렇게 질문해볼 수 있다. 미국 정부는 처방용 오피오이드의 판매를 금지함으로써 미국인의 행위 주체성을 억압하고 있는가? 아니면 처방 오피오이드가 백인 인구에 불균형하다 할 정도로 많은 영향을 끼치고 있다는 사실은 그 문제의 양상을 완전히 바꾸어놓았는가?

세계에서 가장 강력한 미국 정부가 추진하는 국가 주도 사업인 마약과의 전쟁을 중독이라는 감염병에 대처하는 유일한 전략으로 간주해야 할 이유는 없다. 19세기와 20세기 초에 전개된 아편 반대 운동은 마약과의 전쟁과 전혀 닮은 구석이 없다. 사실 그것은 마약 거래의 세계적 후원자이기도 했던 세계 최강 제국에 압력을 가하기 위한 대중적 시민 사회 운동이었다. 정치적으로 볼 때, 이 두 가지는 서로 정반대 성격을 띠고 있었다. 마약과의 전쟁은 생산자뿐만 아니라 소비자를 대상으로 했던 데 반해, 아편 반대 운동은 주로 사용자나 중독자가 아니라 생산자와 밀매자를 겨누었다.[42] 아시아 전역에서 의사들이 이 운동의 선두에 섰는데, 이들은 아마도 중독된 친구와 친척을 치료한 경험이 있어서인지 중독자를 낙인찍기는커녕 그들의 치료와 재활에 깊은 관심을 기울였다.[43] 여러 면에서 그들의 접근법은 오늘날의 '피해 경감(harm-reduction)' 전략과 유사했다.

수정주의적 주장에서 또 한 가지 중요한 문제점은 마약과의 전쟁의 가장 잘못된 전제로서 온갖 향정신성 약물을 동일한 종류로 묶는 오류를 공유하고 있다는 것이다. 실제로 대마초, 캇, 코카, 페요테, 실로시빈 버섯, 카바, 피처리 등과 같은 물질은 저마다 다른 특성을 띠고 있으며, 공중 보건의 관점에서 볼 때 각 물질은 그 자체의 가치에 따라 평가해야 마땅하다. 마리화나나 페요테의 합법화가 합리적이라고 해서 처방용 오피오이드나 펜타닐의 경우도 그와 마찬가지여야 하는 건 결코 아니다.

내 생각에 마리화나 합법화는 의심할 여지 없이 필요하고 합리적인 조치다. 또한 페요테와 실로시빈 버섯 같은 다른 많은 향정신성 약물의 합법화도 똑같이 합리적이라는 점 역시 의심할 나위가 없다. 실제로 앞서 언급했듯이 '풀뿌리 향정신성 의약품'은 오피오이드와 코카인의 지속적 확산에 효과적으로 대처할 수 있는 몇 안 되는 방어책 중 하나다. 오피오이드 확산을 억제하기 위한 다른 모든 노력은 실패했고, 아편 양귀비는 항상 그 노력을 우회하는 방법을 찾아냈다.[44]

중국에서 공공 정책으로서 아편 합법화는 원하는 효과를 거두지 못했다.[45] 그 나라에서 아편은 1860년부터 1906년까지 거의 반세기 동안 합법화되었다. 하지만 사용자와 중독자 수는 경이로운 속도로 시종 늘어났으며, 범죄와 부패도 더불어 증가했다.[46] 청나라 정부가 세금을 부과하고 아편을 자유롭게 판매하도록 허용한 뒤에도 범죄 조직은 계속해서 낮은 가격에 아편을 불법적으로 판매했다.

아편과 거기서 파생된 상품은 나머지 것들과 전혀 다른데, 이 사실은 미국의 많은 지역을 폐허로 만든 뒤 여러 제약사를 상대로 한 일련의 소송으로 이어진 미국의 옥시콘틴 사건을 계기로 극명하게 드러났다. 우리는 이러한 소송이 미국의 여러 주에서 마리화나를 합법화하던 것과 거의 같은 시기에 법원에 제기되었다는 점에 유의할 필요가 있다. 그러나 법원은 마리화나의 합법화는 지지했음에도 불구하고, 옥시콘틴과 기타 일부 처방용 오피오이드는 금지하기로 결정했다. 또 처방용 오피오이드를 생산한 제약사들에 징벌적인 법적 책임을 부과했다. 이러한 판결 그리고 많은 박물관·미술관·대학에서 새클러라는 이름을 지우지 않을 수 없도록 내몬 대중적 분노는 일부 향정신성 물질에 대해서는 대중의 태도가 더 자유로워졌을지 모르지만, 그것이 오피오이드에는 전혀 해당하지 않았음을 분명하게 보여준다. 미국의 중독 유행으로 인해 그 위험성이 다시 한번 명백해졌기 때문이다.

사실상 미국에서는 오피오이드와 그 합성 유사체가 다른 향정신성 의약품보다 더 큰 위험을 초래한다는 것, 따라서 다른 방식으로 다루어야 한다는 것이 사법적으로 인정받기에 이르렀다. 아편은 그 자체로 예외적인 물질이며, 따라서 로빈 월 키머러가 촉구하고 있는 종(種) 수준의 겸손함을 지닌 채 다루어야 한다는 인식을 전 세계에 심어주었다.

〔2명의 하버드 경제학자가 말한 바와 같이〕 위험과 쾌락의 결합체인 아편은 혁신·중독·교정에 이르는 주기를 낳았다. 기업가들이 더 안전하다고 알려진 오피오이드를 생산하면서부터 시작된 주기 말이다. 그러나 구매자들은 새로운 약물을 소비하기 시작하면서부터 그 새로운 혁신이 기존 아편 형태만큼이나 중독성이 강하고 치명적이라는 사실을 깨닫는다. 새로운 소비자는 그 약물을 피하거나 사용을 금지당한다. 기존 사용자들이 사망하고 유행은 잦아든다. 기억이 희미해지면서 다시 새로운 주기가 시작된다.[47]

말하자면 아편은 그 자체로 시간성(temporality)을 빚어낸다. 즉, 아편 유행이 잦아들면 기억상실증의 시기가 뒤따른다. 그렇게 수십 년이 지나면 아편은 다시 부활할 수 있다. 이러한 주기는 아편이 제힘으로 역사적 행위자로서 능력을 발휘하고 있음을 보여주는 또 하나의 징표다.

내 생각에, 리처즈를 비롯한 여러 수정주의 역사가들은 아편이 초래할 수 있는 해악에 대한 기억이 일시적으로 잦아든 이러한 하강 주기 중 하나를 지나는 동안 아편의 힘이 부당하게 악마화되었다는 결론에 도달한 것 같다.[48] 이를테면 리처즈는 현재 미국의 오피오이드 위기에 대해 알려진 데 비추어 "도덕적 판단에 과하게 물들었다"는 이유로 퍼듀 제약사에 대한 제재를 비난했던 것일까? 나는 리처즈든 다른 누구든 그들이 만약 옥시콘틴 승인 당시 미국 식품의약국(Food and Drug Administration, FDA)의 국장이던 데이비드 케슬러(David Kessler)가 나중에 오피오이드 기반 의약품의 부흥을 "현대 의학의 중대한 실수" 중 하나라고 선언했다는 사실을 안다면, 오늘날 그와 같은 맥락의 글은 쓸 수 없을 거라고 생각한다.[49]

오피오이드가 나머지 것들과 전혀 다르다는 사실은 이제 심지어 가장 진보적인 향정신성 의약품 옹호자들도 인정하고 있다. 오늘날 옥시콘틴·헤로인·펜타닐을 거리에서 자유롭게 구할 수 있어야 한다고 외치는 이는 거의 없다. 〔물론 진즉부터 헤로인에 의존하고 있는 사람들에게 깨끗한 주삿바늘을 보급하는 조치 등 공중 보건 측면에서 '피해 경감' 전략을 늘리는 데는 매우 타당한 이유가 있지만 말이다.〕 두 하버드 경제학자의 말을 빌리자면, "양귀비 열매와 관련한 수천 년간의 경험을 통해 우리는 오피오이드가 지금껏 결코 안전하지 않았으며, 앞으로도 결코 안전하지 않을 것임을 깨달아야 한다".[50]

혹자는 대영제국이 중국에 수출한 아편은 모르핀이나 헤로인만큼 중독성이 강하지 않았다고 반박할 수도 있다. 엄밀한 의미에서 보면 맞는 말이다. 인도에서 중국으로 수출한 아편은 흡연용 물질인 찬두를 만들기 위한 추가 정제 과정을 거쳐야 했고, 그건 대개 아편이 소비되는 곳에서 이루어졌으니 말이다. 그러나 아편국의 '공급용' 아편, 즉 수출용 아편은 그 자체로 식민지 정권의 인도 내 매장에서 판매하는 아크바리 (akbari), 즉 엑사이즈(excise) 아편보다 더 정제된 형태였다.[51] 수출용 아편은 분명히 찬두 가공에 적합하도록 생산되었을 뿐만 아니라, 아편국 산하 연구소들은 "중국 시장에 적합한" 아편 등급을 제공하기 위해 부단히 실험을 진행하고 있었다.[52] 제임스 러시(James Rush)가 지적했듯이, 아편은 "대부분의 자바 흡연자들이 소비하는 미미한 양으로도" 중독성을 낳는 것으로 알려져 있었다.[53] 한 자바인 중독자는 "하루라도 아편을 피우지 않으면 몸이 떨리고 피로감을 느낀다"고 호소했다.[54] 다시 말해, 오늘날과 대단히 흡사하게도 아편은 19세기 아시아 중독자들에게 '도프식'에 대한 거센 공포를 불러일으킴으로써 그들을 쥐고 흔들었다.

시대마다 오피오이드에 대한 내성 한계치가 다르다. 1750년대에는 인도에서 부주의한 어느 젊은 영국인이 양귀비 구근의 머리를 핥았을 뿐인데 이내 혼수상태에 빠져 사망하는 사건이 발생하기도 했다.[55] 당시는 다양한 의약품에 오피오이드가 섞이지 않았을 때라 대부분의 인체가 "약물에 시달리지 않은(naïve)" 상태였기에, 오늘날 펜타닐이 그러한 것처럼 아편 수액을 맛보는 것만으로도 성인 남성이 사망에 이를 수 있었다.[56] 찬두, 즉 '흡연 아편'은 후대의 모르핀·헤로인·펜타닐 등의 파생물처럼 **그 당시로서는** 고급 오피오이드였다.

찬두 아편은 사회에 미치는 영향에서 분명 옥시콘틴에 견줄 만하다.

19세기 후반 자바의 어느 명문가 출신 여성이 쓴 다음 구절을 생각해보라. "우리가 매일 겪는 살인, 방화, 강도 사건 중 아편 사용의 직접적 결과가 아닌 게 무엇일까? ……배고픔은 사람을 도둑으로 만들지만, 아편에 대한 갈망은 그를 살인자로 만들 것이다. '처음에는 당신이 아편을 먹지만 결국에는 아편이 당신을 집어삼킬 것이다'라는 말이 있다."[57]

이런 말은 미국 오피오이드 유행의 해악에 대한 다음과 같은 표현과 비교하기 전까지는 과장된 것처럼 들린다. "옥시콘틴은 사람들의 삶을 지배했으며, 끊임없는 요구 습관에 드는 비용을 감당하기 위해 사람들을 가족과 이웃의 재산을 축내는 도둑으로 전락시킨다. 그것은 그들에게서 직업, 자동차, 집, 존엄성, 때로는 심지어 자녀까지 앗아간다."[58]

19세기 중국의 일부 농촌 지역에 대한 몇 가지 기록은 처방 진통제 파동으로 최악의 피해를 입은 애팔래치아 지방의 작은 마을들에 대한 묘사처럼 읽기에 으스스하다. 중국의 경우, "아편의 폐해를 보여주는 가장 극적인 그림은 여러 저자들이 '아편 마을'이라고 묘사한 것과 같은 형태로 나타났다. 이미 찢어지게 가난했지만 …… 더 나아가 '아편으로 인해 파괴되고 황폐해진' 곳들 말이다. '모든 계층, 전 연령대, 남녀 모두'가 피해자였다".[59] 이는 21세기 애팔래치아의 오피오이드 유행에 대해 배리 마이어(Barry Meier)가 묘사한 내용과 불가사의할 정도로 닮아 있다. "가족들은 평생 모은 재산이 마약에 빠져든 아들이나 딸로 인해 탕진되는 광경을 목격했다. 부모들은 중독된 자녀가 저당 잡힌 가보를 찾기 위해 전당포를 샅샅이 뒤지고 다녔다. 리 카운티(Lee County)의 교도소는 마약 관련 범죄로 체포된 젊은이들로 바글거렸다. 얼마 지나지 않아 지역 보안관의 조카도 그들 대열에 합류했다."[60]

처방 오피오이드를 복용한 사람들 가운데 오직 소수(5~12퍼센트)만이 결국 중독자가 되었음에도 그 약물이 미국에서 이처럼 파괴적인 영향을 끼쳤다는 사실에 우리는 주목할 필요가 있다.[61] 19세기 중국에서도 실제 아편 중독자 수는 그 약물을 사용한 모든 사람 가운데 일부에 불과했다. 즉, 오늘날 미국에서 코카인 및 오피오이드 사용자 대부분이 그렇듯이, 아편 사용자 대다수는 정상적으로 살아갈 수 있었다. 그러나 중독률은 중국에서 더 높았을 것이다.[62] 어쨌거나 미국에서는 처방 오피오이드가 수십 년 동안만 유통되었던 데 반해, 중국에서는 아편 문제가 1세기 반이 넘는 기간에 걸쳐 펼쳐졌으니 말이다.

영국과 네덜란드가 아시아 식민지 정책을 이끄는 데서 최우선시한 고려 사항은 항상 수익이었다. 이는 관리들도 솔직히 인정한 사실이다. 1871년 최고위층 식민지 개척자였던 세실 비든 경(Sir Cecil Beadon)은 "우리가 아편 관세의 전부 또는 일부를 희생해야 할까?"라고 묻고는 이렇게 답했다. "내가 보기에, 현재 인도의 재정 상태는 그 질문에 대해, 아편 수입을 한 푼도 포기할 수 없다, 즉, 우리는 아편 수익을 포기할 형편이 못 된다, 이 외에는 어떤 대답도 건넬 수 없게 만들 만큼 열악하다."[63]

백인의 짐을 떠안고 원주민에게 발전을 안겨주었다고 으스대던 정권으로서는 공중 보건이 수익보다 못한 취급을 받는다는 사실을 인정하기가 쉽지 않은 일이었다. 하지만 많은 식민지 지배자들은 아편이 아시아 일부 지역에 끼친 피해를 똑똑히 알고 있었으며, 그에 대해 더없이 솔직하게 인정했다. 가령 싱가포르의 창시자 스탬퍼드 래플스 경(Sir

Stamford Raffles)은 1817년 《자바의 역사(The History of Java)》에서 이렇게
썼다.

> 아편 사용이 국민의 도덕에 널리 악영향을 끼쳤다는 것, 그리고 유럽 정
> 부가 정책과 인간에 대한 모든 고려를 간과한 채 재정을 쥐꼬리만큼 늘리
> 는 것을 그 나라의 궁극적 행복과 번영보다 더욱 중시하는 한, 아편 사용
> 이 국민의 인격을 타락시키고 기력을 떨어뜨리도록 만드는 힘을 영구화할
> 가능성이 높다는 것, …… 우리는 이 사실을 고백하고 그에 대해 탄식해야
> 한다.[64]

하지만 싱가포르는 전형적인 식민지 아편 도시로 떠올랐으며, 아편 수
익으로 대부분 생계를 유지했다. 그런데 아편 수익은 결코 '쥐꼬리만
한' 수준이 아니었다.[65]

싱가포르의 〈스트레이츠 타임스(The Straits Times)〉 소유주이자 편집장
이던 존 캐머런(John Cameron)도 영국 식민지 개척자들에게 공공복지보
다 수익이 한층 더 큰 관심사였다는 사실을 인정했다는 점에서 마찬가
지로 솔직했다. 1865년 그는 자신의 신문에 이렇게 썼다. "동인도회사
에서 수익은 그들이 통치하는 많은 인구의 도덕적 상태보다 훨씬 더 큰
관심사였다. 아편 농장이 지역 재정의 필요성에서 비롯되었다는 것은
의심할 나위가 없다."[66]

19세기 후반 전 세계적으로 아편 반대 운동이 득세하기 시작하면서
사람들은 이러한 견해를 점점 더 격렬하게 표명했다. 1881년 〈스트레
이츠 타임스〉는 이렇게 선언했다. "인도는 상상이 만들어낸 사실과 잘
못된 논리에 근거한 감상적인 광신도들과 겉만 번드르르한 자선 활동

의 요구에 따라 연간 800만 파운드의 수익을 희생할 만한 경제적 형편이 못 된다."[67]

영국 정부는 전 세계의 압도적 비판에도 불구하고 20세기 한참 후까지 자신들의 아편 사업을 독창적이고도 집요하게 옹호해왔다. 이는 식민지 사업에서 아편이 얼마나 중요했는지를 가장 잘 보여주는 명확한 지표다.[68] 영국 정부를 향한 비판의 상당 부분은 영국 자체 내에서 비롯되었다. 그들은 노예제 반대 운동과 밀접한 관련을 맺은 채로 오랫동안 아편 반대 운동에 목소리를 높여왔다.[69]

영국 정부는 중국과 미국을 중심으로 한 국제적 압력에 못 이겨 마약 통제 협상에 나설 수밖에 없었을 때, 외교를 이용해 온갖 효과적 조치를 지연시키는 그들 특유의 기지를 발휘했다. 실제로 아편은 훗날 다른 위험한 산업들이 규제를 회피하기 위해 사용한 본보기를 제공했다고 할 수 있다. 기후 변화와 관련해 화석 연료 회사들이 여전히 그와 유사한 전술을 사용한다. 둘 간의 차이점이라면, 아편의 경우에는 기업이 아니라 당시 세계에서 가장 강력한 국가의 정부가 그 전술을 써먹었다는 것이다.

이와 관련해 영국 정부가 취한 가장 꾀바른 전략 중 하나는 자신들의 아편 정책을 정당화하기 위해 인도 대변인을 내세우는 것이었다. 간판 구실을 한 이들은 뛰어난 기술과 신념을 지닌 채 자신에게 주어진 일에 임했다. 이것은 놀라운 일이 못 된다. 19세기 후반에 이르러 아편은 식민지 체계에서 너무나 중요한 산업으로 떠올랐고, 그 결과 영국인과 인도인을 막론하고 많은 주요 인사들은 아편 산업을 사실상 '대마불사'로 간주하기에 이르렀다. 1895년 〈힌두(The Hindu)〉는 "아편은 큰 악일지도 모르지만, 국가의 파산은 더 큰 악이다"라는 의견을 표명했다.[70]

아편 업계의 대변자들은 국제 포럼에서 영국의 부정한 아편 산업을 옹호할 때면 종종 아편 재배를 금지할 경우 파산하게 될 빈곤한 인도 농민의 곤궁에 대해 언급하곤 했다. (많은 농민이 손해를 보면서 아편을 생산하고 있으며 그 부담에서 벗어나기를 간절히 바란다고 말하고 있는데, 그들은 이 사실에 대해서는 모르쇠로 일관했다.)[71] 사실상 이들은 인도의 빈곤한 대중을 알리바이 삼아 자신들의 계급적 이익을 보호했다.

여기서도 다시 한번 현대 기업의 '기후 부정'과 놀랄 만한 유사성이 드러난다. 에너지 기업과 그 옹호자들은 화석 연료 산업을 계속 확장해야 하는 이유로 툭하면 세계 빈곤층의 필요를 넌지시 내비친다. 19세기 비하르주 양귀비 농부들의 시위가 그랬던 것처럼, 기후 변화에 따른 재앙적 영향을 가장 먼저 겪는 것은 바로 그 가난한 사람들이라는 사실도 비밀에 부쳐지고 있다.[72]

영국 및 네덜란드의 식민지 관리들이 인도의 엑사이즈 아편 매장 네트워크부터 영국령 싱가포르, 프랑스령 인도차이나, 네덜란드령 동인도의 '농장' 시스템에 이르기까지 자신들의 다양한 아편 체제를 옹호하기 위해 의존한 한 가지 논거는, 그것들을 아편 소비를 통제하고 줄이기 위한 규제 구조로 제시하는 방식이었다. 그 체제들이 식민지 국가를 유지하는 데 꼭 필요한 수익을 창출했다는 사실은 슬그머니 묻히거나 변방으로 밀려났다.

하지만 수익 증대라는 목표가 완전히 부정된 것은 전혀 아니다. 인도에서는 1878년 식민지 정권이 불법 아편의 밀수 및 소지를 억제하기 위해 이미 시행 중이던 가혹한 처벌을 강화하는 법을 통과시켰다.[73] 아편 가격도 표면적으로는 남용을 저지하기 위해 반복적으로 인상되었다.

그러나 세수 증대와 마약 사용 제한은 근본적으로 양립 불가능한 목표였기 때문에 아편 정책의 핵심에는 몇 가지 모순이 혼재해 있었다. 예를 들어, 아편의 밀수 및 소지를 금하는 법률은 아편 사용을 억제하기 위한 것이었을까, 아니면 오히려 정권이 자체적으로 허가한 아편 품종을 판매해 벌어들이는 수익을 늘리려는 목적이었을까? 또한 수익 증대가 주요 목표로 남아 있는 한 허가받은 아편 매장들이 매출을 끌어올리고자 하는 유인은 늘 존재했다. 공개적으로는 아편 사용을 줄이겠다고 선언했지만, 그와 달리 아편국 내부 문서를 살펴보면, "아편 관리들이 합법 아편의 판매 증가를 늘 자랑스레 언급했다"는 것을 알 수 있다.[74] 실제로 아편 사용량을 늘리지 않고 아편에 따른 수익을 늘리는 것은 불가능했다. 정권이 공언한 의도가 무엇이든 통계에 따르면 제한 법령을 새로 도입한 뒤 인도에서 아편 소비는 점진적으로 **증가**했으며, 그에 따라 1885년부터 1920년까지 수익이 크게 치솟았다.[75] (이는 네덜란드령 동인도제도에서도 동일하게 나타난 현상이다. 아편 소비를 제한하기 위해 시행된 것으로 알려진 '개혁들'이 실제로는 수익을 끌어올리고 종전보다 더 많은 곳에서 아편을 합법적으로 구하게끔 해준 결과로 이어진 것이다.)[76]

1878년 제정된 엄격한 법률도 아편 밀수 및 마약 관련 범죄를 막는 데 보탬이 되지 못했다. 아편 양귀비가 주요 작물로 남아 있고 아편이 그 나라(인도—옮긴이)에서 계속 널리 사용되는 한, 제아무리 엄격한 감시와 억압 시스템을 구축한다 해도 아편은 합법적이든 불법적이든 재배자로부터 소비자에게로 흘러 들어갈 수밖에 없었다. 또 아편국은 재배한 아편 일부를 자신들이 직접 사용하거나 암시장에 판매하기 위해 따로 떼어둔 농부들을 단속할 재간도 없었다. 아편을 재배하기 위해서는 상당한 기술과 경험이 필요했기 때문에, 농부들을 투옥하거나 그들의 면허를 박탈하면 아편국이 생산량 목표를 달성하기가 어려웠을 것이다. "식민지 국가는 황금알을 낳는 거위를 죽이게 될까 봐 아편 재배료트들을 어느 선 이상으로는 처벌할 수 없었다."[77]

양귀비 재배가 농부들에게 경제적·사회적으로 해롭다는 사실을 영국 관리들은 종종 사적인 서신에서 인정한 바 있다. 1842년 구자라트 지역의 한 영국인 고위급 관리가 동료에게 보낸 편지에서 인용한 다음 내용이 그 예다. 내가 연구차 취재하던 중 우연히 발견한 편지였다.

> 나는 그들(농부들)에게 아편 재배가 도입되기 전에 그들이 했던 생산물 재배로 돌아가도록 강력히 촉구했어. ……아편이 그 질라(zilla: 주 혹은 군에 해당하는 인도의 행정 구역—옮긴이)에서 사라짐에 따라 그들 스스로가 점차 그것의 사용에 대해 잊고, (이 지역에서 아편이 처음 재배된 이후 100배나 늘어난 습관인) 자극적이고 유혹적인 마약의 필요를 느끼지 않게 되길 바라 마지않아.[78]

분명 아편의 위험성은 영국 정부에 비밀이 아니었다. 1843년 영국의 저명 의사 25명은 다음과 같은 성명서를 발표했다. "아편이 의약품으로 사용될 때 제아무리 가치가 있다 하더라도, 아편의 습관적 사용이 더없이 해로운 결과를 낳는다는 것은 그 물질을 잘 아는 사람이라면 누구도 의심할 수 없다."[79]

대영제국 지도부는 19세기 중국에서 아편이 실제로 '더없이 해로운 결과'를 초래한다는 사실을 똑똑히 알고 있었다. 영국의 수많은 비평가,

급성장 중인 세계 차원의 아편 반대 운동, 그리고 중국 내 많은 영국 상인이 그 사실을 분명하게 주지하고 있었다.[80] 무엇보다 수 세기에 걸쳐 중국 정부와 무수한 일반 중국인이 그 사실을 똑똑히 인식했다. 그럼에도 대영제국은 20세기 초 마침내 아편 정책을 포기할 수밖에 없을 때까지 그것을 집요하게 밀고 나갔다.

나로서는 한 국가가 자국민을 위험에 빠뜨리는 상품의 유입을 막을 권리를 갖지 않는다고 주장하는 법률·정치·도덕의 원칙은 생각할 수 없다. 다시 말해, 만약 이것이 오늘날의 펜타닐에 해당한다면, 그건 이전 시대의 아편에도 고스란히 해당한다. 이 원칙은 제1차 아편전쟁 당시 영국 외무장관이던 파머스턴 경(Lord Palmerston)도 인정한 바다. 그는 제1차 아편전쟁이 시작될 무렵 이렇게 썼다. "영국 정부는 모든 독립 국가에 자국민과 외국인의 상업적 교류를 자국이 원하는 대로 규제할 수 있는 권리, 자국의 토양이나 산업을 통해 생산하거나 외국 항구에서 반입되는 모든 상품의 거래를 자국이 원하는 대로 허용 및 금지할 수 있는 권리가 있음을 인정한다."[81] 그러나 파머스턴 경은 물리력을 써서 중국에 아편을 강요한 인물로 역사에 기록되길 원치 않았다. 놀랍도록 교활한 그의 계획은 막후에서 압력을 가해 중국이 자진해서 아편을 합법화하도록 만드는 것이었다.[82] 그러나 중국은 오랫동안 이 문제에 단호한 태도를 취했다. 중국 황제는 "내가 흐르는 독의 유입을 막을 수 없는 것은 사실"이라며 "제 호주머니를 채우기에 바쁜 부패한 자들은 이익과 관능을 위해 내 소망을 꺾을 테지만, 아무것도 내 백성의 악덕과 비참함을 통해 수익을 얻도록 나를 자극할 수는 없다"고 말했다.[83] 대영제국과 그 동맹국이 그들의 묵시적 목적을 달성하기까지는 또 한 차례의 전쟁과 역사상 가장 큰 파괴 행위 중 하나인 베이징의 이화원 전소

가 필요했다.[84]

1839년 중국 공격 당시와 그 이후 수십 년 동안, 영국 정부와 그에 동조하는 역사가들은 그 전쟁이 아편 때문이 아니라고 주장했다. 그들은 그보다 주요한 쟁점은 캔턴에서 외국인에게 부과한 조치, 청나라가 서양 정부의 베이징에 대한 외교적 접근을 거부한 사실, 서양인을 지칭하는 단어를 비롯한 다른 많은 것이 잘 보여주듯 외국인에 대한 중국의 대접이었다고 주장했다.[85] 즉, 청나라의 '무례함' 탓에 전쟁이 불가피했으며, 아편은 그 분쟁과 거의 무관했다는 것이다.[86] 물론 이 그림에서는 캔턴 체제와 외국인에 대한 제약이 한 세기 넘도록 존재해왔지만 그동안 군사적 대립은 없었다는 사실이 슬그머니 누락되었다. "대규모 아편 밀수업자들이 선언한 요구와 매우 가까이 일치하는 전략"에 따라 영국이 전쟁에 뛰어든 것은 다름 아니라 청나라가 아편 밀수를 근절하기 위해 단호한 노력을 기울였을 때다.[87] 둘 사이의 연관성을 가장 분명하게 보여준 것은 영국의 전권대사 찰스 엘리엇이 나중에 솔직하게 언급한 말이다. "1839년 중국과의 전쟁이 발발한 진짜 원인은 인도에서 공급하는 아편이 엄청나게 증가했기 때문이다."[88]

요컨대 그 어떤 궤변으로도 대영제국의 부정한 아편 밀매가 오늘날의 기준으로뿐만 아니라 당시의 기준으로도 도저히 용납할 수 없는 범죄 행위였다는 사실을 감출 수는 없다. 오늘날 중국이 많은 개탄스러운 관행과 정책을 일삼는 독단적이고 공격적인 강대국이라는 사실은 논쟁의 여지가 없다. 그러나 이 거대 국가가 역사적으로 부당한 취급을 받았다고 생각하기 어렵다는 사실이 과거에 대한 우리의 평가에 영향을 미쳐선 안 된다. 오히려 우리는 그 사실을 통해 중국을 오늘날과 같은 모습으로 만든 인과 사슬을 성찰해볼 수 있어야 한다. 그렇게 하는 데는 1921년 중국의 정치가 구훙밍(辜鴻銘)이 영국 작가 서머싯 몸(W. Somerset Maugham)에게 보낸 경고의 말을 새겨보면 도움이 될 것이다.

우리가 세계 역사상 유례없는 실험을 시도했다는 사실을 알고 계십니까? 우리는 무력이 아닌 지혜로 이 위대한 나라를 통치하고자 했습니다. 그리고 수 세기 동안 그렇게 하는 데 성공해왔습니다. 그런데 어째서 백인은 황인을 멸시합니까? 제가 그 이유를 말씀드릴까요? 기관총을 발명했기 때문이에요. 그게 당신네들이 품고 있는 우월성의 원천입니다. 우리는 무방비 상태고 당신들은 우리를 한 방에 날려버릴 수 있습니다. 당신네들은 법과 질서의 힘으로 세상을 다스릴 수 있다는 우리 철학자들의 꿈을 산산조각 냈습니다. 그리고 이제 우리 젊은이들에게 당신네들의 비밀을 가르치고 있습니다. 당신네들은 자신의 흉측한 발명품을 우리에게 퍼부었습니다. 우리에게 기계공학에 천부적 재능이 있다는 걸 당신은 알고 있습니까? 이 나라에 세계에서 가장 실용적이고 근면한 4억 명의 사람들이 살아간다는 걸 정녕 모르십니까? 우리가 배우는 데 오래 걸릴 것 같습니까? 그리고 황인이 백인만큼 좋은 총을 만들고 똑바로 백인들에게 발사할 수 있다면, 당신네들의 우월성은 어떻게 될까요? 당신들은 기관총에 호소해왔는데, 이제 기관총에 의해 심판받을 겁니다.[89]

17

유사점

1780년 이후 한 세기 동안 인도의 대중국 아편 총수출량은 100배나 증가해 1880년대에 정점을 찍었다.[1] 이 수치만 봐도 그러한 급증 현상에 뭔가 심상치 않은 일이 관련되었음을 짐작할 수 있다. 그동안 중국이 자체적으로 거대한 아편 산업을 발전시켰다는 점을 고려할 때, 그 수치는 한층 더 놀랍다. 중국의 아편 산업은 19세기 초 농민들이 청나라 정부의 금지령을 어기고 아편을 재배하기 시작하면서 부상했다.[2] 아편 재배를 주도한 지역 중 일부는 "하늘은 높고 황제는 멀리 있다"는 속담이 널리 퍼져 있는 성(省)들이었다.[3]

그중 하나가 윈난성이다. 그곳에서는 과거 여러 다양한 민족 집단이 살았고 지금도 마찬가지다. 그 민족들 가운데 일부는 인도·중국·버마와의 국경 지대를 이루는 가파른 계곡과 산악 지대를 가로지르며 오랫동안 무역에 종사해왔다. 19세기 후반, 아편 무역은 이들 지역 사회 중 일부에 엄청난 부를 안겨주었다. 그 사실은 후탸오샤(虎跳峽) 주변 계곡에 군데군데 흩어져 있는, 그림처럼 아름다운 외딴 마을과 소도시를 여행하는 사람이라면 누구나 분명하게 느낄 수 있다. 이들 마을의 기념품 가게에서는 정교하게 제작한 파이프 및 기타 아편 용품을 골동품으로 판매하는 광경을 흔히 볼 수 있다. 나는 2012년 아들과 함께 윈난성을 가로질러 여행할 때 그 물건들 가운데 몇 개를 구입했다. 그곳에서는 더 이상 양귀비를 재배하지 않지만, 그럼에도 한때 주요 아편 생산지였다는 사실만큼은 짐작하고도 남았다.

윈난성에서 아편 양귀비 재배가 늘어나기 시작한 시기는 아마도 영국 식민 정권의 대중국 아편 수출이 급증하던 1830년대 즈음일 것이다.[4] 제1차 아편전쟁의 참혹한 패배로 약해진 청나라가 아편 밀매에 제대로 대항할 수 없게 된 뒤, 중국의 아편 산업은 윈난성뿐만 아니라 다른 여러 성들에서도 빠르게 성장하기 시작했다.[5] 그 성장세는 특히 푸젠성(福建省) 해안 지역에서 가팔랐다. 1845년 푸젠성의 성도 푸저우(福州)에는 100개 넘는 아편굴이 있었고, 어느 청나라 관리의 말에 따르면 그 도시 주민의 80퍼센트가 아편 흡연자였다고 한다.[6]

1842년에서 1858년 사이 중국의 아편 산업은 역사학자 피터 틸리(Peter Thilly)가 "협상된 불법"이라고 표현한 상태에 놓여 있었다. 청나라가 제1차 아편전쟁에서 굴욕적으로 패배했음에도 마약 거래의 합법화를 완강하게 거부했기 때문이다.[7] 그러나 청나라는 제2차 아편전쟁에서 또다시 참담한 패배를 맛본 데다 내부적으로마저 태평천국 운동이 발발해 많은 영토에 대한 통제권을 내어준 상태라 1860년 영국과 새로운 조약을 체결하지 않을 도리가 없었다. 중국은 사실상 아편 무역을 합법화할 수밖에 없었고, 유럽 제국들이 아시아 식민지에 부과한 모델, 즉 아편을 합법적 수입원으로 삼은 모델을 채택했다. 그러는 동안 해안을 따라 아편 밀수가 엄청나게 불어나자 청나라는 아편 무역을 억제하려는 자국의 노력은 영국이 그 목에 칼을 겨누고 있는 한 결코 성공할 수 없다는 사실을 직시했다.[8] 그에 따라 청나라는 영국령 인도와 동남아시아 식민지 정권에서와 유사한 정책을 채택함으로써 아편 산업을 수입원으로 취급하기에 이르렀다. 이로 인해 양귀비 재배가 대폭 확대되었다. 이것은 조너선 스펜스(Jonathan Spence)가 지적했다시피 "아편 농사는 실제로 재배자 스스로가 흡연하도록 장려하기 때문에" 아편 사용량 또한 덩달아 크게 증가한다는 것을 의미했다. 중국 양귀비 재배자는 그들이 생산한 아편의 약 25퍼센트를 스스로 소비한 것으로 추산된다.[9]

19세기 후반의 몇십 년 동안 아편은 중국에서 주요 산업으로 부상했고, 그에 따른 수익은 식민지 인도 및 동남아시아에서 진즉부터 그랬던 것과 흡사하게 청나라 재정의 초석으로 자리 잡았다.[10] 심지어 청나라가 전복된 후에도 아편은 "1950년 이전의 중국을 지배한 거의 모든 군부 정권 및 공화주의 정권의 재정적 대들보" 역할을 이어갔다.[11] 덧붙일 필요도 없지만, 아편은 중국·대만 그리고 나중에 일본의 많은 사업가에게 막대한 부를 안겨주었다.[12]

외국의 관찰자들은 흔히 중국 내에서 번성한 아편 산업을 청나라의 부패와 중국 관료의 만연한 불성실을 보여주는 증거로 언급하곤 했다.[13] 19세기 중반 한 영국 목사의 회고록 《런던에서 러크나우까지(From London to Lucknow)》에 등장하는 인물은 이렇게 말한다. "중국인 존(John)은 지상 최고의 위선자다. 그는 실제로 고국에서 매년 아편을 5만~6만 궤짝 재배하면서도 아편을 해외에서 중국으로 들여올 때면 스캔들에 휘말린 척한다."[14]

이는 제국적인 수사(修辭)가 대영제국의 책임을 아편 피해자에게 전가하기 위해 어떻게 사용되었는지 보여주는 좋은 예다. 아편 무역을 억제하기 위한 청나라의 온갖 조치를 수포로 돌려놓은 식민지 개척자들은 중국을 손가락질했다. (영국 통치하에 놓인 인도가 수출하는 막대한 양의 아편을 계속 소비하지 않고) 마약의 국내 산업이 번성하도록 허용했다고 말이다! 그들의 오만함은 숨이 막힐 정도다. 마치 미국에 대마초를 합법화해야 하지만 국내에서 그것을 생산해선 안 된다고 말하는 외국의 마약 카르텔을 보고 있는 것 같다.

사정이 이렇다 보니 청나라는 어느 정부라도 비슷한 상황에서 선택할 수 있는 행동 방침, 즉 수입 대체라는 길을 택했다. 총으로 위협받으며 아편을 계속 수입해야 한다면, 차라리 국내에서 재배하는 편이 낫다고 판단한 것이다. 그렇게 하면 적어도 해외 수입 비용은 줄일 수 있었기 때문이다. 이러한 판단은 쑨원을 위시해 가장 격렬한 청나라 비판론자들로부터도 지지를 받았다. 쑨원은 이렇게 주장한 것으로 알려져 있다.

> 장차 아편 재배가 널리 퍼지면 분명 인도 아편이 낳는 이익을 선점할 것이다. ……일단 우리가 인도 아편이 낳는 이익을 선점하면 영국은 자발적으로 아편 수입을 중단할 테고, 그러면 우리도 아편 재배를 그만둘 수 있다. 그때 우리가 아편 소비를 금지하는 법령을 반포하면 한 세기 넘게 끌어온 이 재앙을 단시간에 끝낼 수 있다. 따라서 양귀비 재배를 장려하는 것은 사실상 아편 금지의 시작이다.[15]

아편이 가령 면화나 사탕수수와 동일한 법의 적용을 받는 다른 어떤 상품이었다면, 수입 대체 정책의 이면에 깔린 이 같은 생각은 이치에 닿았을지도 모른다. 하지만 아편이 합법화된 뒤 30년 동안 중국의 인도산 아편 수입은 시종 가파르게 증가했고, 1880년대 후반에야 정점에 이르렀다.[16] 이 무렵에는 아편 수입량이 횡보하기 시작했다. 하지만 놀랍게도 중국은 국내 산업의 경이로운 성장에도 불구하고 19세기 말까지 계속해서 튀르키예와 식민지 인도에서 아편을 다량 수입했다.[17] 이 무렵 중국의 국내 아편 산업은 인도에서보다 한층 더 규모가 컸다. 또한 중국은 20세기 초반 몇십 년 동안에는 전 세계 공급량의 8분의 7을 차지하는 최대 아편 생산국이었다.[18] 대부분의 아편은 국내에서 소비되었지만, 중국은 아편뿐만 아니라 헤로인의 세계 최대 수출국이기도 했다. 그 가운데 상당량이 식민지 동남아시아, 심지어 유럽과 미국의 해안에도 흘러 들어가기 시작했다.[19]

이러한 점을 고려해야만 100년이 조금 넘는 기간 동안 중국에서 아편 사용이 급증한 상황을 제대로 이해할 수 있다. 중국 내 아편 사용자와 중독자의 정확한 수를 헤아리기는 어렵지만, 보수적 추정치에 따르면 20세기 초반에 중국 인구의 3~10퍼센트, 즉 약 5000만 명이나 되는 사람이 아편을 사용했을 것으로 짐작된다.[20] 그러나 다른 추정치에 따르면 적어도 그 2배 이상이며, 심지어 전체 인구의 30~40퍼센트, 최대 2억 명에 가까웠을 수도 있다.[21]

우리는 이처럼 아편 생산과 소비가 놀라울 정도로 증가한 사태를 어떻게 해석할 수 있을까?

이 문제에 대한 접근 방식은 대개 어떤 식으로든 수요의 문제로 되돌아간다. 19세기 서구의 대다수 논평가들은 아편 수입의 증가가 수요의 증가에서 비롯한 결과라고 가정하는 경향이 있었다. 이는 시장의 '보이지 않는 손'에 의해 수요와 공급이 균형을 이룬다고 주장하는 자유 시장 이론과 일맥상통했다. 영국의 아편 추진 프로그램이 아직 걸음마 단계였던 18세기 후반에 등장한 이러한 개념은 곧 영미권 엘리트들 사이에서 완전히 헤게모니를 장악했다. 그들은 수요와 공급의 법칙이 마치 자연의 법칙처럼 (또는 개신교 하나님의 불가해한 뜻처럼) 작동하는 것을 당연시했다.

이른바 수요 우위론은 영국의 아편 무역 정당화에서 가장 중요한 논거들 가운데 하나를 제공했으며, 마약 거래를 다룬 19세기 영국의 저술에 끊임없이 등장한다. 예컨대 찰스 디킨스는 아편에 관한 글에서 이렇게 말했다. "중국 당국의 엄청난 부패 외에는 법으로 금지된 무역이 최근 크게 증가한 사태를 설명할 수 없다. 이 같은 증가는 대중의 습관 및 취향과 맞아떨어지지 않는 규제를 시행하기가 어렵다는 것을 보여주는 여러 증거 중 하나다."[22]

《런던에서 러크나우까지》에서도 비슷한 주장이 좀더 유쾌하게 펼쳐진다.

〔한 영국 상인의 말마따나〕 중국인들은 아편을 원했고, 실제로 아편을 손에 넣을 수 있었다. 하지만 해와 달의 형제로서, 베이징에 있는 그들의 위대한 아버지는 "안 된다, 얘들아. 너희는 아편을 가질 수 없다"고 말했다. 아들들이 대꾸했다. "우리는 스스로 판단할 수 있을 만큼 컸어요, 사랑하는 아버지. 그리고 아버지를 무척 사랑하고 합리적인 일에서는 당신께 기꺼이 순종하지만, 파이프는 꼭 가져야 해요." 그래서 우리는 어떻게 했을까? 그저 조용히 아이들을 위해 파이프를 채워주며 잠자코 있으라고 했다. 그러면 늙은 총독은 아이들이 한 짓을 알아내지 못할 거다. 나는 그 거래에서 자비와 형제애의 손길을 느낄 수 있을 정도다.[23]

이 구절이 전하려는 바는 중국에 많은 아편 수요가 존재하며, 그 수요는 필연적으로 그에 상응하는 공급에 의해 충족된다는 것이다. 다시 말해, 만약 이러한 공급이 인도의 식민지 정권에 의해 제공되지 않는다면 다른 곳에서 이루어질 것이다. 이는 냉혹한 자연 법칙의 결과로, 그를 거스르려는 시도는 어리석은 짓(실패할 수밖에 없는 운명이기에)임과 동시에 그릇된 짓(도덕적으로 정당화할 수 없다는 의미에서)이다.

수요가 마약 거래의 성장을 추동하는 필수 요인이라는 견해를 지지하는 이들에게, 문제의 핵심은 중국에서 아편 수요가 왜 그렇게 경이적인 속도로 불어났는지 그 이유를 설명하는 데 있었다. 여러 설명 중 가장 집요했던 것은 당시 서구 엘리트들 사이에서 헤게모니를 장악한 또다른 관념 세트인 인종과 성별 개념에 그 뿌리를 두고 있었다. 마약에 기우는 성향은 일반적으로 "아시아인", 특히 중국인이 지닌 특징이라고, 그리고 중국인은 타고나길 "여성적"이라 "적극적이고 충동적인 기질"과 연관되는 알코올보다 수동성을 유발하는 아편에 탐닉하는 경향이 더 강하다고 흔히들 말하곤 한다.[24] 역사학자 키스 맥마흔(Keith McMahon)은 "유럽에서의 지배적 시각에 따르면, 아편은 선천적으로 술이라면 사족을 못 쓰고 쾌락에 중독된 것처럼 보이는 중국인에게 딱 들어맞는 약물이었다"고 썼다.[25] 영국의 한 유력 정치인의 말에 따르면 아편 문제는 단순히 "인종의 문제"였다. 그는 "아리안족이 알코올을 선호하는 것처럼 우랄알타이어족은 아편을 소비한다"고 말했다.[26] 따라서 아편에 대한 수요 증가는 이른바 중국인의 신체적 결함, 중국인의 사고방식, 중국 문화, "중국의 사회적 타락과 자제력 결핍"에 기인했다.[27]

이것들과 함께 흔히 비난받곤 하는 중국인의 또 한 가지 체질적 측면은 생래적으로 뇌물 수수와 탐욕으로 가득 차 있다고 알려진 중국의 정치 체제였다. 찰스 디킨스는 그 점을 이와 같이 표현했다.

약 18년 전 황제와 그의 각료들은 아편 문제를 충분히 논의한 것으로 알려져 있다. 하지만 결국에는 영국과의 밀수품 무역을 저지하려는 온갖 시도가 상인들의 이기적 에너지, 그 마약에 대해 점점 커지는 중국인들의 사랑, 황제가 거느린 고위 관리들의 부패로 인해 수포로 돌아갔다는 사실이 밝혀졌다.

더 간단한 다음과 같은 말도 찾아볼 수 있다. "다른 모든 것에는 철통같은 중국인들이 뇌물 수수에 대해서만큼은 결코 철통같지 않다. 그들은 지구상에서 가장 부패한 민족이다."[28]

이러한 견해는 일반적으로 중국을 존중하고 심지어 동경하는 경향마저 보이던 서구의 초기 태도와 흥미로운 대조를 이룬다.[29] 예를 들어, 박식한 17세기 독일인 고트프리트 라이프니츠(Gottfried Leibniz)는 부패한 쪽에 대해 다음과 같이 완전히 상반된 견해를 드러냈다. "우리 사이에 부패가 걷잡을 수 없이 퍼져나가는 지금 상황은 내게, 자연 종교의 활용 및 실천을 설파할 수 있도록 중국 선교사들을 우리에게 파견하는 조치가 필요할 지경으로 보인다."[30] 그 시대에 많은 유럽 사상가들은 중국인을 "무엇보다 위대한 실용 통치 기술의 달인"으로 간주했다.[31]

이윽고 유럽 국가들은 실제로 중국의 통치 모델을 자유롭게 차용했다. 역사학자 스티븐 플랫(Stephen R. Platt)이 지적했듯 동인도회사가 1806년에 경쟁적인 시험 제도를 도입한 조치는 "주로 캔턴 상인들이 그곳의 중국식 제도로부터 배운 것에서 영감을 받은 결과"였다. 이는 다시 "19세기 중반에 영국 정부가 자체적으로 실시한 공무원 시험의 토대

역할을 했다”.[32] 따라서 오늘날 수백만 명의 인도 젊은이를 사로잡고 있는 공무원 시험의 계보는 곧바로 중국으로 거슬러 올라간다. 실제로 웬그로와 그레이버가 지적했듯 “대체로 통일된 언어와 문화를 지녔으며, 경쟁적인 시험을 통과하는 데 성공한 구성원들을 거느린 …… 관료주의가 운영하는 인구 집단”으로서 현대 민족 국가라는 개념 자체는 “거의 정확히 중국에서 수 세기 동안 존재해온 체제다”.[33]

중국에 대한 서구의 태도가 바뀌기 시작한 것은 다름 아니라 유럽인, 특히 영국인이 전 세계에서 점점 더 지배적 위치로 부상하던 18세기 후반부터였다.[34] 내가 보기에, 중국이 계속해서 갈수록 더 많은 아편을 수입하면서 그 나라에 대한 서구의 인식이 서서히 부정적으로 바뀐 것은 우연이 아니다. 마치 그 ‘강력하다던’ 청 제국이 마약 거래를 효과적으로 줄이지 못했다는 사실 자체가 그 제국을 경멸받아 마땅한 대상으로 전락시키기에 부족함이 없는 것만 같았다. 중국인을 가장 조롱한 사람들은 종종 지방 관리에게 뇌물을 찔러주고 그 나라 법을 어기는 데 최고로 성공한 바로 그 상인이었다는 점도 이와 일맥상통한다.

그런 사람 중 한 명인 아편 상인 제임스 매서슨 경(Sir James Matheson)은 중국에서 범죄를 저지른 경력을 바탕으로 영국 전체에서 두 번째로 큰 규모의 지주로 떠올랐으며, 남작 작위와 의회 의석까지 차지했다.[35] 1836년, 영국으로 하여금 중국에 전쟁을 선포하도록 촉구하는 로비 활동(결국 성공한다)의 일환으로 매서슨은 다음과 같이 시작하는 책을 썼다. “신은 기쁘게 여기면서 놀라울 정도의 무능·탐욕·자만·아집을 특징으로 하는 중국인에게 지구상에서 가장 호감 가는 광대한 지역을 소유토록 하고, 인류의 약 3분의 1에 달하리라 추정되는 인구를 할애했다.”[36]

이러한 태도는 오늘날의 마약 카르텔 보스들이 보이는 태도와 매우 흡사하다. 그들은 제가 활약하는 국가들에서 요리조리 법망을 피해 다니며 이득을 누렸으면서도 정작 그 불운한 정부들을 경멸하곤 한다. 그들은 서구에서 마약 소비가 지속적으로 증가하는 현상을 부패한 미국 및 유럽 관리들 탓으로 돌리기도 한다. 그러나 매서슨과 그 일파는 오늘날의 마약 카르텔 보스들과 달리 자국에서 제국주의 미덕의 모범으로 칭송받기에 이르렀다.[37]

아편 거래가 중국 범죄 네트워크와의 결탁에 크게 의존했다는 것은 논란의 여지가 없다. 오늘날 서구를 비롯한 전 세계의 마약 거래가 그러하듯이 말이다.[38] 대규모 아편 수입이 가속화하기 전에도 중국에서 공직자 부패가 만연했다는 사실 역시 의심의 여지가 없다. 하지만 중국사를 전문으로 연구하는 역사학자 중 한 명인 조너선 스펜스에 따르면, 그 나라의 "법과 질서 수준은 아마 당시 유럽이나 미국에서 일반적으로 볼 수 있었던 수준과 비슷했을 것이다".[39] 그러나 돈은 제아무리 건전한 기관도 부패하도록 만들 수 있는데, 서구의 마약 밀매업자들은 자금이 넉넉했다. 일례로, 1839년 영국 밀수업자들은 중국 하급 관리 2명에게 2만 6000천 달러 상당의 현금과 현물을 지불했는데, 이는 "에스파냐 은화 1달러가 일반 뱃사공의 며칠분 임금에 준하는" 지역에서 "정말이지 입이 딱 벌어질 액수"였다.[40]

따라서 매서슨 등의 상인이 표방하는 견해에서 특이한 점은 그들이 아편 무역의 존재뿐만 아니라 본인들 자신의 범법 행위에 대해서까지 중국의 부정부패 탓으로 돌리고 있다는 사실이다. 그들은 낯 두껍게도 "당신이 나로 하여금 무슨 일을 하게 만들었는지 보라!"고 외쳤다. 돌이켜보면 인과관계의 패턴이 복잡하기 이를 데 없다는 것, 그리고 마약 거래업자들이 기존 시스템의 취약점을 악용한 시도들이 이 시기에 중국 통치 구조가 꾸준히 쇠퇴하는 데 크게 기여했다는 것은 분명하다.

이는 또한 세계 전역에서 서구의 자원 추출을 위한 하나의 본보기로 쓰이곤 했다. 가난한 나라에서 관리를 구워삶는 데 막대한 돈을 퍼붓는 광업 및 에너지 기업은 툭하면 "부패한 문화가 만연했다"는 이유로 해당 국가를 손가락질한다. 〔내가 이 문장을 쓰고 있을 때, 내 컴퓨터 화면에는 거대 원자재 무역 회사 글렌코어(Glencore)가 자사의 아프리카 석유 사업과 관련해 일곱 가지 뇌물 수수 기소 조항에 대해 죄를 인정하고 10억 달러 넘는 벌금을 물어야 한다는 내용을 담은 기사가 떴다.〕[41]

최근에 19세기 중국에서 아편 사용이 경이적으로 증가한 원인을 다룬 글이 속속 쏟아져 나왔다. 그러나 이러한 문헌들 역시 어떤 식으로든 대개 수요 증가의 원인—즉, 휴식의 필요성, 스트레스와 고립감 해소의 필요성, 고된 육체노동의 긴장 해결 등—으로 돌아가곤 한다.[42]

일부 학자들은 아편 수요가 증가한 다른 이유를 강조했다. 아편 사용이 그에 세련된 감각을 부여한 중국의 상류층 및 지식인들로부터 하류 계층으로까지 스며들게 된 현상이 그중 하나다. 그로 인해 아편 사용이 사회적으로 수용 가능한 일로 여겨졌으며, 전국에 걸쳐, 특히 사회적 열망을 품은 이들 사이에 널리 퍼졌다. 이런 현상이 가능했던 것은 아편 흡연이 결코 자동적으로 중독을 의미하지는 않았기 때문이다. 오늘날 처방 진통제를 사용하는 이들 대부분이 중독자가 되지 않는 것과 마찬가지로, 아편 흡연자도 대다수는 절제 가능한 사용자였다. 당시에도 지금처럼 중독은 규칙이 아니라 예외였다.[43] 의심할 여지 없이 지금도 그렇지만 당시에도 아편제가 그걸 적당히 사용할 수 있는 사람에게는 요긴한 존재였다. 아편제는 피곤한 사람에게 자극을 주고, 지친 사람에게 상쾌함을 부여하며, 사람들이 겪는 육체적·정신적 고통을 누그러뜨릴 수 있다. 중국의 의약품 공급업자들이 아편을 온갖 종류의 질병에 잘 듣는 효과적인 치료제로서 판매할 수 있었던 것은 정확히 이러한 특성 때문이었다. 19세기 자바에서도 "많은 흡연자가 처음 아편을 사용한 것은 두통, 발열과 오한(말라리아 포함), 복통, 설사, 이질, 천식, 결핵('각혈'), 피로와 불안증 등 여러 질환에 대한 최후의 수단으로서였다."[44]

실제로 의사와 치료사가 오피오이드 중독이 급증하는 데 기여한다는 사실은 아편의 역사를 통틀어 되풀이해 발견되는 여러 특징 가운데 하나다. 의인성(醫因性)에 의한, 즉 의사가 원인을 제공한 오피오이드 남용의 급증은 특히 미국의 아편제 역사에서 특징적으로 불거진 현상이었다. 그것은 연원이 19세기 중반 모르핀의 광범위한 처방으로 거슬러 올라가며 처방 진통제의 유행으로 이어졌다.[45]

많은 학자가 19세기 중국의 아편 중독을 이 시기에 청 제국을 뒤흔든 다양한 사회적·정치적·경제적 위기와 연관 짓기도 했다. 물론 이와 같은 다차원적 위기의 최전선에는 무역, 금융, 심지어 공중 보건 문제를 훌쩍 뛰어넘는 영향력을 지닌 것으로서, 중국과 서구의 만남이 놓여 있었다. 그 나라 통치자들이 아편 유입을 막지 못했다는 사실은 단순히 무역 정책의 실패에 그치는 게 아니었다. 그것은 또한 국가 조직과 그 나라 통치 체제의 정당성을 부단히 약화시키기도 했다. 이 모든 것이 대영제국과의 관계에서 중국의 무력함을 극명하게 드러낸 제1차 아편전쟁에서 절정에 달했다. 이런 상황은 중국의 여러 위기를 한층 부채질했으며 결국 2000만~3000만 명이 사망한 태평천국 운동으로 귀결되었다.

선교사에게 영향받은 메시아적 이데올로기에 바탕을 둔 태평천국 운동은 중국이 가장 심각한 의미에서 문명사적 도전에 직면해 있다는 사실을 극명하게 드러냈다. 이는 세계에서 중국의 위치 및 통치 모델로서 중국의 역사적 역할에 대해 중국 문화가 오랫동안 견지해온 관점에 의문을 제기하는 도전이었다. 군주제, 관료제, 법률 제도 등 한때 신뢰받았던 모든 제도가 불과 수십 년 만에 눈에 띄게 붕괴하기 시작했다.[46] 동시에 아편에 대한 의존이 확산하면서 유교 질서의 근간을 이루는 가족도 불안정해졌다. 부모는 자신들의 전통적 의무를 저버렸으며, 친척들은 아편 구입 자금을 조달하기 위해 서로의 물건에 손을 댔다.

이러한 신뢰 위기는 당시의 많은 문학 작품에 손에 잡힐 듯 생생하게 반영되어 있다. 그중 하나가 19세기 후반 연줄 든든한 아편 흡연자인 장창갑의 짧은 유언장 《아편 이야기(煙話)》다. 키스 맥마혼이 이 글에 대한 통찰력 있는 연구서에서 밝힌 것처럼, 장창갑은 아편을 통해 비흡연자들은 제대로 인식할 수 없는 무언가, 즉 한 시대가 저물었으며, 역사가 옛 중국 선각자와 현자들의 가르침이 무의미해진 새로운 단계로 접어들었다는 것을 깨달았다고 믿었다. "아편이 존재한다면 다른 것은 아무것도 예측할 수 없다."

중국어에서 '아편'과 '연기'는 거의 동의어에 가까우므로 아편을 피운다는 표현인 '츠옌(吃烟)'은 '연기를 먹다'라는 뜻이다. 장창갑의 말에 따르면, 바로 그 때문에 아편이 전례 없는 변화와 타협의 수단으로 떠올랐다. 그에게 이 새로운 시대는 전형적으로 연기에 의해 정의되는 시대였다. 그저 평범한 불에서 생기는 연기가 아니라 석탄으로 움직이는 증기선의 굴뚝에서 뿜어져 나오는 연기 말이다. 따라서 장창갑은 불가사의하리만치 통찰력 있는 상상력의 비약을 통해 화석 연료를, 새로운 시대를 규정하는 특징으로 삼는다.

> 서양 증기선은 불이 충분히 붙으면 예리한 데다 천하무적의 기세로 1600킬로미터를 단숨에 항해할 수 있다. 그러나 그 불이 꺼지면 배는 밤새도록 완전한 침묵 속에서 휴식을 취하며 움직이는 능력을 잃어버린다. 이튿날 배를 움직이게 만들려면 다시 불을 붙여야 한다. 불을 더 많이 붙일수록 배는 더 많이 움직일 수 있다. 잠재력이 최대 수준에 도달하면 배는 멈추지 않은 채 또 다른 여정을 떠날 준비를 마친 것이다.
> 아편 흡연자도 마찬가지다. 아편을 갈망하게 되면 그들은 몸이 쭈글쭈글하고 무기력하고 관절이 온통 뻣뻣하다고 느낀다. 그들은 자신의 몸에 불을 붙이기 위해 아편에 의존해야 한다. 처음 아편에 불을 붙이기 시작하면 그들은 애벌레처럼 꿈틀거린다. 조금 더 작동시키면, 마치 거대한 강처럼 도도히 흐르기 시작한다. 한참을 불태우다 보면 에너지가 넘쳐흐르고 사지가 불굴의 열기를 지닌 채 뿜어 나오면서 빠르게 움직인다. 한밤중이 되면 더 많은 에너지가 남아돈다.[47]

장창갑이 '에너지' '불' 같은 단어를 사용한 것은 기후 변화가 가속화하는 우리 시대에 더없이 불안한 반향을 불러일으킨다. 화석화한 형태의 탄소가 연소되면서 에너지를 얻은 전 세계가 엄청난 가속의 춤을 추는 것과 동시에, 마치 중독자의 몸처럼 그 세계를 스스로 빠져나올 수 없는 굴레 속으로 가두는 시대 말이다. 오늘날 많은 사람이 인정하고 있다시피, 세계가 화석 연료와 맺고 있는 관련성은 치명적이고 자멸적인 중독에 불과하다. 하지만 장창갑이야말로 그 관련성을 최초로 간파한 인물일지도 모르겠다.

⟨⟨⟨

19세기에 서양인은 흔히 중국의 문명사적 위기를 그 나라의 내부 지향적 문화, 특히 '중화사상'에 내포된 부풀려진 자의식, 그리고 문화적(심지어 인종적) 우월감 같은 허세 탓으로 돌리곤 했다. 많은 중국인은 문화적 우월감에 젖어 외국인을 유럽인이 일반적으로 '야만인' 또는 '악마'로 번역하는 용어들로 표현했다.[48]

이때는 서구 엘리트가 점점 더 열정적으로 다양한 개인주의 숭배를 지지하기 시작하던 시기여서, 많은 이들이 유교 질서에 따른 집단주의를 중국의 가장 큰 약점 가운데 하나이자 자기도취 및 오만의 근본 원인으로 꼽았다. 여기에는 참여 과정을 통해 여러 제도를 확립한 개인주의적 서구 사회에서는 제도에 대한 신뢰가 중국에서처럼 광범위하게 붕괴할 수 없다는 믿음, 아울러 그런 사회에서는 자신이 세계의 중심이고 국가들 사이에서 가장 우월하다고 생각하도록 그들을 호도하는 일이 일어나지 않는다는 믿음이 깔려 있었다. 따라서 중국의 위기는 중국과 중국 문화에 내재한 조건으로 인해 빚어진 특수 사례로 받아들여졌다.[49] 심지어 오늘날에도 중국의 경험은 일반적으로 그보다 더 넓은 세계와는 무관한 것으로 간주된다. 이는 미국의 오피오이드 위기를 다룬 문헌들이 19세기 중국을 거의 언급하지 않으며, 설사 언급한다 해도 그저 지나가는 말에 그친다는 사실에서 분명하게 알 수 있다.

물론 중국의 곤경이 여러 가지 면에서 독특했던 것은 사실이다. 게다가 과거는 결코 동일한 방식으로 재현되지 않는 것도 사실이다. 하지만 마크 트웨인이 한 유명한 말에 따르면, "역사는 결코 반복되지 않지만 종종 운율을 띤다". 아편이 과거와 현재 사이에 숱한 반복과 운율을 낳았다는 것은 인간사에 자신을 끼워 넣는 아편의 독특한 능력을 보여주는 척도다.

이를테면 퍼듀 제약사 경영진이 옥시콘틴 및 여타 오피오이드 기반 진통제를 옹호할 때 사용한 다음과 같은 정당화 논리를 생각해보라. 그 약물들은 기적적인 통증 완화 효과를 제공한다, 안전하며 중독에 이르는 일은 극히 드물다, 충족되지 않은 수요가 많다, 오피오이드 중독자와 남용자는 기질적으로 중독 성향이 있다, 문제는 사실상 느슨한 법 집행에 있다…….[50] 이는 불가사의하다고 표현할 수밖에 없을 정도로, 19세기에 중국과 동남아시아에서 아편 판매로 부를 축적한 상인들 생각을 앵무새처럼 되풀이하고 있는 주장이다. 중국에서와 마찬가지로 미국에서도 오피오이드에 대한 수요가 놀라 자빠질 정도의 속도로 불어났다는 점 역시 고려해보라. 옥시콘틴은 1996년 시장에 나왔는데, 불과 20여 년 뒤인 2019년에는 전체 인구의 약 3퍼센트에 해당하는 3000만 명이 중독된 것으로 여겨진다. 오하이오주에서만 2016년에 전체 인구의 약 20퍼센트인 230만 명이 오피오이드 처방을 받았다.[51] 이 기간 동안 오피오이드 과다 복용은 총기 관련 사망과 교통사고를 제치고 미국 내 주요 사망 원인으로 떠올랐다. 2016년에는 매일 평균 175명의 미국인이 약물 과다 복용으로 사망했고, 그로 인한 연간 총사망자는 뉴멕시코주 샌타페이(Santa Fe) 크기의 도시 전체 인구와 맞먹는 6만 4000명으로 집계되었다. 2017년에는 그 수치가 10퍼센트 증가해 7만 2000명이 약물 과다 복용 때문에 사망한 것으로 드러났다.[52] 배리 마이어의 말마따나 "마치 전염병이 이 소도시 가운데 하나에 들어와서 주민을 모조리

집어삼킨 것만 같았다".[53]

19세기 아시아에서는 21세기 미국에서와 마찬가지로, 아편이 고된 노동에 종사하는 사람들의 육체적 고통을 누그러뜨려주었다. 동남아시아 광산에서 땀 흘리던 중국인 이주자들과 마찬가지로 애팔래치아 광부들 역시 부상과 피로에도 불구하고 일을 계속할 수 있게 도와주는지라 오피오이드를 복용했다. 동남아시아의 아편 소매상들이 특히 그곳 광부를 집중 공략한 것처럼, 미국 제약사들도 업무상 재해를 당한 사람이 대거 모여 사는 애팔래치아 같은 지역에 판촉 활동을 집중했다.

마약 중독에서 회복 중인 라이언 햄프턴(Ryan Hampton)은 이렇게 썼다. "나는 대형 제약사와 오피오이드 약물들에 대해 할 말이 있다. 한마디로 그들은 사악하다. 더없이 미묘한 차이까지 담아내지 못한 표현이라는 것은 알지만, 그냥 커밍아웃한 다음 그렇게 말하고 싶다."[54] 중국에서는 마약 밀매업자에게 아편을 판매하는, 중국인과 외국인을 막론한 상인들에 대해서도 같은 말을 하는 이들이 수백만 명이나 된다고 확신할 수 있다.

이제 미국에서 오피오이드 중독의 급격한 증가가 다차원적 위기하고도 밀접한 관련이 있다는 사실은 더없이 분명해졌다. 퍼듀를 비롯한 여러 제약사가 오피오이드 진통제의 연방 정부 승인을 받을 수 있었던 점, 의사들을 유통 캠페인에 참여시킨 점, 사법 시스템을 조작한 점, 주 및 연방 차원에서 의원들을 끌어들이는 데 성공한 점, 회사 최고 경영진이 가벼운 형만 받는 데 그쳤다는 점, 이 모든 것은 놀라운 규모의 부정부패가 진행되었다는 걸 말해준다.[55] 오늘날 미국 제약사들은 정치적 영향력을 획득하는 데 다른 모든 산업보다 더 많은 돈을 쏟아붓고 있다.[56] 패트릭 래든 키프(Patrick Radden Keefe)가 《고통의 제국(Empire of

Pain》에서 밝힌 것처럼 "오피오이드 위기는 무엇보다 공공 기관을 전복시킬 수 있는 민간 산업의 놀라운 능력을 보여주는 우화다".[57]

19세기의 중국에서와 마찬가지로 오늘날의 미국에서도 공무원, 의사, 검사, 경찰관, 법 집행관, 각계각층의 공인들이 충분한 금전적 유인을 제공하면 눈을 감도록 설득당할 수 있다는 사실은 더없이 분명하다. 게다가 중국의 경우와 마찬가지로, 오피오이드가 창출하는 수익은 이러한 목적을 위해 무한대의 돈을 퍼부을 수 있을 만큼 막대하다. 2006년부터 2015년까지만 해도 퍼듀 및 기타 제약사들은 정치적 영향력을 매수하는 데 약 7억 달러를 소비했다. 총기 로비에 지출한 돈의 8배에 달하는 거액이다.[58] 오피오이드와 그 공급자들이 어떻게 종전부터 그 시스템에 존재해온 약점을 찾아내고 그걸 악용할 수 있는지 이해하려면 중국 청나라의 사례를 살펴보는 것으로 족하다.

19세기의 중국에서와 마찬가지로 미국에서도 오피오이드 사용 확대는 오랫동안 권위와 존경을 누려온 인물이며 기관들에 대한 신뢰가 꾸준히 무너져 내리는 현상을 수반했다. 제2차 세계대전 당시의 미군 사망자 수보다 더 많은 40만 명의 미국인이 아무도 눈치채지 못한 상태에서 어떤 유행으로 인해 목숨을 잃은 일이 과연 어떻게 가능했을까? 크리스 맥그리얼은 이렇게 주장한다.

> 슬픔이 분노로 바뀌었고, 유가족과 생존자들은 오피오이드가 왜 그렇게 쉽게 처방되었는지, 의사들이 왜 그 약이 안전하다고 자신들에게 말해주었는지 알고 싶어 했다. 그들은 미국인이 으레 자신들을 보호해주리라 기대하는 존재—즉, 의료 종사자, 정부, 연방 규제 당국 등—가 해마다 시신이 쌓여가는 걸 뻔히 보면서도 어떻게 그 사태를 수수방관하거나 더 심하게는

그것을 조장할 수 있었는지 물었다.[59]

(미니시리즈 〈도프식〉의 주인공 같은) 소도시 약사 및 의사들의 개입은 그들이 전통적으로 지역 사회에서 가장 신뢰받는 이들이기에 이와 관련해 유독 충격적이다. 의사가 처방한 약 때문에 삶이 뒤죽박죽된 라이언 햄프턴이 말한다. "나는 우리 모두가 신뢰하라고 배워온 의사 진료실에서 처방전을 받았다. 나의 '딜러'는 우리에게 최선의 이익이 무엇인지 늘 염두에 두고 있다고 믿도록 배워온 자였다."[60]

오피오이드를 보증하고 처방전을 나눠준 시골 의사 및 약사들의 행동은 중독의 희생양이 된 이들 외에도 많은 사람에게 영향을 미쳤다. 그에 따른 피해는 중국에서처럼 가족을 사회생활의 신성불가침한 버팀목으로 여기는 미국 내에 존재하는 그들 지역의 공동체에 깊이 파고들었다. 이 미국인들에게 오피오이드를 그토록 쉽게 처방하고 제공했다는 것은 개별 의사와 약사들의 배신일 뿐만 아니라, 그들에게 그렇게 할 수 있는 권위를 부여한 과학의 배신이기도 했다.[61] 이처럼 널리 신뢰받는 인사들은 오피오이드를 승인함으로써 오피오이드가 사회적으로 수용될 수 있도록 거들었다. 오랫동안 미국에서 가장 신뢰받는 기관 중 하나였던 식품의약국, 즉 FDA에 대해서도 같은 말을 할 수 있다. 그 기관은 옥시콘틴을 승인하기 전에 2주간의 피상적인 시험만 실시했다. FDA의 승인 과정에 관여한 심사관 중 2명은 나중에 퍼듀 제약사에 몸담았다. 2002년 FDA가 '옥시콘틴의 유해성 조사'를 위해 전문가 집단을 소집했을 때, 10명 중 8명이 제약사와 연관되어 있었다. 규제 기관과 그 기관이 감독하는 기업의 결탁은 '규제 포획(regulatory capture: 규제 기관이 규제 대상에 의해 포획되는 현상—옮긴이)'을 말해주는 대표적 사례였다.[62] 이 모든 것은 점차 신뢰의 붕괴로 이어져 코로나19 팬데믹 기간 동안 쓰라린 결과를 안겨주었다.

우리는 오피오이드 대유행이 2008년 금융 위기 같은 다른 대규모의 제도적 실패를 배경으로 전개되었다는 점을 상기할 필요가 있다. 금융 위기 이후 오피오이드 사용이 급증한 것은 그 위기가 수많은 이들을 빈곤에 빠뜨렸을 뿐만 아니라, 한때 가장 신뢰할 수 있는 기관이자 많은 소규모 지역 사회에 든든한 기반이었던 은행이 고객을 조직적으로 속여 이득을 챙기는 약탈자로 전락했다는 사실이 드러났기 때문이기도 하다. 여러 세대에 걸쳐 미국인에게 안정적 일자리를 제공했던 광업 및 제조업 등의 분야에서 일자리가 사라지고 불평등이 심화하자 그 위기는 한층 악화했다.

특히 저널리스트 샘 퀴노네스(Sam Quinones)가 밝힌 바와 같이, 오피오이드 처방으로 인해 가장 크게 피해를 입은 지역 중 상당수는 탈산업화에 따른 황폐화 때문에 심각한 타격을 입은 곳이었다. 그 지역들에서는 공장이 문을 닫고 세수 기반이 줄어들고 도시가 버려지고 방치되었다. 경제의 변화와 극심한 실업률로 인해 미국 내륙의 농촌 인구는 초토화되었다.[63] 2012년 농촌 거주자의 15퍼센트가 오피오이드 처방을 한 번 이상 받은 적이 있다.[64] 이러한 지역 중 일부에서는 불균형하다 할 정도로 많은 젊은이가 군대에 입대해 심신에 트라우마를 지닌 채 돌아오는 해외 전쟁에 참전하곤 하는데, 이 역시 결코 우연이 아니다. 약물 과다 복용으로 인한 사망을 "절망사(death of despair)"로 묘사하는 것도 무리는 아니다.[65]

미국의 많은 지역에서 오피오이드 위기는 민주적 통치 체제의 근간인 선거 과정을 포함한 제반 정치 제도에 대한 전반적인 신뢰 상실과 중첩되어왔다. 선거 제도에 대한 신뢰는 '행잉 채드(hanging chad: 플로리다의 흑인 저소득층이 몰려 사는 한 선거구는 전통적으로 민주당 표밭이었다. 그런데 이 동네의 투표 기계가 너무 낡아서 투표용지에 구멍을 완전히 뚫지 못하고 반만 뚫는 해프닝이 발생했다. '행잉 채드'란 그렇게 반만 뚫린 투표용지를 말한다. 이 투표용지를 무효로 처리하면 공화당 후보인 부시가 유리해지는 상황이었다. 부시는 당시 플로리다 주지사가 자신의 친동생 제브 부시였던 터라 그 덕을 보았다─옮긴이)'에 의해 대통령 선거의 승패가 결정된 2000년 이후 꾸준히 하락했으며, 2016년과 2020년 선거를 치르면서 최저치를 기록했다. 이는 정치적 균열이 심화하는 데 적잖이 기여했다. 정치 전문가들이 새로운 내전 가능성을 점치는 것이 다반사가 될 정도였다. 이 모든 것에는 19세기 중국과 흡사한 측면이 드리워 있다.

현대 미국의 경험은 19세기 중국의 상황과 또 한 가지 매우 중요한 점에서 닮았다. 그것은 바로 미국인이 세계 속의 자기 위치에 대한 감각을 상실했다는 점, 그리고 세계 최고의 경제적·정치적·군사적 강국일 뿐만 아니라 훌륭한 통치 모델로서 자국의 중심성과 우월성에 대한 유구한 믿음을 잃어가고 있다는 점이다. 이러한 감정이 미국에 널리 퍼져 있는 이유를 파악하기란 쉽지 않다. 미국이 여전히 의심할 나위 없이 세계 최고의 경제적·지정학적 강대국이기 때문이다. 그러나 많은 미국인이 자국이 쇠퇴하고 있다고 믿는다는 사실은 도널드 트럼프의 집권을 이끌어준 슬로건 '미국을 다시 위대하게'를 통해 분명해졌다.

미국이 계속해서 우월하다고 믿어야 할 필요성이 가장 절실했던 곳이 정확히 오피오이드 문제의 진원지라는 것은 우연의 일치가 아니다. 이런 지역들에서는 쇠락 개념이 국가적, 심지어 인종적 정체성에 대한 위협으로 인식되고 있기 때문이다. 미국이 자랑스럽게 내세우는 개인주의 전통에도 불구하고, 한때 수많은 중국인에게 그랬던 것처럼 많은 미국인에게 집단적 우월감을 지닐 필요성이 강력하게 대두되는 것은 분명하다. 실제로 오늘날 미국이 겪고 있는 상황은 여러 면에서 19세기 중국을 트라우마에 빠뜨린 문명사적 충격의 전도(轉倒)라고 할 수 있다.

오늘날의 미국과 19세기의 중국 간에는 또 다른 유사점이 많다. 오늘날의 미국에서와 마찬가지로 19세기의 중국에서도 오피오이드 위기와 관련한 누아르(noir) 문학이 쏟아져 나왔고, 마약은 밤 문화와 파티를 연상케 하는 존재로 떠올랐다. 두 나라 모두에서 최고 권력자, 고관대작과 황제, 상원의원, 대통령 등의 가족도 마약 중독을 비껴가지는 못했다. 오늘날의 미국에서와 마찬가지로 19세기의 중국에서도 오피오이드 유입은 종종 안보 위협과 국가 비상사태로 묘사되곤 했다. 그러나 오늘날의 미국에서와 마찬가지로 청나라에서도 그 위기와 관련해 가장 괴이쩍은 측면은 표면적으로는 모든 게 정상으로 보였다는 것, 그랬기에 방문객과 심지어 그 나라 인구 상당수가 문제의 존재 자체를 전혀 인식하지 못하는 게 가능했다는 것이다.

미국이 이러한 유사점에 전혀 주목하지 못했다는 사실 자체가 오늘날의 미국이 19세기 중국과 일맥상통하는 또 한 가지 측면이다.

한 사회의 중독률이 경제적·정치적·문화적 문제와 밀접하게 연관되어 있다는 것은 의심의 여지가 없다. 따라서 학자들이 이러한 문제에 초점을 맞추는 건 놀라운 일이 아니다. 그 문제들이 상상력을 발휘할 수 있는 다양한 종류의 추측을 허용한다는 점에서 특히 더 그렇다.[66] 그러나 그에 의거해 아편 중독 문제를 틀 지우면 자동적으로 수요 측면을 강조하게 된다는 사실에 주목할 필요가 있다. 왜냐하면 실제로 오피오이드 사용 증가에 가장 큰 영향을 미치는 요인은 수요가 아니라 공급이기 때문이다. 이는 동인도회사의 왓슨 대령부터 청나라 황제 및 그들이 거느린 고관대작, 퍼듀 제약사 폐쇄 운동을 벌인 미국인에서부터 그 사건을 판결한 판사, 또는 실제로 "시장을 뒤따라가지 마세요. 창출하세요"라고 말한 새클러의 자손에 이르는 숱한 사람들이 오랫동안 분명하게 간파해온 사실이다. 오피오이드가 풍부하게 공급되면 그 자체로 수요를 창출할 것이다. 이게 정확히 아편이 제 능력으로만 역사에서 강력한 힘으로 떠오른 이유다.[67]

오랫동안 많은 이들이 분명하게 알고 있던 이 사실은 최근 2명의 하버드 경제학자가 수행한, 미국의 오피오이드 유행을 다룬 연구에서 입증되었다. 이 연구는 "신체적·정신적 고통, 절망 그리고 실직 및 사회적 고립과 관련한 시간 기회비용에 대한 이용 가능한 측정치"를 살펴본 결과, "신체적 고통, 우울증, 절망, 사회적 고립 같은 수요 측면의 요인 변화는 1996년부터 2012년까지 오피오이드 사용 및 사망 증가의 일부분만 설명할 수 있다"는 결론을 얻었다.[68] 그들이 내린 결론은 다음과 같았다. "경제적 변화가 오피오이드 사망에 미치는 직접적 영향은 미미하다. 공급의 변화가 고통 및 절망을 포함하는 수요 측면의 요인 변화보다 오피오이드 유행의 원인일 가능성이 한층 더 높은 듯하다."[69] 이러한 연구 결과는 많은 언론인과 학자들이 들려주는 이야기와 완전히 일치한다. "역학 데이터는 어떤 이유에서든 아편제에 가장 많이 노출된 집단이 오피오이드 중독률이 가장 높다는 단순한 진실을 되풀이해 확인시켜준다."[70] 즉, 작가 윌리엄 버로스의 말마따나 "중독은 노출

에 따른 질병이다. 대체로 마약을 자주 접할 수 있는 사람이 중독자가 된다".[71]

실제로 퍼듀 제약사는 오피오이드 기반 진통제를 개발한 뒤 영리한 마케팅을 통해 그 약물에 대한 수요를 창출했다.[72] 키프는 이렇게 지적한다. "옥시콘틴 출시 전에는 미국에 오피오이드 위기가 없었다. 오피오이드 위기는 옥시콘틴 도입 후 생겨났다."[73]

마찬가지로 또 다른 일군의 경제학자는 1996년 옥시콘틴이 출시되었을 때 미국의 5개 주에서 어쩌다가 의사의 마약류 처방전 작성 권한을 제한하는 추가 규제를 시행했다는 사실을 밝혀냈다. 이 주들에서는 오피오이드 유행이 미국의 다른 지역들을 쑥대밭으로 만들고 있을 때조차 과다 복용으로 인한 사망자 수가 "이례적이리만큼 낮게" 증가했다.[74] 이 5개 주─캘리포니아·아이다호·뉴욕·텍사스·일리노이─는 지리적으로 공통점이 거의 없다. 따라서 그들에게 보호막이 되어준 것은 다름 아니라 공급 제한이었음을 우리는 분명하게 확인할 수 있다.[75]

퍼듀 제약사에서는 옥시콘틴이 저절로 팔릴 것이라는 말이 자주 나왔고, 실제로도 그랬다. 한 영업 사원의 말을 빌리자면 "매출이 처음부터 즉각적으로 성장했다. 경이적인 성장세였다".[76] 이는 캘커타의 영국인 식민지 관리들이나 할 법한 말이었다. 동인도회사가 아편을 중국에 계속 대량 수출하면서 시장이 기본적으로 저절로 형성되었기 때문이다.

말와에서 양귀비 재배가 급증하던 1830년대에는 식민지 정권이 인도의 아편이 유출되는 사태를 막을 수 없었으리라는 주장이 가능했다. 결국 토착 상인과 무역 네트워크는 말와에서 무역을 통제하려는 영국의 노력을 비껴가는 데 성공했다. 또한 그들은 분명 인도로부터 아편을 밀수할 방법을 찾았을 것이다. 그러나 인도의 범죄 조직이 중국으로 마약을 들여오려고 시도했을 수도 있지만, 만약 영국이 무력으로 청나라를 물리치지 않았다면 그들이 중국인에게 아편을 금지하도록 하는 노력을 포기하게끔 강요할 방법은 없었다.

물론 대영제국은 1830년대는 물론 그 이후에도 인도의 아편 수출을 막는 데 관심이 없었고, 오히려 그 반대였다. 식민지 아편 정책을 옹호하는 사람들이 종종 제기하곤 하는, "중국은 원한다면 완전히 자유롭게 아편 수입을 중단할 수 있다"는 주장은 전혀 솔직하지 못한 것이다. 한 중국 관리는 한때 "우리가 아편 수입을 막은 적이 있지만 그 결과 전쟁이 일어났다"고 쏘아붙였다.[77] 청나라는 물리력에 못 이겨 아편 유입을 허용했을 뿐만 아니라 마약 밀수업자에게 500만 파운드가 넘는 2100만 은화를 배상금 조로 지불해야 했다.[78]

중국과 미국 오피오이드 유행의 가장 큰 차이점 중 하나는 미국에서는 국가 시스템이 작동했다는 점이라고 말할 수 있다. 결국 퍼듀 제약사는 파산하지 않을 수 없었으니 말이다. 그러나 처방전 오피오이드 유행에 대해 쓴 거의 모든 글을 참고하면, 미국 시스템은 분명 제대로 작동하지 **않았다**. 새클러 가문은 자신들의 돈을 뿌려가면서 온갖 수준의 법적 절차에 개입했을 뿐만 아니라, 본인들 자산의 상당 부분을 지킬 수 있었다. 퍼듀 제약사의 파산은 사실상 자기 자산을 보호하기 위한 전략이었다. 미국의 오피오이드 위기를 연구해온 키프·퀴노네스·맥그리얼 등이 밝힌 바에 따르면, 그것은 온갖 수준에서의 부정부패와 제도 붕괴에 대한 충격적인 이야기다. 그 위기는 결코 끝나지 않았다. 처방 진통제 공급이 대폭 감소했음에도 오피오이드 관련 사망자 수는 줄어들지 않고 있다. 실제로 퍼듀 제약사가 문을 닫자 헤로인 사용이 급증했고, 그 이후에도 그 수치는 내내 증가해 코로나19 팬데믹 기간 동안 최고치를 경신했다.[79] 분명 퍼듀 제약사가 기발하게 창출한 오피오이드 수요의 물결은 이제 점점 더 지략 넘치는 범죄 네트워크에 의해 충족되고 있다.

놀랍게도 영국의 공격에 의해 좌절을 겪지 않았다면, 국가 시스템이 작동했거나 제대로 작동했을 곳은 다름 아니라 중국이었다. 청나라의 행정 조직은 실제로 임칙서가 광둥성 총독으로 부임한 1839년 1월부터 영국 원정군이 중국의 방위를 무력화시킨 1840년 사이 아편 유입을 차단하는 데 성공했다.

역사에서 아편 양귀비의 역할을 생각할 때, 어떤 지능이 작용하고 있다는 느낌을 지우기 어렵다. 이를 보여주는 가장 중요한 증거는 시간이 지남에 따라 유사한 현상으로 모습을 드러내는 반복 주기를 창출하는 양귀비의 능력이다. 아편 양귀비가 하는 일은 분명 무작위가 아니다. 그것은 서로 운율이 맞는 대칭을 만들어낸다.

아편 양귀비는 금방 사라지지 않을 것이기에, 이러한 주기가 내내 반복되리라는 것을 우리는 인식할 필요가 있다. 예컨대 멕시코에서는 집중적인 근절 노력에도 불구하고 양귀비 재배 면적이 꾸준히 늘고 있다.[80] 실제로 오늘날 전 세계에서 생산되고 있는 아편은 과거 어느 때보다 더 많다.

우리는 아편 양귀비의 힘과 지능을 인식해야만 그것과 화해를 모색할 수 있다. 그러나 그렇게 하려면 지구는 불활성이고 인간만이 역사의 유일한 주체라는 관념처럼 오랫동안 우리를 지배해온 숱한 생각과 결별해야 한다. 분명 역사에 영향을 끼쳤을 뿐만 아니라 제 자신의 목적을 위해 인간을 이용한 다른 많은 실재 및 존재가 있다. 아편 양귀비는 의심할 여지 없이 그중 가장 강력한 존재들 가운데 하나다. 인류의 가장 어두운 성향과 손잡고 스스로를 널리 퍼뜨리는, 타의 추종을 불허하는 능력을 지녔으니 말이다.

　오늘날 기후 교란이 심화하고 과거에는 안정적이던 많은 제도가 붕괴하고 있는 세상인지라, 우리가 과거에 배웠던 많은 것이 사실이 아니라는 게 점점 더 분명해지고 있다. 실제로 19세기의 위대한 '도약'에서 진정으로 새로운 점은 인간의 고통에 대한 무관심이 지배 엘리트들에 의해 받아들여졌을 뿐만 아니라, 수많은 거짓 목적론과 기만적 이론에 의해 정당화 및 조장되는 체제를 창출했다는 대목이다. 그 결과 대부분의 경우 무기가 아닌 무활동(inaction) 및 개입 거부에 의해 가해지는 일종의 '느린 폭력(slow violence)'이 발생했다. 이 같은 폭력은 주로 제도적 무관심에 의해 작동하는지라 의도적이지 않은 것처럼 보이며 사실상 종종 무의도적이기도 하다. 유럽 제국이 중국과 동남아시아에 아편을 강요할 수 있었던 것도 바로 이 때문이며, 오늘날 부유하고 힘 있는 자들이 전 지구적 재앙이라는 전망에 위험천만할 정도로 무관심한 것도 바로 이 때문이다.

　이런 세상에서 이처럼 암울하고 꼴사나운 이야기를 다시 들려주는 것이 어떤 의미를 띨까?

　이 질문은 수년 전 이 책의 작업을 처음 시작할 때부터 내 뇌리에서 떠나지 않았다. 그것은 이미 엄청난 양의 자료를 축적했음에도 나로 하여금 어느 순간 더 이상 진행할 수 없다고 생각하도록 만든 질문이었다. 당시 나는 타고르가 다음과 같이 썼을 때 그의 이해가 정확했다고 느꼈다. "인도와 중국의 아편 거래에서 인간의 본성 자체가 지극히 비열한 단계로까지 전락하는 바람에 그 이야기를 끝까지 따라가는 것조차 혐오스러울 지경이다."

나는 타고르의 말에 설득되어 프로젝트를 포기하기로 결정했다. 이미 체결한 계약을 취소했으며 출판사로부터 받은 선인세도 돌려주었다.

지금 돌이켜보면 내가 출간 프로젝트를 포기한 것은 그 이야기의 '지극한 비열함' 때문만은 아니었음을 깨닫게 된다. 이런 종류의 이야기를 들려주는 데 따르는 개념적 어려움이 내재해 있다는 것도 한몫했다. 비인간 주인공인 식물의 존재를 피해 갈 수 없다는 게 문제였다. 나는 이게 바로 인도·중국·대영제국·미국의 숱한 역사가들이 이 주제를 회피하는 주된 이유 중 하나라고 생각한다. 식물이 도구이자 주인공인 이야기를 서술하는 것은 극도로 어렵기 때문이다.

내가 다시 한번 도전해보기로 결심한 것은 개념적 돌파구를 마련했기 때문이 아니다. 오히려 지구, 더 정확하게 말해 가이아(Gaia)의 생명력이 점점 더 뚜렷해지는 상황이 내가 집필 작업을 계속 이어갈 수 있는 원동력이 되어주었다. 최근 몇 년간 기후 변화로 인해 발생한 사건들은 생물학·지질학·대기학과 관련한 여러 종류의 힘이 그 자체로 활기차고 행위 주체적인 속성을 지녔다는 걸 분명하게 보여주었다. 이러한 힘들은 일시적으로야 인간의 통제하에 있는 것처럼 보일지도 모르지만, 특정 시점이 지나면 얼마든지 스스로의 독립성과 우월성을 주장할 수 있다. 아편 양귀비 이야기보다 이 점을 잘 보여줄 수 있는 예는 없다. 그 이야기는 인간의 오만에 대한 경고임과 동시에 인간의 한계와 연약함에 대한 교훈이다.

엘리트 장사꾼과 전능한 억만장자들이 태양지구공학(solar geoengineering: 지구 온도를 낮추기 위해 태양광을 인위적으로 반사하는 접근법—옮긴이)에 관한 아이디어를 퍼뜨리려고 애쓰는 때이니만큼, 인류가 직면한 온갖 상호 유기적인 위기들이—자신의 우수한 교육과 특권 덕분에 스스로에게 모든 관습적이고 상식적인 제약을 무시할 자격이 있다고 믿는—인간이 꾀한 개입의 의도치 않은 결과라는 사실을 기억하는 것보다 더 중요한 건 없다.

지금이야말로 인류가 다른 종들과 지구 자체를 겸손하게 대해야 할 때다.

18 불길한 징조와 상서로운 징조

19세기와 오늘날 간에는 오피오이드가 퍼져나간 방식에서 많은 차이가 있다. 당시 아편과 코카인을 유통하는 공급망은 식민지 정권의 통제하에 놓여 있었고, 따라서 1907년에서 1920년 사이에 국제적으로 인정된 최초의 마약 억제 조치가 제정되었을 때 해당 정권들은 공급량을 줄일 수 있었다. 이는 중국의 문제에 막대한 영향을 미쳤다. 물론 그 문제를 해결하지는 못했지만 말이다. 실제로 아편은 1950년대에 공산당이 강력한 아편 반대 조치를 실시할 때까지 수십 년 동안 중국 내에서 내내 유통되었다.[1]

그러나 오늘날의 국제 상황은 완전히 달라졌다. 정부가 마약 공급에 행사할 수 있는 영향력은 19세기보다 한층 더 제한적이다. 국가 통제 밖에서 활동하는 범죄 네트워크가 마약 거래를 통제하기 때문이다. 또한 신기술 덕분에 양귀비 재배가 번성할 수 있는 새로운 지역이 대거 출현했다. 예컨대 태즈메이니아(Tasmania: 오스트레일리아 남동부의 섬—옮긴이는 "옥시코돈의 주요 화학 전구물질인 알칼로이드 테바인(thebaine)을 더 많이 함유한" 유전자 조작 "슈퍼 양귀비"를 재배한다는 이유로 "오피오이드 붐의 중심지"로 묘사되고 있다.[2] 이 품종이 아편 생산이 증가 일로인 아프가니스탄 같은 세계 다른 지역으로 확산하는 것은 시간문제일 뿐이다. 전 세계적으로 전쟁과 파탄 난 국가들이 늘어나면서 양귀비 재배, 특히 유전자 조작 품종의 양귀비 재배가 시리아·이라크·리비아의 분쟁 지역으로 파져나갈 가능성은 매우 높아졌다. 미얀마에서 새롭게 불붙은 내전으로 인해 최근까지 억제되던 국경 지대에서 양귀비 재배가 다시 급증할 수도 있다. 전쟁, 내부 충돌, 기후 변화로 인해 점점 더 불안정해지고 있는 세계에서, 전 지구에 걸친 아편과 그 파생물의 흐름을 줄이는 일은 무척이나 어렵다.

오늘날 오피오이드와 기타 마약을 유통하는 공급망은 범죄 네트워크가 통제하고 있다. 막대한 자금과 대대적 무장을 갖추고 점점 더 군사화하고 있는, 미국의 법 집행 시스템에 대적할 능력을 갖춘 범죄 네트워크 말이다. 미국의 태도가 비생산적일 수는 있지만, 일부 유럽 국가들이 취한 덜 억압적인 방법이 효과적이었는지는 결코 분명치 않다. 방대한 양의 불법 물질이 지중해를 건너 남유럽으로 계속 유입되고 있으니 말이다.

또 다른 불길한 징조는 최근 몇 년 동안 일반적으로 주의력 결핍 장애에 처방하는 애더럴(Adderall)과 리탈린(Ritalin) 같은 다른 처방약이 급증하고 있다는 점이다. "대학 내 오피오이드 사용 증가의 토대를 마련하는 데 일조"했을지도 모를 이러한 약물은 현재 17세 미만 미국인의 약 10퍼센트에게 일상적으로 처방되고 있다. 하지만 그것이 장기적으로 어떤 영향을 미칠지는 알 수 없다.[3]

통신 기술의 발전은 문제를 더욱 악화시켰다. 오늘날 중국은 헤로인 제조에 필요한 전구체 화학 물질과 펜타닐의 세계 최대 생산국이다. 이러한 물질은 종종 인터넷을 통해 판매되고, 미국 우편 제도를 통해 배달된다. 하지만 냄새가 나지 않기 때문에 탐지하기가 어렵다.[4] 알고리즘이 지구를 돌며 중단 없이 상품을 보내는 세상에서, 밀수품을 추적하기란 한층 더 어려울 것이다. "실제로 인터넷상에서 아시아의 펜타닐 공급업체에 접근할 수 있는 능력은 아마존에서 소비재를 구매하는 능력보다 훨씬 더 혁명적일지 모른다."[5] 인공지능과 허위 정보가 더해지면 그 결과는 한층 더 불안정해질 수밖에 없다.

인도 아대륙이나 아프리카처럼 법 집행 시스템이 취약한 나라들의 경우, 아편제의 흐름을 규제하는 일은 거의 불가능에 가까울 것이다. 파키스탄은 아프가니스탄에서 꾸준히 헤로인이 유입되는 탓에 진즉부터 그 문제로 골머리를 앓고 있다. 인도 펀자브주도 마찬가지다. 특히 가까운 미래에 이 지역에서 활동하는 많은 반군이 자금을 조달하기 위해 양귀비 재배나 마약 밀매에 손을 댄다면 상황은 한층 더 악화할 소지가 있다.

요컨대 모든 추세는 오피오이드와 코카인이 민족 국가는 물론 글로벌 거버넌스 시스템을 약화하는 데 지금보다 훨씬 더 강력한 힘을 발휘하리라는 걸 시사한다. 어떤 국가도 1950년대에 인도, 중국 및 기타 아시아 국가들이 했던 방식대로 마약 사용을 줄일 가능성은 거의 없다. 그 국가들의 성공은 뿌리 깊은 반식민지 운동의 산물이었다. 어떤 국가든 특히 기후 변화가 심화하는 상황에 맞서 다시 그 같은 유의 열정을 재현할 수 있을 것 같지가 않다.

따라서 근대성을 일구는 데 주된 역할을 했던 양귀비가 화석 연료와 공유하는 그 근대성을 도로 해체하는 데서도 중차대한 역할을 맡게 될 것 같다. 두 경우 모두에서 이러한 물질의 사용에 내재한 위험성이 오랫동안 알려졌지만, 그 사실은 부정되거나 체계적으로 억압당했다.

거대 에너지 기업들이 화석 연료가 미래 세대에 미칠 위험—즉, 자신들이 거느린 과학자에 의해 밝혀진 위험—을 은폐할 만큼 그렇게 타락했다고 믿는 걸 어려워하는 사람들은 기억해야 한다. 이런 종류의 타락은 시스템에 내재해 있어 오직 단합된 집단행동을 통해서만 극복할 수 있다는 사실을 말이다.

이런 사악한 징조에도 불구하고 아편의 역사는 세계 환경 운동에 중요한 희망의 조짐이기도 하다. 당시 오늘날의 거대 에너지 기업들보다 한층 더 강력했던 대영제국의 결의에 찬 숙련된 저항에도 불구하고 결국 아편 거래를 과감하게 줄일 수 있었던 요인으로서, 다국적·다민족·다인종 시민 사회 단체가 연합한 사례를 살펴볼 수 있기 때문이다.

아이러니하게도 아편 반대 운동의 성공에 대한 공로는 대부분 항상 역사 서술에 능숙했던 식민지 열강이 가로채 갔다. 노예 폐지 운동의 경우도 마찬가지였다. 최근까지 노예제에 대한 흑인들의 저항이 담당한 역할이 지배적 서사에서 제외되었던 것처럼, 마약 규제 이야기도 일반적으로 기독교 선교사와 서구 정치가들이 주로 활약한 존재들인 양 제시되었다.[6] 하지만 역사학자 스테펜 림너(Steffen Rimner)가 2018년에 발표한 빼어난 연구서 《아편의 긴 그림자: 아시아의 반란에서 세계 차원의 마약 통제까지(Opium's Long Shadow: From Asian Revolt to Global Drug

Control)》에서 밝힌 바와 같이 "마약 통제에 관한 세계 차원의 규약"이 출현할 수 있도록 중요한 원동력을 제공한 것은 다름 아니라, 중국 시민 사회 단체의 끈질긴 결단력과 청나라 고위층에 속한 일부 인사들의 노련한 외교력이었다.[7] 게다가 이런 일이 일어난 것은 아편 무역의 주동자, 즉 서구 식민지 열강이 전 세계를 완전히 장악하던 시기였다. 따라서 탈식민지화와 수많은 독립 민족 국가의 출현은 꿈도 꾸지 못할 만큼 먼 미래의 일이었다. 그러나 풀뿌리 운동 연합은 갖은 역경에도 불구하고 세력을 규합하는 데 성공했으며, 국제 여론을 동원함으로써 오랫동안 세계에서 가장 강력한 국가의 비호 아래 행해지던 무역을 심각한 평판 손상을 수반하는 활동으로 뒤바꿔놓을 수 있었다.

이 오랜 투쟁에 투신한 핵심 인물들 중 한 명은 청나라 정치가 공친왕〔恭親王: 영어로는 Prince Kung 또는 이흔(Yixin, 奕訢)〕이었다. 함풍제(咸豊帝: 청나라의 제9대 황제, 재위 1850~1861─옮긴이)의 이복형제인 공친왕은 아직 20대에 불과했지만 제2차 아편전쟁에서 중국이 처참하게 패배한 후 아편 합법화로 귀결된 불평등 조약을 협상하는 데서 중추 역할을 했다. 그러나 다른 많은 청나라 정치가들과 마찬가지로 그에게도 이는 지독히 혐오스러운 조치이자 강압에 의한 조치에 불과했다. 그들은 대부분의 동포처럼 "아편 거래는 1860년 이전과 다를 바 없었다는 견해, 즉 착상에 있어 악의적이고 개인에게 해롭고 종종 치명적이며 사회를 서서히 무너뜨리는 효과를 낳는다는 견해"를 공유했다.[8]

제2차 아편전쟁이 끝난 직후 공친왕은 청나라 최초의 외교국을 설립하고 사실상 중국의 외무장관 자리에 올랐다. 공친왕은 그 자격으로 1869년 영국 외교관 러더퍼드 올콕(Rutherford Alcock)과의 회담에서 다음과 같이 열정적으로 항의했고, 그 내용을 나중에 문서로 제출하기도 했다.

사람들은 이구동성으로 영국이 아편을 거래하는 이유가 중국의 파멸을 원하기 때문이라고 말합니다. ……중국 상인은 귀국에 좋은 차와 비단을 공급해 귀국에 이익을 주지만, 영국 상인은 해로운 아편으로 중국을 쑥대밭으로 만듭니다. 그런 행위는 옳지 않습니다. 누가 그것을 정당화할 수 있겠습니까? 관리와 백성들이 영국이 고의적으로 중국의 파멸을 획책하고 있다고 말한다 해도 하등 이상할 게 없습니다.[9]

이 말들, 특히 자주 등장하는 "사람들은 이구동성으로 영국이 아편을 거래하는 이유가 중국의 파멸을 원하기 때문이라고 말한다"는 표현은 신문과 저널을 통해 멀리 떨어진 지역까지 퍼져나갔고 전 세계적 반향을 불러일으켰다. 중국 내 국제 언론의 존재는 제1차 아편전쟁 이후 나타난 비교적 최근 일이었다. 제국주의의 침략이라는 동일한 과정은 열린 중국 경제를 파괴하기도 했지만, 그와 동시에 중국이 더 이상 세계인의 시선으로부터 차단되지 않도록 도와주었다. 공친왕은 국제 언론이 자신의 메시지를 증폭시킬 수 있음을 똑똑히 간파했다. 향후 몇 년 동안 그가 이끄는 외교국은 세계 각지에서 활약하는 활동가들과 적극적으로 동맹을 맺고 아편에 대한 정보를 국제적으로 전파하는 데 중요한 역할을 했다. 결국 그의 항의는 "중대하고 지속적이며 장기적인 결실을 맺었다. ……아시아에서 서유럽, 북미에 이르는 청중들로부터 나온 지속적이고 포괄적인 호응은 아편 반대 정서를 전 세계적으로 결집시키는 첫 번째 자극제 역할을 했다".[10]

공친왕의 말은 아편 반대 정서 및 조직화한 활동가 그룹이 오래전부터 존재해온 영국과 미국의 비옥한 토양에 떨어졌다. 곧 중국과 아시아의 다른 지역에서도 아편 반대 단체가 생겨나기 시작했고, 이들 중 상당수는 서로서로 긴밀한 협력 관계를 구축했다. 이 문제를 다룬 책·팸플릿·기사도 전 세계적으로 점점 더 많이 출간되었다. 따라서 (전 세계적 기후 운동과 다를 바 없이) 광범위한 초국적 노력이 구체화하기 시작했고, 식민지 세력도 그 노력을 무시할 수 없게 되었다. 이 무렵에는 여론이 세계 지정학에서 점점 더 중요한 요소로 인식되기에 이르렀기 때문이다.

인도에서도 중국에서와 마찬가지로 아편 무역 반대 운동이 1880년대에 탄력을 받았다.[11] 인도에서는 미국 및 다른 나라에서도 그랬듯 이 운동에서 여성들이 중요한 역할을 담당했다. (기후 운동의 또 한 가지 예시였다.) 인도 운동에서 매우 중요한 인물은 힌두교 소녀와 과부들에게 교육과 쉼터를 제공한 샤라다 사단(Sharada Sadan)의 설립자 판디타 라마바이였다.[12] 판디타 라마바이는 샤라다 사단을 식민지 아편 무역에 대항하는 세계적 투쟁의 주요 센터로 키웠으며 다른 나라의 여성 단체들과 많은 파트너십을 맺었다. 이와 관련해 특히 중요한 것은 1887년 라마바이를 위한 미국 로비 활동 투어를 후원해준 미국 단체 '여성기독교절제연합(Women's Christian Temperance Union, WCTU)'이었다. 초기에 설립된 조직이면서 가장 중요한 여성 단체 중 하나이던 WCTU의 영향력은 당시 독보적이었다. "남성 아편 반대 단체가 이에 필적할 만한 목소리를 낸 적은 없었다"고 할 정도였다.[13]

인도 아편 반대 운동에서 매우 중요한 또 다른 인물은 라마바이의 스승이자 저명한 사회 개혁가 순데르바이 포와르였다. 1892년에 포와르는 〈영국 정부의 아편 범죄에 대한 한 인도 여성의 비난(An Indian

Woman's Impeachment of the Opium Crime of the British Government》이라는 제목의 영향력 있는 팸플릿을 작성했다. 강연 투어에서 청중들은 그녀의 연설에 커다란 감동을 받았다. 한 모임에서 어떤 여성은 이렇게 말하기도 했다. "영국 정부가 아편의 저주를 멈춘다면 나를 비롯한 다른 인도 여성들은 기꺼이 우리 몸의 가죽을 벗겨 영국 정부와 영국 국민을 위해 신발을 만들겠다고 영국 정부에 말해주세요."[14]

인도 아편 반대 운동에서 또 다른 주요 인물은 라빈드라나트 타고르였다. 그는 평생에 걸쳐 거듭 이 주제로 돌아왔다. 노벨 문학상을 수상하고 20년이 지난 1933년, 그는 이렇게 썼다. "유럽 밖에서 유럽 문명의 햇불은 길을 밝히기 위한 게 아니라 불을 지피기 위한 것이었다는 사실이 점차 분명해졌다. 그래서 어느 날 대포알과 아편 알갱이가 함께 중국의 심장부에 비처럼 쏟아져 내렸다. 역사상 이런 잔혹한 일은 과거에 결코 일어난 적이 없었다."[15]

미얀마·스리랑카·인도네시아에서도 식민지 정권의 아편 정책에 대한 대중의 분노가 커졌다.[16] 중국 본토의 아편 반대 운동가들과 사회 개혁가들로부터 영감을 얻은, 자바의 페라나칸족이 지배하는 중국상공회의소는 아편 반대 선전물을 배포하고 아편 사용을 뜯어말리는 프로그램을 후원하는 데 앞장섰다. 자바 사람들 사이에서도 아편에 대한 반대 목소리는 한층 더 드높아졌다. 1899년 카르티니(Kartini)라는 자바 귀족 여성은 네덜란드에 있는 그 나라 특파원에게 편지를 띄웠다.

아편은 자바의 해충입니다. 아니, 아편은 해충보다 훨씬 더 나쁩니다. ……아편은 점점 더 퍼져나가고, 우리를 결코 떠나지 않을 것이며, 절대 줄어들지 않을 것입니다. 왜냐하면 분명하게 말해, 정부의 보호를 받고 있기 때문입니다. 자바에서 아편이 더 일반적으로 사용될수록 국고는 더욱 가득 찹니다. 아편세는 정부의 가장 풍부한 세수 원천 중 하나로, 국민이 건강하든 병들든 상관없이 정부는 번영합니다. 백성에 대한 이 같은 저주가 네덜란드 인도 정부의 국고를 수천 달러, 아니 수백만 달러로 채우고 있습니다. ……그렇게 많은 악을 보고도 그에 맞서 싸울 힘이 없다는 것은 끔찍한 일입니다.[17]

네덜란드에서도 이러한 시위는 준비된 청중을 확보할 수 있었다. 부분적으로 아편 거래의 잔혹성을 생생하게 묘사한 소설의 영향을 받아 아편 반대 정서가 힘을 얻고 있었기 때문이다.[18] 1887년 동인도제도에서 가장 중요한 네덜란드 신문의 편집자는 식민지 아편 정책을 상세히 비판하고, 네덜란드 정치인에게 "국가 수익을 위해 자바인들에게 자행한 '도덕적·육체적·재정적' 파멸을 종식시켜야 한다"고 호소했다.[19] 1899년 네덜란드의 한 저명 변호사는 네덜란드에 자국 식민지를 소홀히 한 데 대한 보상으로 '노름빚(Debt of Honor)'을 갚도록 촉구했다. 이는 네덜란드의 군주 빌헬미나 여왕(Queen Wilhelmina)도 동일하게 표현한 감정이었다. 그녀는 영국 군주와 너무나도 다르게 공개적으로 "'자바 인구의 복지 저하'를 한탄했다".[20]

　미국은 19세기 후반 아편에 대한 우려가 널리 퍼진 또 하나의 국가였다. 특히 당시 미국은 피하 주사기 발명과 남북전쟁 동안 아편제의 광범위한 사용에서 비롯한 자국의 중독 문제에 시달리고 있었기 때문이다.[21] 모르핀 의존은 '모르핀중' 또는 '군인병'으로 알려졌고, 독일 제약사 바이엘(Bayer Laboratories)은 이내 오피오이드임에도 불구하고 중독성이 없다고 광고하는 '치료제'를 내놓았다. 그것은 바로 "'영웅적'이라는 뜻의 독일어에서 유래한" 헤로인이었다.[22] 베스 메이시가 적은 바에 따르면, 알록달록한 라벨이 붙은 병에 담긴 헤로인이 "재향 군인뿐만 아니라 생리통에 시달리는 여성과 딸꾹질하는 아기에게도 처방전 없이 약국에서 널리 팔려나갔다".[23] 20세기 초에는 약 30만 명의 미국인이 오피오이드에 중독되었다. 1908년 시어도어 루스벨트 대통령은 이 문제를 해결하기 위해 해밀턴 라이트 박사(Dr. Hamilton Wright)를 특별 위원으로 임명했다.[24]

아편 반대 운동이 강력해지면서 점점 더 전투적으로 변했다. 인도와 인도네시아의 식민지 정권은 다시 한번 현재의 기후 운동이 처한 또 다른 곤경을 예고하듯, 활동가와 비평가를 추방하고 기소하는 등 노골적 탄압으로 대응했다.[25] 그러나 이러한 조치는 아편 반대 운동이 한층 더 거세게 불붙는 데 기여했을 따름이다.

따라서 초기 페미니스트, 작가, 유명 인사, 기독교 선교사, 다양한 국적의 종교 개혁가들이 주도한 인도의 아편 반대 운동은 공공 영역 깊숙이 그 사상을 심어주었다. 이와 관련해 특히 중요한 사람은 아편을 대영제국 비판의 중심 항목으로 삼은 최초의 인물 중 한 명인 다다바이 나오로지였다. 인도국민회의 창립 멤버였던 나오로지는 뜻 맞는 다른 인사들과 함께 식민지 시대의 마약 거래 반대가 일찌감치 인도의 가장 중요한 정치 조직 강령에 포함될 수 있도록 손을 썼다.

1890년대에 이르러 아편 반대 정서는 유럽과 미국 전역의 의회에서 상당한 지지를 얻으며 전 세계적 운동으로 발전했다. 그와 동시에 중국이 세계 최대의 아편 및 헤로인 생산국으로 부상하자, 오피오이드는 유럽 식민지 당국에도 우려의 대상이 되었다. 과거 중국으로 마약을 밀반입하던 범죄 조직이 이제 동남아시아, 인도 그리고 점점 더 유럽으로 마약을 들여오고 있었기 때문이다.

이러한 우려가 제기되고 아편 반대 운동을 지지하는 약 240명의 의원이 의회에 진출하자 결국 1893년 윌리엄 글래드스턴(William Gladstone) 총리가 왕립아편위원회를 발족했다.[26] 글래드스턴은 젊은 시절에는 제1차 아편전쟁을 "도덕적으로 용납할 수 없는 일"이라고 몰아세우며 맹렬히 비판했다. 하지만 수십 년간 정계에 몸담으면서 영국의 제국주의 현실에 훨씬 더 수용적인 태도를 익혔다. 그 위원회는 위원 구성과 운영 방식을 통해 최종 결과가 대영제국의 인도 통치에 유리하도록 보장하는 방식으로 설립되었다.[27] 왕립아편위원회는 이 임무를 능란하게 수행했다. 수백 명의 증인과 인터뷰를 진행한 후, 대영제국의 아편 정책을 전적으로 지지하는 방대한 규모의 보고서를 작성한 것이다.

그 위원회에서 '아편 반대파'에 속했던 남성 가운데 헨리 윌슨(Henry J. Wilson)이라는 의회 의원이 있었다. 그는 자신이 작성한 반대 의견서에서, 그 위원회에 출석한 722명의 증인 중 아편 제도 옹호론자가 비판론자보다 2배 이상 많았다는 점을 지적했다.

> 저는 그러한 조사로 인해, 사실의 전모가 공정하고 완벽하게 우리한테 제시되었다고 생각하지 않습니다. 저로서는 동료들이 채택한 보고서가 우리가 제기한 즉각적 의문에 대한 사법적 선언이라기보다는 동인도회사와 현 인도 정부의 아편 무역에 대한 물샐틈없는 방어의 성격을 더 많이 띠고 있는 것으로 보입니다.[28]

왕립아편위원회는 초장부터 영국에서 아편 반대 운동을 잠재우기 위한 의도를 지녔으며, 이 점에서 확실한 성공을 거두었다. 향후 몇 년 동안 영국에서는 아편 반대 운동이 사실상 자취를 감추었기 때문이다.[29] 그러나 다른 곳에서는 그 운동이 계속 힘을 얻었다. 따라서 결국 그 위원회와 그들이 내놓은 보고서는 "아시아와 전 세계에서 아편 반대 에너지를 잠재우기 위한 마지막이자 궁극적으로 헛된 정부의 시도"로 남았다.[30]

왕립아편위원회가 일련의 보고서를 내놓기 시작한 1894년은 중국이 제1차 중일전쟁에서 또 한 차례 크게 패배를 맛본 해였다. 그 여파로 청나라는 대만을 비롯한 일부 영토를 승전국에 양도할 수밖에 없었다. 이는 마약 정책에 결정적 악영향을 끼쳤다. 일본에서는 아편이 완전히 금지되어 있었으므로, 일본 관리들은 대만에서 대규모 아편 중독을 처음으로 접했다. 대만이 채택한 정책은 아편을 전면적으로 금지하는 데까지 나아가지 않았으며, 대신 아편을 엄격하게 규제하고 중독자 치료와 아편 방지 교육을 위한 조항을 마련하는 수준에서 타협을 보았다. 가장 중요한 것은 아마도 일본이 아편을 수입원으로 취급하지 않음으로써 유럽의 아시아 식민지 정책과 결별했다는 점일 것이다. (비록 일본이 중국으로 진출하면서 달라지긴 했지만 말이다.)

그 후 얼마 지나지 않은 1898년에 미국은 필리핀을 장악했고, 그 나라에서 특히 중국인 이주자들 사이에 아편이 광범위하게 사용되고 있다는 사실과 마주했다. 미국 행정부는 새로운 식민지에 적합한 아편 정책을 수립하기 위해 자체 위원회를 구성하고 동아시아 및 동남아시아의 아편 통치에 대한 비교 조사를 실시하기로 결정했다.[31] 이 필리핀 위원회는 영국·프랑스·네덜란드가 자국 식민지에 설치한 '아편 농장' 제도가 식민지 당국의 주장처럼 규제 메커니즘이기는커녕 오히려 아편 사용을 늘리는 결과로 귀결되었다고 결론 내렸다. 위원회는 아편을 세수원으로 삼는 유럽의 식민지 모델을 전면적으로 거부하고 대신 일본

모델을 권장했다.[32] 따라서 필리핀 위원회가 내놓은 보고서는 유럽의 식민지 정책에 대한 지속적 질책이자 왕립아편위원회의 조사 결과에 대한 결연한 반박이었다. 그 결과 "영국은 아시아의 아편 악당에 그 어느 때보다 가까워졌다".[33]

필리핀 위원회의 보고서는 1905년에 발표되었다. 그 무렵에는 아편 반대 운동이 국제화해서 정보가 사방으로 부단히 흘러 들어갔고, 그로 인해 그 보고서가 중국에까지 영향을 미쳤다. 1906년, 청나라 광서제(光緒帝: 청나라의 제11대 황제, 재위 1871~1908—옮긴이)는 거의 반세기 동안 시행해온 아편 합법화 정책을 뒤집는 중대 조치를 취했다.[34] 황실 칙령은 아편 합법화가 마약 문제를 해결하기보다 오히려 악화시켰다고 지적했다.

> 아편 사용 제한을 철폐한 이후 아편의 폐해는 사실상 중국 전역에 스며들었다. 아편 흡연자는 시간을 허비하고 일을 방기하며 건강을 망가뜨리고 가족을 가난 속으로 몰아넣는다. 지난 수십 년 동안 우리 사이에서 날로 증가하고 있는 빈곤과 나약함은 의심할 여지 없이 여기에 기인한다.[35]

청나라의 새로운 아편 금지령은 10년에 걸쳐 아편 생산과 소비를 점진적으로 중단하기로 계획하고, 전국에 아편 방지 협회를 건립할 것을 지시했다. 아편 거래를 범죄화한 새로운 법령은 전 세계가 지켜보는 가운데 제정되었다. 오랫동안 중국의 합법화를 자국의 마약 밀매 활동을 정당화하는 근거로 삼았던 대영제국은 더 이상 계책을 부릴 여지가 없었다. 그런가 하면 역사학자 다이애나 킴(Diana Kim)이 밝힌 바와 같이, 많은 식민지 관료들도 심경의 변화를 겪었다.[36]

1907년 영국은 중국과 협정을 체결해, 만약 중국이 자국 내 마약 산업을 억압함으로써 비슷한 연간 목표를 달성한다면 10년에 걸쳐 인도로부터의 아편 수출을 전면 중단하겠다고 약조했다.[37] 많은 영국 식민지 관료들은 의심할 여지 없이 중국이 그 목표를 달성하지 못할 거라고, 그에 따라 자신들이 인도로부터의 수출을 재개할 수 있도록 구실을 제공할 거라고 가정했다.[38] 그러나 막상 뚜껑을 열어본 결과, 중국은 실제로 목표를 초과 달성함으로써 그들을 실망시켰다.[39] 쓰촨성(四川省)을 위시한 일부 지역에서는 양심적인 관리들이 단 4년 만에 아편을 거의 뿌리 뽑는 데 성공하기도 했다.[40] 현대 미국의 한 관찰자는 이렇게 썼다. "아편의 저주에서 자국민을 해방시키려는 중국의 성전은 역사상 가장 위대한 도덕적 업적 중 하나로, 우리 서구 세계에 대한 도전으로 정당하게 평가할 수 있다."[41]

1907년 중국과 영국 간에 체결된 협정은 아편에 대한 국제적 규제 개념 틀이 발전하는 데서 일대 전환점을 이뤘으며, 그러한 발전은 이후 몇 년 동안 급속도로 진전되었다. 1911년에는 파트나 아편 공장이 폐쇄되고, 인도의 양귀비 재배 면적이 대폭 감소했다.[42] 몇 년 만에 아편을 둘러싼 중국과 인도의 관계는 사실상 종지부를 찍었다.[43] 아편 퇴치 운동은 비록 제1차 세계대전의 발발로 단절을 겪기도 했지만, 다시금 강력해졌다. 게다가 국제연맹〔League of Nations: 국제연합(United Nations)의 전신—옮긴이〕도 실제로 이 문제를 주요 우선순위로 삼았다. 1920년대 중반에 이르자 인도로부터의 아편 수출을 엄격하게 제한하는 등 이러한 규제 개념 틀이 안정적으로 자리를 잡았다. 1930년에는 인도 아대륙 내에서의 아편 유통을 철저히 통제하는 법안이 도입되었다. 〔그와 모순적인 조치로 식민지 정권은 1935년 니마크 아편 공장(Neemach Opium Factory)의 문을 새

로 열기도 했다.)[44]

덧붙일 필요도 없지만, 아편에 대한 세계 차원의 규제 개념 틀 확립만으로 지니를 도로 병 속에 집어넣는 데 성공할 수는 없었다. 천만의 말씀이다. 1920년대와 1930년대에 일본은 점점 더 많은 중국 영토를 점령함에 따라 자신들이 대만에서 취했던 정책을 포기하고 마약 밀매 자체에 깊숙이 관여했으며, 이런 일을 제2차 세계대전이 진행되는 동안에도 이어갔다.[45] 그 전쟁이 끝난 직후, 아편은 베트남에서 반식민지 투쟁을 위한 자금 조달에 중대 역할을 담당했다. 마찬가지로 인도네시아에서도 신생 독립 공화국은 1945년부터 1949년까지 네덜란드와 치른 전쟁 자금을 마련하기 위해 식민지 정권의 남은 아편 재고를 팔지 않을 수 없었다.[46]

전후 시대에 인도와 중국은 "아편에 맞선 공세"를 이끈 지도 국가로 떠올랐다.[47] 1947년 인도가 독립한 때로부터 2년 뒤, 뉴델리에서 전국 아편 회의가 열렸고, 그 회의는 "과학 및 의료 목적 외의 아편 사용을 전면 금지"하기로 결정했다.[48] 모든 주(state)가 가지푸르 공장에서 구매하는 아편량을 매년 10퍼센트씩 줄이라는 요구를 받았다. 그 후 몇 년 동안 아편 소비량은 전국적으로 급격히 감소했다. 인도에서 소비된 아편 총량은 1936년 22만 2700킬로그램에서 1951년 15만 6784킬로그램으로 줄었다.[49]

1950년 이후 경구용으로 유통되는 아편의 소비량은 150톤에서 꾸준히 감소해 1966년에는 2.5톤이라는 놀라운 수치를 기록했다. 그와 동시에 등록된 아편 중독자 수도 1956년 20만 명에서 1963년 말 12만 4904명으로 감소했다. 아편 흡연자 수는 1953년 2504명에서 1966년 1822명으로 줄어들었다. 이러한 수치 중 일부는 정확하지 않을 수도 있지만, 분명 영국 아편 정책의 악영향을 가능한 한 최단기간에 극복하려는 독립 인도의 국가적 결의를 반영한 결과다.[50]

분명 인도의 국가적 결의는 아편 재배 면적을 1947년 수준의 10퍼센트로 크게 줄일 만큼 강력했다. 인도 내 아편 유통을 위한 식민지 인프라도 해체되었다.[51] 식민지 옹호론자들이 큰소리친 예측과 달리 인도의 농촌 경제는 붕괴하지 않았고, 비하르주 농민들이 아편 재배를 옹호하기 위해 들고 일어나지도 않았으며, 외딴 마을에서 치명적 질병이 돌연 증가하지도 않았다.

한편 아시아의 다른 지역에서는 아편이 다시 한번 전략적 계책에 휘말리기 시작했다. 앨프리드 매코이가 밝힌 바와 같이, 1955년부터 1975년까지 20년 동안 프랑스와 미국의 첩보 기관들은 베트남 전쟁 및 기타 분쟁에서 아편을 광범위하게 사용했다. 귀환한 군인들이 중미의 심장부에 중독 문제를 퍼뜨렸을 때, 미국은 '마약과의 전쟁'이라는 형태로 폭력적이고도 어수룩하게 대응했다. 이로써 라틴아메리카의 많은 지역과 국내 소수 민족에게 재앙적 결과가 초래되었을 뿐만 아니라 '수감 국가〔carceral state: 사회적 통제 수단으로 수감에 크게 의존하는 국가. 캐스킨 등 (Chaskin, Lee & Jaswal, 2019)의 연구에 따르면, 지난 40년간 미국의 수감률은 지속적으로 증가해왔으며, 결과적으로 미국은 전 세계에서 가장 높은 수감률을 보이는 국가로 떠올랐다—옮긴이〕'의 성장이 가속화했다.

인도에서도 아편 유통을 줄이는 데서 거둔 초기 성공은 수십 년 뒤 수포로 돌아갔다. 이런 일이 일어난 것은 주로 인도가 중국과 달리 아편을 세수원으로 취급하는 식민지 시대의 관행을 완전히 저버리지는 않았기 때문이다. 인도 정부가 운영하는 2개의 국영 공장은 국제 시장을 위한 아편을 계속 생산했다.[52] 인도는 국제 협약을 통해 1960년대와 1970년대 동안 세계 최대의 합법 아편 공급국으로 남아 있었다. 얼마 지나지 않아 역사는 반복되었고, 많은 양의 '합법' 아편이 범죄 조직의 손에 들어가 헤로인을 제조하는 데 쓰이기 시작했다. 결국 아편제는 옛날의 말와 밀수 네트워크가 사용하던 항구를 통해 다시 인도를 빠져나갔다.[53] 미국 하원 외교위원회에 따르면, 1988년에 "인도에서는 합법 아편 재고를 유용한 결과 10억 달러 상당의 길거리 헤로인이 만들어졌다".[54]

그 이후로 인도 아대륙 전역에서 헤로인 생산량이 급속도로 증가했다. 2001년 미국이 아프가니스탄을 침공한 뒤 그 나라에서도 헤로인 생산량이 엄청나게 치솟으면서, 오피오이드의 새로운 물결이 그 지역을 휩쓸고 지나갔다. 오늘날 인도·파키스탄·네팔·방글라데시의 많은 지역은 새로운 중독 유행에 시달리고 있으며, 마약은 다시금 이 지역 정치에서 주요 요소로 떠올랐다.[55] 한 역사학자는 불길하게도 이렇게 지적했다. "국제 논평가들은 아편 생산과 유통을 인도의 사회 구조, 안보, 지역 강대국으로서 위상에 가장 큰 위협 중 하나로 꼽았다. ……파키스탄에서 마약은 자국의 생존에 즉각적 위협으로 부상한 상태다."[56]

요컨대 아편 반대 운동이 전 세계적 아편의 흐름을 억제하는 데 궁극적으로 성공하지 못했다는 것은 분명하다. 그러나 그 운동이 20세기 전반기 동안 세계에서 가장 강력한 몇몇 국가에 막대한 수익을 안겨주었던 아편 산업에 대항해 승리했던 것 역시 사실이다.

아편 반대 운동이 시민 사회 단체 및 종교 단체로 구성된 초국적 연합을 구축하는 데 성공했다는 점, 그중 상당수가 다른 사안들에 대해서는 서로 의견이 일치하지 않았다는 점은 오늘날 에너지 기업들과 관련해서도 그와 같은 전략이 통할 수 있다는 걸 시사한다. 하지만 이를 성취하기 위해서는 화석 연료 판매에 따른 평판 훼손이 그로써 거두는 이익보다 더 크다는 걸 보증할 수 있을 만큼 많은 사람이 조직적으로 힘을 모아야 한다. 물론 이것이 정확히 여러 활동가 단체들이 대학, 교회, 연기금, 심지어 정부로 하여금 에너지 기업에 투자하지 않도록 설득하는 운동에서 따랐던 전략이다. 충분한 추진력을 발휘한다면 화석 연료 판매에 따른 평판 훼손을 통해 화석 연료 사용을 대폭 줄이는 일이 가능할 것이다.

이는 점점 더 어두워지는 지평선에서 드물긴 하나 밝게 빛나는 한 줄기 희망의 빛이다.

감사의 글

《연기와 재》는 아이비스 3부작으로 출발한 일련의 작업을 마무리하는 책이다. 이 소설들을 집필하는 과정에서 나는 많은 사람과 기관에 빚을 졌는데, 그분들과 해당 기관의 목록은 모두 각 권의 〈감사의 글〉에 실어놓았다. 학자와 역사가들이 일구어놓은 방대한 연구물이 없었다면 그 소설들도, 이 책도 쓸 수 없었을 것이다. 엄청나게 큰 빚을 진 그 모든 분께 진심으로 감사드린다.

하지만 이 책을 집필하면서 새로운 빚을 지기도 했다. 특별히 자료 추적에 도움을 준 Sukanta Chaudhuri, Manan Ahmed, Amish Mulmi, Ajay Skaria, Partha Shrungarpure, Rahul Srivastava, 그리고 버지니아주 샬러츠빌에 위치한 제퍼슨-매디슨 지역 도서관(Jefferson-Madison Regional Library)의 중앙 분관 직원들에게 감사드린다. Raj Patel은 많은 유용한 제안과 논평을 해주었다. 매사추세츠주 세일럼 소재 피보디 에식스 박물관의 Karina Corrigan은 이미지를 제공하는 데서 엄청난 도움을 주었다. 그리고 내 책을 담당한 하퍼콜린스 인디아(HarperCollins India)의 편집자 Udayan Mitra와 그의 동료 Shatarupa Ghoshal은 더

할 나위 없이 소중한 텍스트 작업을 진행해주었다. 그들 모두에게 깊이 감사드린다.

케임브리지 대학 역사학 흠정 교수 Sir Christopher Clark로서 현재의 명성을 누리기 훨씬 전부터 나의 절친한 친구였던 Chris Clark에게 특별히 감사의 빚을 졌다. 그는 오랜 세월 동안 늘 나의 원고를 가장 인내심 있게 꼼꼼히 읽어주었는데, 이번 책의 경우는 특히 더 그랬다. 내 머릿속에서 집요하게 자제를 촉구하는 목소리가 있다면 그건 바로 그의 것이다. 그에게 말로 표현하기 힘든 빚을 졌다.

내가 가장 크게 빚진 이는 우리 시대 최고의 작가 중 한 명이자 마침내 아내이기도 한 Deborah Baker다. 그녀가 없었다면 나는 이 책을 시작하지도 완성하지도 못했을 것이다.

주

01 여기 용이 있다

1. '캔턴'이라는 단어는 "16세기에 포르투갈 관광객이 모여들었던 광둥(행정 중심지는 광저우)에 대한, 와전된 포르투갈어 표현일 가능성이 높다". (Graham E. Johnson and Glen D. Peterson, *Historical Dictionary of Guangzhou (Canton) and Guangdong* (Lanham, MD, and London: The Scarecrow Press, 1999), p. xi.

2. 히말라야산맥의 남쪽 사면(slope)이 지닌 지정학적 중요성에 대해 살펴보려면 John W. Garver, *Protracted Contest: Sino-Indian Rivalry in the Twentieth Century* (Seattle, WA: University of Washington Press, 2001) 참조. 중국인의 견해에 관해서는 Lin Xuecheng, *The Sino-Indian Border Dispute and Sino-Indian Relations* (New York, NY: University Press of America, 1994) 참조.

3. Avtar Singh Bhasin, *Nehru, Tibet and China* (Gurgaon: Penguin Random House India, 2021), p. 319.

4. 인도 외무장관을 역임한 시얌 사란(Shyam Saran)은 이렇게 말했다. "인도는 주로 중국의 문화와 사고방식에 익숙하지 않았기 때문에 예상치 못한 무력 충돌에 직면했다. 인도 지도자들은 에두른 암시와 단서들을 포착하는 데 실패했다. 만약 그들이 그것을 정확하게 꿰뚫어보았다면 굴욕적인 패배와는 다른 결과가 빚어질 수도 있었을 것이다." (Bhasin, *Nehru, Tibet and China*, p. 318에 인용된 내용.)

5. 국제 관계 및 전략 연구 전문가들은 많은 글을 통해 이러한 이슈를 다루어왔

다. 가령 Kanti Bajpai, *India Versus China: Why They Are Not Friends* (New Delhi: Juggernaut Books, 2021); Zorawar Daulet Singh, *Powershift: India-China Relations in a Multipolar World* (New Delhi: Pan Macmillan Publishing India, 2020); Shyam Saran, *How China Sees India and the World* (New Delhi: Juggernaut Books 2022) 참조. 이 문제들은 중요하긴 해도 이 책하고는 미미한 관계가 있을 뿐이다.

6. Zhang Xing and Tansen Sen, 'The Chinese in South Asia', in *Routledge Handbook of the Chinese Diaspora*, ed. Chee-Beng Tan (London: Routledge, 2012), p. 206; Tansen Sen, *India, China and the World: A Connected History* (London: Rowman & Littlefield Publishers, 2017), p. 271; Ramakrishna Chatterjee, 'The Chinese Community of Calcutta: Their Early Settlement and Migration', in *India and China in the Colonial World*, ed. Madhavi Thampi (New Delhi: Social Science Press, 2005), pp. 55-65; Jayani Jeanne Bonnerjee, 'Neighbourhood, City, Diaspora: Identity and belonging for Calcutta's Anglo-Indian and Chinese communities' [2010년도에 퀸 메리 런던 대학교(Queen Mary, University of London) 지리학과에서 지리학 박사 학위 요건을 부분적으로 충족하고자 제출된 논문], p. 10 참조.

7. Sen, *India, China and the World*, p. 271.

8. 이를테면 *Painted Encounters: Parsi Traders and the Community*, eds Pheroza J. Godrej and Firoza Punthakey Mistree (New Delhi: National Gallery of Modern Art, 2016), p. 10 참조.

9. Sanjay Subrahmanyam, 'Hearing Voices: Vignettes of Early Modernity in South Asia, 1400-1750', *Daedalus*, Vol. 127, no. 3 (1998): 100.

10. Christiaan J. A. Jörg, 'Porcelain: China in the Netherlands', in *Sailing to the Pearl River: Dutch Enterprise in South China 1600-2000*, ed. Cai Hongsheng, Leonard Blussé et al. (Guangzhou: Guangzhou Publishing House, 2004), pp. 17-19 참조.

11. Sucheta Mazumdar, *Sugar and Society in China: Peasants, Technology and the World Market* (Cambridge: Harvard University Press, 1998), p. 109; Tan

Chung, 'The British-China-India Trade Triangle, 1771-1840', *Proceedings of the Indian History Congress* 34 (1973): 429.

12. Robin Wall Kimmerer, *Braiding Sweetgrass: Indigenous Wisdom, Scientific Knowledge, and the Teachings of Plants* (Minneapolis, MN: Milkweed Editions, 2013), p. 346.

02 씨앗

1. Erika Rappaport, *A Thirst for Empire: How Tea Shaped the Modern World* (Princeton, NJ: Princeton University Press, 2017), p. 27.

2. Andrew B. Liu, *Tea War: A History of Capitalism in China and India* (New Haven, CT: Yale University Press, 2020), p. 31; Rappaport, *A Thirst for Empire*, 35. 영국인이 차를 음용한 최초의 기록은 1637년으로 거슬러 올라간다. 피터 먼디(Peter Mundy)라는 이름의 상인이 주장강에서 '차(Chaa)'라고 불리는 음료를 맛본 때다. (Stephen R. Platt, *Imperial Twilight: The Opium War and the End of China's Last Golden Age* [New York, NY: Knopf, 2018], p. 12.)

3. 18세기 중반부터 19세기 중반까지 영국이 차에 매긴 관세는 75퍼센트, 127퍼센트, 100퍼센트로 제각각이었다. (더러 12.5퍼센트로 수치가 떨어질 때도 있긴 했다.) 1835년부터 1858년까지 차 관세는 영국의 전체 관세 수입 가운데 20.95퍼센트에 달했으며, 세수 전체의 8.68퍼센트를 차지했다. 이러한 수치는 J. Y. Wong, *Deadly Dreams: Opium, Imperialism and the Arrow War (1856-1860) in China* (Cambridge: Cambridge University Press, 1998), pp. 346-360에서 가져왔다.

4. Rappaport, *A Thirst for Empire*, p. 42.

5. Michael Greenberg, *British Trade and the Opening of China* (Cambridge: Cambridge University Press, 1951), p. 3; Platt, *Imperial Twilight*, p. 12.

6. Liu, *Tea War*, p. 32.

7. Wong, *Deadly Dreams*, p. 343.

8. Ibid., pp. 342-343.

9. Tan Chung, 'The British-China-India Trade Triangle, 1771-1840', *The Indian*

Economic and Social History Review, Vol. 11, no. 4 (1974): 416; Greenberg, *British Trade*, p. 3.

10. Wong, *Deadly Dreams*, pp. 350-355.

11. Ibid., p. 357.

12. Harry G. Gelber, 'China as "Victim"? The Opium War That Wasn't' (Working Paper Series 136, Center for European Studies, Harvard University, 2019), p. 5.

13. Jonathan Spence, *The Search for Modern China* (New York, NY: W. W. Norton, 1990), p. 122; Platt, *Imperial Twilight*, p. 43. 중국 관세를 담당한 한 영국 관리인은 이렇게 말했다. "중국인은 세계 최고의 음식인 쌀, 세계 최고의 음료인 차, 세계 최고의 의복인 비단과 모피를 가지고 있다. 이러한 필수품과 그에 부수되는 숱한 토속 물품을 소유하고 있는지라 다른 곳에서 한 푼어치의 물건도 살 필요가 없다." (Greenberg, *British Trade*, 5.) 라자트 칸타 라이(Rajat Kanta Ray)는 이 같은 중국의 자급자족을 중국의 다양한 기후 덕분이라 여긴다. ('Asian Capital in the Age of European Domination: The Rise of the Bazaar, 1800-1914', *Modern Asian Studies*, Vol. 29, no. 3 (1995): 474).

14. "중국인은 자급자족하며 외국의 과학이니 제품에 영향을 받지 않는 듯 보였다. 다시 말해, 그들은 또 다른 지배자 민족의 특성을 두루 갖추고 있었다." (Keith MacMahon, *The Fall of the God of Money: Opium Smoking in Nineteenth-Century China* (Lanham, MD: Rowman & Littlefield Publishers, 2002), p. 11.)

15. Matthew Wormer, 'Opium, Economic Thought, and the Making of Britain's Free Trade Empire, 1773-1839' (Ph. D. diss., Stanford University, Stanford, CA, 2022), p. 206, fn. 2 참조. 내가 이 주제에 관심을 갖도록 안내해준 프리야 사티아 박사에게 감사드린다.

16. David Edward Owen, *British Opium Policy in China and India* (New Haven, CT: Yale University Press, 1934), p. 61.

17. Jayeeta Sharma, 'Making Garden, Erasing Jungle: The Tea Enterprise in Colonial Assam' in *The British Empire and the Natural World: Environmental Encounters in South Asia*, ed. Deepak Kumar, Vinita Damodaran and Rohan D'Souza (New Delhi: Oxford University Press, 2011), pp. 119-141.

18. Philip Lutgendorf, 'Making tea in India: Chai, capitalism, culture', *Thesis Eleven*, Vol. 113, no. 1 (2012): 13-21; Gautam Bhadra, *From an Imperial Product to a National Drink: Culture of Tea Consumption in Modern India* (Kolkata: Tea Board, Department of Commerce, 2005): https://archive.org/details/fromanimperialproducttoanationaldrinkcultureofteaconsumptioninmodernindiagautambhadra_17_J 참조.

19. Rappaport, *A Thirst for Empire*, p. 33.

20. Sharma 'Making Gard-en Erasing Jungle', p. 122.

21. Ibid., p. 121.

22. 오늘날에는 그 식물의 두 가지 품종, 즉 *Camellia sinensis* (var. *sinensis*)와 *Camellia sinensis* (var. *assamica*)가 인정받고 있다. Liu, *Tea War*, p. 27.

23. Rappaport, *A Thirst for Empire*, pp. 92-103 참조.

24. Sharma, 'Making Garden, Erasing Jungle', p. 123.

25. William S. Ruschenberger, *Narrative of a Voyage Around the World, During the Years 1835, 36 and 37* (London: Richard Bentley, 1838), p. 252; Stan Neal, 'Opium and Migration: Jardine Matheson's Imperial Connections and the Recruitment of Chinese Labour for Assam, 1834-39', *Modern Asian Studies*, vol. 51, no. 5 (2017): 1-30도 참조.

26. Liu, *Tea War*, p. 82.

27. Ibid.

28. 이 책의 영어 번역서는 뉴델리 소재 팬 맥밀런(Pan Macmillan) 출판사에서 출간되었다.

29. Rappaport, *A Thirst for Empire*, p. 28. Ruschenberger, *Narrative of a Voyage*, p. 244도 참조.

30. Rappaport, *A Thirst for Empire*, pp. 103-104.

31. Liu, *Tea War*, p. 117. Sharma, 'Making Garden, Erasing Jungle', p. 127도 참조.

32. 에리카 래퍼포트의 말에 따르면, "차가 식민지 상황에서 유독 번성한 까닭은 …… 식민지 국가들이 토지, 노동력, 기타 요소를 저렴하게 사용하면서 그 산업을 키울 수 있었기 때문이다"(118쪽).

33. Liu, *Tea War*, pp. 132-135.

34. 가령 그린피스 미디어가 발표한 다음의 목록 참조. https://media.greenpeace. org/archive/Owner-of-Makaibari-Tea-Estate-in-Darjeeling-27MZIF3DABH5. html.

35. Rappaport, *A Thirst for Empire*, p. 8.

36. Liu, *Tea War*, p. 1.

37. Ibid., p. 9.

38. Ibid., p. 5.

39. 이에 관해 더 많은 것을 알고 싶으면, 내가 쓴 책 《육두구의 저주(The Nutmeg's Curse: Parables for a Planet in Crisis)》(Gurugram: Penguin Random House, 2021) 참조.

40. David Graeber and David Wengrow, *The Dawn of Everything: A New History of Humanity* (New York, NY: Farrar, Strauss and Giroux, 2021), pp. 17-20, 30-37. 제대로 인정받지 못한 내용으로서 중국의 사상이 이마누엘 칸트에게 미친 영향을 살펴보려면 Yu Liu, *Seeds of a Different Eden: Chinese Gardening Ideas and a New English Aesthetic Ideal* (Columbia, SC: University of South Carolina Press, 2008), p. 159 참조.

03 '그 자체로 하나의 행위자'

1. David T. Courtwright, *Forces of Habit: Drugs and the Making of the Modern World* (Cambridge, MA: Harvard University Press, 2001), p. 31 참조.

2. Martin Booth, Opium: A History (New York, NY: St. Martin's Press, 1999), p. 4.

3. Carl A. Trocki, *Opium, Empire and the Global Political Economy: A Study of the Asian Opium Trade, 1750-1950* (New York, NY: Routledge, 1999), p. 16.

4. Booth, *Opium*, pp. 15-16.

5. Rudi Matthee, *The Pursuit of Pleasure: Drugs and Stimulants in Iranian History, 1500-1900* (Princeton, NJ: Princeton University Press, 2009), p. 97.

6. Nathan Allen, *The Opium Trade; Including a Sketch of Its History, Extent, Effects Etc. as Carried on in India and China* (Lowell, MA: James P. Walker, 1853), p. 6.

7. David M. Cutler and Edward L. Glaeser, 'When Innovation Goes Wrong: Technological Regress and the Opioid Epidemic', *The Journal of Economic Perspectives*, vol. 35, no. 4 (2021): 174.

8. 가령 Gunnel Cederlöf, 'Poor Man's Crop: Evading Opium Monopoly', *Modern Asian Studies,* vol. 53, no. 2 (2019): 645 참조.

9. Barry Meier, *Pain Killer: An Empire of Deceit and the Origin of America's Opioid Epidemic* (New York, NY: Penguin Random House, 2018), p. 64에 인용된 내용. 아이러니하게도 퍼듀 제약사는 자사의 처방 진통제 옥시콘틴의 마케팅 캠페인에서 이 인용문을 널리 즐겨 사용한다. David T. Courtwright, *Dark Paradise: A History of Opiate Addiction in America* (Cambridge, MA: Harvard University Press, 2001), p. 43도 참조.

10. Meena Bhargava, 'Narcotics and Drugs: Pleasure, Intoxication or Simply Therapeutic-North India, Sixteenth-Seventeenth Centuries', *The Medieval History Journal*, vol. 15, no. 1 (2012): 104. 피처리는 오스트레일리아 원주민이 사용하는 마약이다. (Mike Letnic and Luke Keogh, 'Pituri Country', in *Desert Channels: The Impulse to Conserve*, eds Libby Robin, Chris Dickman and Mandy Martin [Clayton: CSIRO Publishing, 2010], pp. 61-79 참조.)

11. Courtwright, *Forces of Habit*, p. 91. 코트라이트는 이 관찰을 앤드루 웨일(Andrew Weil)의 덕으로 돌린다.

12. Ibid., p. 139.

13. 이러한 다른 향정신성 약물과 달리 캇은 비교적 최근에 사용되기 시작했다. Hans Derks, *History of the Opium Problem: The Assault on the East, ca.1600-1950* (Leiden: Brill, 2012), p. 29 참조.

14. Derks, *History of the Opium Problem*, p. 343 참조. Steffen Rimner, *Opium's Long Shadow: From Asian Revolt to Global Drug Control* (Cambridge, MA: Harvard University Press, 2018), p. 232도 참조.

15. *The Po: An Elegy for Italy's Longest River* (London: Head of Zeus, 2022)에서 토비아스 존스(Tobias Jones)는 1870년에 "볼로냐(Bologna)와 페라라(Ferrara) 지방의 경작 가능 토지 약 15퍼센트가 대마에 할애"(111쪽)되었지만 "카나비스 사티바가 20세기 이전에 피에몬테주(Piemonte)에서 향정신성 물질로 쓰였다는 기록은 찾아볼 수 없다"(222쪽)고 밝히고 있다.

16. Courtwright, *Forces of Habit*, p. 39.

17. Trocki, *Opium, Empire*, p. 91.

18. 사파비 왕조가 지배하는 페르시아 왕궁에서의 아편 사용에 대해 더 자세한 내용을 알고 싶으면 Matthee, *The Pursuit of Pleasure*, pp. 97-116 참조. 동남아시아 엘리트들의 마약 채택에 관해서는 Trocki, *Opium, Empire*, p. 52 참조. 중국의 경우로는 Zheng Yangwen, *The Social Life of Opium in China* (Cambridge: Cambridge University Press, 2005), pp. 48-55; Jonathan Spence, 'Opium Smoking in Ch'ing China', in *Conflict and Control in Late Imperial China*, eds Frederic Wakeman Jr and Carolyn Grant (Berkeley, CA: University of California Press, 1975), pp. 229-231; Peter Lee, *Opium Culture: The Art and Ritual of the Chinese Tradition* (Rochester, VT: Park Street Press, 2005), pp. 1-17 참조.

19. Patrick Radden Keefe, *Empire of Pain: The Secret History of the Sackler Dynasty* (New York, NY: Doubleday, 2021), p. 37.

20. 마후아의 역사에 관해서는 David Hardiman, *The Coming of the Devi: Adivasi Assertion in Western India* (New Delhi: Oxford University Press, 1987); Ajay Skaria, *Hybrid Histories: Forest, Frontiers and Wilderness in Western India* (New Delhi: Oxford University Press, 1999), pp. 46-48 참조.

21. 미학적 행위와 아편제의 관련성에 대해 더 많은 내용을 알고 싶으면 Lucy Inglis, *Milk of Paradise: A History of Opium* (New York, NY: Pegasus Books, 2019), p. 330 참조.

22. Beth Macy, *Dopesick: Dealers, Doctors, and the Drug Company that Addicted America* (Boston, MA: Little, Brown and Co., 2018), pp. 58-59.

23. Alfred W. McCoy, *The Politics of Heroin: CIA Complicity in the Global Drug Trade, Afghanistan, Southeast Asia, Central America, Colombia* (Chicago, IL:

Lawrence Hill Books, 2003), p. 3.

24. 켄터키주 동부에서 가져온 한 가지 예를 살펴보려면 Tarence Ray, 'United in Rage: Half-truths and myths propelled Kentucky's war on opioids', *The Baffler*, no. 58 (2021) 참조.

25. William B. McAllister, '"Wolf by the Ears": The Dilemmas of Imperial Opium Policymaking in the Twentieth Century', in *Drugs and Empires: Essays in Modern Imperialism and Intoxication, c.1500-c.1930*, eds James H. Mills and Patricia Barton (New York, NY: Palgrave Macmillan, 2007), p. 216.

26. Matthee, *The Pursuit of Pleasure*, p. 97. Bhargava, 'Narcotics and Drugs', p. 105도 참조.

27. S. P. Sangar, 'Intoxicants in Mughal India', *Indian Journal of History of Science*, vol. 16, no. 2 (1981): 202; Stephen R. Platt, *Imperial Twilight: The Opium War and the End of China's Last Golden Age* (New York, NY: Knopf, 2018), p. 224.

28. N. P. Singh, *The East India Company's Monopoly Industries in Bihar with Particular Reference to Opium and Saltpetre, 1773-1833* (Muzaffarpur: Sarvodaya Vangmaya, 1980), p. 11.

29. 데이비드 코트라이트는 "질병과 약물 교류 간에는 많은 유사점이 있다"고 말한다. (*Forces of Habit*, p. 3.)

30. Matthee, *The Pursuit of Pleasure*, p. 110.

31. Ibid., p. 12. "사파비 왕조 체제에 대해 언급한 프랑스 논객들은 이란인이 아편 다루는 방법을 알고 있으며, 대체로 그것의 중독적 특성에 무릎 꿇지 않았다고 주장하면서, 아편 사용을 자기네 본국에서의 와인 사용에 비유했다."

32. 역사가 싱(N. P. Singh)은 이렇게 기록하고 있다. "1709년 바하두르 샤흐나마 (Bahadur Shahnamah)는 무굴 시대 동안 아편 재배를 장려하거나 제한하려는 시도는 이루어지지 않았다고 말한다." (*The East India Company's Monopoly Industries*, p. 12.)

33. 역사가 리처드 뉴먼은 "인도 사회는 약용 아편을 경구 복용하는 것은 정상적이고 가치 있는 일로 여겼지만, 아편제를 기호용으로 흡연하는 것은 변태적 행위로

간주했다"고 적고 있다. (Richard Newman, 'Early British Encounters with the Indian Opium Eater', in *Drugs and Empires: Essays in Modern Imperialism and Intoxication, c.1500-c.1930*, eds James H. Mills and Patricia Barton [New York, NY: Palgrave Macmillan, 2007], p. 69.)

34. Keith McMahon, *The Fall of the God of Money: Opium Smoking in Nineteenth-Century China* (Lanham, MD: Rowman & Littlefield Publishers, 2002), p. 4; Derks, *History of the Opium Problem*, 194; Gregory Blue, 'Opium for China: The British Connection', in *Opium Regimes: China, Britain, and Japan, 1839-1952*, eds Timothy Brook and Bob Tadashi Wakabayashi (Berkeley, CA: University of California Press, 2000), p. 37 참조. 19세기 미국에서의 아편 소비 유형에 대해 살펴보려면 Courtwright, *Dark Paradise* 참조.

35. James H. Mills, 'Drugs, Consumption, and Supply in Asia: The Case of Cocaine in Colonial India, c.1900-c.1930', *The Journal of Asian Studies*, vol. 66, no. 2 (2007): 345-362 참조.

36. Mathee, *The Pursuit of Pleasure*, p. 110. 인기를 누린 또 하나의 혼합물은 마닥 (madak)이었다. Rolf Bauer, *The Peasant Production of Opium in Nineteenth-Century India* (Leiden: Brill, 2019), p. 46; Courtwright, *Forces of Habit*, p. 33 참조.

37. W. M. Thackston Jr., trans., *The Baburnama: Memoirs of Babur, Prince and Emperor* (New York, NY: Penguin Random House, 2002), p. 443. Matthee, *The Pursuit of Pleasure*, p. 42도 참조.

38. 후마윤의 누이는 그의 통치 기간에 대한 글에서, 그가 자신이 마약 중독자라고 주장하며 여성 친척들이 주최한 파티에 참석하지 못한 일에 양해를 구한 사건을 실었다. (Gulbaden Begum, *Humayunnama* [Delhi: Idarah-i Adabiyar-i Delhi, 1972] Persian text, p. 131.) 내게 이 자료를 소개해준 리사 발라반릴라르 박사 (Dr. Lisa Balabanlilar)에게 감사드린다.

39. Newman, 'Early British Encounters', p. 58.

40. 비하르주의 아편 생산량에 대한 최초 추정치는 1688년 것으로, 당시 네덜란드 도매상들은 그곳에서 아편이 4350궤짝 생산되었다고 추산했다. (Om Prakash,

'Opium monopoly in India and Indonesia in the eighteenth century', *The Indian Economic and Social History Review*, vol. 24, no. 1 〔1987〕: 71.) 하지만 또 다른 네덜란드 출처는 그 수치가 이보다 훨씬 더 적은 29만 6235킬로그램으로 추정했다. (Om Prakash, *The Dutch East India Company and the Economy of Bengal, 1630-1720* 〔New Jersey, NJ: Princeton University Press, 1985〕, p. 57.) 아마르 파루쿠이가 벵골 아편의 경우 추산한 것처럼 한 궤짝의 무게를 75.257킬로그램(160파운드)으로 치면 이는 약 3936.31궤짝에 해당하는 분량이다. ('Opium Enterprise and Colonial Intervention in Malwa and Western India, 1800-1824', *The Indian Economic and Social History Review*, Vol. 32, no. 4 〔1995〕: 451, fn.) 이는 그럴듯한 수치다. 18세기의 상당 기간 동안 비하르주의 아편 총생산량은 4000궤짝 근처를 맴돌았기 때문이다. 하지만 1688년에는 네덜란드의 수요 증가로 진즉부터 비하르주의 아편 생산량이 상승한 상태였기에, 18세기 초에는 그 수치가 더 낮았을 거라는 점에 유의해야 한다. 이와 관련한 계산에 도움을 준 롤프 바우어에게 감사드린다. 그는 내가 그 계산 결과로부터, 혹은 그의 책 전반으로부터 도출한 추론에 대해 그 어떤 책임도 없다.

41. Derks, *History of the Opium Problem*, p. 187. 인구 추정치를 살펴보려면 Irfan Habib, 'Population', in *The Cambridge Economic History of India, c.1200-c.1750*, eds Tapan Raychaudhuri and Irfan Habib (Cambridge: Cambridge University Press, 1982), Chapter VI; Shireen Moosvi and Roland Lardinois, 'Une estimation de la population de l'Inde en 1601', *Population* (French Edition), vol. 39 (1984): 9-25 참조.

42. Derks, *History of the Opium Problem*, p. 188.

43. John F. Richards, 'The Opium Industry in British India', *The Indian Economic and Social History Review*, vol. 39, nos. 2-3 (2002): 159-161.

04 친구이자 적

1. 농부가 생아편 한 '덩어리'에 상당하는 양(약 1.6킬로그램)을 생산하려면 387시간의 노동이 소요되는 것으로 추정되었다. Carl A. Trocki, *Opium, Empire and*

the Global Political Economy: A Study of the Asian Opium Trade, 1750-1950 (New York, NY: Routledge, 1999), p. 68. N. P. Singh, The East India Company's Monopoly Industries in Bihar with Particular Reference to Opium and Saltpetre, 1773-1833 (Muzaffarpur: Sarvodaya Vangmaya, 1980), p. 23에서 싱은 "한층 더 시간과 노력이 많이 들고 골치 아프기 때문에 농부들이 양귀비 재배를 전혀 달가워하지 않았다"고 지적한다.

2. Hans Derks, History of the Opium Problem: The Assault on the East, ca.1600-1950 (Leiden: Brill, 2012), p. 430.

3. Singh, The East India Company's Monopoly Industries, pp. 23-24.

4. Derks, History of the Opium Problem, p. 177.

5. Om Prakash, The Dutch East India Company and the Economy of Bengal, 1630-1720 (Princeton, NJ: Princeton University Press, 1985), p. 47; Derks, History of the Opium Problem, pp. 150, 159 and 229도 참조.

6. Derks, History of the Opium Problem, p. 208.

7. "네덜란드는 1663년 이후 말라바르 해안 지역에서 아편을 상업용 대량 생산품으로 만들어냈다." (Ibid., p. 236.)

8. Prakash, The Dutch East India Company, p. 145.

9. J. F. Scheltema, 'The Opium Trade in the Dutch East Indies', American Journal of Sociology, vol. 13, no. 1 (1907): 80.

10. Ibid., pp. 80-81.

11. Prakash, The Dutch East India Company, p. 145.

12. Derks, History of the Opium Problem, p. 231.

13. Ibid., pp. 208-213.

14. Ibid., p. 200.

15. Om Prakash, 'Opium monopoly in India and Indonesia in the eighteenth century', The Indian Economic and Social History Review, vol. 24, no. 1 (1987): 64.

16. Wormer, 'Opium, Economic Thought, and the Making of Britain's Free Trade Empire, 1773-1839' (Ph. D. diss., Stanford University, Stanford, CA, 2022),

p. 32 참조.

17. Jonathan Spence, 'Opium Smoking in Ch'ing China', in *Conflict and Control in Late Imperial China*, eds Frederic Wakeman Jr and Carolyn Grant (Berkeley, CA: University of California Press, 1975), pp. 213-214; Prakash, *The Dutch East India Company*, 145; Introduction to *Opium Regimes: China Britain, and Japan, 1839-1952*, eds Timothy Brook and Bob Tadashi Wakabayashi (Berkeley, CA: University of California Press, 2000), p. 6; Tansen Sen, *India, China and the World: A Connected History* (London: Rowman & Littlefield Publishers, 2017), pp. 232-233.

18. Hsin-Pao Chang, *Commissioner Lin and the Opium War* (Cambridge, MA: Harvard University Press, 1964), p. 16. Sen, *India, China and the World*, p. 233도 참조.

19. Peter Lee, *Opium Culture: The Art and Ritual of the Chinese Tradition* (Rochester, VT: Park Street Press, 2005), pp. 8-9.

20. Zheng Yangwen, *The Social Life of Opium in China* (Cambridge: Cambridge University Press, 2005), pp. 81-86. Betty Peh-T'i Wei, *Ruan Yuan, 1764-1849: The Life and Work of a Major Scholar-Official in Nineteenth-Century China before the Opium War* (Hong Kong: Hong Kong University Press, 2006), pp. 155-158도 참조.

21. Hosea Ballou Morse, *The International Relations of the Chinese Empire; vol. I, The Period of Conflict 1834-1860* (London: Longmans, 1910), p. 173; Frederic Wakeman Jr, *Strangers at the Gate: Social Disorders in South China 1839-1861* (Berkeley, CA: University of California Press, 1966), p. 32도 참조. "제국 정부는 1729년 아편 흡연을 금지했다. 하지만 그 금지령이 워낙 지켜지지 않아서 1796년과 1800년에 추가 칙령을 내려 마침내 아편 수입을 전면 금지했다." Hsin-Pao Chang, *Commissioner Lin*, 19; Stephen R. Platt, *Imperial Twilight: The Opium War and the End of China's Last Golden Age* (New York, NY: Knopf, 2018), p. 224도 참조.

22. Keith McMahon, *The Fall of the God of Money: Opium Smoking in*

Nineteenth-Century China (Lanham, MD: Rowman & Littlefield Publishers, 2002), p. 36.

23. David T. Courtwright, *Dark Paradise: A History of Opiate Addiction in America* (Cambridge, MA: Harvard University Press, 2001), pp. 35-36.

24. Spence, 'Opium Smoking in Ch'ing China', p. 233.

25. Ong Tae-hae, *The Chinaman abroad, or, A desultory account of the Malayan Archipelago, particularly of Java* (Shanghai: Mission Press, 1849), pp. 18-19. 비슷한 맥락에서 한 청나라 고위 관리는 황제에게 바치는 진정서에서 이렇게 호소했다. "위와니(Yu Wáneě)는 자신이 집필한 포르모사(Formosa: 16세기에 포르투갈인이 대만의 푸르른 아름다움을 보고 '아름다운 섬'이라는 뜻의 포르모사라는 이름을 붙여주었다—옮긴이) 역사서에서, 자바 거주민은 원래 민첩하고 몸이 가벼우며 전쟁 전문가였지만, 유럽인이 …… 그들 속에 들어와 아편을 준비하고 사용하도록 그들을 유혹했다고, 그 결과 그들은 정복당했으며 복종적 위치로 전락해 자신들 땅을 빼앗겼다고 언급했습니다." ('Memorial from Hwang Tseŏtse, soliciting increased severity in the punishments of the consumers of opium; and the imperial reply', in *The Chinese Repository*, vol. VII (Elibron Classics Reprints, 2005), p. 277.)

26. James R. Rush, *Opium to Java: Revenue Farming and Chinese Enterprise in Colonial Indonesia, 1860-1910* (Indonesia: Equinox Publishing, 2007) pp. 237-241 참조.

27. 가령 Derks, *History of the Opium Problem*, p. 276 참조.

28. Ibid., p. 213.

29. Ibid., p. 247.

30. Ibid., pp. 226-227.

31. Ibid., pp. 331-333.

32. Ibid., p. 286.

33. Ibid., p. 245.

34. Prakash, 'Opium monopoly in India and Indonesia', p. 75.

35. Derks, *History of the Opium Problem*, pp. 239-254.

36. Ibid., pp. 307-313.

37. Ibid., p. 317.

38. Zach Boren, Alexander C. Kaufman and Lawrence Carter, 'Revealed: BP and Shell Back Anti-Climate Lobby Groups Despite Pledges', *Huffington Post*, 28/09/2020: https://www.huffingtonpost.co.uk/entry/bp-shell-climate_n_5f6e3120c5b64deddeed6762; Benjamin Franta, 'Shell and Exxon's secret 1980s climate change warnings', *The Guardian*, 19/9/2018: https://www.theguardian.com/environment/climate-consensus-97-per-cent/2018/sep/19/shell-and-exxons-secret-1980s-climate-change-warnings; Scott Waldman, 'Shell Grappled with Climate Change 20 Years Ago, Documents Show', *Scientific American*, 5 April 2018: https://www.scientificamerican.com/article/shell-grappled-with-climate-change-20-years-ago-documents-show/ 참조.

39. Ibid., p. 310.

40. Ibid., pp. 295-305.

41. Ibid., p. 236.

42. Alison Games, *Inventing the English Massacre: Amboyna in History and Memory* (New York, NY: Oxford University Press, 2020); Adam Clulow, *Amboyna 1623: Fear and Conspiracy on the Edge of Empire* (New York, NY: Columbia University Press, 2019) 참조.

43. 영국인은 이 동부인들을 '푸어비아(poorbeah)'라고 불렀다. T. A. Heathcote, *The Military in British India: The Development of British Land Forces in South Asia 1600-1947* (Manchester, and New York, NY: Manchester University Press, 1995), p. 29 참조.

44. Tapan Raychaudhuri, 'The State and Economy', in *The Cambridge Economic History of India: c.1200-c.1750*, eds Tapan Raychaudhuri and Irfan Habib (Cambridge: Cambridge University Press, 1982), Chapter VII, p. 179. D. H. A. Kolff, *Naukar, Rajput, and Sepoy: The Ethnohistory of the Military Labour Market of Hindustan, 1450-1850* (Cambridge: Cambridge University Press, 2002), pp. 3-5도 참조. 히스코트(Heathcote)는 "인도 북부에서는 수 세기에 걸친

주 **401**

전쟁으로 인해 제아무리 사소한 결과를 낳을지라도 모든 일에 무기를 드는 사회가 발전했다"고 지적하고 있다. (*The Military in British India*, p. 29.) 마찬가지로 헤베르(Heber) 주교는 자신의 1824년 펀자브주 지방 여행에 대해 "우리가 만난 여행객들은 하나같이 심지어 시장에 가는 평범한 사람들조차 칼·방패·창, 아니면 화승총을 소지하고 있었다"고 소개했다. (D. H. A. Kolff, *Grass in their Mouths: The Upper Doab of India under the Company's Magna Charta, 1793-1830* [Leiden: Brill, 2010], p. 439.)

45. Kolff, *Naukar, Rajput, and Sepoy*, pp. 185-187.

46. Heathcote, *The Military in British India*, p. 76; H. Dodwell, *Sepoy Recruitment in the Old Madras Army* (Calcutta: Indian Historical Records Commission, 1922), p. 14; Rajesh Rai, 'Sepoys, Convicts and the "Bazaar" Contingent: The Emergence and Exclusion of "Hindustani" Pioneers at the Singapore Frontier', *Journal of Southeast Asian Studies*, vol. 35, no. 1 (2004): 9.

47. 역사학자 엠다드울 하크는 플라시 전투(Battle of Plassey, 1757) 및 북사르 전투 (Battle of Buxar, 1764)는 주로 아편 무역에 대한 통제권을 틀어쥐기 위한 목적에서 벌어졌다고 주장한다. (Haq, *Drugs in South Asia: From the Opium Trade to the Present Day* [New York, NY: St. Martin's Press, 2000], p. 16.)

48. Ibid., p. 20.

49. J. F. Richards, 'The Indian Empire and Peasant Production of Opium in the Nineteenth Century', *Modern Asian Studies*, vol. 15, no. 1 (1981): 63.

50. Singh, *The East India Company's Monopoly Industries*, p. 26.

51. Sen, *India, China and the World*, p. 253.

52. Derks, *History of the Opium Problem*, p. 245 참조.

53. 영국 동인도회사의 일부 관리는 중국 시장이 확대될 가능성에 의문을 표시했다. 영국 관리와 상인들 사이에서 벌어진 논쟁에 대해 더 자세히 살펴보려면 Wormer, 'Opium, Economic Thought', pp. 79-82, 179 참조.

54. Samuel Warren, *The Opium Question* (London: James Ridgway, 1840), p. 51. 워런은 이 역할에 왔슨 대령이 언급된 과거 기사를 인용했다. 이로 보아 영국 상인 집단에는 분명 그가 이 아이디어를 제안했다는 믿음이 널리 퍼져 있었던

듯하다.

55. Nathan Allen, *The Opium Trade; Including a Sketch of Its History, Extent, Effects Etc. as Carried on in India and China* (Lowell, MA: James P. Walker, 1853), p. 12. *The Chinese Repository*, vol. VII (Elibron Classics Reprints, 2005), p. 609도 참조.

56. Dilip K. Basu, 'Asian Merchants and Western Trade: A Comparative Study of Calcutta and Canton 1800-1840' (Ph. D. diss., University of California, Berkeley, CA, 1975), p. 116.

57. Ibid., p. 118.

58. 70여 년 뒤인 1839년, 〈차이니즈 레포지터리(Chinese Repository)〉에 실린 기사는 벵골에서 중국으로 더 많은 아편을 수출하자고 처음 제안한 인물이 바로 왓슨 대령이었다고 밝혔다. (vol. VII, p. 609.)

59. 워머는 이렇게 기록하고 있다. "영국 동인도회사 경영진은 아편의 수익성이 독점적 지배에 달려 있다고 너무나 굳게 믿은 나머지 옛 무굴 정권 아래 '태곳적부터' 그와 유사한 기관이 존재했다는 증거를 찾기 위해, 비록 성과는 없었지만, 집중적인 탐구에 착수했다." ('Opium, Economic Thought', p. 67.)

60. Rolf Bauer, *The Peasant Production of Opium in Nineteenth-Century India* (Leiden: Brill, 2019), p. 12; Singh, *The East India Company's Monopoly Industries*, p. 28 참조.

61. Derks, *History of the Opium Problem*, p. 56.

62. 엠다드울 하크는 무굴의 독점이라고 알려진 것에 대해 소상히 설명한 뒤, 이는 조작된 것이라고 결론 내렸다. (*Drugs in South Asia*, pp. 17-19.)

63. 이에 대해 더 자세히 다룬 논의로는, 내가 쓴 책 *The Nutmeg's Curse: Parables for a Planet in Crisis,* (Gurugram: Penguin Random House, 2021), 4장 참조.

64. Priya Satia, *Time's Monster: How History Makes History* (Cambridge, MA: Harvard University Press, 2020), pp. 3-8 참조.

65. Priya Satia, *Empire of Guns: The Violent Making of the Industrial Revolution* (Stanford, CA: Stanford University Press, 2019), p. 154 참조.

05 아편국

1. 롤프 바우어는 이렇게 기록하고 있다. "누군가에게 내 연구에 대해 이야기할 때면 내가 제일 먼저 하는 일은 그들에게 아미타브 고시의 아이비스 3부작을 잘 알고 있는지 질문하는 것이다. ……이 소설들은 너무나 심도 있게 연구해 잘 썼기 때문에 나는 그것들이 그 주제와 관련해 참고할 수 있는 최고의 자료 가운데 하나라고 생각한다." (*The Peasant Production of Opium in Nineteenth-Century India* [Leiden: Brill, 2019], p. 1.)

   매슈 워머는 다음과 같이 적고 있다. "역사 소설가이자 최근의 아편 무역 연대기 작가 가운데 가장 빼어난 인물인 아미타브 고시의 말에 따르면, 아편은 자본주의를 탄생시킨, 죄책감을 느끼게 하는 비밀이다. ……이 논문은 그 주장을 출발점으로 삼고 있다." ('Opium, Economic Thought, and the Making of Britain's Free Trade Empire, 1773-1839' [Ph. D. diss., Stanford University, Stanford, CA, 2022], p. 2.)

   덧붙일 필요는 없지만, 둘 중 누구든 내가 그들의 책에서 인용한 자료들에 대해 그 어떤 책임도 그들에겐 없다.

   'Roundtable: History Meets Fiction in the Indian Ocean: On Amitav Ghosh's Ibis Trilogy', *The American Historical Review*, vol. 121, no. 5 (2016): 1521-1522도 참조.

2. 나는 주로 제1차 아편전쟁의 군사적 역사에 초점을 맞춰 연구해왔지만, 아편 생산과 관련한 문서를 우연히 발견하는 경우가 더러 있었다. British Library; India Office Records, Board's Collections 8675 to 8750, 1812-13, vol. 359 (F/4/359). 그리고 Board's Collections 19297 to 19375, 1823-24, (F/4/710)는 그러한 문서의 두 가지 사례에 불과하다.

3. Wormer, 'Opium, Economic Thought', pp. 49-51 참조. 아편 관리에 관한 영국 동인도회사의 내부 논쟁에 대해 더 자세히 살펴보려면 Wormer, pp. 65-69 참조.

4. Ibid., p. 31.

5. John F. Richards, 'The Indian Empire and Peasant Production of Opium in the Nineteenth Century'. *Modern Asian Studies*, vol. 15, no. 1 (1981): 64.

6. Bauer, *The Peasant Production of Opium*, p. 133.

7. N. P. Singh, *The East India Company's Monopoly Industries in Bihar with Particular Reference to Opium and Saltpetre, 1773-1833* (Muzaffarpur: Sarvodaya Vangmaya, 1980), p. 138.

8. Wormer, 'Opium, Economic Thought', p. 220.

9. Ibid.

10. John Henry Rivett-Carnac, *Many memories of life in India, at home, and abroad* (Edinburgh: William Blackwood, 1910), p. 327.

11. Ibid., p. 329.

12. Ibid., p. 330.

13. Bauer, *The Peasant Production of Opium*, p. 72.

14. Rivett-Carnac, *Memories*, p. 306.

15. Ibid., p. 307.

16. 코티는 때로 'kooti'로 표기하기도 한다. (Singh, *The East India Company's Monopoly Industries*, 49.)

17. Rivett-Carnac, *Memories*, p. 308.

18. Darcy Moore, *The Diaries of Henry Osborne (Part I)*, 2018: http://www.darcymoore.net/2018/04/23/diaries-henry-osborne-part/.

19. *Darcy Moore, The Diaries of Henry Osborne (Part II)*, 2018: http://www.darcymoore.net/2018/05/12/diaries-henry-osborne-part-2/.

20. 1952년 9~10월 〈파르티잔 리뷰(Partisan Review)〉에 실린, 하지만 아마 그보다 전에 쓴 것으로 보이는 오웰의 에세이 'Such, Such Were the Joys' 참조.

21. Darcy Moore, 'Orwell and the Appeal of Opium', in *George Orwell Studies*, vol. 3, no. 1, ed. Richard Lance Keeble (Suffolk: Abramis Academic, 2018) 참조.

22. 이들 용어 가운데 일부는 아이비스 3부작에 흔히 등장하며, 다음의 '명문집(名文集)'에 실려 있다. http://amitavghosh.com/chrestomathy.html.

23. Bauer, *The Peasant Production of Opium*, pp. 72-76.

24. Wormer, 'Opium, Economic Thought', pp. 84, 218.

25. Ibid., pp. 210-211.

26. *The Chinese Repository*, vol. VIII (Elibron Classics Reprints, 2005), p. 519.

27. Wormer, 'Opium, Economic Thought', p. 121.

28. Ibid., p. 123.

29. Carl A. Trocki, *Opium, Empire and the Global Political Economy: A Study of the Asian Opium Trade, 1750-1950* (New York, NY: Routledge, 1999), pp. 66-68.

30. Bauer, *The Peasant Production of Opium*, p. 160.

31. Wormer, 'Opium, Economic Thought', p. 125; Bauer, *The Peasant Production of Opium*, p. 160 참조. 바우어는 한 개 챕터를 전부 아편 재배 비용을 계산하는 데 할애하고 있다(pp. 132-162).

32. Bauer, *The Peasant Production of Opium*, p. 162.

33. Singh, *The East India Company's Monopoly Industries*, p. 52.

34. Bauer, *The Peasant Production of Opium*, p. 177.

35. Emdad-ul Haq, *Drugs in South Asia: From the Opium Trade to the Present Day* (New York, NY: St. Martin's Press, 2000), p. 24; Singh, *The East India Company's Monopoly Industries*, pp. 52 and 81-84 참조.

36. A.S. Thelwall, *The Iniquities of the Opium Trade with China; Being a Development of the Main Causes which Exclude the Merchants of Great Britain from the Advantages of an Unrestricted Commercial Intercourse with that Vast Empire* (London: W.H. Allen & Co., 1839), pp. 25-29.

37. 벵골 지역이 끔찍한 기근에 쑥대밭이 된 때로부터 몇 년 뒤인 1777년, 공식 서한에는 이런 글이 실려 있다. "가야(Ghya, Gaya) 동네에 자리한 상당 규모의 땅이 녹색 옥수수로 덮여 있고, 이 옥수수는 한 달이나 6주 안에 베기에 적합했을 것이다. 그런데 이 옥수수들이 즉시 양귀비를 재배할 수 있도록 땅을 내주기 위해 갑자기 잘려나갔다." (Singh, *The East India Company's Monopoly Industries*, p. 81에 인용된 내용.)

38. Bauer, *The Peasant Production of Opium*, p. 90.

39. Wormer, 'Opium, Economic Thought', p. 216.

40. Singh, *The East India Company's Monopoly Industries*, pp. 170-172.

41. Anirudh Deshpande, 'An Historical Overview of Opium Cultivation and Changing State Attitudes towards the Crop in India, 1878-2000 A. D.', *Studies in History*, vol. 25, no. 1 (2009): 109-143.

42. L. C. Reid, the Collector of Kaira to the Revenue Commissioner: Board's Collections, 83888 to 84180, 1841-1842, vol. 1938 (India Office: F/4/1938).

43. Deshpande, 'An Historical Overview', p. 118.

44. Bauer, *The Peasant Production of Opium*, p. 89에 인용된 내용.

45. Deshpande, 'An Historical Overview', p. 117에 인용된 내용.

46. Wormer, 'Opium, Economic Thought', p. 223.

47. Ibid., p. 238.

48. 벵골 아편 궤짝과 재배 면적의 동시적 증가에 대한 바우어의 차트 (*The Peasant Production of Opium*, p. 24.) 참조.

49. Hsin-Pao Chang, *Commissioner Lin and the Opium War* (Cambridge, MA: Harvard University Press, 1964), p. 19. *The Chinese Repository*, vol. VII (Elibron Classics Reprints, 2005), p. 609도 참조.

50. Jonathan Spence, *The Search for Modern China* (New York, NY: W. W. Norton, 1990), p. 129.

51. Trocki, *Opium, Empire*, p. 59 참조.

52. Celina B. Realuyo, 'The New Opium War: A National Emergency', *Prism: The Journal of Complex Operations*, 8:1 (2019): 133. https://cco.ndu.edu/News/Article/1767465/the-new-opium-war-a-national-emergency/.

53. Ruth Wilson Gilmore, foreword to *Cedric J. Robinson: On Racial Capitalism, Black Internationalism, and Cultures of Resistance*, ed. H. L. T. Quan (London: Pluto Press, 2019), pp xi-xiv 참조.

06 빅 브라더

1. Rudyard Kipling, 'In an Opium Factory', 1899, http://www.telelib.com/authors/K/KiplingRudyard/prose/FromSeaToSea/opiumfactory.html.

2. J. W. S. MacArthur, *Notes on an Opium Factory* (Calcutta: Thacker, Spink & Company's Press, 1865) p. 1.

3. 오늘날 마디아프라데시주의 니무치〔(Neemuch, 또는 미마치(Mimach)〕에 위치한 '아편 공장 및 알칼로이드 워크스(The Opium Factory and Alkaloid Works)'라고 알려진 또 하나의 공장은 1930년대에 식민지 정권에 의해 건립되었다. 이 공장은 오늘날 아시아 최대의 아편 가공 공장이다. 위키피디아에 따르면, 그 공장은 세계 최대 아편 저장고를 두고 있는데, '뒷마당 수영장'처럼 생긴 그 저장고는 1992년 기준으로 미화 360억 달러 상당의 아편 450톤을 보관하고 있다고 한다. https://en.wikipedia.org/wiki/Opium_and_Alkaloid_Works#See_also.

4. 생산 공정의 여러 단계를 소상하게 묘사한 자료로는 MacArthur, *Notes on an Opium Factory* 참조. 케이틀린 로즌솔(Caitlin Rosenthal)이 *Accounting for Slavery: Masters and Management* (Cambridge, MA: Harvard University Press, 2018)에서 보여준 바와 같이, 프레더릭 테일러(Frederick W. Taylor)가 채택한 '과학적 관리'는 플랜테이션 노예제에 그 기원을 두고 있다. 동인도회사가 거느린 아편 공장의 노동 과정 역시 테일러식 과학적 관리를 채택했다.

5. MacArthur, *Notes on an Opium Factory*, p. 2.

6. 보즈푸리어를 사용하는 저명 학자이자 갈채받는 판데이 카필의 보즈푸리어 소설 《풀숭기》의 역자이기도 한 가우탐 초우베이 교수가 말했다. "보즈푸리어나 힌디어로 가지푸르와 파트나의 아편 공장을 주제로 글을 쓴 이는 없었다. 정말이지 짧은 글조차 없었다. 간디를 연상시키는 데다 지역 역사에서 꽤나 낭만적으로 포장된 주제이기 때문인지 인디고 무역을 다룬 글은 많다. 하지만 아편 공장은 여전히 미개척 분야로 남아 있다." (그와의 사적인 서신 교환을 통해 알게 된 내용이다.)

7. Matthew Wormer, 'Opium, Economic Thought, and the Making of Britain's Free Trade Empire, 1773-1839' (Ph. D. diss., Stanford University, Stanford, CA, 2022), p. 210.

8. Emily Eden, *Up the Country: Letters to Her Sister from the Upper Provinces of India* (London: Richard Bentley, 1867), p. 14 참조.

9. "정부 문헌을 보면 아편 공장의 숙련 노동자 및 권위 있는 지위에 대한 논의는, 인도인 노동자는 신뢰하기 힘들다는 광범위한 믿음에 영향을 받았다는 걸 알 수 있다."

Hope Marie Childers, 'Spectacles of Labor: Artists and Workers in the Patna Opium Factory in the 1850s', *Nineteenth-Century Contexts*, vol. 39, no. 3 (2017): 184.

10. Ibid., p. 178.

11. W. S. Caine, 'Mr Caine's letter on India', *Times of India*, 19 March 1889, p. 7.

12. 'Gajipur mein Gurudeb', gajipur.blogspot.com, 9 May 2011 참조. https://gajipur.blogspot.com/2011/05/blog-post.html?m=1. 이 기사를 내게 소개해준 가우탐 초우베이 박사에게 감사드린다.

13. Swarnakumari Devi, *Gazipur Patra*. 내가 이 글을 찾아볼 수 있도록 안내해준 수칸타 차우두리 박사(Dr. Sukanta Chaudhuri)에게 감사드린다.

14. 이 글의 제목은 'Chine Maraner Byabsa'였다. Steffen Rimner, *Opium's Long Shadow: From Asian Revolt to Global Drug Control* (Cambridge, MA: Harvard University Press, 2018), p. 107 참조.

15. 이 글은 '죽음의 밀거래(The Death Traffic)'라는 제목으로 영역되었으며, 1925년 5월 〈모던 리뷰(Modern Review)〉 37호에 게재되었다.

16. Childers, 'Spectacles of Labor', p. 173 참조.

17. W. S. Sherwill, *Illustrations of the Mode of Preparing Indian Opium Intended for the Chinese Market* (London, 1851).

18. 내가 본 원본은 코네티컷주 뉴헤이븐 소재 '예일대 영국미술센터(Yale Center for British Art)'에 소장되어 있다. 시간과 전문 지식을 아낌없이 내어준 그 센터와 거기에 몸담은 직원들에게 감사드린다.

19. Daniel J. Rycroft, *Representing Rebellion: Visual Aspects of Counter-Insurgency in Colonial India* (New Delhi: Oxford University Press, 2006), pp. 17-43 참조.

20. Childers, 'Spectacles of Labor', p. 177.

21. Ibid., p. 183.

22. 미술사학자 호프 차일더스는 그 판화들에 대해 이렇게 기록하고 있다. "구조물의 직선적 질서뿐만 아니라 차갑고 기계적인 느낌을 주는 균일성과 반복성을 담아낸 그 판화들은 영국 산업혁명을 기념하는 초창기 작품을 연상시킨다." (Ibid.,

p. 173.)

23. Childers, 'Spectacles of Labor', p. 178에 인용된 아네트 비버리지(Annette S. Beveridge)의 말.

24. Carl A. Trocki, *Opium, Empire and the Global Political Economy: A Study of the Asian Opium Trade, 1750-1950* (New York, NY: Routledge, 1999), pp. 89-90.

25. Rimner, *Opium's Long Shadow*, p. 20.

26. Diana S. Kim, *Empires of Vice: The Rise of Opium Prohibition across Southeast Asia* (Princeton; NJ: Princeton University Press, 2020), p. 32.

27. 엄격한 아편 금지 조치가 1839년 통과되기도 했다. *The Chinese Repository*, vol. VIII (Elibron Classics Reprints, 2005), p. 125.

28. Rimner, *Opium's Long Shadow*, 20; Kim, *Empires of Vice*, p. 32.

29. Alfred W. McCoy, *The Politics of Heroin: CIA Complicity in the Global Drug Trade, Afghanistan, Southeast Asia, Central America, Colombia* (Chicago, IL: Lawrence Hill Books, 2003), pp. 110-111.

30. Rimner, *Opium's Long Shadow*, p. 179.

31. Gregory Blue, 'Opium for China: The British Connection', in *Opium Regimes: China, Britain, and Japan, 1839-1952*, eds Timothy Brook and Bob Tadashi Wakabayashi (Berkeley, CA: University of California Press, 2000), pp. 32-33. 영국 관리들은 그 금지 조치를 똑똑히 알고 있었다. (일례로 John Barrow, *Travels in China from Pekin to Canton* [London, 1806], p. 344 참조.)

32. Tan Chung, 'The British-China-India Trade Triangle, 1771-1840', *Proceedings of the Indian History Congress*, vol. 34 (1973): 422; Hsin-Pao Chang, *Commissioner Lin and the Opium War* (Cambridge, MA: Harvard University Press, 1964), pp. 18-19.

33. Hosea Ballou Morse, *The International Relations of the Chinese Empire; vol I, The Period of Conflict 1834-1860* (London: Longmans, 1910), pp. 178-179. Dael A. Norwood, *Trading Freedom: How Trade with China Defined Early America* (Chicago: University of Chicago Press, 2022), p. 66도 참조.

34. Peter Ward Fay, *The Opium War: 1840-42* (Chapel Hill, NC: University of North Carolina Press, 1975), pp. 45-46.

35. Charles C. Stelle, 'American Trade in Opium to China, 1821-39', *Pacific Historical Review* vol. 10, no. 1 (1941): 62. 캔턴의 속어로, 그 배를 '접착제로 붙인 날개(glued-on wings)'라고도 불렀다. (Jonathan Spence, 'Opium Smoking in Ch'ing China', in *Conflict and Control in Late Imperial China*, eds Frederic Wakeman Jr and Carolyn Grant (Berkeley, CA: University of California Press, 1975), p. 246.)

36. 이 '링팅섬 체제'에 대해 더 자세히 살펴보려면 Morse, *The International Relations*, pp. 178-180; Norwood, *Trading Freedom*, p. 66; Jacques M. Downs, *The Golden Ghetto: The American Commercial Community at Canton and the Shaping of American China Policy, 1784-1844* (Bethlehem: Lehigh University Press, 1997), pp. 170-172 참조. 당대의 자료로는 Charles Toogood Downing, *The Fan-Qui in China, in 1836-7, vol. III* (London: H. Colburn, 1838), pp. 167-168 참조.

37. Jacques M. Downs, 'American Merchants and the China Opium Trade, 1800-1840', *The Business History Review*, vol. 42, no. 4 (1968): 433. Trocki, *Opium, Empire*, p. 52도 참조.

38. 약속어음은 기본적으로 아편 판매에 신용을 활용하는 제도다. 관련 내용 전체를 살펴보려면 John R. Haddad, *America's First Adventure in China: Trade, Treaties, Opium, and Salvation* (Philadelphia: Temple University Press, 2013), Kindle edn, locs. pp. 1188-1214 참조.

39. Norwood, *Trading Freedom*, p. 65 참조.

40. 이 문서 전문은 J. Lewis Shuck, *Portfolio Chinensis; Or, a Collection of Authentic Chinese State Papers Illustrative of the History of the Present Position of Affairs in China* (Macao, 1840), pp. 1-127에 재게재되었다. *The Chinese Repository*, vol. VII (Elibron Classics Reprints, 2005), pp. 639-641도 참조. 이 무렵 임칙서의 활약상을 생생하게 묘사한 자료로는 A. Haussmann, 'A French Account of the War in China', *United Service Magazine*, vol. 1, no. 71 (1853):

54 참조.

41. 미국 상인 윌리엄 헌터(William Hunter)는 상인들에 대한 가택 연금에 대해 자세
히 기록했다. E. W. Ellsworth, W. C. Hunter, J. L. Cranmer-Byng and Lindsay
T. Ride, 'Journal of Occurrances at Canton: During the Cessation of Trade at
Canton 1839', *Journal of the Hong Kong Branch of the Royal Asiatic Society*,
vol. 4 (1964). Stephen R. Platt, *Imperial Twilight: The Opium War and the
End of China's Last Golden Age* (New York, NY: Knopf, 2018), pp. 370-372
도 참조.

42. Arthur Waley, *The Opium War through Chinese Eyes* (London: George
Allen & Unwin Ltd., 1958), pp. 23-38; Julia Lovell, *The Opium War: Drugs,
Dreams and the Making of China* (New York, NY: Overlook Press, 2014),
pp. 55-72; Jack Beeching, *The Chinese Opium Wars* (New York, NY:
Harcourt Brace, 1976), pp. 74-81 참조.

43. Samuel Warren, *The Opium Question* (London: James Ridgway, 1840), p. 5.

44. Christopher Munn, 'The Hong Kong Opium Revenue 1845-1885', in *Opium
Regimes: China, Britain, and Japan, 1839-1952*, eds Timothy Brook and Bob
Tadashi Wakabayashi (Berkeley, CA: University of California Press, 2000), p.
107. Beeching, *The Chinese Opium Wars*, p. 159도 참조.

45. Rolf Bauer, *The Peasant Production of Opium in Nineteenth-Century India*
(Leiden: Brill, 2019), p. 24.

07 시각

1. J. P. Losty, 'The rediscovery of an unknown Indian artist: Sita Ram's work for
the Marquess of Hastings', British Library 'Asian and African Studies' blog, 4
Jan 2016: https://blogs.bl.uk/asian-and-african/2016/01/the-rediscovery-of-an-
unknown-indian-artist-sita-rams-work-for-the-marquess-of-hastings.html 참조.

2. J. P. Losty, *Sita Ram: Picturesque Views of India-Lord Hastings's Journey from
Calcutta to the Punjab, 1814-15* (New Delhi: Roli Books, 2015). *Sita Ram's*

Painted Views of India (London: Thames & Hudson, 2015)도 참조.

3. http://www.sackler.org/piranesi/ 참조.

4. Patrick Conner, *Chinese Views-Western Perspectives 1770-1870: The Sze Yuan Tang of China Coast Paintings & The Wallen Collection of China Coast Ship Portrait* (Asia House, 1997), p. 13 참조.

5. Mildred Archer, *Natural History Drawings in the India Office Library* (London: Her Majesty's Stationery Office, 1962), p. 72 참조.

6. P. C. Manuk, 'The Patna School of Painting', *Journal of the Bihar Research Society*, XXIX: 143-169 참조.

7. Mildred Archer, *Patna Painting* (London: David Marlowe Ltd, 1948) 참조

8. Neel Rekha, 'The Patna School of Painting: A Brief History (1760-1880)', *Proceedings of the Indian History Congress*, vol. 72, Part-I (2000): 1000.

9. 엠다드울 하크에 따르면 "우타르프라데시주에서 발생한 봉기 진압에 참여한 하사관 윌리엄 포브스미첼(William Forbes-Mitchell)은 그의 책 《1857-1859년 위대한 폭동의 아련한 기억(Reminiscences of the Great Mutiny 1857-59)》에서 양귀비 재배를 강제로 밀어붙인 조치가 그 지역에서 불붙은 대규모 반란의 도화선이었다고 주장했다". (*Drugs in South Asia: From the Opium Trade to the Present Day* 〔New York, NY: St. Martin's Press, 2000〕, p. 25.)

10. Heather Streets, *Martial Races: The Military, Race and Masculinity in British Imperial Culture, 1857-1914* (Manchester: Manchester University Press, 2004), pp. 38-45.

11. Matthew Wormer, 'Opium, Economic Thought, and the Making of Britain's Free Trade Empire, 1773-1839' (Ph. D. diss., Stanford University, Stanford, CA, 2022), p. 239.

12. 1888년의 가지푸르 공장 풍경을 담은 사진은 여기에서 볼 수 있다. https://www.nationalgalleries.org/art-and-artists/10557/ghazipur-opium-factory.

13. Jonathan Lehne, 'An opium curse? The long-run economic consequences of narcotics cultivation in British India', publication of the Paris School of Economics, 10 June 2018. http://barrett.dyson.cornell.edu/NEUDC/

paper_364.pdf. Accessed 7/26/2021.

14. N. P. Singh, *The East India Company's Monopoly Industries in Bihar with Particular Reference to Opium and Saltpetre, 1773-1833* (Muzaffarpur: Sarvodaya Vangmaya, 1980), pp. 170-172.

15. Lehne, 'An opium curse?', p. 27.

16. D. H. A. Kolff, *Naukar, Rajput, and Sepoy: The Ethnohistory of the Military Labour Market of Hindustan, 1450-1850* (Cambridge: Cambridge University Press, 2002), pp. 176-180; Channa Wickremesekera, *'Best Black Troops in the World': British Perceptions and the Making of the Sepoy, 1746-1805* (New Delhi: Manohar, 2002), pp. 96-105.

17. Kaushik Roy, 'Recruitment Doctrines of the Colonial Indian Army: 1859-1913', *The Indian Economic and Social History Review*, vol. 34, no. 3 (1997): 345.

18. 펀자브족을 비롯한 일부 다른 집단을 모집한 배경에는 '무골 종족(martial races: 세포이 항쟁 이후 영국령 인도에서 군 관계자들이 만든 명칭으로, 용맹하고 체격 건장한 종족을 일컫는다—옮긴이)' 이론이 깔려 있었다. (이 주제를 본격적으로 다룬 자료로는 Heather Streets, *Martial Races* 참조.)

19. Streets, *Martial Races*, pp. 65-67 참조.

20. Abhijit Banerjee and Lakshmi Iyer, 'History, Institutions, and Economic Performance: The Legacy of Colonial Land Tenure Systems in India', *American Economic Review*, vol. 95, no. 4 (2005): 1210.

08 가족 이야기

1. 비록 오늘날에는 보즈푸리어가 힌디어에 속한 일개 방언으로 간주되지만, 많은 언어학자의 견해에 따르면 보즈푸리어는 그 자체로 고유한 문학·민속·문화를 지닌 하나의 독자적 언어다.

2. Latika Chaudhary, 'Taxation and educational development: Evidence from British India', *Explorations in Economic History*, vol. 47, no. 3 (2010): 279-293

참조. 차우다리는 지역 차원의 데이터를 이용해 비하르주의 문해 능력이 큰 폭으로 꾸준히 지체되어왔다는 사실을 보여준다.

3. 증명서는 일련번호, 본인 성명, 아버지 성명, 카스트, 나이, 신장(몇 피트 몇 인치로 표기), 거주 마을, 거주 시, 주(州) 혹은 군(郡), 소견, 이렇게 10칸으로 나뉘어 작성하고, 그 아래에는 다음 같은 문구가 인쇄되어 있었다. "나는 위의 사람이 내 앞에 나타났다는 것, 그가 1842년 1월 15일 폐하의 명령에 첨부된 일정표 3항에 따라 모리셔스로 가는 이민자라는 것, 그것과 관련한 모든 사항을 그에게 설명했다는 것을 증명합니다." 각 증명서에는 날짜, 의료 대리인, 재무 대리인, 이민 부대리인 3인의 서명 및 첨서(counter sign, 添署: 이미 다른 사람이 서명한 문서를 인정하는 서명—옮긴이)가 담겨 있다.

4. 일련번호 28989 증명서는 쿠루아(Curooah)라는 이름의 남성에게 발급되었다. 그는 25세, 5피트 5인치(약 163센티미터—옮긴이), 가야 지방 출신의 부아(Bhooya), "건치, 왼쪽 등에 진갈색 점"이 있었다. 하지만 증명서 뒷면에 기록된 메모는 그의 이름이 '케후아(Kehua)'였음을 암시한다. 마찬가지로 일련번호 28986 증명서에는 이름이 카불(Cabul)로 기록되어 있지만, 뒷면의 메모에는 케반(Keban)이라고 적혀 있다.

5. 나는 이 이야기를 나의 저서 《고대의 땅에서(In an Antique Land)》에 담았다.

6. 이를테면 아라(Arrah) 지역, 구가르포르(Googarpore)의 람쿠르나 M.(Ramkurna M.)에게 발급된 일련번호 28956 〔18/9/43〕 증명서에는 "고르지 않은 치열, 이마에 작은 흉터, 왼쪽 다리에 흉터"라고 기록되어 있다. 그 뒷면에는 그의 모집책〔벵골어로 다파다르(dafaadaar)〕 이름이 타카리(Thakari)라고 쓰여 있다.

7. Kapil Pandey, *Phoolsunghi*, trans. Gautam Choubey (Gurugram: Penguin Random House India, 2020).

8. Matthew Wormer, 'Opium, Economic Thought, and the Making of Britain's Free Trade Empire, 1773-1839' (Ph. D. diss., Stanford University, Stanford, CA, 2022), p. 221에 인용된 내용.

9. Pandey, *Phoolsunghi*, p. 4.

10. Wormer, 'Opium, Economic Thought', p. 227.

11. 마크 길버트는 이렇게 지적한다. "심지어 그 체제 옹호자들조차 아편 소비의 증가가 영국의 인도 지배와 무관하다고 주장하기는 어려웠다. 아편 생산과 아편 무역

은 그들의 인도 통치를 진흥시키고 확장하는 데 크게 기여했기 때문이다." (Marc Jason Gilbert, 'Empire and Excise: Drugs and Drink Revenue and the Fate of States in South Asia', in *Drugs and Empires: Essays in Modern Imperialism and Intoxication, c.1500-1930, 116-41*, eds James Mills and Patricia Barton [Basingstoke: Palgrave Macmillan, 2007], p. 117.)

09 말와

1. 이 부분은 거의 전적으로 Amar Farooqui, *Smuggling as Subversion: Colonialism, Indian Merchants and the Politics of Opium* (Lanham, MD: Rowman & Littlefield Publishers, 2005) 3장에 기반을 두고 작성했다. Farooqui, 'Opium Enterprise and Colonial Intervention in Malwa and Western India, 1800-1824', *The Indian Economic and Social History Review* 32: 4 (1995): 456도 참조.

2. Matthew Wormer, 'Opium, Economic Thought, and the Making of Britain's Free Trade Empire, 1773-1839' (Ph. D. diss., Stanford University, Stanford, CA, 2022), p. 159.

3. 19세기에 중국에서 재배된 양귀비도 '분홍·연보라·흰색'으로 다채로운 빛깔을 자랑했다. 한 영국 여행객은 "언덕 들판에서 다른 작물들 사이에 펼쳐져 있는 양귀비밭의 풍광은 더없이 아름답다"고 말했다. (Thomas W. Blakiston, *Five Months on the Yang-Tsze* [London: Murray, 1862], p. 148.)

4. Nathan Allen, *The Opium Trade; Including a Sketch of Its History, Extent, Effects Etc. as Carried on in India and China* (Lowell, MA: James P. Walker, 1853), p. 11. N. P. Singh, *The East India Company's Monopoly Industries in Bihar with Particular Reference to Opium and Saltpetre, 1773-1833* (Muzaffarpur: Sarvodaya Vangmaya, 1980), p. 153도 참조.

5. Wormer, 'Opium, Economic Thought', p. 160.

6. Joya Chatterjee, *Shadows at Noon: The South Asian Twentieth Century* (London: The Bodley Head, 2023), p. 209 참조.

7. Randolf G. S. Cooper, 'Wellington and the Marathas in 1803', *The International*

History Review, vol. 11, no. 1 (1989): 31-38 참조.

8. Ibid., p. 34.

9. Lakshmi Subramaniam, *Three Merchants of Bombay: Business Pioneers of the Nineteenth Century* (Gurgaon: Penguin Random House, 2011), p. 97.

10. Wormer, 'Opium, Economic Thought', pp. 167-168 참조.

11. Farooqui, 'Opium Enterprise', pp. 468-470.

12. Ibid., p. 451.

13. Alexander Klimburg, 'Some research notes on Carl A. Trocki's publication *Opium, Empire and the Global Political Economy'*, *Bulletin of the School of Oriental and African Studies*, vol. 64, no. 2 (2001): 264.

14. Wormer, 'Opium, Economic Thought', p. 52.

15. Farooqui, 'Opium Enterprise', p. 450.

16. Cooper, 'Wellington and the Marathas', p. 37.

17. Randolf G. S. Cooper, *The Anglo-Maratha Campaigns and the Contest for India: The Struggle for Control of the South Asian Military Economy* (Cambridge: Cambridge University Press, 2003), p. 293.

18. 아마르 파루쿠이는 이렇게 말했다. "우리는 역사적으로 인도 서부 및 중부의 세력 균형이 인도 동부 및 북부의 세력 균형과 같지 않았다는 점을 인식해야 한다. 따라서 식민지 관리자들은 뱅골의 독점권을 단순히 인도의 서부 및 중부로 확장하기보다는 말와 아편과 비교하면서 자신들의 전략을 부단히 수정해야 했다." ('Opium Enterprise', p. 455.)

19. Ibid., p. 451.

20. 이러한 네트워크는 식민지 시대의 용어로 보통 '밀수업자'로 특징지어졌지만, 케이트 봄이 지적하다시피 "많은 경우 그것은 그저 식민지 이전의 네트워크 및 무역 관행을 재명명한 데 지나지 않았다". (Kate Boehme, 'Smuggling India: Deconstructing Western India's Illicit Export Trade, 1818-1870', *Journal of the Royal Asiatic Society*, vol. 25, no. 4 〔2015〕: 701.)

21. *The Nutmeg's Curse: Parables for a Planet in Crisis* (Gurgaon: Penguin Random House India, 2021), pp. 74-75 참조.

22. Margaret Makepeace, 'Gerald Wellesley's secret family', British Library 'Untold Lives' blog, 20 April 2017: https://blogs.bl.uk/untoldlives/2017/04/gerald-wellesleys-secret-family.html.

23. Singh, *The East India Company's Monopoly Industries*, p. 159.

24. C. U. Aitchison, *A Collection of Treaties, Engagements and Sanads Relating to India and Neighbouring Countries*, vol. III (Calcutta: Government of Indian Central Publication Branch, 1876), p. 349.

25. John Phipps, *A Practical Treatise on the China and Eastern Trade* (Calcutta: W. Thacker and Co. 1836), p. 225 참조.

26. Farooqui, *Smuggling as Subversion*, p. 61.

27. Ibid., p. 10.

28. Claude Markovits, 'The Political Economy of Opium Smuggling in Early Nineteenth Century India: Leakage or Resistance?', *Modern Asian Studies*, vol. 43, no. 1 (2009): 103 참조.

29. 앨프리드 매코이는 "워싱턴의 거대한 군사 조직이 작은 분홍색 꽃인 아편 양귀비에 의해 느닷없이 멈춰 섰다"고 지적한다. ('How the Heroin Trade Explains the US-UK Failure in Afghanistan', *The Guardian*, 9 Jan 2018: https://www.theguardian.com/news/2018/jan/09/how-the-heroin-trade-explains-the-us-uk-failure-in-afghanistan?s=03.)

30. David Mansfield, *A State Built on Sand: How Opium Undermined Afghanistan* (London: C. Hurst & Co., 2016), pp. 104-105 and 109.

31. 멜리사 매콜리(Melissa Macauley)는 "중국 청나라 및 오늘날의 아프가니스탄과 관련해, 마약 밀매 네트워크는 역사적으로 중앙 정부의 권한을 지역 차원으로까지 확대하려는 국가 건설자들의 노력을 좌절시켰다"고 지적한다. ('Small Time Crooks: Opium, Migrants, and the War on Drugs in China, 1819-1860', *Late Imperial China*, vol. 30, no. 1 [2009]: 2.)

32. Wormer, 'Opium, Economic Thought', p. 202 참조.

33. Rolf Bauer, *The Peasant Production of Opium in Nineteenth-Century India* (Leiden: Brill, 2019), p. 22.

34. Boehme, *Smuggling India*, p. 701.

35. Markovits, 'The Political Economy of Opium Smuggling', p. 92.

36. 영국이 신드를 정복하는 데서 아편이 맡은 역할을 상세히 논의한 자료로는 J. Y. Wong, *Deadly Dreams: Opium, Imperialism and the Arrow War (1856-1860) in China* (Cambridge: Cambridge University Press, 1998), pp. 417-425 참조. Markovits, 'The Political Economy of Opium Smuggling', p. 90도 참조.

37. Bauer, *The Peasant Production of Opium*, p. 33; Wong, *Deadly Dreams*, 420.

38. Wong, *Deadly Dreams*, p. 420.

39. Singh, *The East India Company's Monopoly Industries*, p. 139.

40. Wormer, 'Opium, Economic Thought', p. 204. 마지막 인용문의 출처는 John F. Richards, 'The Opium Industry in British India', *The Indian Economic and Social History Review*, vol. 39, nos. 2-3 (2002): 166이다.

41. Bauer, *The Peasant Production of Opium*, p. 37.

42. 이 문제는 결국 너무 심각해졌고, 따라서 주요 말와 아편 상인은 삼싱(Samsing)이라는 이름으로 통하는 중국 전문가에게 봄베이로 가서 그들 제품을 인증해주는 대가로 돈을 지불해야 했다. (Thomas N. Layton, *The Voyage of the Frolic: New England Merchants and the Opium Trade*, 〔Stanford, CA: Stanford University Press, 1997〕, p. 99 참조.)

43. Bauer, *The Peasant Production of Opium*, pp. 38-39. Singh, *The East India Company's Monopoly Industries*, p. 139도 참조.

44. Anirudh Deshpande, 'An Historical Overview of Opium Cultivation and Changing State Attitudes towards the Crop in India, 1878-2000 A.D.', *Studies in History*, vol. 25, no. 1 (2009): 120-121.

45. *The Chinese Repository*, vol. VIII (Elibron Classics Reprints, 2005), p. 513.

46. Madhavi Thampi, *Indians in China, 1800-1949* (New Delhi: Manohar, 2005), p. 51도 참조.

47. Amar Farooqui, *Opium City: The Making of Early Victorian Bombay* (Gurgaon: Three Essays Collective, 2016), p. 7.

48. Ibid., pp. 8-9.

49. 사업사가(事業史家) 락슈미 수브라마니암(Lakshmi Subramaniam)은 "봄베이의 막대한 부와 그곳의 유명 상업계 거물들의 부를 가능케 한 것은 다름 아닌 아편이었다"고 지적한다. (*Three Merchants*, p. 103.)

50. Farooqui, *Smuggling as Subversion*, p. 10.

51. Farooqui, *Opium City*, pp. 17-18.

52. 예를 들어, 파머스턴 경은 영국이 중국과 전쟁에 돌입해야 했던 이유를 다음과 같이 설명했다. "유럽 제조업체들의 경쟁으로 우리 제품이 유럽 시장에서 빠른 속도로 배제되고 있다. 따라서 우리는 세계 다른 지역들에서 우리 산업을 위한 새로운 활로를 모색하기 위해 끊임없이 노력해야 한다. ……만약 우리가 중국 원정에 성공한다면, 아비시니아(Abyssinia: 에티오피아의 별칭—옮긴이), 아라비아, 인더스강 유역의 여러 나라와 새로운 중국 시장은 머잖은 시기에 우리에게 해외 상업의 범위를 가장 크게 키워주는 기회를 선사할 것이다." (Jack Beeching, *The Chinese Opium Wars* [New York, NY: Harcourt Brace, 1976], p. 95.)

10 동부와 서부

1. John F. Richards, 'The Opium Industry in British India', *The Indian Economic and Social History Review*, vol. 39, nos. 2-3 (2002): pp. 173-174.

2. N. P. Singh, *The East India Company's Monopoly Industries in Bihar with Particular Reference to Opium and Saltpetre, 1773-1833* (Muzaffarpur: Sarvodaya Vangmaya, 1980), p. 155; Claude Markovits, 'The Political Economy of Opium Smuggling in Early Nineteenth Century India: Leakage or Resistance?', *Modern Asian Studies*, vol. 43, no. 1 (2009): 92.

3. Richards, 'The Opium Industry', pp. 173-174.

4. 가령 Manu S. Pillai's *False Allies: India's Maharajahs in the Age of Ravi Varma* (New Delhi: Juggernaut Books, 2021) 참조.

5. Lakshmi Iyer, 'Direct versus Indirect Colonial Rule in India: Long-Term Consequences', *The Review of Economics and Statistics*, vol. 92, no. 4 (2010):

707.

6. Amar Farooqui, *Smuggling as Subversion: Colonialism, Indian Merchants and the Politics of Opium* (Lanham, MD: Rowman & Littlefield Publishers, 2005), p. 221. 리처즈도 그와 유사하게 "19세기 봄베이에서는 인도의 투자자·상인·산업가들이 자본을 축적하는 현상이 두드러졌는데, 나는 그것의 대부분은 아니더라도 상당 부분이 말와 또는 서부 아편 무역의 결과였다고 생각한다"고 밝히고 있다. ('The Opium Industry', 180.)

7. Thomas N. Layton, *The Voyage of the Frolic: New England Merchants and the Opium Trade* (Stanford, CA: Stanford University Press, 1997), pp. 73-76.

8. Dilip Kumar Basu, 'Asian Merchants and Western Trade: A Comparative Study of Calcutta and Canton 1800-1840' (Ph. D. diss., University of California, Berkeley, CA, 1975), p. 129. 탄센 센은 그의 이름을 바하두르 물셰트(Bahadur Mullshet)라고 소개하고 있다. (*India, China and the World: A Connected History* [London: Rowman & Littlefield Publishers, 2017], pp. 254-255.)

9. Amar Farooqui, 'Opium Enterprise and Colonial Intervention in Malwa and Western India, 1800-1824', *The Indian Economic and Social History Review*, vol. 32, no. 4 (1995): 471; Markovits, 'The Political Economy of Opium Smuggling', pp. 107-109.

10. Jenny Rose, *Between Boston and Bombay: Cultural and Commercial Encounters of Yankees and Parsis, 1771-1865* (Cham: Palgrave Macmillan, 2019), p. 153.

11. Rajat Kanta Ray, 'Asian Capital in the Age of European Domination: The Rise of the Bazaar, 1800-1914', *Modern Asian Studies*, vol. 29, no. 3 (1995): 484.

12. Farooqui, *Smuggling as Subversion*, p. 198.

13. Markovits, 'The Political Economy of Opium Smuggling', pp. 107-109 참조.

14. Madhavi Thampi and Shalini Saksena, *China and the Making of Bombay* (Mumbai: K.R. Cama Oriental Institute, 2009), pp. 70-71에 인용된 내용.

15. Asiya Siddiqi, 'Pathways of the Poppy: India's Opium Trade in the Nineteenth Century', in *India and China in the Colonial World*, ed. Madhavi Thampi

(New Delhi: Social Science Press, 2010), p. 21.

16. Farooqui, 'Opium Enterprise' 참조.

17. James W. Furrell, *The Tagore Family: A Memoir* (New Delhi: Rupa & Co., 2004), pp. 14-19 참조.

18. Basu, 'Asian Merchants and Western Trade', pp. 233-236.

19. Matthew Wormer, 'Opium, Economic Thought, and the Making of Britain's Free Trade Empire, 1773-1839' (Ph.D. diss., Stanford University, Stanford, CA, 2022), p. 169.

20. Govind Narayan, *Govind Narayan's Mumbai: An Urban Biography from 1863*, ed. and trans. Murali Ranganathan (New York, NY: Anthem Press, 2009), pp. 122-123.

21. Nariman Karkaria, *The First World War Adventures of Nariman Karkaria: A Memoir*, trans. Murali Ranganathan (Gurugram: HarperCollins India, 2021), pp. 6-7.

22. Pernilla Ståhl, *The Triumphal Arch of Mogadishu: Colonial Architecture and Urban Planning*, trans. Benjamin Hein and Katarina Trodden (2022), p. 33 참조.

23. E. H. Nolan, *The Illustrated History of the British Empire in India and the East: from the earliest times to the suppression of the Sepoy Mutiny in 1859* (London: Virtue & Co.).

24. C. T. Buckland, 'The Opium-Poppy Cultivation of Bengal', in *The Living Age*, vol. 168, eds Eliakim Littell and Robert S. Littell (1886), p. 31.

25. Richards, 'The Opium Industry', p. 150. 또한 리처즈는 '타지(tazi)'가 실제로는 전혀 유래가 다른 단어인 '테지[teji(강하다, 격렬하다)]'라고 주장하기도 했다.

26. *Flood of Fire* (Gurugram: Penguin Random House, 2015), p. 272.

27. Nolan, *The Illustrated History*.

28. Thomas A. Timberg, 'Hiatus and Incubator: Indigenous Trade and Traders, 1837-1857', in *Trade and Finance in Colonial India, 1750-1860*, ed. Asiya Siddiqi (New Delhi: Oxford University Press, 1995) pp. 258-259. 같은 맥락에서 존 리처즈는 이렇게 밝혔다. "아가르왈족(Aggarwal) 같은 마르와르 출신 상

인들은 19세기 초 갠지스강 루트를 따라 인도 북부 시장으로 진출하기 시작했다. 1830년대에는 캘커타에 도착해 대리인·중개인으로 활동했다. 그리고 자본을 획득한 후에는 경매를 통해 아편을 중국으로 팔아넘기는 수출업자로 활약하기도 했다." (Richards, 'The Opium Industry', pp. 178-179.)

29. 칼 트로키는 "기업의 독점이 캘커타에서 인도 토착 자본주의가 자라나지 못하도록 억압했다"고 주장하기도 했다. (*Opium, Empire and the Global Political Economy: A Study of the Asian Opium Trade, 1750-1950* [New York, NY: Routledge, 1999], pp. 84-85.)

30. Maya Palit, 'Chhath puja celebrations in Mumbai: MNS' attack on performers stems from a class hatred', Firstpost, 11 November 2016. https://www.firstpost.com/india/chhath-puja-celebrations-in-mumbai-mns-attack-on-performers-stems-from-a-class-hatred-3101128.html.

31. Amar Farooqui, *Opium City: The Making of Early Victorian Bombay* (Gurgaon: Three Essays Collective, 2016), p. 18.

32. Claude Markovits, *Merchants, Traders, Entrepreneurs: Indian Business in the Colonial Era* (Basingstoke: Palgrave Macmillan, 2008), pp. 128-151.

33. Ibid.

34. Ibid.

35. Thampi and Saksena, *China and the Making of Bombay*, p. 81에 인용된 내용.

36. Fakrul Alam and Radha Chakravarty, eds, *The Essential Tagore* (London: Harvard University Press, 2011), p. 753.

37. Dinyar Patel, *Naoroji: Pioneer of Indian Nationalism* (Cambridge, MA: Harvard University Press, 2020), pp. 13-21 참조.

38. Dadabhai Naoroji, *Poverty and Un-British Rule in India* (London: Swan Sonnenschein & Co., 1901), p. 215.

39. Steffen Rimner, *Opium's Long Shadow: From Asian Revolt to Global Drug Control* (Cambridge, MA: Harvard University Press, 2018), pp. 84-86.

40. Emdad-ul Haq, *Drugs in South Asia: From the Opium Trade to the Present Day* (New York, NY: St. Martin's Press, 2000), p. 52.

11 디아스포라

1. Sebouh Aslanian, 'Trade Diaspora versus Colonial State: Armenian Merchants, the English East India Company, and the High Court of Admiralty in London, 1748-1752', *Diaspora: A Journal of Transnational Studies*, vol. 13, no. 1 (Spring, 2004): 41. Dhrubajyoti Banerjea, *European Calcutta: Images and Recollections of a Bygone Era* (New Delhi: UBSPD, 2005), pp. 91-92도 참조.

2. Aslanian, 'Trade Diaspora', p. 41.

3. R. W. Ferrier, 'The Armenians and the East India Company in Persia in the Seventeenth and Early Eighteenth Centuries', *The Economic History Review*, vol. 26, no. 1 (1973): 38-62 참조.

4. 18세기 초 내내 벵골에서 가장 명예를 누리고 존경받은 사업가는 콰자 와히드(Khwaja Waheed)라는 아르메니아 상인 거물이었다. (Kumkum Chatterjee, *Merchants, Politics and Society in Early Modern India Bihar 1733-1820* [Leiden: Brill, 1996], p. 71.)

5. M. J. Seth, *The Armenians in India, from the Earliest Times to the Present Day* (Calcutta: P. C. Ray and Sri Gouranga Press, 1937; repr. New Delhi: Oxford University Press and IBH, 1983) 참조. Sushil Chaudhury, *From Prosperity to Decline: Eighteenth Century Bengal* (New Delhi: Manohar, 1995), p. 31도 참조.

6. James R. Rush, *Opium to Java: Revenue Farming and Chinese Enterprise in Colonial Indonesia, 1860-1910* (Indonesia: Equinox Publishing, 2007), p. 68.

7. 예컨대 British Library; India Office Records, Madras Despatches 4 Jan to 28 Aug 1839 [Br. Lib. IOR/E/4/952]. 아르메니아인 소유의 선박 안젤라카호의 압수에 대해 언급하고 있는 1839년 1월 4일 자 편지 참조.

8. Madhavi Thampi and Shalini Saksena, *China and the Making of Bombay* (Mumbai: K. R. Cama Oriental Institute, 2009), p. 15; Madhavi Thampi, *Indians in China, 1800-1949* (New Delhi: Manohar, 2005), p. 52. 그의 성 '레디머니'는 이 상인의 현금 조달 능력이 뛰어난 데서 비롯된 이름이다.

9. Lakshmi Subramaniam, *Three Merchants of Bombay: Business Pioneers of the*

Nineteenth Century (Gurgaon: Penguin Random House, 2011), p. 99.

10. Thampi and Saksena, *China and the Making of Bombay*, p. 29.

11. Ibid., p. 24.

12. Ibid., p. 55.

13. 18세기의 중국인 여행자 왕다이하이(王大海)가 자바에 대해 말했다. "네덜란드가 …… 술책을 써서 바타비아 땅을 점령한 지 수백 년이 지났다. 그들은 넉넉한 선물과 달콤한 말로 그 나라 원주민을 꼬드겨 소 한 마리의 가죽에 들어갈 만큼의 땅만 자신들에게 달라고, 거기서 무역을 계속할 수 있게 해달라고 호소했다. 이제 그들은 자신의 성채를 강화하고 엄격한 법규를 철저히 시행함으로써 멀거나 가까운 모든 섬의 원주민이 저항할 엄두도 내지 못한 채 그들에게 조공을 바치도록 만들었으며, 부유하고 강력한 왕국을 일구었다." (Ong Tae-hae, *The Chinaman abroad, or, A desultory account of the Malayan Archipelago, particularly of Java* 〔Shanghai: Mission Press, 1849〕, p. 18.) 18세기의 벵골은 이런 유형이 어떻게 작동하는지 보여주는 또 한 가지 예다.

14. Valery M. Garrett, *Heaven Is High, the Emperor Far Away: Merchants and Mandarins in Old Canton* (China: Oxford University Press, 2002), p. 52.

15. Tan Chung, *China and the Brave New World: A Study of the Origins of the Opium War 1840-42* (New Delhi: Allied Publishers, 1978), p. 42.

16. Stephen R. Platt, *Imperial Twilight: The Opium War and the End of China's Last Golden Age* (New York, NY: Knopf, 2018), pp. 10-11.

17. Dael A. Norwood, *Trading Freedom: How Trade with China Defined Early America* (Chicago, IL: University of Chicago Press, 2022), pp. 5-6 참조. Goran Aijmer and Virgil K. Y. Ho, *Cantonese Society in a Time of Change* (Hong Kong: The Chinese University Press, 2000), p. 19; Hsin-Pao Chang, *Commissioner Lin and the Opium War* (Cambridge, MA: Harvard University Press, 1964), pp. 3-9도 참조. 폴 반 다이크(Paul A. Van Dyke)는 "1700년에서 1842년에 이르는 시기 전체를 '캔턴 체제'라고 부르는 데는 꽤나 정당성이 있다"고 주장한다. (*The Canton Trade: Life and Enterprise on the China Coast, 1700-1845* 〔Hong Kong: Hong Kong University Press, 2007〕, p. 10.)

18. Weng Eang Cheong, *The Hong Merchants of Canton: Chinese Merchants in Sino-Western Trade 1684-1798* (London: Routledge, 1997) 참조. Frederic Wakeman Jr, *Strangers at the Gate: Social Disorders in South China 1839-1861* (Berkeley, CA: University of California Press, 1966, p. 45); Tan Chung, *China and the Brave New World*, pp. 55-59도 참조.

19. 규제 목록 전체를 보려면 William C. Hunter, *The Fan-Kwae at Canton Before Treaty Days, 1825-1844* (London: Kegan Paul, Trench & Co., 1882), pp. 28-30 참조.

20. Peter Ward Fay, *The Opium War: 1840-42* (Chapel Hill, NC: University of North Carolina Press, 1975), pp. 19-25 참조.

21. 매판들이 '남자 애인이나 창녀'를 제공하지 못하도록 금한 규제에 대해 살펴보려면 Wakeman, *Strangers*, p. 55 참조.

22. John R. Haddad, *America's First Adventure in China: Trade, Treaties, Opium and Salvation* (Philadelphia, PA: Temple University Press, 2013), Kindle edn., loc. p. 661 참조. 하다드는 이렇게 지적한다. "외국인 조계지의 여건은 외국인이 오랫동안 머물고 싶은 마음이 들지 않을 정도로 너무 제한적으로 설계되었다. 그럼에도 많은 사람은 그곳에서 수십 년을 보냈으며, 그곳을 떠나기가 쉽지 않다고 느꼈다." (loc. 809.)

23. 한 미국인 작가는 어느 공장에 대해 "다른 집의 뒤를 보도록 지은 여러 채의 집에 지나지 않는 그 단지는 아치를 통해 들어가는데, 집들 아래에는 각각의 집으로 이어진 통로가 나 있다"고 묘사했다. Michael Wise and Mun Him Wise, eds, *Travellers' Tales of Old Hong Kong and the South China Coast* (Brighton: In Print, 1996), p. 29에 인용된 해리엇 로의 말.

24. Shen Fu, *Six Records of a Floating Life* (New York, NY: Penguin Random House, 1983), p. 122.

25. 외국인 조계지에 대해 좀더 상세히 묘사한 자료로는 Garrett, *Heaven Is High*, chap. 7; Patrick Conner, *The Hongs of Canton: Western Merchants in South China 1700-1900, as Seen in Chinese Export Paintings* (London: Martyn Gregory, 2009), chap. 5 참조. 소상한 당대의 묘사를 살펴보려면 Hunter, *The*

Fan Kwae at Canton, pp. 20-25 참조.

26. Platt, *Imperial Twilight*, pp. 74, 202.

27. Jacques M. Downs, *The Golden Ghetto: The American Commercial Community at Canton and the Shaping of American China Policy, 1784-1844* (Bethlehem: Lehigh University Press, 1997).

28. 이 글을 작성한 이는 바로 뉴욕시 브루클린에 거주하는 윌리엄 헨리 로(William Henry Low)다. James Duncan Phillips, ed., *The Canton Letters 1839-1841 of William Henry Low* (The Essex Institute Historical Collections LXXXIV, 1948, p. 27) 참조. 나는 그의 철자와 사용법을 그대로 유지했다.

29. Downs, *The Golden Ghetto*, p. 43.

30. Platt, *Imperial Twilight*, pp. xx-xxii.

31. Samuel Shaw, *The Journals of Major Samuel Shaw, the First American Consul at Canton, with a Life of the Author by Josiah Quincy* (Boston, MA: Wm Crosby and H. P. Nichols, 1847), p. 179.

32. Downs, *The Golden Ghetto*, p. 57.

33. 파시교도와 다른 외국인 상인 간의 거주지 논쟁을 살펴보려면 Thampi, *Indians in China*, p. 82 참조.

34. Guo Deyan, 'The Dutch and the Parsees in Canton during the Qing Dynasty', in *Sailing to the Pearl River: Dutch Enterprise in South China, 1600-2000*, eds Cai Hongseng, Leonard Blussé et al. (Guangzhou: Guangzhou Publishing House, 2004), pp. 77-79 참조.

35. Hunter, *The Fan-Kwae at Canton*, p. 63.

36. 파시교도가 말와 시장에 미친 영향력에 대해 소상히 기술한 자료로는 Weng Eang Cheong's *Mandarins and Merchants: Jardine Matheson & Co., A China Agency of the Early Nineteenth Century* (London: Curzon Press, 1979), pp. 123-124 참조.

37. Subramaniam, *Three Merchants*, p. 115; Richard J. Grace, *Opium and Empire: The Lives and Careers of William Jardine and James Matheson* (Montreal: McGill-Queen's University Press, 2016), p. 206; Tansen Sen, *India, China and*

the *World: A Connected History* (London: Rowman & Littlefield Publishers, 2017), p. 256; 그리고 Cheong, *Mandarins and Merchants*, pp. 122-124.

38. Pallavi Aiyar, 'Sea slugs and Jain diets: The real reason for the mutual incomprehension that plagues India-China relations', The Global Jigsaw, 2 July 2021. https://pallaviaiyar.substack.com/p/sea-slugs-and-jain-diets.

39. Garrett, *Heaven Is High*, p. 79.

40. 그의 동시대인은 1834년 하우쿠아의 재산이 2600만 은화라고 추정했다. (Hunter, *The Fan-Kwae at Canton*, 48). 존 하다드는 "그는 1830년대에 대략 5200만 달러를 축적했다"고 추산하면서 "아마도 지구상의 평민 가운데 최고 갑부였을 것"이라고 덧붙였다. (*America's First Adventure*, loc. 733.) Sen, *India, China and the World*, p. 257도 참조.

41. Hsin-Pao Chang, *Commissioner Lin and the Opium War*, pp. 191-192 참조.

42. Grace, *Opium and Empire*, p. 224.

43. Phyllis Forbes Kerr, ed., *Letters from China: The Canton-Boston Correspondence of Robert Bennet Forbes, 1838-1840* (Carlisle, MA: Applewood Books, 1996), p. 88.

44. Gideon Nye, *The Morning of My Life in China: Comprising an Outline of the History of Foreign Intercourse from the Last Year of the Regime of Honorable East India Company, 1833, to the Imprisonment of the Foreign Community in 1839* (Whitefish, MT: Kessinger Publishing, 2008), p. 57.

45. Kerr, *Letters from China*, p. 89.

46. 이란과 인도의 특정 지역 바깥에서 살아가는 파시교도는 다흐마(dakhma), 즉 침묵의 탑(Tower of Silence)에 '시신을 노출시키는(excarnation)' 관습을 따르지 않았다. Shernaz Italia, 'Letter in More on Zoroastrian Rites', blog, amitavghosh. com, 27 March 2012: https://amitavghosh.com/blog/?p=2992 참조.

47. Ibid.

48. Amitav Ghosh, 'Zoroastrian Hong Kong', blog, amitavghosh.com, 19 March 2012: http://amitavghosh.com/blog/?p=2902 참조.

49. HK_Heritage, 'The Parsees: Hong Kong's Disappearing Community', 28

June 2019. https://hongkongrefuge.wordpress.com/2019/06/28/hong-kongs-disappearing-communities/.

50. 파시교도 상인이 인도 경제에서 담당한 역할과 관련한 전반적 배경을 살펴보려면 Amalendu Guha, 'Parsi Seths as Entrepreneurs: 1750-1850', *Economic and Political Weekly*, vol. 5, no. 35 (1970): M-107-15; Amalendu Guha, 'Comprador Role of Parsi Seths: 1750-1850', *Economic and Political Weekly*, vol. 5, no. 48 (1970), pp. 1933-1936 참조.

51. Thampi and Saksena, *China and the Making of Bombay*, pp. 70-71.

52. Ibid., pp. 72-76.

53. Downs, *The Golden Ghetto*, p. 157. Norwood, *Trading Freedom*, p. 64도 참조.

54. Shalva Weil, ed., *The Baghdadi Jews in India: Maintaining Communities, Negotiating Identites and Creating Super-Diversity* (London: Routledge, 2019), pp. 3-4 참조.

55. Carl A. Trocki, *Opium, Empire and the Global Political Economy: A Study of the Asian Opium Trade, 1750-1950* (New York, NY: Routledge, 1999), p. 114.

56. 이를테면 Joseph Sassoon, *The Sassoons: The Great Global Merchants and the Making of an Empire* (New York, NY: Penguin Random House, 2022) 참조.

57. Thampi, *Indians in China*, pp. 94-95.

58. Ibid., p. 103.

59. Thampi and Saksena, *China and the Making of Bombay*, pp. 70-71.

60. Carl A. Trocki, *Opium and Empire: Chinese Society in Colonial Singapore, 1800-1910* (Ithaca, NY: Cornell University Press, 1990), pp. 50, 224.

61. Ibid., pp. 56-57.

62. Rush, *Opium to Java*, 1. Rajat Kanta Ray, 'Asian Capital in the Age of European Domination: The Rise of the Bazaar, 1800-1914', *Modern Asian Studies*, vol. 29, no. 3 (1995): 468도 참조.

63. Rush, *Opium to Java*, pp. 66-67.

64. Diana S. Kim, *Empires of Vice: The Rise of Opium Prohibition across Southeast Asia* (Princeton, NJ: Princeton University Press, 2020), p. 33.

65. Rush, *Opium to Java*, pp. 29-30.

66. Ibid., p. 20.

67. Trocki, *Opium and Empire*, pp. 31-33.

68. Ibid., p. 67.

69. Lee Poh Ping, *Chinese Society in Nineteenth Century Singapore* (Kuala Lumpur: Oxford University Press, 1978), pp. 27-30 참조.

70. Trocki, *Opium and Empire*, pp. 15-23. Lee, *Chinese Society*, pp. 45-49도 참조.

71. Trocki, *Opium and Empire*, p. 197. Ray, 'Asian Capital', p. 521도 참조.

72. Rush, *Opium to Java*, p. 231.

73. Ibid., p. 208.

74. 워런 헤이스팅스는 이것을 영국 동인도회사가 1817년 아편을 독점하게 된 원인으로 지목했다. Rush, *Opium to Java*, p. 148 참조. Siddharth Chandra, 'The Role of Government Policy in Increasing Drug Use: Java, 1875-1914', *The Journal of Economic History*, vol. 62, no. 4 (2002): 1116-1121도 참조.

75. Siddharth Chandra, 'What the Numbers Really tell us about the Decline of the Opium Regie', *Indonesia*, No. 70 (2000): 101-123.

76. Ibid. Trocki, *Opium and Empire*, p. 204도 참조. 자바에서는 아편 독점을 공식 선언한 이후 아편 판매가 급증했다. 그 결과 아편 생산량은 1910년 네덜란드 아편전매제도(Dutch Opium Regie)에 힘입어 아편 농장들보다 137퍼센트나 더 증가했다. Rush, *Opium to Java*, pp. 237-240; Siddharth Chandra, 'Economic Histories of the Opium Trade', EH.Net Encyclopedia, 10 February 2008. http://eh.net/encyclopedia/economic-histories-of-the-opium-trade/ 참조.

77. Hans Derks, *History of the Opium Problem: The Assault on the East, ca.1600-1950* (Leiden: Brill, 2012), p. 336.

78. Trocki, *Opium and Empire*, p. 147.

12 보스턴 브라만

1. Jacques M. Downs, *The Golden Ghetto: The American Commercial Community at Canton and the Shaping of American China Policy, 1784-1844* (Bethlehem: Lehigh University Press, 1997), p. 19.

2. Frederick D. Grant, introduction to *The Golden Ghetto*, by Jacques M. Downs, p. 14 fn 참조.

3. 편지를 쓴 날짜는 1839년 3월 10일이었다. Phyllis Forbes Kerr, ed., *Letters from China: The Canton-Boston Correspondence of Robert Bennet Forbes, 1838-1840* (Carlisle, MA: Applewood Books, 1996), p. 105.

4. Downs, *The Golden Ghetto*, p. 157.

5. Dael A. Norwood, *Trading Freedom: How Trade with China Defined Early America* (Chicago, IL: University of Chicago Press, 2022), p. 7.

6. Jenny Rose, *Between Boston and Bombay: Cultural and Commercial Encounters of Yankees and Parsis, 1771-1865* (Cham: Palgrave Macmillan, 2019), p. 40.

7. Francis Ross Carpenter, *The Old China Trade: Americans in Canton, 1784-1843* (New York, NY: Coward, McCann & Geoghegan, 1976), p. 11.

8. Norwood, *Trading Freedom*, pp. 14-16; Jonathan Goldstein, *Philadelphia and the China Trade 1682-1846: Commercial, Cultural and Attitudinal Effects* (University Park and London: The Pennsylvania State University Press, 1978), p. 25.

9. Norwood, *Trading Freedom*, p. 15.

10. Goldstein, *Philadelphia and the China Trade*, p. 27.

11. 새뮤얼 쇼의 중국황후호 항해에 대해 자세히 설명한 자료로는 John R. Haddad, *America's First Adventure in China: Trade, Treaties, Opium, and Salvation* (Philadelphia, PA: Temple University Press, 2013), Kindle edn., chapter 1 참조.

12. Ibid., loc. p. 259.

13. Goldstein, *Philadelphia and the China Trade*, p. 41.

14. Haddad, *America's First Adventure*, loc. p. 401.

15. Charles C. Stelle, 'American Trade in Opium to China, Prior to 1820', *Pacific*

Historical Review, vol. 9, no. 4 (1940): 429.

16. Ibid., p. 425.

17. Rose, *Between Boston and Bombay*, p. 41.

18. 하다드는 "미국인이 꿈꾸는 중국몽 가운데 그 장엄함에 있어 애스터의 꿈을 능가하는 것은 거의 찾아보기 어렵다"고 지적한다. (*America's First Adventure*, loc. p. 1057.)

19. Carpenter, *The Old China Trade*, pp. 80-88; Alfred Tamarin and Shirley Glubok, *Voyaging to Cathay: Americans in the China Trade* (New York, NY: Viking Press, 1976), pp. 122, 156-158 참조. Stelle, 'American Trade', p. 425도 참조. 하다드는 "중국 시장에 적합한 상품을 찾아내고자 기울인 상인들의 노력은 숱한 생태적 공포 스토리를 빚어냈다"고 말한다. (*America's First Adventure*, loc. p. 970.)

20. 스텔(Stelle)은 이렇게 기록하고 있다. "새뮤얼 쇼는 일찌감치 아편으로 '엄청난 수익'을 거머쥘 수 있다고, 중국에는 '최대한 안전하게 밀수할 수 있는 좋은 시장'이 존재한다고 지적했다." 'American Trade', p. 427.

21. Carl A. Trocki, *Opium, Empire and the Global Political Economy: A Study of the Asian Opium Trade, 1750-1950* (New York, NY: Routledge, 1999), p. 76.

22. Jacques M. Downs, 'American Merchants and the China Opium Trade, 1800-1840', *The Business History Review*, vol. 42, no. 4 (1968): 420.

23. Ibid., p. 421.

24. Goldstein, *Philadelphia and the China Trade*, p. 53.

25. Alfred W. McCoy, *The Politics of Heroin: CIA Complicity in the Global Drug Trade, Afghanistan, Southeast Asia, Central America, Colombia* (Chicago, IL: Lawrence Hill Books, 2003), p. 82.

26. Goldstein, *Philadelphia and the China Trade*, p. 54.

27. Thomas N. Layton, *The Voyage of the Frolic: New England Merchants and the Opium Trade* (Stanford, CA: Stanford University Press, 1997), p. 28.

28. Stelle, 'American Trade', p. 429에 인용된 내용.

29. Stelle, 'American Trade', pp. 434-436.

30. Downs, 'American Merchants', p. 424.

31. Stelle, 'American Trade', pp. 440-441.

32. Ibid., p. 440.

33. Ibid., p. 442.

34. Charles C. Stelle, 'American Trade in Opium to China, 1821-39', *Pacific Historical Review*, vol. 10, no. 1 (1941): 69.

35. Rose, *Between Boston and Bombay*, p. 46.

36. Ibid., pp. 60, 67.

37. Ibid., p. 151.

38. Ibid., p. 145.

39. Ibid., p. 152.

40. Downs, 'American Merchants', p. 429.

41. Rose, *Between Boston and Bombay*, p. 158.

42. Downs, *The Golden Ghetto*, p. 177.

43. Ibid., p. 321. 광저우에서 풍요를 구가한 미국인 가운데 미국 북동부 지역 출신이 아닌 이가 딱 한 명 있었다. 그는 다름 아니라 중서부 지역 출신의 윌리엄 헌터였다.

44. 브라운 대학과 노예제의 관련성에 대해 살펴보려면, 그 대학에서 내놓은 보고서 'Slavery, the Slave Trade and Brown University': https://slaveryandjusticereport. brown.edu/sections/slavery-the-slave-trade-and-brown/ 참조. 그 대학을 창립한 가문의 아편 및 중국 무역과의 관련성에 대해 알아보려면 Downs, *The Golden Ghetto*, pp. 202, 223 참조.

45. Daniel Irving Larkin, ed., *Dear Will: Letters from the China Trade, 1833-1836* (New York, NY: D.I. Larkin, 1986), p. 168.

46. Ibid., p. 262.

47. Elma Loines, ed., *The China Trade Post-Bag of the Seth Low Family of Salem and New York, 1829-1873* (Falmouth, MA: Falmouth Publishing House, 1953), p. 61.

48. William C. Hunter, *The Fan-Kwae at Canton before Treaty Days, 1825-1844* (London: Kegan Paul, Trench & Co., 1882), p. 110.

49. Larkin, *Dear Will*, p. 207.

50. Ibid., p. 169.

51. Ibid., p. 203.

52. Ibid., p. 184.

53. Ibid., p. 185.

54. Ellen M. Oldham, 'Lord Byron and Mr Coolidge of Boston', *The Book Collector*, vol. 13, no. 2 (1964): 211-213.

55. 이를테면 로버트 베넷 포브스는 쿨리지가 언젠가 광저우로 출발한 직후 쓴 편지에서 이렇게 말했다. "나는 쿨리지가 캔턴으로 나오지 못할 거라고 믿는다. 그가 캔턴에서 은퇴하고 집에 눌러앉아야 마땅한 처지였는데도 회사로부터 10만 달러 넘게 착복했으니 말이다." Kerr, *Letters from China*, p. 83.

56. 하다드는 보스턴 상인들이 친척에 의존하는 것을 '능력주의적 정실주의'라고 표현한다. 그들이 친척 가운데 가장 유망한 사람만 신중하게 골랐기 때문이다. (*America's First Adventure*, loc. p. 570.) 덧붙일 필요도 없지만, 스코틀랜드·인도·중국의 상인도 다를 바 없었다. 그들이라고 무능한 친척을 뽑지는 않았을 테니 말이다. 예컨대 윌리엄 자딘은 "그 자신과 제임스 매서슨의 지지리 가난한 조카들을 돕는 데 특이한 중독성을 보였다". 그러나 그는 조카들 중 한 명에게 띄운 편지에서 이렇게 경고했다. "제아무리 나와 가까운 친척이라 해도 게으르고 방탕한 인물을 돕는 데는 동의할 수 없어. 하지만 신중하고 부지런하게 처신하는 친척이라면 나는 어느 정도 합리적인 범위 내에서 기꺼이 그를 도울 태세가 되어 있단다." (Weng Eang Cheong's *Mandarins and Merchants: Jardine Matheson & Co., A China Agency of the Early Nineteenth Century* [London: Curzon Press, 1979], pp. 207-208.)

57. Downs, *The Golden Ghetto*, p. 315.

58. 이는 많은 영국 상인에게도 해당하는 말이었다. 마이클 그린버그는 "영국 동방 무역의 확장에서 주목할 만한 특징은 그것이 주로 가족 및 씨족 집단에 의해 이루어졌다는 점이다"라고 지적한다. (Michael Greenberg, *British Trade and the Opening of China* [Cambridge: Cambridge University Press, 1951], p. 37.)

59. Basil Lubbock, *The Opium Clippers* (Glasgow: Brown, Son & Ferguson,

1953), p. 19 참조.

60. John Haddad, 'New England's Opium Overlords', *Tablet*, 23 November 2022: https://www.tabletmag.com/sections/history/articles/new-england-opium-overlords.

61. Norwood, *Trading Freedom*, 1-2; Tamarin and Glubok, p. 107.

62. Haddad, *America's First Adventure*, loc. p. 607.

63. 코홍은 공항(公行, gonghang)의 영어식 표현이다. 상세한 설명으로는 Frederic Delano Grant Jr, *The Chinese Cornerstone of Modern Banking: The Canton Guaranty System and the Origins of Bank Deposit Insurance 1780-1933* (Leiden: Brill, 2014), pp. 57-60 참조.

64. 엄밀하게 말해 그는 하우쿠아 2세였다. 코홍 상인들은 일반적으로 자신의 상호(商號)를 위해 공식적 상인 지위를 나타내는 접미사 '퀴(Qua: 관상(guan shang, 官商: 관직을 겸한 상인—옮긴이)'에서와 같은 관(guan)]를 채택했다. Ibid., p. 49. J. M. Braga, 'A Seller of "Sing-Songs": A Chapter in the Foreign Trade of China and Macao', *Journal of Oriental Studies*, vol. 6 (1961-64): 105도 참조.

65. Carpenter, *The Old China Trade*, p. 36. Haddad, *America's First Adventure*, loc. p. 725도 참조.

66. Haddad, *America's First Adventure*, loc. p. 1698.

67. 1839년 1월 28일 자로 되어 있는 편지(각주 111) 참조. Kerr, *Letters from China*, p. 91; Sarah Forbes Hughes, ed., *Letters and Recollections of John Murray Forbes, vol. I* (Boston, MA: Houghton, Mifflin and Co. 1899), p. 53.

68. Hughes, *Letters and Recollections*, pp. 62-63. Stephen R. Platt, *Imperial Twilight: The Opium War and the End of China's Last Golden Age* (New York, NY: Knopf, 2018), pp. 449-452도 참조.

69. Ibid., p. 101.

70. Layton, *The Voyage of the Frolic*: 31.

71. Ibid.

72. Downs, *The Golden Ghetto*, p. 317.

73. Christine Dobbin, *Asian Entrepreneurial Minorities: Conjoint Communities in*

the Making of the World Economy (London: Routledge, 1996), p. 7 참조.

74. Max Weber, *The Protestant Ethic and the Spirit of Capitalism* (London: Routledge, 2001), p. 27.

13 미국 이야기

1. 존 쿠싱은 링팅섬의 '수상 창고' 시스템을 고안하는 데 막중한 역할을 했다. (John R. Haddad, *America's First Adventure in China: Trade, Treaties, Opium, and Salvation* [Philadelphia, PA: Temple University Press, 2013], Kindle edn., loc. p. 767 참조.)

2. Octavius T. Howe and Frederick G. Matthews, *American Clipper Ships 1833-1858*, vol. 1 (New York, NY: Dover Publications, 1986), pp. v-vi.

3. Charles G. Davis, *American Sailing Ships: Their Plans and History* (New York, NY: Dover Publications, 1984), p. 37.

4. Basil Lubbock, *The Opium Clippers* (Glasgow: Brown, Son & Ferguson, 1953), p. 188. Basil Greenhill and Ann Giffard, *The Merchant Sailing Ship: A Photographic History* (New York, NY: Praeger Publishers, 1970), p. 90도 참조.

5. Thomas N. Layton, *The Voyage of the Frolic: New England Merchants and the Opium Trade* (Stanford, CA: Stanford University Press, 1997), p. 42.

6. Frederick Douglass, *My Bondage and My Freedom* (New York, NY: Penguin Classics, 2003), pp. 227-230.

7. Mark Ravinder Frost, 'Asia's Maritime Networks and the Colonial Public Sphere, 1840-1920', *New Zealand Journal of Asian Studies*, vol. 6, no. 2 (2004): 69.

8. Jenny Rose, *Between Boston and Bombay: Cultural and Commercial Encounters of Yankees and Parsis, 1771-1865* (Cham: Palgrave Macmillan, 2019), p. 203.

9. Alfred H. Tamarin and Shirley Glubok, *Voyaging to Cathay: Americans in the China Trade* (New York, NY: Viking, 1976), p. 143 참조.

10. Clare Anderson, 'Convicts and Coolies: Rethinking Indentured Labour in the Nineteenth Century', Slavery and Abolition, vol. 30, no. 1 (2009): 93-109; Clare Anderson, *Indian Convict Ship Mutinies in the mid-nineteenth century*, p. 2011 참조. Madhavi Thampi, *Indians in China, 1800-1949* (New Delhi: Manohar, 2005), p. 55도 참조.

11. Janet J. Ewald, 'Crossers of the Sea: Slaves, Freedmen and Other Migrants in the Northwestern Indian Ocean, c.1750-1914', *American Historical Review*, vol. 105, no. 1 (2000): 76 참조.

12. Anne Bulley, *The Bombay Country Ships, 1790-1833* (Richmond, Surrey: Curzon Press, 1999), pp. 12-15. Ruttonjee Ardeshir Wadia, *The Bombay Dockyard and the Wadia Master-Builders* (Bombay: R. A. Wadia, 1955)도 참조.

13. Rose, *Between Boston and Bombay*, p. 130.

14. Eleanor Roosevelt Seagraves, ed., *Delano's Voyages of Commerce and Discovery: Amasa Delano in China, the Pacific Islands, Australia and South America, 1789-1807* (Stockbridge, MA: Berkshire House Publishers, 1994).

15. Phyllis Forbes Kerr, ed., *Letters from China: The Canton-Boston Correspondence of Robert Bennet Forbes, 1838-1840* (Carlisle, MA: Applewood Books, 1996), p. 90.

16. Arthur Waley, *The Opium War through Chinese Eyes* (London: George Allen & Unwin Ltd., 1958), p. 92; Gideon Chen, *Lin Tse-hsu: Pioneer Promoter of the Adoption of Western Means of Maritime Defense in China* (Peiping: Dept of Economics, Yengching University, 1934), p. 14.

17. Haddad, *America's First Adventure*, loc. 1988. Jonathan Spence, *The Search for Modern China* (New York, NY: W. W. Norton, 1990), p. 155도 참조.

18. 자크 다운스가 인용한 조지프 아처(Joseph Archer)의 말. *The Golden Ghetto: The American Commercial Community at Canton and the Shaping of American China Policy, 1784-1844* (Bethlehem: Lehigh University Press, 1997), p. 296.

19. Dael A. Norwood, *Trading Freedom: How Trade with China Defined Early America* (Chicago, IL: University of Chicago Press, 2022), pp. 93, 139.

20. Stephen R. Platt, *Imperial Twilight: The Opium War and the End of China's Last Golden Age* (New York, NY: Knopf, 2018), p. 204.

21. Norwood, *Trading Freedom*, p. 39.

22. Francis Ross Carpenter, *The Old China Trade: Americans in Canton, 1784-1843* (New York, NY: Coward, McCann & Geoghegan, 1976), p. 123.

23. Ibid., p. 124.

24. Ibid., p. 130.

25. Ibid., p. 132.

26. Frederic Delano Grant Jr., *The Chinese Cornerstone of Modern Banking: The Canton Guaranty System and the Origins of Bank Deposit Insurance 1780-1933* (Leiden: Brill, 2014), p. 2.

27. Ibid.

28. Sarah Forbes Hughes, ed., *Letters and Recollections of John Murray Forbes, vol. I* (Boston, MA: Houghton, Mifflin and Co. 1899), pp. 98-99. Platt, *Imperial Twilight*, pp. 339-340도 참조.

29. Hughes, *Letters and Recollections*, p. 81.

30. Downs, *The Golden Ghetto*, p. 209.

31. Carpenter, *The Old China Trade*, pp. 139-140; Downs, *The Golden Ghetto*, pp. 329-330.

32. Downs, *The Golden Ghetto*, p. 330.

33. Platt, *Imperial Twilight*, p. 450.

34. Downs, *The Golden Ghetto*, p. 331.

35. Martha Bebinger, 'How Profits from Opium Shaped 19th-Century Boston', WBUR: https://www.wbur.org/news/2017/07/31/opium-boston-history.

36. Downs, *The Golden Ghetto*, p. 349.

37. William K. Selden, 'John Cleve Green and the Beginnings of Science and Engineering at Princeton', *The Princeton University Library Chronicle*, vol. 50, no. 3 (1989): 262-275 참조.

38. Patrick Radden Keefe, *Empire of Pain: The Secret History of the Sackler*

Dynasty (New York, NY: Doubleday, 2021), p. 3.

39. Barry Meier, *Pain Killer: An Empire of Deceit and the Origin of America's Opioid Epidemic* (New York, NY: Penguin Random House, 2018), p. 45.

40. Downs, *The Golden Ghetto,* p. 344.

41. Gerpha Gerlin, 'Architecture and Opium at Russell House', The Wesleyan Argus, 1 November 2012. http://wesleyanargus.com/2012/11/01/then-and-now-a-look-at-russell-house-past-and-present/.

42. Haddad, *America's First Adventure*, loc. p. 834.

43. Downs, *The Golden Ghetto*, pp. 336-343.

44. Platt, *Imperial Twilight,* p. 449.

45. Downs, *The Golden Ghetto*, p. 347.

46. Haddad, *America's First Adventure*, loc. p. 834.

47. Jonathan Goldstein, *Philadelphia and the China Trade 1682-1846: Commercial, Cultural and Attitudinal Effects* (University Park and London: The Pennsylvania State University Press, 1978), p. 2.

48. Ibid.

49. Downs, *The Golden Ghetto*, p. 339에 인용된 내용.

50. Ibid., p. 346.

51. Ibid., p. 335. 하다드가 지적하고 있다시피, 존 쿠싱의 진정한 고향은 캔턴이었다. 그는 캔턴에 대해 "다른 어느 곳에서보다 여기서 더 큰 만족감을 느낀다"고 썼다. (*America's First Adventure*, loc. p. 809.)

52. Capt. Charles P. Low, *Some Recollections by Captain Charles P. Low, Commanding the Clipper Ships 'Houqua,' 'Jacob Bell,' 'Samuel Russell,' and 'N. B. Palmer,' in the China Trade, 1847-1873* (Boston, MA: Geo. H. Ellis Company, 1906), p. 2.

53. 이 두 소년은 같은 해인 1816년에 태어났고, 1841년에 몇 달 간격을 두고 나란히 사망했다. (Patrick Conner, *Chinese Views-Western Perspectives 1770-1870: The Sze Yuan Tang of China Coast Paintings & The Wallen Collection of China Coast Ship Portrait* [Asia House, 1997], p. 16). Robin Hutcheon,

Chinnery: The Man and the Legend (Hong Kong: South China Morning Post, 1975), p. 18도 참조.

54. Peter Moss, *Chinnery in China* (Hong Kong: FormAsia, 2007), pp. 59-69 참조.

55. 해리엇 로는 어머니에게 띄운 편지에서 이 방문에 대해 상세히 기술했다. (Michael Wise and Mun Him Wise, eds, *Travellers' Tales of Old Hong Kong and the South China Coast* (Brighton: In Print, 1996), pp. 27-30.)

56. William C. Hunter, *The Fan-Kwae at Canton before Treaty Days, 1825-1844* (London: Kegan Paul, Trench & Co., 1882), pp. 121-122.

57. Nan Powell Hodges and A. W. Hummell, eds, *Lights and Shadows of a Macao Life: The Journal of Harriet Low, Travelling Spinster* (Creative Options, 2002), pp. 7-9.

58. Ibid., p. 7.

59. E. J. Wagner, 'A Murder in Salem', *Smithsonian Magazine*, November 2010: https://www.smithsonianmag.com/history/a-murder-in-salem-64885035/.

60. Hodges and Hummell, *Lights and Shadows*, 14-15. Haddad, *America's First Adventure*, loc. p. 1804도 참조.

61. Elma Loines, ed., *The China Trade Post-Bag of the Seth Low Family of Salem and New York, 1829-1873* (Falmouth, MA: Falmouth Publishing House, 1953), p. 66.

62. Ibid., 72.

63. Platt, *Imperial Twilight*, 78. Haddad, *America's First Adventure*, locs. pp. 1796-1807도 참조.

64. Ibid., p. 67. '꽤 큰 돈'은 그의 형제 찰스가 쓴 표현이다. (Low, *Some Recollections*, 13.)

65. Loines, *The China Trade Post-Bag*, p. 82.

66. Ibid., p. 59; Low, *Some Recollections*, p. 13.

67. Loines, *The China Trade Post-Bag*, p. 59.

68. Annie Doge, 'Matt Damon checks out Brooklyn's most expensive house, a Brooklyn Heights mansion with a mayoral past', 29 September 2016. https://

www.6sqft.com/matt-damon-checks-out-brooklyns-most-expensive-house-a-
brooklyn-heights-mansion-with-a-mayoral-past/.

69. Keefe, *Empire of Pain*, pp. 67-72.

70. Ibid., p. 147.

71. Ibid., p. 226.

72. *Adirondack Journal*, A. A. Low's Empire, https://www.theadkx.org/a-a-lows-
empire/.

73. 스코틀랜드의 위대한 마약상 가문의 일원이었던 젊은 도널드 매서슨(Donald
Matheson)은 1849년 "그런 사업을 계속하는 게 나로서는 견디기 힘들다"고 말하
면서 가족 회사를 그만두었다. (Carl A. Trocki, *Opium, Empire and the Global
Political Economy: A Study of the Asian Opium Trade, 1750-1950* 〔New
York, NY: Routledge, 1999〕, p. 163.)

74. Bebinger, 'How Profits from Opium Shaped 19th-Century Boston'.

75. Keefe, *Empire of Pain*, p. 282.

76. Ibid., p. 431.

77. Ibid., p. 251.

78. Downs, *The Golden Ghetto*, p. 318.

79. Ibid., p. 331.

80. Ibid., p. 329.

81. 1839년 2월 4일 작성된 편지. Kerr, *Letters from China*, p. 93.

82. 이것은 '왕사(望厦) 협약'이라고 알려졌다. Mao Haijian, *The Qing Empire and
the Opium War: The Collapse of the Heavenly Dynasty*, ed. Joseph Lawson
(Cambridge: Cambridge University Press, 2016), pp. 455, 467. Spence, *The
Search for Modern China*, p. 161도 참조.

83. 미국의 선교사들이 이 협약에 끼친 영향력에 대해 살펴보려면 Michael C. Lazich,
'American Missionaries and the Opium Trade in Nineteenth-Century China',
Journal of World History, vol. 17, no. 2 (2006): 210-214 참조.

84. Haddad, *America's First Adventure*, loc. pp. 1820-1828 참조.

85. Hodges and Hummell, *Lights and Shadows*, pp. 351 and 348.

86. Charles W. King, *Opium Crisis: A Letter Addressed to Charles Elliot, Esq., Chief Superintendent of the British Trade with China* (London: Hatchard & Son, 1839), p. 8.

87. Peter Ward Fay, *The Opium War: 1840-42* (Chapel Hill, NC: University of North Carolina Press, 1975), p. 126.

88. King, *Opium Crisis*, p. 49.

89. Haddad, *America's First Adventure*, loc. p. 1764.

90. Downs, *The Golden Ghetto,* p. 452.

91. Bebinger, 'How Profits from Opium Shaped 19th-Century Boston'.

92. Downs, *The Golden Ghetto*, p. 448.

93. Ibid., p. 332.

94. Ibid., p. 456.

95. 아편 무역은 영국인과 미국인 간의 '협력적 경쟁' 같은 유의 것이라고 묘사되곤 했다. (Norwood, *Trading Freedom*, p. 63.)

96. 1839년 3월 10일 자 편지. Kerr, *Letters from China*, p. 101.

97. Haddad, *America's First Adventure*, loc. p. 1728.

98. Ellen Newbold La Motte, *The Opium Monopoly* (New York, NY: Macmillan, 1920), p. 5.

99. Norwood, *Trading Freedom*, p. 89.

100. 미국 정부는 실제로 둘의 차이를 인식했으며, 흡연 아편에 생아편보다 훨씬 높은 세율의 세금을 부과했다. (David T. Courtwright, *Dark Paradise: A History of Opiate Addiction in America* 〔Cambridge, MA: Harvard University Press, 2001〕, p. 17.)

101. 1894~1895년 왕립아편위원회는 오랫동안 아시아에 거주해온 많은 '유럽인'에게 "유럽 인종이 아편 습관에 얼마나 많이 젖어 있는가?"라는 질문을 했다. "그렇지 않다면 그 이유는 무엇인가? 그리고 아시아인이 아편 습관에 더 취약한 이유는 무엇인가?"라는 질문도 던졌다. 이 질문들에 대한 답변은 현대 영국인의 태도에 관해 많은 것을 말해준다. 응답자 중 다수가 '유럽계 인종'은 아편 흡연을 체질적으로 싫어한다고 답했다. 상당히 전형적인 응답은 이와 같다. "기후가 추운 지

역의 주민과 기질이 활발한 유럽인은 수동적인 기질을 지닌 중국인과 더 잘 조화를 이루는 진정제보다 알코올을 선호한다. 전자는 일반적으로 야외 생활과 스포츠 및 운동을 좋아하는데, 이런 활동은 아편 습관이 크게 방해할 수 있는 즐거움을 선사한다." (Royal Commission on Opium, *Proceedings*, vol. V, 1894, p. 217.)

102. Courtwright, *Dark Paradise*, p. 62.

103. Ibid., p. 71.

104. Ibid., pp. 78-79.

105. Virginia Berridge and Griffith Edwards, *Opium and the People: Opiate Use in Nineteenth-Century England* (New York, NY: St. Martin's Press, 1981), pp. 113-122.

106. 한 영국인 아편 반대 운동가는 이렇게 묻는다. "만약 상황이 역전되어 중국이 우리 연안에서 우리가 지금 그 나라에 자행하고 있는 폭력적이고 탐욕스럽고 무자비한 독극물 밀거래를 시도한다면 우리는 과연 어떻게 해야 할까?" (Horatio Montagu, *A Voice for China:* ⋯ *demonstrating that the War with China arises out of our British National Opium Smuggling* 〔London: Nisbet & Co., 1840〕, p. 17)

107. *The Chinese Repository*, vol. VIII (Elibron Classics Reprints, 2005), p. 500.

108. Norwood, *Trading Freedom*, p. 67 참조.

109. King, *Opium Crisis*, p. 11.

110. John Fairbanks's *Trade and Diplomacy on the China Coast: The Opening of the Treaty Ports, 1842-1854* (Stanford, CA: Stanford University Press, 1969) in The Golden Ghetto, p. 454에 인용된 다운스의 말.

111. Alfred W. McCoy, *The Politics of Heroin: CIA Complicity in the Global Drug Trade, Afghanistan, Southeast Asia, Central America, Colombia* (Chicago, IL: Lawrence Hill Books, 2003) 참조.

112. King, *Opium Crisis*, p. 58.

113. Chris McGreal, *American Overdose: The Opioid Tragedy in Three Acts* (New York, NY: Hachette Book Group, 2018), p. 287.

114. Ibid., p. 292.

115. 키프가 지적하듯 오피오이드 유행은 구조적 인종주의가 실제로 미국의 소수 민족을 보호한 사례 중 하나였다. 그들은 오피오이드 처방전을 발급받을 가능성이 적었기 때문이다. 그러나 그들은 오피오이드 처방으로 인해 헤로인이 유행하면서 시작된 법 집행 캠페인에서는 불균형하다 할 정도로 더 심한 고통을 겪었다. (*Empire of Pain*, p. 320.)

116. Karl E. Meyer, 'The Opium War's Secret History', *New York Times*, 28 June 1987. https://www.nytimes.com/1997/06/28/opinion/the-opium-war-s-secret-history.html.

117. *The Chinese Repository*, vol. VIII, p. 499.

118. Naomi Oreskes and Erik M. Conway, *The Big Myth: How American Business Taught Us to Loathe Government and Love the Free Market* (New York, NY: Bloomsbury, 2023).

14 광저우

1. Valery M. Garrett, *Heaven Is High, the Emperor Far Away: Merchants and Mandarins in Old Canton* (China: Oxford University Press, 2002), p. 126.

2. Johnathan Farris, 'Thirteen Factories of Canton: An Architecture of Sino-Western Collaboration and Confrontation', *Buildings & Landscapes: Journal of the Vernacular Architecture Forum*, vol. 14 (2007): 66-83 참조.

3. Garrett, *Heaven Is High*, p. 133.

4. Graham E. Johnson and Glen D. Peterson, *Historical Dictionary of Guangzhou (Canton) and Guangdong* (Lanham, MD, and London: The Scarecrow Press, 1999), p. 73.

5. Jessica Hanser, *Mr. Smith Goes to China: Three Scots and the Making of Britain's Global Empire* (New Haven, CT: Yale University Press, 2019), p. 63에 인용된 내용.

6. William S. Ruschenberger, *Narrative of a Voyage Around the World, During*

the Years 1835, 36, and 37 (London: Richard Bentley, 1838), p. 216.

7. Shen Fu, *Six Records of a Floating Life* (New York, NY: Penguin Random House, 1983), p. 124.

8. James Johnson, *The Oriental Voyager: Or, Descriptive Sketches and Cursory Remarks, on a Voyage to India and China, in His Majesty's Ship Caroline, Performed in the Years 1803-4-5-6* (London: J. Asperne, 1807), pp. 173-174.

9. David Abeel, *Journal of a Residence in China and the Neighboring Countries from 1829 to 1833* (New York, NY: Leavitt, Lord & Co., 1834), p. 60.

10. Patrick Conner, *The Hongs of Canton: Western Merchants in South China 1700-1900, as Seen in Chinese Export Paintings* (London: Martyn Gregory, 2009), p. 76. John Glasgow Kerr, *A Guide to the City and Suburbs of Canton* (Canton: Chinese Materials Center, 1974), p. 10도 참조.

11. Ruschenberger, *Narrative of a Voyage*, p. 232.

12. Aldous Colin Ricardo Bertram, 'Chinese Influence on English Garden Design and Architecture Between 1700 and 1860', Ph.D. diss., University of Cambridge, Cambridge, 2012), p. 186에 인용된 내용.

13. Ibid., p. 187.

14. Peter Valder, *The Garden Plants of China* (London: Weidenfeld and Nicholson, 1999), p. 12.

15. Shen Fu, *Six Records*, p. 122.

16. Kerr, *A Guide to the City and Suburbs of Canton*, p. 43.

17. Garrett, *Heaven Is High*, p. 113.

18. Shen Fu, *Six Records*, p. 122.

19. Fan Fa-ti, 'British naturalists in China, 1760-1910' (Ph. D. diss., University of Wisconsin-Madison, Madison, WI, 1999), p. 37.

20. Valder, *The Garden Plants of China*, pp. 66-67.

21. Hazel Le Rougetel, 'The Fa Tee Nurseries of South China', *Garden History*, vol. 10, no. 1 (1982): 70-73.

22. Fan Fa-ti, 'British naturalists in China', p. 14.

23. Desmond Ray, *Kew: The History of the Royal Botanic Gardens* (London: Harvill Press with the Royal Botanic Gardens, Kew, 1995), pp. 89-104.

24. Fan Fa-ti, 'British naturalists in China', p. 44; Le Rougetel, 'The Fa Tee Nurseries', p. 71.

25. Fan Fa-ti, 'British naturalists in China', p. 25; F. Nigel Hepper, *Plant Hunting for Kew* (London: HMSO, 1989), p. 6.

26. Ray, *Kew*, p. 102.

27. 앨리스 코츠(Alice M. Coats)의 중국인 정원사 이름은 '아헤이(Ah Hey)'다. (*The Plant Hunters: Being a History of the Horticultural Pioneers, Their Quests, and Their Discoveries from the Renaissance to the Twentieth Century* [New York, NY: McGraw Hill, 1970], p. 99.)

28. 제1차 아편전쟁 기간 동안 원정군에는 표본을 수집하라는 명시적 지시가 떨어졌다. "함대에는 의심할 여지 없이 많은 과학 및 다양한 자연사 분야 관련 지식을 갖춘 장교들이 포함되어 있을 것이다. 이들은 흥미로운 보고서 및 유럽이나 인도에서 상당한 가치를 지녔을 것으로 여겨지는 수집품 구성에 관한 보고서를 작성하거나 실제로 관찰을 진행하는 작업과 관련해 그 어떤 기회도 활용할 채비가 되어 있을 것이다." [British Library, India Office Records, Board's Collections 83888 to 84180, pp. 1841-1842, vol.1938; F/4/1938; no. 235; *Extract from the Proceedings of the Right Hon'ble the Governor General of India in Council in the Secret and Confidential Dept under date the 11 May 1840.*]

29. Jane Kilpatrick, *Gifts from the Gardens of China* (London: Frances Lincoln, 2007), p. 9.

30. James Wong, "What 'English style" owes to Asia's gardens', *The Guardian*, 10 November 2019.

31. Bertram, 'Chinese Influence on English Garden Design', p. 5에 인용된 내용.

32. Bertram, 'Chinese Influence on English Garden Design', p. 6에 인용된 내용.

33. Bertram, 'Chinese Influence on English Garden Design', p. 6.

34. Yu Liu, 'The Inspiration for a different Eden: Chinese Gardening Ideas in England in the Early Modern Period', *Comparative Civilizations Review*,

vol. 53, no. 53 (2005): 89에 인용된 내용.

35. Yu Liu, *Seeds of a Different Eden: Chinese Gardening Ideas and a New English Aesthetic Ideal* (Columbia, SC: University of South Carolina Press, 2008), p. 23.

36. Ibid., p. 16; Peter Valder, *Gardens in China* (Portland, OR: Haseltine Press, 2002), p. 21.

37. Yu Liu, *Seeds*, p. 10. 체임버스는 계성(計成)이 쓴 중국어 논문 〈원야(園冶)〉('가드닝의 기술')에 대해서도 잘 알고 있었을 가능성이 있다. 1631년에 간행된 이것은 "가드닝을 다룬 세계 최초의 실용적 논문"으로 여겨지고 있다. (Bertram, 'Chinese Influence on English Garden Design', p. 30.)

38. Bertram, 'Chinese Influence on English Garden Design', pp. 182-183.

39. Kilpatrick, *Gifts*, p. 31.

40. Anthony Huxley, *An Illustrated History of Gardening* (Essex, CT: Lyons Press, 1998), p. 70.

41. Bertram, 'Chinese Influence on English Garden Design', p. 32.

42. 조르주루이 르 루즈(Georges-Louis Le Rouge)가 한 말을 내가 영역한 내용. '*Les Jardins Anglais ne sont qu'une imitation de ceux de la Chine.*' Bertram, 'Chinese Influence on English Garden Design', p. 6에 인용된 내용. Yu Liu, 'The Inspiration for a different Eden', p. 86도 참조.

43. Bertram, 'Chinese Influence on English Garden Design', p. 36.

44. Le Rougetel, 'The Fa Tee Nurseries', p. 72 참조.

45. 이는 아마도 중국인 노동자가 전반적으로 인도인 및 다른 아시아인 노동자보다 더 숙련되어 있다는 식민지 시대 시각의 연장선이었을 것이다. 이를테면 1823년부터 1827년까지 싱가포르에 거주했던 존 크로퍼드(John Crawfurd)는 이렇게 썼다. "나는 중국인의 산업, 기술 및 소비 능력에 매우 높은 평가를 내리고 있다. 즉, 한 사람의 중국인이 국가에 안겨주는 가치가 코로만델 해안(Coromandel Coast—인도 동남부 칼리메레곶에서 키스트나강까지 펼쳐진 해안—옮긴이) 원주민 2명, 최소 말레이인 4명과 맞먹는다고 생각한다." (Carl A. Trocki's, *Opium and Empire: Chinese Society in Colonial Singapore, 1800-1910* 〔Ithaca, NY: Cornell

University Press, 1990), p. 224 fn.에 인용된 내용.)

46. Huxley, *An Illustrated History*, p. 66. 당시의 광둥성 종묘장 사진을 통해 화디 종묘장의 모습이 어땠을지 짐작할 수 있다. (Valder, *The Garden Plants*, p. 66.)

47. 일부 학자들은 심지어 오늘날에조차 이 같은 믿음을 이어가고 있다. 예를 들어, 유지니아 허버트(Eugenia W. Herbert)는 "정원은 영국적 존재와 영국적 문명을 가장 *가시적*으로 표현해주는 것"이라며 "그 영향력은 영국의 방식, 특히 영국 정원의 방식을 모방하는 피식민지 민족에 의해 더욱 증폭되었다"고 기록했다. (*Flora's Empire: British Gardens in India* (Philadelphia, PA: University of Pennsylvania Press, 2011), p. 306.)

48. Herbert, *Flora's Empire*, p. 306 참조.

49. "매우 많은 수의 아름다운 아시아 앵초(primulas(primroses))가 19세기 말과 금세기의 첫 25년 동안 도입되었다. 그중 다수는 유럽의 까다로운 고산 식물종보다 더 강인하며 정원에 한층 잘 적응하는 것으로 증명되었다." (Alice M. Coats, *Flowers and their Histories* (New York, NY: McGraw Hill, 1956), p. 217.)

50. Patrick Conner, '"Mysteries of Deeper Consequences": Westerners in Chinese Reverse-Glass Painting of the 18th Century', *Arts of Asia*, vol. 46, no. 5 (2016): 124-136 참조.

51. Paul L. F. van Dongen, '"Sensitive Plates": Nineteen Chinese Paintings on Glass' (Sassenheim: Sikkens Paint Museum, Leiden: National Museum of Ethnology, 1997), p. 30.

52. Jérôme Samuel, 'Naissances et Renaissance de la peinture sous verre à Java', *Archipel*, vol. 69 (2005): 91. 이 글에 대해 내게 알려준 마이클 피너(Michael Feener)에게 감사드린다.

53. Ibid., p. 92.

54. Madhavi Thampi and Shalini Saksena, *China and the Making of Bombay* (Mumbai: K. R. Cama Oriental Institute, 2009), p. 98.

55. Kalpana Desai, 'The Tanchoi and the Garo: Parsi Textiles and Embroidery', in *A Zoroastrian Tapestry: Art, Religion and Culture*, ed. Sudha Seshadri (Ahmedabad: Mapin Publishing, 2002), p. 591.

56. Ibid., pp. 98-99: 잠세치 제지보이는 고급 새틴 브로케이드 제작 기술을 배우기 위해 인도 방직공을 중국에 파견한 인물로 알려져 있다. 수라트 출신인 3명의 조시 형제는 상하이로 건너가 우리에게 '초이'라는 이름으로 전해 내려오는 방직 장인에게 그 기술을 배웠다. 그들이 인도로 돌아와 생산한 소재는 '탄초이'라고 알려졌다. '가라'의 경우와 마찬가지로, 무늬가 중국으로부터 영감을 받았음을 우리는 쉽사리 알아차릴 수 있다. 비록 망고 무늬 같은 인도적 혁신도 도입하긴 했지만 말이다.

57. Ibid., p. 577: "이들 형제의 훈련을 후원한 것은 초대 준남작 잠세치 제지보이 경이었다. 이 특수한 방직 기법에 흥미를 느낀 그는 자신의 준남작 문장을 탄초이 소재 무늬로 짜도록 했다.

58. Ibid., p. 586.

59. 블라우스처럼 생긴 파시교도 의상은 자블라(jabla)로 알려졌다. 이 의상을 담은 훌륭한 그림 몇 점이 *Painted Encounters: Parsi Traders and the Community*, eds Pheroza J. Godrej and Firoza Punthakey Mistree (New Delhi: National Gallery of Modern Art, 2016), p. 127에 실려 있다. 칼파나 데사이 박사는 또한 자신의 글에 초기 파시교도의 '블라우스' 사진 몇 점을 수록했다. [그들 대부분은 뭄바이의 '프린스 오브 웨일스 박물관(Prince of Wales Museum)' 소장품이다.] 이 의상에 중국이 영향을 미쳤다는 것은 꽤나 분명하다.

60. 이때는 마침 중국에서 민속 회화가 전성기를 맞은 시기였다. James Cahill, *Pictures for Use and Pleasure: Vernacular Painting in High Qing China* (Berkeley, CA: University of California Press, 2010), pp. 3-12 참조.

61. Carl L. Crossman's *The Decorative Arts of the China Trade: Paintings, Furnishings and Exotic Curiosities* (Woodbridge, Suffolk: Antique Collectors Club Ltd, 1991)에는 많은 훌륭한 초상화가 실려 있다. 광저우에서 제작한 빼어난 파시교도 초상화 몇 점이 Godrej and Mistree, *Painted Encounters*에 수록되어 있다.

62. Robin Hutcheon, *Chinnery: The Man and the Legend* (Hong Kong: South China Morning Post, 1975), p. 77. Johnson, *The Oriental Voyager*, p. 176도 참조.

63. John C. Dann, ed., *The Nagle Journal: A Diary of the Life of Jacob Nagle, Sailor, from the Year 1775 to 1841* (New York, NY: Weidenfeld & Nicholson,

1988), p. 273.

64. Fan Fa-ti, 'British naturalists in China', pp. 58-72.

65. 피터 발더는 *The Garden Plants*, pp. 53-56에 중국의 식물화 역사를 개괄해놓은 유용한 내용을 담았다. Osvald Sirén's *Gardens of China* (New York, NY: Ronald Press, 1949)는 이 주제와 관련해 그보다 더 길게 지면을 할애한다.

66. Wilfrid Blunt, *The Art of Botanical Illustration: An Illustrated History* (New York, NY: Dover, 1994). 이 책은 18세기 중국의 식물 화가들이 조제프 피에르 부호즈(Jospeh Pierre Buc'hoz, 1731-1807)를 위시한 유럽 식물 화가들에게 어떤 영향을 끼쳤는지 다룬다. "부호즈는 자신의 일부 작품에서 토착 화가들이 중국 식물을 그리면서 처음 사용한 기법을 상당히 차용했다. 그의 다른 작품도 뚜렷한 동양적 풍미를 담아냈다. ……극동 지역은 우리 정원을 장식하고 있는 더없이 사랑스러운 관목과 꽃만 우리에게 제공한 게 아니다. 자연을 향해 겸손하라는 유익한 가르침을 제공하는 실례를 우리에게 보여주기도 한다"(160쪽).

67. Charles Toogood Downing, *The Fan-Qui in China, in 1836-7, vol. II* (London: H. Colburn, 1838), pp. 95-108 참조.

68. Winnie Won Yin Wong, *Van Gogh on Demand: China and the Readymade* (Chicago, IL: University of Chicago Press, 2013), p. 5.

69. 치트쿠아라는 중국식 이름이 우리에게 확실하게 전해지지 않았기 때문에, 담기규는 그저 추측에 불과하다. (David Clarke, *Chinese Art and Its Encounter with the World* [Hong Kong: Hong Kong University Press, 2011], p. 22.)

70. 치트쿠아의 런던 방문에 대해 더 자세히 알고 싶으면 Clarke, *Chinese Art*, pp. 21-84 참조.

71. Terese Tse Bartholomew and He Li, *The Tate Collection of Chinese Antiquities in the Chhatrapati Shivaji Maharaj Vastu Sangrahalaya* (Mumbai: Chhatrapati Shivaji Maharaj Vastu Sangrahalaya, 2002) 참조.

72. Downing, *The Fan-Qui in China*, vol. II, pp. 90-93 참조.

73. Hutcheon, *Chinnery*, p. 73 참조.

74. Patrick Conner, *George Chinnery: 1774-1852: Artist of India and the China Coast* (Woodbridge, Suffolk: Antique Collectors Club Ltd, 1983), pp. 263-267

참조.

75. Capt. Arthur Cunynghame, *The Opium War: Being Recollections of Service in China* (Philadelphia, PA: G. B. Zieber & Co., 1845), p. 217 참조. 이 사안에 관한 더 자세한 논의를 살펴보려면 Larissa N. Heinrich, *The Afterlife of Images: Translating the Pathological Body between China and the West* (Durham, NC: Duke University Press, 2008), pp. 48-49 참조.

76. 무료로 제작된 이 그림들은 현재 예일 대학교 '쿠싱-휘트니 의학 도서관(Cushing-Whitney Medical Library)에 소장되어 있다. Heinrich, *The Afterlife of Images*, pp. 49-65 참조.

77. Thampi and Saksena, *China and the Making of Bombay*, p. 88.

78. 이 학교의 졸업생 명단을 살펴보면 그 학교가 인도 예술계에 막대한 영향을 끼쳤음을 확인할 수 있다. 그 명단에는 Dadasaheb Phalke, Uday Shankar, Homai Vyarawalla, M. F. Husain, Tyeb Mehta, Francis Newton Souza, 그리고 Jitish Kallat, Atul Dodiya 같은 당대의 전문가들도 포함되어 있다.

79. 특히 Crossman, *The Decorative Arts,* p. 241에 실린 옻과 금으로 칠한 자단 책장 참조. 크로스먼은 그 책장을 이렇게 표현했다. "중국과 서양의 요소를 절묘하게 결합해 독특한 가구 형태를 완성한 역작이다. '깨진 얼음' 패턴과 세 가지 모양의 금속판이 특징적인 문은 수출용 가구에서 볼 수 있는 가장 상상력 풍부한 부분이다."

80. Ibid., p. 264.

81. Ibid., p. 272.

82. Ibid., p. 269.

83. Lakshmi Subramaniam, *Three Merchants of Bombay: Business Pioneers of the Nineteenth Century* (Gurgaon: Penguin Random House, 2011), p. 129.

84. Jan van der Puten, 'Wayang Parsi, Bangsawan, and Printing', in *Islamic Connections: Muslim Societies in South and Southeast Asia*, eds R. Michael Feener and Terenjit Sever (Singapore: Institute of Southeast Asian Studies, 2009), pp. 91-92.

85. 가령 Douglas M. Peers, 'Imperial Vice: Sex, drink and the health of British troops in North Indian cantonments, 1800-1858', in *Guardians of Empire:*

The *Armed Forces of the Colonial Powers c.1700-1964* (Manchester: Manchester University Press, 2017), p. 33; Douglas M. Peers, 'Privates off Parade: Regimenting Sexuality in the Nineteenth-Century Indian Empire', *The International History Review*, vol. 20, no. 4 (1998): 836-837 참조.

86. Maria Graham, 'Journal of a Residence in India', in *The Monthly Magazine*, vol. 34 (1812): 645.

87. E. H. Nolan, *The Illustrated History of the British Empire in India and the East: from the earliest times to the suppression of the Sepoy Mutiny in 1859* (London: Virtue & Co.). 역사가 앤서니 웹스터(Anthony Webster)는 "19세기 초반 30년 동안 인도인에 대한 유럽인의 논평에서 능멸조가 한층 짙어졌다"고 지적한다. (*The Richest East India Merchant: The Life and Business of John Palmer of Calcutta, 1767-1836* 〔Martlesham, Suffolk: Boydell & Brewer, 2007〕, p. 79.) 그와 유사하게 디르크 콜프는 이렇게 밝힌다. "다시 말해, 영국인은 아웃사이더로 남기로 결정했다. 인도인과 소통하기를 거부하는 인도 내의 관광객으로 말이다." (*Grass in their Mouths: The Upper Doab of India under the Company's Magna Charta, 1793-1830* 〔Leiden: Brill, 2010〕, p. 435.)

88. 여기서 내가 펼친 주장은 산자이 수브라마니암(Sanjay Subrahmanyam)의 '연결된 역사' 개념과 그가 오랫동안 견지해온 입장—즉, "역사적으로 근대성은 한 곳에서 다른 곳으로 퍼져나가는 바이러스가 아니라 전 지구적이고 상호 결합적인 현상"이라는 입장—에 크게 빚지고 있다. 〔'Hearing Voices: Vignettes of Early Modernity in South Asia, 1400-1750', *Daedalus*, vol. 127, no. 3 (1998): 99-100.〕 Kenneth Pomeranz, 'Teleology, Discontinuity and World History: Periodization and Some Creation Myths of Modernity', *Asian Review of World History*, vol. 1, no. 2 (2013): 191도 참조.

15 전하이루

1. Frederic Wakeman Jr, *Strangers at the Gate: Social Disorders in South China 1839-1861* (Berkeley, CA: University of California Press, 1966), p. 14.

2. Peter Valder, *Gardens in China* (Portland, OR: Haseltine Press, 2002), p. 226.

3. Graham E. Johnson and Glen D. Peterson, *Historical Dictionary of Guangzhou (Canton) and Guangdong* (Lanham, MD, and London: The Scarecrow Press, 1999), p. 11.

4. Mao Haijian, *The Qing Empire and the Opium War: The Collapse of the Heavenly Dynasty*, trans. Joseph Lawson, Craig Smith and Peter Lavelle, ed. Joseph Lawson (Cambridge: Cambridge University Press, 2016), p. 127.

5. W. D. Bernard and W. H. Hall: *The Nemesis in China: comprising a history of the late war in that country; with a complete account of the colony of Hong-Kong* (London: Henry Colburn, 1846), pp. 2-4 참조.

6. 전하이루에 대한 공격은 1841년 3월 이후부터 계획되었다. (British Library, India Office Records, Despatch no. 15 of 1841, to Lord Palmerston from C. Elliot, 28 March 1841; China Records Miscellanious 〔sic〕 vol. 4 R/10/72; 1841.) 이와 관련한 긴급 공문 자료집을 보면 영국 최고 사령부가 (나중에 폐기하긴 했으나) 중국의 상당 지역을 점령할 계획도 세웠다는 사실을 분명하게 확인할 수 있다.

7. 군대 대상의 주류 배급과 관련해서는 British Library's India Office Records, Madras Despatches 13 July to 31 Dec 1841; p. 96, Record Department; IOR/E/4/956; 201-208 참조.

8. Lt. John Ouchterlony, *The Chinese War: An Account of All the Operations of the British Forces from the Commencement to the Treaty of Nanking* (London: Saunders and Otley, 1844), p. 145.

9. British Library's India Office Records에 보관되어 있는 파일 'China Foreign Office Instructions and Correspondence, 1842-43 〔L/PS/9/195〕'에는 런던에 있는 다수의 고위급 영국 관리가 극단적 호전성을 드러냈다는 사실, 그들이 중국인에게 굴욕을 안겨주고 그들로부터 막대한 배상금을 받아내려는 결의로 가득 차 있다는 사실을 증언하는 주도적인 영국 정치인 및 외교관들의 편지가 다수 포함되어 있다. 그들에 비하면 전권대사 찰스 엘리엇은 온건한 편이었다.

10. "영국인이 약탈을 했다는 것은 의심할 나위가 없다. 실제로 (인도어에서 유래한) '약탈(loot)'이라는 단어는 아편전쟁 기간 동안 영국인이 처음 사용했다." (Wakeman,

Strangers at the Gate, p. 16.) '식량 구하기'와 관련해서는 Mao Haijian, *The Qing Empire*, p. 251 참조. "이런 종류의 '식량 구하기'에 '약탈'이 수반되지 않았을 가능성은 거의 없다."

11. Gerald Graham, *The China Station: War and Diplomacy, 1830-1860* (Oxford: Clarendon Press, 1978), p. 167.

12. Mao Haijian, *The Qing Empire*, p. 251; Julia Lovell, *The Opium War: Drugs, Dreams and the Making of China* (New York, NY: Overlook Press, 2014), p. 159.

13. 중국 출처를 살펴보려면 Mao Haijian, *The Qing Empire*, p. 252 참조. 이 위반 행위에 대해 기술한 자료로는 John Elliot Bingham, *Narrative of the Expedition to China: From the Commencement of the War to Its Termination in 1842; with Sketches of the Manners and Customs of the Singular and Hitherto Almost Unknown Country, vol. I* (London: Henry Colburn, 1843), pp. 149-150도 참조. Ouchterlony. *The Chinese War*, p. 151과 다른 영국인 장교들도 강간에 대해 어렴풋하게 언급하고 있다. 〔예를 들어, 데이비드 맥린(David McLean)은 다음과 같이 쓴 장교의 글을 인용한다. "유감스럽게도 우리 인류에게 수치감을 안겨주는 더없이 야만적인 일들이 숱하게 벌어졌다." ('Surgeons of The Opium War: The Navy on the China Coast, 1840-42', *The English Historical Review*, vol. 121, no. 491 〔2006〕: 492).〕 그와 비슷하게 *The Chinese Repository*, vol. X (Elibron Classics Repints, 2005), p. 530도 "입에 담기조차 부끄러운 일들"에 대해 언급한다. 안타깝게도 프레더릭 웨이크먼 2세(Frederic Wakeman Jr.)는 "세포이 군대가 실제로 쌴위안리 주변에서 살아가는 원주민 여성들을 유린했다"는 영국 이야기를 무비판적으로 받아들였다. (*Strangers at the Gate*, pp. 16-17.)

14. 중국의 설명에 따르면, 그 맹세 의례를 주도한 것은 웨이샤오쾅(Wei Shao-kuang)이라는 시장 정원사였다. (*The Opium War* 〔Beijing: Foreign Languages Press, 1976〕, p. 54.)

15. Bingham, *Narrative of the Expedition*, p. 160.

16. Duncan Mcpherson, M. D., T*he War in China: Narrative of the Chinese Expedition, from Its Formation in April, 1840, to the Treaty of Peace in*

August, 1842 (London: Saunders and Otley, 1843), p. 155.

17. "중국으로 파견하는 뱅골 자원봉사 대대를 '퍼커션 머스킷'으로 무장시킬 계획이었다. 하지만 위원회가 위에서 언급한 수량을 델리로 보내고도 남아 있을 거라고 보고한 뇌관(percussion cap)이 소량밖에 없었다. 그래서 우리는 출발 전에 그 부대를 우선 화승총으로 무장시키고, 그런 다음 마드라스나 유럽에서 구리 뇌관을 충분히 공급받으면 퍼커션 머스킷으로 교환하는 편이 바람직하다고 생각했다." 하지만 구리 뇌관은 끝내 도착하지 않았다. 〔British Library, India Office Records, Bengal Military Letters Received, 1842; L/MIL/3 48; No 26 of 1842.〕

18. "신형 퍼커션 머스킷의 가치는 …… 단번에 확인할 수 있었다." Henry Meredith Vibart, *Military History of the Madras Engineers and Pioneers, from 1743 Up to the Present Time, vol. 2* (London: W. H. Allen & Co., 1881), p. 150. British Library, India Office Records, Madras Despatches 12 Jan to 29 June 1842 〔E/4/957〕; Draft Military, 2 March No. 8, p. 1842: "Looking to the great superiority of the Percussion Arms……,"도 참조.

19. 내가 싼위안리 전투에 대해 묘사한 내용은 다음 출처에 바탕을 두고 있다. Maj. Mark S. Bell, *China: Being a Military Report on the North-Eastern Portions of the Provinces of Chih-Li and Shan-Tung; Nanking and its Approaches; prepared in the Intelligence Branch of the Quarter Master General's Department in India, 1882*, vol. I Confidential, vol. II Secret (Simla: Government Central Branch Press, 1882, British Library; India Office Records.) British Library, India Office Records, L/P&S/20/D28/2; Bingham, *Narrative of the Expedition*; 'Official Accounts of the Late Naval and Military Operations in China', *The Nautical Magazine and Naval Chronicle* (London: Simpkin, Marshall & Co., London, 1841), pp. 56-63, 262-268, 331-336, 408-416, 473-484, 765-776 and 849-862; 'Despatches; China', *The Annual Register or a View of the History and Politics of the Year 1841* (London, 1842) pp. 468-527); Capt. Sir Edward Belcher, *Narrative of A Voyage Round the World Performed in Her Majesty's Ship Sulphur During the Years 1836-42 Including Details of the Naval Operations in China* (London: Henry Colburn, 1843);

Rick Bowers, 'Notes from the Opium War: Selections from Lieutenant Charles Cameron's Diary during the period of the Chinese War, 1840-41', *Journal of the Society for Army Historical Research* 86 (2008): 190-203; Lt. John Ouchterlony, *The Chinese War*; Dallas and Hall, *The Nemesis in China*; 'Frontier and Overseas Expeditions from India,' Anon., Compiled in the Intelligence Branch, Army HQ, India, vol. VI (Expeditions Overseas), 1911, pp. 379-380; Vibart, *Military History*; McPherson, *The War in China; Diary of events kept by Capt. H. Giffard*, HMS Volage & Cruiser, 1833-40 (British Library); Lt W. S. Birdwood, 'Plan of Attack on the Heights and Forts near the City of Canton Under the Command of Major General Sir Hugh Gough, 25 May 1841' (British Library, India Office Records). '영국국립도서관 인도 사무소 기록'의 컬렉션 가운데 가장 유용한 자료는 다음과 같다. Board's Collections 83888 to 84180, 1841-42, vol. 1938; Madras Despatches 13 July to 31 Dec 1841 (E/4/769); Madras Despatches 4 Jan to 28 Aug 1839 (E/4/952); Madras Despatches 4 Jan to 28 Aug 1839 (IOR/E/4/952); Madras Despatches 12 Jan to 29 June 1842 (E/4/957); Madras Despatches 13 July to 31 Dec 1841; 96 Record Department, (IOR/E/4/956); Bengal Military Letters Received 1840 (L/MIL/3/46); Bengal Military Letters Received 1841 (L/MIL/3/47); Bengal Military Letters Received, 1842 (L/MIL/3/48); Bengal Military Letters Received, 1842 (L/MIL/3/48); Board's collections 1841-42 (IOR/F/4/1954/85080); India and Bengal Despatches 12 Jan to 30 March 1842 (E/4/769); India and Bengal Despatches 13 July to 1 Sept 1841 (E/4/769); China Foreign Office Instructions and Correspondence 1841, Secret Department, (L/PS/9/194); China Foreign Office Instructions and Correspondence, 1839-40 (L/PS/9/193); China Foreign Office Instructions and Correspondence, 1842-43 (L/PS/9/195); China Records Miscellanious (sic) vol. 4 (R/10/71) 1840-41; China Records Miscellanious (sic) vol. 4 (R/10/72; 1841). 2차 출처들 가운데 가장 유용했던 자료는 다음과 같다. Wakeman, *Strangers at the Gate*; Hsin-Pao Chang, *Commissioner Lin and the Opium*

War (Cambridge, MA: Harvard University Press, 1964); Arthur Waley, *The Opium War Through Chinese Eyes* (Stanford, CA: Stanford University Press, 1958); *The Chinese Repository*, vols VIII, IX and X; *The Canton Register*, vols. 13, 14 and 15; Lovell, *The Opium War*.

20. 전투에 참여한 영국 장교들 가운데 2명이 진급했고, 제37 마드라스 원주민 보병대는 "극도로 괴로운 상황에서도 용맹함과 집요함을 과시한 공적을 치하하고자" 근위보병 연대로 지위가 격상되었다. 〔British Library, India Office Records, Madras Despatches 13 July to 31 Dec 1841; 96 Record Department; IOR/E/4/956 (letter dated 27th October/No 77/ 1841).〕 1842년에 다시 한번 영국 동인도회사 이사회에 "작전 동안 용맹하고 집요하게 행동한 제37 마드라스 원주민 보병대에 어떠한 혜택도 제공하지 않았다"는 사실이 통보되었다. 그러던 차에 중국 원정군 총사령관 휴 고프 경이 캔턴에 대해 정부에 호의적으로 통지했던 것이다. (British Library, India Office Records, Board's Collections 1841-42 〔IOR/F/4/1954/85080〕; collection No. 14, Ft St George Military Dept., Letter dated Jan 21, 1842, no. 3.) 이에 대해 법원은 "해드필드 중위(Lt. Hadfield) 휘하에서 분리된 해당 연대의 중대를 구성하고 꾸준한 용기와 규율로 대규모 적군의 반복적 공격을 성공적으로 물리쳐 고귀하게 원주민 군대의 신용을 지켜낸 모든 유럽인 및 원주민 위임 장교, 비위임 장교 및 세포이의 이름을 해당 부대의 연대 명령서에 그들이 언급한 의사록과 함께 기재하라"고 판시했다. 그리고 "또한 우리는 그 중대에 속한 원주민 비위임 장교 및 세포이들에게 '공로 훈장'의 혜택을 인정하거나 귀하가 바람직하다고 생각하는 다른 방식으로 급여와 퇴직 연금을 추가로 부여하기를 바란다"고 덧붙였다. 〔British Library, India Office Records, Board's Collections 1841-42. 〔IOR/F/4/1954/85080〕; Military Letter to Fort St. George, dated 27 October 1841.〕 승진한 세포이 가운데 일부를 나열하면 Havildar Goorapah, Jemadar Naique Narrapah, Lance Naique Dawood Khan, 그리고 Private Lutchman이다. (British Library, India Office Records, Board's Collections 1841-42 〔IOR/F/4/1954/85080〕; Regimental Orders by Captain Bedingfield; Hong Kong, 3 July 1841.)

21. James M. Polachek, *The Inner Opium War* (Cambridge, MA: Harvard

University Asia Center, 1992), p. 165; Lovell, *The Opium War*, pp. 156-164 참조.

22. Mao Haijian, *The Qing Empire*, p. 267.

23. Lovell, *The Opium War*, p. 159.

24. 이 용기들은 오직 수출용, 즉 '공급용' 아편에만 쓰였다. 인도에서 시판되는 아편은 '엑사이즈' 아편, 즉 아크바리 아편으로 알려졌고, 포장 방법도 수출용 아편과는 달랐다.

25. 아편전쟁에 대한 수정주의 역사학으로 전 세계에 영향을 끼친 마오하이젠(茅海建) 이 싼위안리 전투에 대해 자세히 설명한 글에서 인도인의 존재를 언급하지 않은 점은 흥미롭다. 또한 그는 이 전쟁에서 아편이 중차대한 역할을 했다는 사실을 거의 알아차리지 못한 듯하다.

26. Matthew W. Mosca, *From Frontier Policy to Foreign Policy: The Question of India and the Transformation of Geopolitics in Qing China* (Stanford, CA: Stanford University Press, 2013), p. 252.

27. David T. Courtwright, *Forces of Habit: Drugs and the Making of the Modern World* (Cambridge, MA: Harvard University Press, 2001), p. 140.

28. 알코올을 주제로 한 영국군의 긴급 공문에서 놀라운 대목은 세세한 대목에까지 관심을 기울이고 있다는 점이다. 예를 들어 British Library, India Office Records, Madras Despatches 12 Jan to 29 June 1842 [E/4/957]; Draft Military, 2 March No. 8, 1842; Bengal Military Letters Received 1840 [L/MIL/3/46]; No. 46 of 1840 참조. 에리카 월드(Erica Wald)는 "영국 지휘관들이 음주를 '군인 구성의 필수적 부분'으로 삼고 있었다"고 지적한다. ('Health, Discipline and Appropriate Behaviour: The Body of the Soldier and Space of the Cantonment', *Modern Asian Studies*, vol. 46, no. 4 [2012]: 834.)

29. 현존하는 유일한 19세기 세포이의 회고록은 *From Sepoy to Subedar: Being the Life and Adventures of Subedar Sita Ram, a Native Officer of the Bengal Army, Written and Related by Himself*, trans. James Thomas Norgate, ed. James D. Lunt (London, 1873; also Calcutta: Baptist Mission Press, 1911)이 다. 1873년 처음 출판된 이 책은 한 영국 장교한테 받아쓰게 한 것으로 알려져 있

는데, 위작일 가능성이 짙다고 널리 받아들여진다. 원본은 설사 있었다손 쳐도 발견된 적이 없기에 오직 영어 버전만 존재한다. 그 회고록의 일부는 노게이트가 지어낸 것일지도 모르지만, 일부 이야기는 확실히 진짜다. 작가 마두카르 우파드야야(Madhukar Upadhyaya)는 이 텍스트를 아름답게 재해석한 글을 아와디어(Awadhi)로 발표했다. (*Kissa Pande Sitaram Subedar* 〔Delhi, Saaransh Prakashan, 1999〕.)

30. 더 자세한 설명으로는 T. A. Heathcote, *The Military in British India: The Development of British Land Forces in South Asia 1600-1947* (Manchester, and New York, NY: Manchester University Press, 1995), pp. 21-37 참조.

31. Anand A. Yang, Kamal Sheel, Ranjana Sheel, Prasenjit Duara and Tansen Sen, *Thirteen Months in China: A Subaltern Indian and the Colonial World— An Annotated Translation of Thakur Gadadhar Singh's* Chīn Me Terah Mās (New Delhi: Oxford University Press, 2017). Anand A. Yang, 'An Indian Subaltern's Passage to China in 1900', *Education About Asia* vol. 11, no. 3 (2006) 도 참조.

32. 윌리엄 핀치(William R. Pinch)는 "17세기에 영국 동인도회사가 마주한 대중의 종교 세계는 힌두교와 이슬람교가 아니라 금욕주의에 영향을 받았다"고 지적한다. (*Warrior Ascetics and Indian Empires* 〔Cambridge: Cambridge University Press, 2006〕, p. 82.) 핀치의 책은 전사 수행자들의 종교적 삶을 다룬 상세한 연구서다. 이슬람 군인들의 영성에 대한 연구로는 Nile Green, *Islam and the Army in Colonial India: Sepoy Religion in the Service of Empire* 〔Cambridge: Cambridge University Press, 2009〕) 참조. 나일 그린(Nile Green)은 "황홀경에 빠져 주의가 산만해진 병사들 이야기는 결코 드물지 않았다"고 말한다. ('Jack Sepoy and the Dervishes: Islam and the Indian Soldier in Princely India', *Journal of the Royal Asiatic Society* vol. 18, no. 1 〔2008〕: 39.) D. H. A. Kolff, 'Sanyasi Trader-Soldiers', *The Indian Economic and Social History Review*, vol. 8 (1971); D. N. Lorenzen, 'Warrior Ascetics in Indian History', *Journal of the American Oriental Society*, vol. 98, no. 1 (1978): 61-75도 참조.

33. 영국 장교가 부하들을 학대하고 구타해 때로 죽음에 이르게 하는 사건은 드문 일

이 아니었다. 일례로 찰스 만(Charles Mann)이라는 영국 중위가 부하를 살해한 사건의 경우, 그가 받은 처벌은 고작 징역 2년과 직위 해제에 불과했다. (British Library, India Office Records, Madras Despatches 1 Jan to 2 July 1841 〔Br. Lib. E/4/955〕 Draft Military 19 May, no. 37, 1841, Madras.)

34. British Library, India Office Records, Madras Despatches 1 Jan to 2 July 1841 〔Br. Lib. E/4/955〕 Military 28 April No. 28 1841. Madras Despatches 12 Jan to 29 June 1842 〔E/4/957〕 No. 26 (2 July 1841)도 참조. 여기서 휴 고프 경은 이렇게 적고 있다. "우리는 귀국의 원주민 군대가 타국에서 복무하는 동안 귀국의 통솔 규정에 의거해 누릴 수 있는 여러 혜택을 보장하고자 취한 조치를 전적으로 승인한다."

35. British Library, India Office Records, Madras Despatches 1 Jan to 2 July 1841 〔Br. Lib. E/4/955〕; Military 28 April No. 28 1841. Heathcote, *The Military in British India*, PP. 77-81도 참조.

36. 나는 언젠가 1857년 전쟁에서 케스리가 맡은 역할에 대한 이야기를 써볼 수 있었으면 한다.

37. Mosca, *From Frontier Policy*, P. 253.

38. Ibid., P. 242. Lawrence Wang-chi Wong, 'Translators and Interpreters During the Opium War between Britain and China (1839-1842)', in *Translating and Interpreting Conflict*, ed. Myriam Salama-Carr, Editions Rodopi B.V. (New York and Amsterdam, 2007), pp. 41-60도 참조.

39. 가령 1842년 대만에서 난파된 수많은 선원이 포로로 잡혀갔을 때, 래스카는 백인 포로보다 훨씬 더 열악한 대우를 받았다. John Lee Scott, *Narrative of a Recent Imprisonment in China After the Wreck of the Kite* (London: W. H. Dalton, 1842) 참조.

40. Amish Raj Mulmi, *All Roads Lead North: Nepal's Turn to China* (Chennai: Context, 2021), pp. 63-66. Mahesh C. Regmi, *Kings and Political Leaders of the Gorkhali Empire 1768-1814* (Hyderabad: Orient Blackswan, 1995), p. 66; Tansen Sen, *India, China and the World: A Connected History* (London: Rowman & Littlefield Publishers, 2017), pp. 252-253도 참조.

41. 이는 비합리적인 우려가 아니었다. 무역 특권(오늘날 '제재'라고 부르는 것)을 취소하는 것은 청나라가 '외국인을 굴복시키기 위해' 사용한 전략 중 하나였기 때문이다. (Mao Haijian, *The Qing Empire*, 94.)

42. Vijay Kumar Manandhar, ed., *A Documentary History of Nepalese Quinquennial Missions to China 1792-1906* (Delhi; Adroit Publishers, 2001) 참조.

43. Mosca, *From Frontier Policy*, p. 179.

44. Ibid., pp. 180-183.

45. Manandhar, *Documentary History*, 'Background'.

46. E. H. Parker, *Chinese Account of the Opium War* (Shanghai: Kelly & Walsh, 1888), p. 72 참조.

47. Mosca, *From Frontier Policy*, pp. 260-262.

48. Manandhar, *Documentary History*, p. 87.

49. Parker, *Chinese Account*, p. 72.

50. Mosca, *From Frontier Policy*, pp. 190-194. 위원은 청나라가 구르카인에 대해 "우리 천조국(天朝國)은 서로 이기려고 다투는 야만인들에 대해 결코 신경 쓰지 않는다"는 식의 반응을 보인다고 지적한다. (Parker, *Chinese Account*, p. 73.)

16 제국을 떠받치는 기둥

1. 〈도프식〉은 훌루(Hulu: 미국의 비디오 스트리밍 서비스―옮긴이)에서 제작한 미니시리즈다.

2. Art Van Zee, 'The Promotion and Marketing of OxyContin: Commercial Triumph, Public Health Tragedy', *American Journal of Public Health*, vol. 99, no. 2 (2009): 221-227.

3. 1729년 수치는 Jonathan Spence, *The Search for Modern China* (New York, NY: W. W. Norton, 1990), p. 129에서, 그리고 1830년 수치는 Peter Thilly, *The Opium Business: A History of Crime and Capitalism in Maritime China* (Stanford, CA: Stanford University Press, 2022), p. 7에서 가져왔다. 각 궤짝마다 원산지에 따라 140파운드에서 160파운드로 제각기 다른 양의 아편이 들어 있다.

4. Thilly, *The Opium Business*, p. 7.

5. Tan Chung, *China and the Brave New World: A Study of the Origins of the Opium War 1840-42* (New Delhi: Allied Publishers, 1978), p. 86.

6. Thomas N. Layton, *The Voyage of the Frolic: New England Merchants and the Opium Trade* (Stanford, CA: Stanford University Press, 1997), p. 29.

7. John F. Richards, 'The Opium Industry in British India', *The Indian Economic and Social History Review*, vol. 39, nos. 2-3 (2002): 159-161.

8. Ibid., p. 156.

9. John F. Richards, 'Opium and the British Indian Empire: The Royal Commission of 1895', *Modern Asian Studies*, vol. 36, no. 2 (2002): 377.

10. Michael Greenberg, *British Trade and the Opening of China* (Cambridge: Cambridge University Press, 1951), p. 10.

11. Dilip K. Basu, 'Asian Merchants and Western Trade: A Comparative Study of Calcutta and Canton 1800-1840' (Ph. D. diss., University of California, Berkeley, CA, 1975), p. 58.

12. Introduction to *Opium Regimes: China, Britain, and Japan, 1839-1952*, eds Timothy Brook and Bob Tadashi Wakabayashi (Berkeley: University of California Press, 2000), p. 7.

13. Tan Chung, *China and the Brave New World*, p. 94.

14. Carl A. Trocki, *Opium, Empire and the Global Political Economy: A Study of the Asian Opium Trade, 1750-1950* (New York, NY: Routledge, 1999), p. 138. Hans Derks, *History of the Opium Problem: The Assault on the East, ca.1600-1950* (Leiden: Brill, 2012), pp. 401-411; Diana S. Kim, *Empires of Vice: The Rise of Opium Prohibition across Southeast Asia* (Princeton, NJ: Princeton University Press, 2020), p. 3도 참조.

15. Richards, 'The Opium Industry', pp. 154-155.

16. Jack Beeching, *The Chinese Opium Wars* (New York, NY: Harcourt Brace, 1976), p. 159.

17. "아편 옹호론자들은 인도의 재정적 이익을 지적했으며, 동양의 아편 소비를 서양

의 알코올 소비와 동일 선상에 놓았다." Richards, 'Opium and the British Indian Empire', p. 383. John R. Haddad, *America's First Adventure in China: Trade, Treaties, Opium, and Salvation* (Philadelphia, PA: Temple University Press, 2013), Kindle edn., loc. p. 1741도 참조.

18. Charles Dickens, 'Opium', *Household Words*, 22 August 1857, p. 185.

19. James R. Rush, *Opium to Java: Revenue Farming and Chinese Enterprise in Colonial Indonesia, 1860-1910* (Indonesia: Equinox Publishing, 2007) p. 140.

20. Richards, 'Opium and the British Indian Empire', p. 420.

21. Ibid., p. 408.

22. Nathan Allen, *The Opium Trade; Including a Sketch of Its History, Extent, Effects Etc. as Carried on in India and China* (Lowell, MA: James P. Walker, 1853), p. 32.

23. David T. Courtwright, *Forces of Habit: Drugs and the Making of the Modern World* (Cambridge, MA: Harvard University Press, 2001), p. 147 참조.

24. Sherry Saggers and Dennis Gray, 'Supplying and Promoting "Grog": The Political Economy of Alcohol in Aboriginal Australia', *Australian Journal of Social Issues*, vol. 32, no. 3 (1997): 215.

25. Marcia Langton, 'Rum, Seduction and Death: "Aboriginality" and Alcohol', *Oceania*, vol. 63, no. 3 (1993): 201. Simone Pettigrew and Ronald Groves, 'Australia, Alcohol and the Aborigine: Alcohol Consumption Differences between Non-Indigenous and Indigenous Australians', *ACR Asia-Pacific Advances*, vol. 5 (2002). https://www.acrwebsite.org/volumes/11787/volumes/ap05/AP-0도 참조.

26. Carl A. Trocki, *Opium and Empire: Chinese Society in Colonial Singapore, 1800-1910* (Ithaca, NY: Cornell University Press, 1990), p. 201.

27. 역사학자 시드하르트 찬드라는 이렇게 말한다. '"마약이 거래 가능한 다른 상품, 가령 고무나 설탕과 다른 점은 지극히 중독적인 특성을 지녔다는 것이다. 아편은 상당수 사용자에게 신체적·심리적 의존성을 유발할 수 있다. 이로 인해 상품으로서 아편은 대부분의 상품이 지닌 잠재력을 능가하는 경제적 이익(특히 생

산자에게)과 손실(특히 소비자에게)을 안겨줄 소지가 있다." Siddharth Chandra, 'Economic Histories of the Opium Trade', EH.Net Encyclopedia, 10 February 2008. http://eh.net/encyclopedia/economic-histories-of-the-opium-trade/.

28. Derks, *History of the Opium Problem*, p. 364.

29. Keith McMahon, *The Fall of the God of Money: Opium Smoking in Nineteenth-Century China* (Lanham, MD: Rowman & Littlefield Publishers, 2002), p 105.

30. James MacKay, *From London to Lucknow, with memoranda of mutinies, marches, flights, fights, and conversations. To which is added, an opium-smuggler's explanation of the Peiho massacre* (London: James Nisbet, 1860), p. 525.

31. Richards, 'Opium and the British Indian Empire', p. 375.

32. Richards, 'The Opium Industry', p. 163.

33. John F. Richards, '"Cannot We Induce the People of England to Eat Opium?" The Moral Economy of Opium in Colonial India', in *Drugs and Empires: Essays in Modern Imperialism and Intoxication, c.1500-c.1930*, eds James H. Mills and Patricia Barton (New York, NY: Palgrave Macmillan, 2007), p. 73.

34. Chris McGreal, *American Overdose: The Opioid Tragedy in Three Acts* (New York, NY: Hachette Book Group, 2018), p. 20.

35. 아편 옹호 운동에 대해서는 Barry Meier, *Pain Killer: An Empire of Deceit and the Origin of America's Opioid Epidemic* (New York, NY: Penguin Random House, 2018), pp. 34-40 참조.

36. Patrick Radden Keefe, *Empire of Pain: The Secret History of the Sackler Dynasty* (New York, NY: Doubleday, 2021), p. 366.

37. McGreal, *American Overdose*, p. 165.

38. 이를테면 Frank Dikotter, Lars Laamann and Xun Zhou, 'China, British Imperialism and the Myth of the "Opium Plague"', in *Drugs and Empires: Essays in Modern Imperialism and Intoxication, c.1500-c.1930*, eds James H. Mills and Patricia Barton (New York, NY: Palgrave Macmillan, 2007), pp. 19-38 참조.

39. James H. Mills, 'Drugs, Consumption, and Supply in Asia: The Case of Co-

caine in Colonial India, c.1900-c.1930', *The Journal of Asian Studies*, vol. 66, no. 2 (2007): 361.

40. McGreal, *American Overdose*, p. 40.

41. Kim, *Empires of Vice*, p. 204 참조.

42. Steffen Rimner, *Opium's Long Shadow: From Asian Revolt to Global Drug Control* (Cambridge, MA: Harvard University Press, 2018), p. 10.

43. Trocki, *Opium and Empire*, p. 210 참조.

44. 마약사가(痲藥史家) 데이비드 코트라이트의 말마따나 "사전 관리든 관리 반대든 어떤 마약 정책도 중독을 근절하는 쪽과는 거리가 멀었다". David T. Courtwright, *Dark Paradise: A History of Opiate Addiction in America* (Cambridge, MA: Harvard University Press, 2001), Kindle edn, loc. 122.

45. Stephen R. Platt, *Imperial Twilight: The Opium War and the End of China's Last Golden Age* (New York, NY: Knopf, 2018), p. 446.

46. Thilly, *The Opium Business*, pp. 85-86 참조.

47. David M. Cutler and Edward L. Glaeser, 'When Innovation Goes Wrong: Technological Regress and the Opioid Epidemic', *The Journal of Economic Perspectives*, vol. 35, no. 4 (2021): 174.

48. 같은 맥락에서 나는 '상승' 주기에 글을 쓰고 있다는 사실에 주목해야 한다.

49. Keefe, *Empire of Pain*, p. 344.

50. Cutler and Glaeser, 'When Innovation Goes Wrong', p. 192.

51. 엑사이즈 아편은 모르핀 함량이 더 낮았다. (United Nations Office on Drugs and Crime, *Quasi-Medical Use of Opium*, 1953; https://www.unodc.org/unodc/en/data-and-analysis/bulletin/bulletin_1953-01-01_3_page008.html). 또한 그것은 '공급용' 아편과는 꽤나 다른 제조 및 포장 과정을 거쳤다. (J. W. S. MacArthur, *Notes on an Opium Factory* (Calcutta: Thacker, Spink & Company's Press, 1865) p. 28 참조.)

52. Tan Chung, *China and the Brave New World*, p. 87. 19세기의 작가 네이선 앨런이 말했다. "중국 시장을 위해 아편을 준비하는 인도 사람들의 가장 큰 목표는 원액을 농축시켜 고온에서 뽑은 액상 추출물을 얻는 것이다. 이것을 건조해 파이

프를 통해 흡연할 때 순도와 향의 강도가 가장 높아지기 때문이다." Nathan Allen, *The Opium Trade*, p. 8.

. Rush, *Opium to Java*, p. 38.

54. Ibid.

55. Richard Newman, 'Early British Encounters with the Indian Opium Eater', in *Drugs and Empires: Essays in Modern Imperialism and Intoxication, c.1500-c.1930*, eds James H. Mills and Patricia Barton (New York, NY: Palgrave Macmillan, 2007), p. 57.

56. 17세기 유럽의 한 약초학자는 "아편을 단 한 알갱이만 복용해도 유럽인에게는 치명적인 것으로 드러날 수 있다"고 지적했다. Trocki, *Opium, Empire*, 25. S. P. Sangar, 'Intoxicants in Mughal India', *Indian Journal of History of Science*, vol. 16, no. 2 (1981): 203도 참조.

57. Raden Adjeng Kartini, *Letters of A Javanese Princess*, 25 May 1899 (trans. 1921).

58. McGreal, *American Overdose*, p. 50.

59. McMahon, *The Fall of the God of Money*, p. 98.

60. Meier, *Pain Killer*, p. 64.

61. McGreal, *American Overdose*, p. 61.

62. Zheng Yangwen, *The Social Life of Opium in China* (Cambridge: Cambridge University Press, 2005), p. 98 참조.

63. Trocki, *Opium and Empire*, p. 237.

64. Derks, *History of the Opium Problem*, p. 289에 인용된 내용.

65. Derks, p. 450 참조.

66. Trocki, *Opium and Empire*, p. 77에 인용된 내용.

67. Ibid.

68. 1909년부터 1925년의 영국 마약 외교에 대해 자세히 살펴보려면 Emdad-ul Haq, *Drugs in South Asia: From the Opium Trade to the Present Day* (New York, NY: St. Martin's Press, 2000), pp. 69-95 참조.

69. Platt, *Imperial Twilight*, p. 392.

연기와 재

70. Richards, 'Opium and the British Indian Empire', p. 381.

71. 이러한 논쟁에 대한 설명으로는 J. Spencer Hill, *The Indo-Chinese Opium Trade: Considered in Relation to Its History, Morality, and Expediency, and Its Influence on Christian Missions* (London: Henry Frowde, 1884), p. 68 참조.

72. Rob Hopkins, 'Review: "The Moral Case for Fossil Fuels"—Really?', Our World, 5 February 2015: https://ourworld.unu.edu/en/review-the-moral-case-for-fossil-fuels-really 참조.

73. Anirudh Deshpande, 'An Historical Overview of Opium Cultivation and Changing State Attitudes towards the Crop in India, 1878-2000 A.D.', *Studies in History*, vol. 25, no. 1 (2009): 115.

74. Ibid., p. 119.

75. 1885~1920년 영국의 인도 통치 세력이 아편을 통해 거둬들인 수입은 167만 5363루 피에서 441만 2308루피로 불어났다. (Deshpande, *An Historical Overview*, p. 122.)

76. Rush, *Opium to Java*, p. 237.

77. Deshpande, 'An Historical Overview', p. 119.

78. 이 수집가 이름은 리드(L. C. Reid)였다. British Library, India Office Records, Board's Collections 83888 to 84180, 1841-42, vol. 1938 (India Office: F/4/1938).

79. Virginia Berridge and Griffith Edwards, *Opium and the People: Opiate Use in Nineteenth-Century England* (New York, NY: St. Martin's Press, 1981), p. 175.

80. 1841년 많은 영국 상인이 파머스턴 경에게 아편 산업을 금지하도록 호소하는 서한 을 보냈다. 편지의 처음 몇 문단은 다음과 같다.

　　1. 대영제국의 신민들이 수행해온 아편 교역은 수년 동안 합법적 무역을 방해하 고 자극하는 원인이 되어왔다. 중국 정부도 그 해로운 영향에 대해 누구보다 잘 알고 있다. 만약 아편 무역이 지난 45년 동안과 마찬가지로 앞으로도 계속 이어진다면, 두 제국 간에는 견고하고 지속적인 평화가 구축될 수 없다.

　　2. 아편 밀매는 여왕의 신민 계층 전반에 해로운 영향을 끼친다. 아편이 은밀하 고 불명예스러운 거래에 익숙해지도록 이끈 상인과 선원, 억압적 제한 아래

서 아편을 재배하고 있는 인도의 토착민, 중국으로의 아편 유입이 증가함에 따라 그 나라의 수입이 감소하면서 중국 시장을 빼앗긴 우리 국내의 모직물 및 면직물 제조업체에 말이다.

3. 아편 밀매는 영국에 불명예라는 특성을 부여하고 동양 국가들 사이에서 기독교의 발전을 지연시킨다. 아편이 거기에 푹 빠져 있는 소비자의 도덕성과 건강에 어떤 영향을 끼치는지 예의 주시하는 중국인과 인도인을 막론한 온갖 사려 깊은 이들의 우려 속에서, 아편 밀매에 관여하고 있는 사람들과 그들이 믿는 종교는 불명예를 겪고 있다.

4. 영국 정부는 자체 권한으로 영국령 인도에서 유일하게 아편을 생산하는 비하르주와 베나레스주에서 아편의 성장을 막을 수 있다. 동인도회사가 영국령 인도 전역에 걸쳐 그 같은 독점권을 쥐고 있느니만큼, 현재 아편 재배를 장려하는 지역에서 아편 농사를 막을 수 있다. 그것은 현재 동인도회사가 지배하는 다른 모든 주에서 아편 재배를 금지한 것만큼이나 손쉽게 할 수 있는 일이다.

British Library, India Office Records, China Foreign Office Instructions and Correspondence 1841, Secret Department, 〔L/PS/9/194〕. 말할 필요도 없이 이 것은 파머스턴 경에게 아무런 영향도 주지 못했다.

81. Viscount Palmerston to Captain Elliot, 4 November 1839 (Ian Nish, ed., *British Documents on Foreign Affairs: Reports and Papers from the Foreign Office Confidential Print, Part 1, Series E. Asia, vol. 16, Chinese War and its Aftermath, 1839-49* 〔Frederick, MD: University Publications of America, 1994.〕 p. 2). 파머스턴은 2년 후 난징 조약 협상 중인 영국 대표들에게 보낸 지침에서 다시 한번 이렇게 언급했다. "중국 정부는 그들이 원한다면 아편 수입을 금지할 전면적인 권리가 있다. 그리고 밀수품 거래에 관여한 영국 국민은 그렇게 하는 데 따른 대가를 치러야 한다." (Rimner, *Opium's Long Shadow*, 31에 인용된 내용.)

82. Mao Haijian, *The Qing Empire and the Opium War: The Collapse of the Heavenly Dynasty*, ed. Joseph Lawson (Cambridge: Cambridge University Press, 2016), p. 187.

83. Allen, *The Opium Trade*, p. 57.

84. Erik Ringmar, 'Malice in Wonderland: Dreams of the Orient and the Destruction of the Palace of the Emperor of China', *Journal of World History*, vol. 22, no. 2 (2011): 291-294.

85. 이 논쟁의 중심에는 일부 번역가들이 '야만인'으로 잘못 옮긴 '이(yi, 夷)'라는 단어가 놓여 있었다. ('이'의 의미는 오늘날 미국에서 사용하는 '외계인(alien)'이라는 단어와 흡사하다.) 이와 같은 분란을 낳은 주요 장본인은 로버트 모리슨(Robert Morrison)이라는 선교사였다. 1827년 영국인은 자기네를 지칭하는 데 이 단어를 사용하지 않는다고 주장한 인물이다. 영국 상인이 광저우 당국과 서신을 주고받을 때 이 단어를 사용했으므로 그의 말은 사실이 아니었다. 게다가 탄중 교수가 지적하다시피, 1793년 건륭제가 조지 3세에게 보낸 서한에서 이 단어를 사용했지만 "영국 정부는 그 서한과 관련해 중국의 무례에 대해 불평하지 않았다". (Tan Chung, *China and the Brave New World*, p. 20). 이 주제를 전면적으로 다룬 자료로는 Lydia H. Liu, *The Clash of Empires: The Invention of China in Modern World Making* (Cambridge, MA: Harvard University Press, 2006), pp. 92-95; Dilip K. Basu, 'Chinese Xenology and the Opium War: Reflections', *The Journal of Asian Studies*, vol. 73, no. 4 (2014): 927-940 참조.

86. Dilip K. Basu, 'The Opium War and the Opening of China: A Historiographical Note', *Ch'ing-shih wen-t'i*, vol. 3, no. 11 (1977): 2-16; Tan Chung, *China and the Brave New World*, pp. 2-20 참조.

87. Beeching, *The Chinese Opium Wars*, p. 106.

88. Platt, *Imperial Twilight*, p. 431.

89. Liu, *The Clash of Empires*, p. 170에 인용된 내용.

17 유사점

1. *The Chinese Repository*, vol. VII (Elibron Classics Reprints, 2005), p. 609.

2. Zheng Yangwen, *The Social Life of Opium in China* (Cambridge, MA: Cambridge University Press, 2005), p. 102.

3. Stephen R. Platt, *Imperial Twilight: The Opium War and the End of China's Last Golden Age* (New York, NY: Knopf, 2018), p. 71. 키스 맥마흔이 인용한 자료에 따르면, 1906년에 "쓰촨성·윈난성·산시성(陝西省)·산시성(山西省)·구이저우성·간쑤성에서 중국 아편의 80퍼센트 이상을 생산했다". (*The Fall of the God of Money: Opium Smoking in Nineteenth-Century China* [Lanham, MD: Rowman & Littlefield Publishers, 2002], p. 98.)

4. David Bello, 'The Venomous Course of Southwestern Opium: Qing Prohibition in Yunnan, Sichuan, and Guizhou in the Early Nineteenth Century', *Journal of Asian Studies*, vol. 62, no. 4 (2003): 1114.

5. Stephen R. Halsey, *Quest for Power: European Imperialism and the Making of Chinese Statecraft* (Cambridge, MA: Harvard University Press, 2016), pp. 59-61.

6. Peter Thilly, *The Opium Business: A History of Crime and Capitalism in Maritime China* (Stanford, CA: Stanford University Press, 2022), p. 58.

7. Thilly, *The Opium Business*, p. 9.

8. Zheng Yangwen, *The Social Life of Opium*, pp. 105-110.

9. Jonathan Spence, 'Opium Smoking in Ch'ing China', in *Conflict and Control in Late Imperial China*, eds Frederic Wakeman Jr and Carolyn Grant (Berkeley, CA: University of California Press, 1975), p. 237.

10. Thilly, *The Opium Business*, pp. 2-4.

11. Carl A. Trocki, *Opium, Empire and the Global Political Economy: A Study of the Asian Opium Trade, 1750-1950* (New York, NY: Routledge, 1999), p. xiii.

12. Thilly, *The Opium Business*, Ch. 6.

13. 영국 의회에서 흔히 되풀이되는 비난은 이와 같았다. "중국인은 아편 금지에 대한 의지가 진지하지 않다. 왜 그들은 중국에서의 양귀비 재배에 반대하지 않았는가?" (*The Chinese Repository*, vol. IX [Krauz Reprint Ltd], 251.)

14. James MacKay, *From London to Lucknow, with memoranda of mutinies, marches, flights, fights, and conversations. To which is added, an opium-smuggler's explanation of the Peiho massacre* (London: James Nisbet, 1860), p. 518.

15. Steffen Rimner, *Opium's Long Shadow: From Asian Revolt to Global Drug Control* (Cambridge, MA: Harvard University Press, 2018), p. 201에 인용된 내용.

16. Trocki, *Opium, Empire*, p. 126.

17. Thilly, *The Opium Business*, p. 88.

18. Edward R. Slack, *Opium, State and Society: China's Narco-Economy and the Guomindang* (Honolulu, HI: University of Hawaii Press, 2001), p. 3.

19. Thilly, *The Opium Business*, p. 14.

20. Rimner, *Opium's Long Shadow*, p. 6 참조. 경향적으로 전체 인구 가운데 3~16퍼센트("그중 가장 많이 언급되는 수치"는 10퍼센트)가 전형적인 약물 남용 비율이라고들 주장한다. (Barry Meier, *Pain Killer: An Empire of Deceit and the Origin of America's Opioid Epidemic* 〔New York, NY: Penguin Random House, 2018〕, p. 39.)

21. Slack, *Opium, State and Society*, p. 4. McMahon, *The Fall of the God of Money*, p. 156; David M. Cutler and Edward L. Glaeser, 'When Innovation Goes Wrong: Technological Regress and the Opioid Epidemic', *The Journal of Economic Perspectives*, vol. 35, no. 4 (2021): 174도 참조.

22. Charles Dickens, 'Opium; Chapter the Second, China', *Household Words* (22 August 1857), pp. 181-186.

23. MacKay, *From London to Lucknow*, p. 527.

24. 맥마흔이 인용한 그레이브스 목사(Rev. Graves)의 말. *The Fall of the God of Money*, p. 76.

25. McMahon, *The Fall of the God of Money*, p. 4.

26. Gregory Blue, 'Opium for China: The British Connection', in *Opium Regimes: China, Britain, and Japan, 1839-1952*, eds Timothy Brook and Bob Tadashi Wakabayashi (Berkeley, CA: University of California Press, 2000), p. 37.

27. Rimner, *Opium's Long Shadow*, p. 34.

28. 제임스 매서슨이 어느 영국 상인의 말을 인용한 내용. (*Present Position and Prospects of the British Trade with China: Together with an Outline of Some*

주 471

Leading Occurrences in Its Past History (London: Smith, Elder and Co., 1836), p. 62.)

29. Jonathan Spence, *The Search for Modern China* (New York, NY: W. W. Norton, 1990), pp. 132-134.

30. Arthur Lovejoy, 'The Chinese Origin of a Romanticism', in *Essays in the History of Ideas* (New York, NY: George Braziller, 1955), p. 106.

31. Ibid., p. 103.

32. Platt, *Imperial Twilight*, pp. 53-54.

33. David Graeber and David Wengrow, *The Dawn of Everything: A New History of Humanity* (New York, NY: Farrar, Strauss and Giroux, 2021), p. 30.

34. 서구인의 태도 변화에 관한 설명으로는 Platt, *Imperial Twilight,* pp. 162~165 참조. Yu Liu, *Seeds of a Different Eden: Chinese Gardening Ideas and a New English Aesthetic Ideal* (Columbia, SC: University of South Carolina Press, 2008), p. 8도 참조.

35. Platt, *Imperial Twilight*, p. 432.

36. Matheson, *Present Position and Prospects*, p. 1.

37. Platt, *Imperial Twilight*, p. 431.

38. 1840년대 중국의 범죄 네트워크에 대한 자세한 연구로는 Melissa Macauley, 'Small Time Crooks: Opium, Migrants, and the War on Drugs in China, 1819-1860', *Late Imperial China* vol. 30, no. 1 (2009): 1-47 참조.

39. Spence, *The Search for Modern China*, p. 126.

40. Thilly, *The Opium Business*, p. 21.

41. Jasper Jolly, 'Glencore to pay $1bn settlement amid US bribery and market abuse allegations', *Guardian*, 24 May 2022: https://www.theguardian.com/business/2022/may/24/glencore-to-pay-1bn-settlement-amid-us-bribery-and-market-abuse-allegations?s=03.

42. Spence, *The Search for Modern China*, p. 131 참조.

43. David T. Courtwright, *Forces of Habit: Drugs and the Making of the Modern World* (Cambridge, MA: Harvard University Press, 2001), p. 95.

44. James R. Rush, *Opium to Java: Revenue Farming and Chinese Enterprise in Colonial Indonesia, 1860-1910* (Indonesia: Equinox Publishing, 2007), p. 34.

45. David T. Courtwright, *Dark Paradise: A History of Opiate Addiction in America* (Cambridge, MA: Harvard University Press, 2001), pp. 42-54.

46. 그 충격이 어떤 심리적 파급 효과를 낳았는지 살펴보려면 Mark Elvin, 'How did the cracks open?: The origins of the subversion of China's late-traditional culture by the West', *Thesis Eleven*, vol. 57, no. 1 (1999): 2-5 참조.

47. McMahon, *The Fall of the God of Money*, pp. 205-206.

48. 16장의 주 84 참조.

49. 역사가 하워드 슬랙(Howard Slack)은 "마약과 문화 사이의 가장 흥미롭고 당혹스러운 관계는 아편과 중국인 사이의 관계다"라고 썼다. (*Opium, State and Society*, 1.)

50. Patrick Radden Keefe, *Empire of Pain: The Secret History of the Sackler Dynasty* (New York, NY: Doubleday, 2021), pp. 229-236. Meier, *Pain Killer*, p. 73도 참조.

51. Keefe, *Empire of Pain*, p. 370.

52. Celina B. Realuyo, 'The New Opium War: A National Emergency', *Prism: The Journal of Complex Operations*, 8:1 (2019): 133. https://cco.ndu.edu/News/Article/1767465/the-new-opium-war-a-national-emergency/.

53. Meier, *Pain Killer*, p. ix.

54. Ryan Hampton, *American Fix: Inside the Opioid Addiction Crisis—and How to End It* (New York, NY: St. Martin's Publishing Group, 2018), p. 114.

55. Ibid., p. 115.

56. Chris McGreal, *American Overdose: The Opioid Tragedy in Three Acts* (New York, NY: Hachette Book Group, 2018), p. 165.

57. Keefe, *Empire of Pain*, p. 363.

58. Ibid., p. 345.

59. McGreal, *American Overdose*, p. xii.

60. Hampton, *American Fix*, p. 10.

61. Keefe, *Empire of Pain*, pp. 244-249 참조.

62. Cutler and Glaeser, 'When Innovation Goes Wrong', p. 186.

63. Ibid., p. 179.

64. Ibid., p. 177.

65. 그러나 이 문구는 비판의 여지가 있다. 오피오이드에 영향받는 공동체를 향해 '암묵적 판단'을 내리고 그 약물의 '고유한 영향력'은 과소평가하기 때문이다. (McGreal, *American Overdose*, p. 112.)

66. 일군의 연구자들은 〈미국 공중 보건 저널(American Journal of Public Health)〉에 실은 글에서 "점차 심각해지는 약물 사용은 특히 사회경제적 지위가 낮은 계층 사람들이 경험하는 경우, 대규모 외상 사건에 대한 지극히 정상적인 사회적 반응일 수 있다"고 밝히고 있다. (Nabarun Dasgupta, Leo Beletsky and Daniel Ciccarone, 'Opioid Crisis: No Easy Fix to Its Social and Economic Determinants,' vol. 108, no. 2 (2018): 182-186.)

67. "마약의 공급 과잉은 대다수 상품에서와는 퍽 다른 방식으로 시장에 영향을 미친다. 다른 대다수 상품들 경우에는 과잉 공급이 해마다 유지될 경우 시장에서 그 상품을 제거하는 데 필요한 역학 관계가 형성되는 경향이 있다." (Jacques M. Downs, *The Golden Ghetto: The American Commercial Community at Canton and the Shaping of American China Policy, 1784-1844* [Bethlehem, PA: Lehigh University Press, 1997], p. 165.) 한 양심적인 미국 상인이 중국을 찾은 영국 사절단에게 말했듯 아편에 대한 수요는 공급이 '먹이를 먹는 만큼' 증가하는 데 발맞춰 불어났다. (Charles W. King, *Opium Crisis: A Letter Addressed to Charles Elliot, Esq., Chief Superintendent of the British Trade with China* [London: Hatchard & Son, 1839], p. 5.)

68. Cutler and Glaeser, 'When Innovation Goes Wrong', p. 173.

69. Ibid., p. 184.

70. Courtwright, *Dark Paradise*, p. 6.

71. Ibid.에 인용된 내용.

72. Cutler and Glaeser, 'When Innovation Goes Wrong', p. 172.

73. Keefe, *Empire of Pain*, p. 4.

74. Ibid., p. 407.

75. Ibid. Meier, *Pain Killer*, p. 35도 참조.

76. Keefe, *Empire of Pain*, p. 213.

77. Rimner, *Opium's Long Shadow*, p. 147.

78. Trocki, *Opium, Empire*, p. 163.

79. McGreal, *American Overdose*, p. 260.

80. Realuyo, 'The New Opium War'.

18 불길한 징조와 상서로운 징조

1. 좀더 자세한 내용을 알아보려면 Zhou Yongming, 'Nationalism, Identity, and State-Building: The Antidrug Crusade in the People's Republic, 1949-1952', in *Opium Regimes: China, Britain, and Japan, 1839-1952*, eds Timothy Brook and Bob Tadashi Wakabayashi (Berkeley, CA: University of California Press, 2000) 참조.

2. Patrick Radden Keefe, *Empire of Pain: The Secret History of the Sackler Dynasty* (New York, NY: Doubleday, 2021), p. 363.

3. Chris McGreal, *American Overdose: The opioid Tragedy in Three Acts* (New York, NY: Hachette Book Group, 2018), p. 147.

4. Celina B. Realuyo, 'The New Opium War: A National Emergency', *Prism: The Journal of Complex Operations*, 8:1 (2019): 137. https://cco.ndu.edu/News/Article/1767465/the-new-opium-war-a-national-emergency/.

5. David M. Cutler and Edward L. Glaeser, 'When Innovation Goes Wrong: Technological Regress and the Opioid Epidemic', *The Journal of Economic Perspectives*, vol. 35, no. 4 (2021): 188.

6. 선교사들의 역할에 대해서는 Michael C. Lazich, 'American Missionaries and the Opium Trade in Nineteenth-Century China', *Journal of World History*, vol. 17, no. 2 (2006); Diana S. Kim, *Empires of Vice: The Rise of Opium Prohibition across Southeast Asia* (Princeton, NJ: Princeton University Press, 2020), p. 67 참조.

7. Steffen Rimner, *Opium's Long Shadow: From Asian Revolt to Global Drug Control* (Cambridge, MA: Harvard University Press, 2018), p. 6.

8. Ibid., p. 60.

9. J. Spencer Hill, *The Indo-Chinese Opium Trade: Considered in Relation to Its History, Morality, and Expediency, and Its Influence on Christian Missions* (London: Henry Frowde, 1884), p. 25.

10. Rimner, *Opium's Long Shadow*, p. 57.

11. Emdad-ul Haq, *Drugs in South Asia: From the Opium Trade to the Present Day* (New York, NY: St. Martin's Press, 2000), pp. 49-54.

12. Rimner, *Opium's Long Shadow*, p. 84.

13. Ibid., p. 122.

14. Ibid., p. 92.

15. *Rabindra-Rachanabali*, Visva-Bharati edition, vol. 24 (Kolkata, 1354/1947 rpt. 1365/1958), p. 250. 나의 번역.

16. Haq, *Drugs in South Asia*, pp. 54-57.

17. Raden Adjeng Kartini, *Letters of A Javanese Princess*, May 1899 (trans. 1921).

18. James R. Rush, *Opium to Java: Revenue Farming and Chinese Enterprise in Colonial Indonesia, 1860-1910* (Indonesia: Equinox Publishing, 2007), pp. 202-203.

19. Ibid., p. 205.

20. Ibid., p. 218.

21. David T. Courtwright, *Dark Paradise: A History of Opiate Addiction in America* (Cambridge, MA: Harvard University Press, 2001), pp. 54-56; Haq, *Drugs in South Asia*, p. 39.

22. Courtwright, *Dark Paradise*, pp. 54-56.

23. Ibid.

24. Barry Meier, *Pain Killer: An Empire of Deceit and the Origin of America's Opioid Epidemic* (New York, NY: Penguin Random House, 2018), p. 25.

25. Rimner, *Opium's Long Shadow*, p. 142; Haq, *Drugs in South Asia*, p. 69.

26. Virginia Berridge and Griffith Edwards, *Opium and the People: Opiate Use in Nineteenth-Century England* (New York, NY: St. Martin's Press, 1981), p. 185.

27. Kathleen L. Lodwick, *Crusaders Against Opium: Protestant Missionaries in China, 1874-1917* (Lexington, KY: University Press of Kentucky, 2009), pp. 97-109 참조. Gregory Blue, 'Opium for China: The British Connection', in *Opium Regimes: China, Britain, and Japan, 1839-1952*, eds Timothy Brook and Bob Tadashi Wakabayashi (Berkeley, CA: University of California Press, 2000), p. 39도 참조.

28. Royal Commission on Opium, *Proceedings*, vol. V, appendices, 1894, p. 151.

29. Berridge and Edwards, *Opium and the People*, pp. 186-194. Marc Jason Gilbert, 'Empire and Excise: Drugs and Drink Revenue and the Fate of States in South Asia', in *Drugs and Empires: Essays in Modern Imperialism and Intoxication, c.1500-1930*, eds James Mills and Patricia Barton (New York, NY: Palgrave Macmillan, 2007), p. 133도 참조.

30. Rimner, *Opium's Long Shadow*, p. 152.

31. Lodwick, *Crusaders Against Opium*, pp. 109-114.

32. Courtwright, *Dark Paradise*, p. 81.

33. Rimner, *Opium's Long Shadow*, p. 189. 필리핀 위원회 보고서의 결론은 1907년 영국이 설립한 실론 위원회(Ceylon Commission)에서도 승인했다. (Haq, *Drugs in South Asia*, p. 49.)

34. 이 칙령 전문을 살펴보려면 Alan Baumler, ed., *Modern China and Opium: A Reader* (Ann Arbor, MI: University of Michigan Press, 2001), pp. 66-71 참조.

35. Rimner, *Opium's Long Shadow*, p. 198에 인용된 내용.

36. Kim, *Empires of Vice*, p. 217.

37. R. Bin Wong, 'Opium and Modern Chinese State-Making' in *Opium Regimes: China, Britain, and Japan, 1839-1952*, eds Timothy Brook and Bob Tadashi Wakabayashi (Berkeley, CA: University of California Press, 2000), pp. 190-199; Kim, *Empires of Vice*, p. 64 참조.

38. Joyce A. Madancy, *The Troublesome Legacy of Commissioner Lin: The Opium Trade and Opium Suppression in Fujian Province, 1820s to 1920s* (Cambridge, MA: Harvard University Asia Center, 2003), p. 202 참조.

39. Blue, 'Opium for China', p. 41; Rimner, *Opium's Long Shadow*, p. 212.

40. Carl A. Trocki, *Opium, Empire and the Global Political Economy: A Study of the Asian Opium Trade, 1750-1950* (New York, NY: Routledge, 1999), p. 130.

41. Rimner, *Opium's Long Shadow*, p. 8에 인용된 내용.

42. Haq, *Drugs in South Asia*, p. 76.

43. Madancy, *The Troublesome Legacy*, p. 342. 아편 반대 운동의 성과는 이후 수십 년 동안 중국이 내전에 휩싸이면서 역전되었다. 매던시의 책은 푸젠성에서 일어난 운동의 부침을 훌륭하게 설명한다.

44. Haq, *Drugs in South Asia*, p. 100.

45. Zheng Yangwen, *The Social Life of Opium in China* (Cambridge, MA: Cambridge University Press, 2005), pp. 194-202; Rimner, *Opium's Long Shadow*, pp. 247-252; *Opium Regimes: China, Britain, and Japan, 1839-1952*, eds Timothy Brook and Bob Tadashi Wakabayashi (Berkeley, CA: University of California Press, 2000)의 서문(pp. 15-19) 참조.

46. Robert Cribb, 'Opium and the Indonesian Revolution', *Modern Asian Studies* vol. 22, no. 4 (1988): 701-722; Kim, *Empires of Vice*, p. 192 참조.

47. Anirudh Deshpande, 'An Historical Overview of Opium Cultivation and Changing State Attitudes towards the Crop in India, 1878-2000 A.D.', *Studies in History*, vol. 25, no. 1 (2009): 112.

48. Ibid., pp. 124-125.

49. Ibid., p. 126.

50. Ibid., p. 126.

51. Haq, *Drugs in South Asia*, p. 116.

52. Ibid., p. 114.

53. Ibid., pp. 130-143.

54. Ibid., p. 142.

55. 남아시아에서의 헤로인 생산 증가에 대해 더 자세히 살펴보려면, ibid., pp. 106-256 참조.

56. Gilbert, 'Empire and Excise', p. 136.

옮긴이의 글: 작은 식물 하나가 바꿔놓은 세계의 역사

저자 아미타브 고시는 이 책《연기와 재》를 아편전쟁 직전인 1830년대를 배경으로 삼은 자신의 역사소설 아이비스 3부작〔《양귀비의 바다》(2008), 《연기의 강》(2011), 《쇄도하는 불》(2015)〕의 연장선상에 놓인 저서로 소개하고 있다. 그는 이 일련의 작업을 진행하는 과정에서 19세기 선원과 군인들 삶이 인도양의 해류뿐만 아니라 그 해류를 타고 엄청난 규모로 운반된 귀중한 상품(아편)에 의해 결정되었다는 사실에 놀라움을 금치 못했다. 또한 알고 보니 자신의 정체성과 가족사도 그 이야기와 얽혀 있다는 사실을 깨닫고 경악한다. 따라서 이 책은 어느 면에서 자전적 논픽션이라고 할 수 있다.《연기와 재―아편의 감춰진 이야기》는 제목과 부제가 암시하듯이 아편이라는, 겉보기에는 별 보잘것없는 식물이 어떻게 우리 인류의 근현대사를 주조해왔는지, 또 그 유산이 현재까지 인류사에 어떤 족적을 아로새겨놓았는지 작가 특유의 능란한 웅변으로 흥미진진하게 풀어낸다.

그간 식민지 시대의 세계사는 주로 식민지 개척자들의 관점과 주장을 중심으로 제시되어왔다. 저자는 집필에 필요한 취재와 조사를 거치기 전까지는 자신이 태어난 서벵골과 국경이 맞닿은 나라인 중국에 대해 까맣게 모르다시피 했던 사연을 들려준다. 그러면서 그렇게 된 까닭으로 1962년 중국-인도 전쟁에 따른 중국을 향한 혐오감과 불신을 넘어서는 이유, 즉 서구 중심의 세계관이 서구뿐만 아니라 비서구에까지 스며든 현상에 주목한다. "나는 이것이 중국뿐만 아니라 세계 전반을 바라보는 특정 시각, 즉 서구만이 지나치게 도드라져서 다른 모든 것을 보이지 않게 만드는 시각이 낳은 결과라고 생각한다." 따라서 그의 저술은 일면 다른 비서구 국가들에도 동일하게 가중치를 두는 균형 맞추기 작업이라고 할 수 있다.

저자는 이번에도 그의 전작 《대혼란의 시대》《육두구의 저주》에서와 동일한 문제의식을 견지한 채 질릴 정도로 집요하게 한편으로는 식민지 지배자인 서구 열강의 악덕과 탐욕을 파고들고, 다른 한편으로는 식민지 피지배 국가의 존재감과 행위 주체성을 전면에 내세우면서 그들의 명예 회복에 앞장서고 그들에게 면죄부를 안긴다. 즉, 그는 이 책 전반에 걸쳐 초지일관 산자이 수브라마니암(Sanjay Subrahmanyam)의 '연결된 역사' 개념과 그가 오랫동안 견지해온 입장에 기대어, "역사적으로 근대성은 한 곳에서 다른 곳으로 퍼져나가는 바이러스가 아니라 전지구적이고 상호 결합적인 현상"이라고 주장한다. 그에 따라 그는 아편 무역이 기승을 부리던 시절, 중국 광둥성(구체적으로는 광저우), 이른바 캔턴이 원예·가구·미술·의복 등에서 세계에 미친 영향력을 면밀히 파헤친다. 중국이 그저 서구에 의해 휘둘리기만 한 게 아니라 캔턴을 중심으로 서구의 문물과 문화에 적극적으로 기여했다는 것, 즉 캔턴이 다양한 영향을 한데 아우른 일종의 코즈모폴리턴적 진화에 필수적 역할을 했다는 것을 강변하기 위해서다. 승자의 기록인 역사에 의해 잊히거나 묻히고 말았지만, 사실 중국은 결코 강제적 개방을 통해 서구의 문화와 문물을 일방적으로 수용하기만 한 존재가 아니었던 것이다.

《연기와 재》는 아편 무역의 양편에 대한 저자의 시각을 잘 보여준다. 즉, 이 책은 한편으로 영국·미국을 비롯해 그 무역으로부터 막대한 이득을 누린 세력의 불의와 위선을 몸서리칠 정도로 까발리는 비판서이자 폭로물이다. 저자는 영국 세수의 상당 부분과 숱한 미국 거대 기업체의 부가 아편의 주요 수출국인 인도와 주요 수입국인 중국의 희생을 기반으로 구축되었다는 사실을 입증한다. 그의 시선을 따라가노라면, 독자들은 영국·미국의 아편 상인이 그들 눈에는 그저 소모품에 지나지 않아 보이는 먼 나라 존재들을 희생시키는 일이었다는 점에서 자신들 악행에 대해 거의 아무런 양심의 가책을 느끼지 않았다는 것, 거기서 한 술 더 떠 본국으로 돌아가서는 그런 사실을 비밀에 부친 채 선한 시민이자 독실한 기독교인으로서 기부에 힘쓰고 사회적 모범으로 살아갔다는 것이 얼마나 가증스러운지 느끼게 된다. 또한 저자는 식민지 개척자들이 어떻게 역사를 재구성하고 전 세계의 인식을 조작해 우리가 역사의 진면목을 충분하고도 올바르게 알지 못하도록 왜곡했는지 지적한다. 그런가 하면 이 책은 다른 한편으로 아편 공급에 의해 육체적·정신적 피해에 허덕였을 뿐만 아니라, 그러한 현상을 빚어낸 원인을 그들 자신의 유약함이나 체질적 한계로 몰아세우는 식민지 개척자들의 비열한 논리에 의해 도덕적·문화적으로까지 속절없이 타격 입은 식민지 피지배자 및 중국 국민들 편에 선 항의서이자 위로문이다.

특히 저자는 인공지능에 대해 흔히 주장되는 것처럼, 아편이라는 비인간 존재가 지닌 행위 주체성과 지능에 주목한다. 저자는 그에 따라 차나 아편 같은 비인간 존재를 말 못 하는 벙어리나 비활성 존재로서가 아니라 "모종의 생명력을 지니고 있으며, 눈에 보이든 보이지 않든 무수히 많은 방식으로 제 스스로를 드러내는 생명체"로서 바라보는 발상의 전환을 우리에게 요청한다. 식물을 그런 식으로 바라보아야만 "인간이 특정 식물과 상호 작용할 때 그 관계가 일방향적인 게 아니라 사람 역시 그 관계에 의해 변화한다는 점을 인정할 수 있게 된다"는 이유에서다. 아편은 인간 존재의 의도를 넘어서 작용함으로써 인간을 쥐락펴락하는 힘을 지닌 채 그 자체의 독자적 운명을 빚어낸다. "그들은 인간과의 신비로운 상호 작용을 통해 때로는 선량한 존재로, 때로는 복수심에 불타는 존재로 제 모습을 드러낸다."

만족을 모르는 식민지 지배 야욕을 드러낸 결과이건 완전히 새로운 차원의 타락을 용인하는 자유 무역 자본주의 이념에 충실한 결과이건 영국은 좌우간 인도에서 아편을 내내 더 많이 재배하는 상황에 처한다. 그런데 이에 대한 저자의 해석이 이채롭다. "즉, '자신들이 바라보는 모든 것의 정복자'라고 믿는 영국인은 실제로 그들이 인정할 수 없는 생명력과 힘을 지닌 존재의 목적을 위해 봉사하고 있는 것이다. 다시 말해, 영국인 식민지 개척자들은 비하르주의 양귀비밭을 식민지화하는 과정에서 지능·인내심·수명에서 인간을 한층 능가하는 비인간 존재에 의해 제 스스로를 식민지화한 셈이다. ……마치 식물계의 원로들이 호모 사피엔스가 생존하도록 허락하기에는 너무 위험한 동물이라고 결론 내린 뒤, 인간종 가운데 가장 무자비하고 강력한 종족이 서서히, 그리고 냉혹하게 그들 문명의 종말을 초래할 경제 체제를 구축하기 위해 사용하게 될 줄 알고 있던 선물을 인류에게 선사한 것만 같다." 무소불위의 힘을 자랑하는 오만하기 이를 데 없는 영국 제국주의가 실은 제 꾀에 제가 넘어간 격으로 한 수 위인 아편한테 보기 좋게 당했다는 것이다.

저자는 이 같은 아편 양귀비의 힘과 지능을 인식해야만 그와의 평화적 관계를 모색할 수 있다고 주장한다. 아편이 그런 힘을 지니고 있지 않다면 오늘날에도 여전히 오피오이드가 진화를 거듭하면서 인간을 볼모화하는 현상을 설명할 길이 없다는 게 저자의 생각이다. "역사에서 아편 양귀비의 역할을 생각할 때, 어떤 지능이 작용하고 있다는 느낌을 지우기 어렵다. 이를 보여주는 가장 중요한 증거는 시간이 지남에 따라 유사한 현상으로 모습을 드러내는 반복 주기를 창출하는 양귀비의 능력이다. 아편 양귀비가 하는 일은 분명 무작위가 아니다. 그것은 서로 운율이 맞는 대칭을 만들어낸다."

또한 흥미롭게도 저자는 아편을 둘러싼 역관계와 기후 변화를 둘러싼 역관계의 유사성에 주목한다. 거기서 한 발 더 나아가 둘 간의 차이점과 관련해서는, 아편은 피해자들만 파괴하지만, 기후 변화는 이제 피해자들뿐만 아니라 화석 연료 생산자를 위시한 가해자들, 그리고 온 인류까지 깡그리 파괴하려 들고 있다고 밝힌다. 재앙의 끝에 아슬아슬하게 서 있는 우리는 이제야말로 자연이 주는 경고에 귀 기울여야 한다는 것이다. 저자는 여기에 더해 역사가 목적 지향적인 '진보'의 여정이라는 서구적 개념을 재고해보도록 요청한다. 오랫동안 끄떡없을 것 같았던 그 개념에 서서히 균열이 일기 시작한 것은 "오늘날 미국이 겪고 있는 오피오이드 위기 같은 내내 진행 중인 현대적 재난, 한층 더 중요한 것으로 기후 변화의 파국적 영향"에 따른 결과다. 저자는 이에 대해 "마치 역사가 진보의 목적론에 담긴 모순을 드러내기 위해 스스로 개입한 것만 같다"고 논평했다.

저자는 결론에 해당하는 마지막 장 '불길한 징조와 상서로운 징조'에서 아편을 화석 연료와 비교하면서 그 물질들의 사용에 내재된 위험성

탓에 아편과 화석 연료는 "근대성을 일구는 데 주된 역할"을 했지만 이제 "그 근대성을 도로 해체하는 데서도 중차대한 역할을 맡게 될 것 같다"고 진단한다. 그러면서 아편 및 화석 연료와 관련한 타락은 "시스템에 내재해 있어 오직 단합된 집단행동을 통해서만 극복할 수 있다"고 강변한다.

마지막으로 저자는 아편이 쉽사리 수그러들지 않을 것 같은 "사악한 징조에도 불구하고 아편의 역사는 세계 환경 운동에 중요한 희망의 조짐이기도 하다"고 덧붙인다. "당시 오늘날의 거대 에너지 기업들보다 한층 더 강력했던 대영제국의 결의에 찬 숙련된 저항에도 불구하고 결국 아편 거래를 과감하게 줄일 수 있었던 요인으로서, 다국적·다민족·다인종 시민 사회 단체가 연합한 사례를 살펴볼 수 있기 때문이다. ……아편 반대 운동이 전 세계적 아편의 흐름을 억제하는 데 궁극적으로 성공하지 못했다는 것은 분명하다. 그러나 그 운동이 20세기 전반기동안 세계에서 가장 강력한 몇몇 국가에 막대한 수익을 안겨주었던 아편 산업에 대항해 승리했던 것 역시 사실이다."

인도계 미국인이라는 입장이 그렇게 하기에 안성맞춤이라고 할 수 있는데, 저자는 소설이든 비소설이든 모든 작품을 통해 서구 중심의 역사를 비판하고, 시종 제국주의의 그늘에서 핍박받아온 식민지 피지배자의 편에 서고자 한다. 변함없는 저자의 이러한 작가적 헌신에 절로 경의를 표하게 된다. 그런가 하면 이 책은 일종의 역사 논픽션으로 픽션과 달리 모든 내용이 역사적 사실에 입각해야 하느니만큼 한 문장 한 문장 철저히 고증을 거쳐야 한다. 독자들은 숱하게 달려 있는 미주를 통해 그가 일일이 출처를 밝히면서 성실하게 그 일을 해냈음을 확인할 수 있는데, 나는 그 사실에도 크게 감동을 받았다. 정말이지 아무나 할 수 없는 일이라는 생각이 들었다. 무엇보다 작가의 시선은 남다른 구석이 있어서, 두 전작에서와 마찬가지로 이번에도 냉철함과 따뜻함을 동시에 느꼈다. 《대혼란의 시대》《육두구의 저주》에 이어 이 책 《연기와 재》까지 옮기고 보니 저자가 무슨 말을 하려는 것인지 이제는 조금 알 것도 같다. 그의 멋진 책들을 번역할 수 있었던 것은 뜻하지 않은 행운이었다. 아미타브 고시와의 소중한 인연이 시작되도록 기회를 마련해주고 한결같이 배려해주시는 에코리브르 박재환 대표님께 감사드린다.

2024년 10월
김홍옥